►武者ヶ谷《むしゃがたに》式土器　京都府最古の縄文土器は，福知山《ふくちやま》市武者ヶ谷遺跡でみつかった小型の丸底土器である。刺突文《しとつもん》をつけた隆帯《りゅうたい》(帯状のたかまり)を口縁部《こうえんぶ》にめぐらせていて，約１万年前のものと考えられている。

▲ガラスと銅の釧《くしろ》　弥生時代の丹後《たんご》半島ではガラスや鉄の生産がさかんであった。与謝野《よさの》町大風呂南《おおぶろみなみ》１号墓では大量の副葬品が発見されたが，なかでもガラス製・銅製の釧は全国でも出土例が少なく，弥生末期のタニハの力をよく示すものといえる。

►三角縁神獣鏡《さんかくぶちしんじゅうきょう》　昭和28(1953)年，木津川《きづがわ》市山城《やましろ》町椿井《つばい》大塚山《おおつかやま》古墳で竪穴《たてあな》式石室《せきしつ》があらわれ，32面にのぼる三角縁神獣鏡が取りだされた。この鏡は３世紀中葉に中国で製作されたものと考えられ，当時の倭《わ》国政権において，南山城勢力が高い地位にあったことをうかがわせる。

►花洛《からく》一覧図　文化５(1808)年刊行。本図を描いた横山華山《かざん》(1785–1839)は岸派の絵師。江戸時代後期の京都が臨場感豊かに描きだされている。

▲小野毛人《えみし》墓誌　今の京都市左京区上高野《かみたかの》は，かつて山背《やましろ》(城)国愛宕《おたぎ》郡小野郷とよばれていた。この地の名族小野氏は遣隋《けんずい》使《し》小野妹子《いもこ》で名高いが，墓誌がみつかった毛人はその子である。彼は天武《てんむ》天皇に仕えて太政《だいじょう》官《かん》兼刑部《ぎょうぶ》大卿《だいきょう》となった。

▲宇治橋断碑《うじばしだんぴ》　宇治橋は古くから交通の要衝であった。大化2(646)年,僧道登《どうと》ははじめて激流に橋をかけ，往来する人びとを救ったという。その記念碑の一部が江戸時代に発見され，全体を復原したものが宇治放生《ほうじょう》院《いん》に建てられている。写真は複製品。

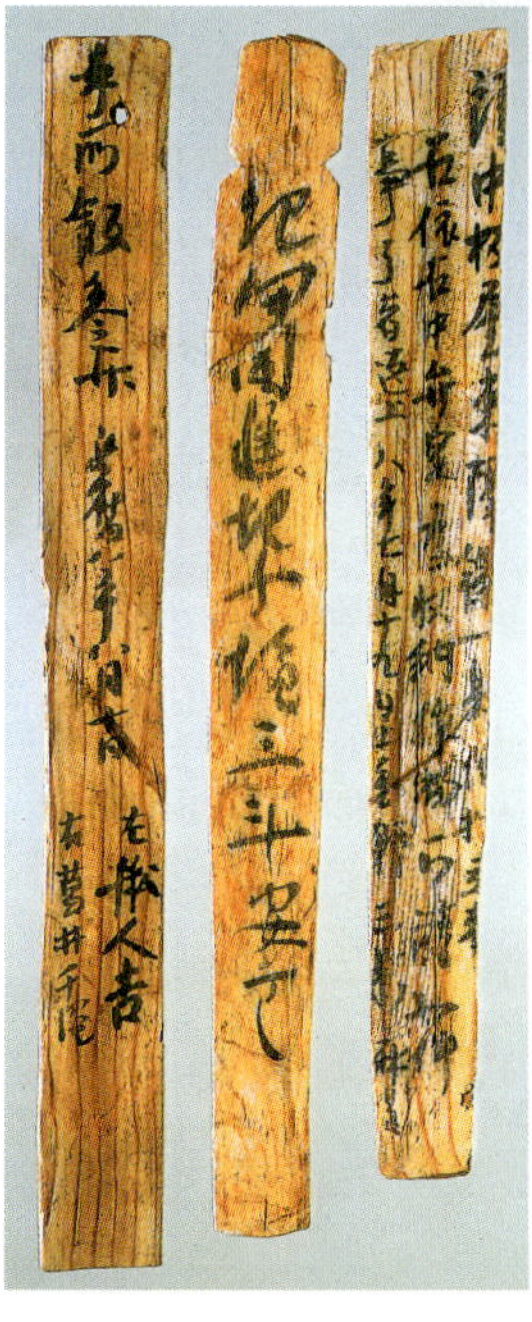

◄長岡《ながおか》京木簡《もっかん》　長岡京はわずか10年の命だったが，首都としてよく整備されていた。京跡ではこれまで多数の木簡が発見されている。長岡宮の造営,材木の管理,太政官の物資出納など，まったく知られていなかったさまざまな史実が，木簡によってあきらかになった。

▲平安京　最後の古代都城，平安京。整然たる街並みは９世紀初期に完成した。柳並木の朱雀大路《すざくおおじ》のかなたに大内裏《だいだいり》(平安宮)がみえる。10世紀ころから首都は大きく姿を変え，中世都市京都への歩みを開始した。写真は建都1200年を記念してつくられた1000分の１復原模型。

►広隆寺《こうりゅうじ》弥勒菩薩《みろくぼさつ》坐像　宝冠をかぶり，半《はん》跏思惟《かしい》の姿態を示す弥勒菩薩坐像。朝鮮半島の弥勒像に作風がよく似ている。太秦《うずまさ》広隆寺は秦《はた》氏が建てた寺院で，飛鳥時代の瓦が出土している。同寺にはもう一体，宝冠のない「泣き弥勒」も伝わる。

◄兜跋《とばつ》毘沙門天《びしゃもんてん》立像《りゅうぞう》　羅城門に安置され，平安京を守護したと伝えられる毘沙門天立像。異国風の相貌をもつが，材質・技法の点からみても，唐時代の木彫像と考えられる。羅城門が大風によって倒壊したのち，東寺《とうじ》にうつされたという。

▲平等院鳳凰堂《びょうどういんほうおうどう》と池跡　宇治の地は平安貴族に愛され，いくつもの別荘がいとなまれた。藤原頼通《よりみち》は父道長《みちなが》から宇治殿《どの》を受けつぎ，これを平等院に改めた。中心となる鳳凰堂は池の中島に建ち，定朝《じょうちょう》作の阿弥陀如来《あみだにょらい》坐像を安置して，極楽浄土《じょうど》を現出させていた。

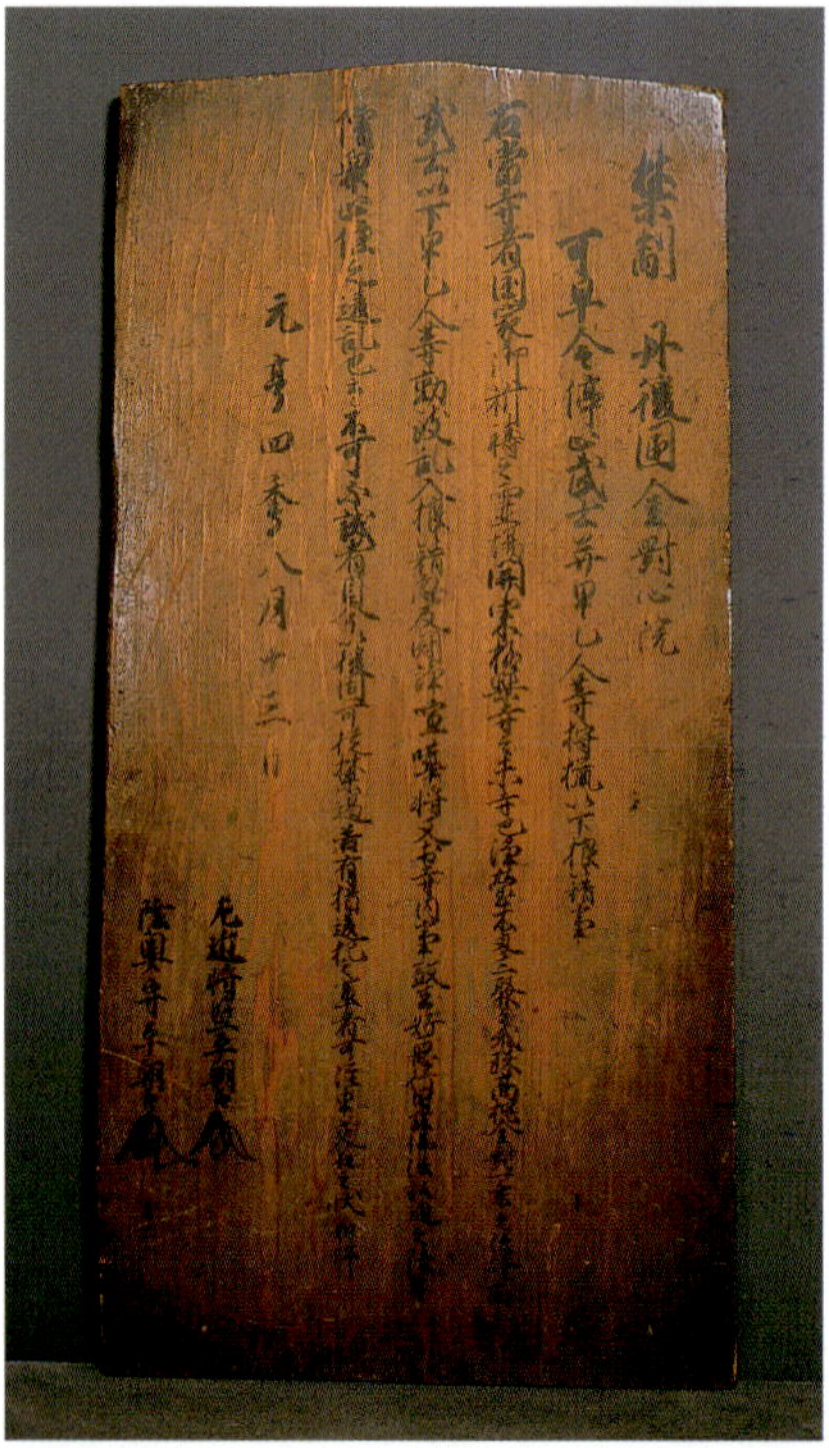

◀六波羅探題禁制《ろくはらたんだいきんせい》　元亨4(1324)年8月13日に両六波羅探題から忍性《にんしょう》開山の伝承をもつ丹後《たんご》国金剛心院《こんごうしんいん》に宛てられた木製禁制で，文中に当寺のことを国家御祈禱《きとう》の霊場で関東極楽寺《ごくらくじ》の末寺であると記す。重文。

▲一遍《いっぺん》上人《しょうにん》絵《え》伝《でん》　弘安7(1284)年の秋，一遍は京都の西郊桂道場を発《た》って丹波《たんば》国桑田《くわた》郡穴太《あのう》寺まできて病を得，半月余り逗留《とうりゅう》した。ここで鳥獣魚の捕殺を生業《なりわい》とする人びとを戒心《かいしん》させている。国宝。

▼天橋立《あまのはしだて》図《ず》　水墨《すいぼく》画《が》の大成者雪舟《せっしゅう》等楊《とうよう》(1420−1506)が，明応10(1501)年すぎごろに天橋立を訪れその景勝と丹後府中の賑いぶりを描いた最晩年の最高傑作である。80歳をすぎてなお清新さを失っていない。国宝。

▲円光寺《えんこうじ》版木活字《もくかつじ》　徳川家康は儒学普及のため，木製活字10万個を新彫させて僧閑室元佶《かんしつげんきつ》にあたえ，出版活動に力をそそいだ。近年，円光寺の木製活字は「伏見版木活字」として国の重要文化財に指定された。

▼二条城行幸《にじょうじょうぎょうこう》(高津古文化会館本『洛中洛外図《らくちゅうらくがいず》』)　寛永3(1626)年，秀吉の「聚楽《じゅらく》行幸」を手本として，大御所《おおごしょ》秀忠・将軍家光は後水尾《ごみずのお》天皇を二条城に招いた。

▲尾形乾山《おがたけんざん》作「色絵椿文香合《こうごう》」　当初鳴滝《なるたき》に開窯《かいよう》して芸術的名声を博した乾山は，のちに二条丁字《ちょうじ》屋《や》町に移り，庶民的要望に応じた日常雑器を大量につくりだした。

▼与謝《よさ》の大絵図　丹後《たんご》の海辺と町場がみごとに描かれている。中央上部に天橋立《あまのはしだて》，左上方に宮津の町がみえる。享保9 (1724)年の作。

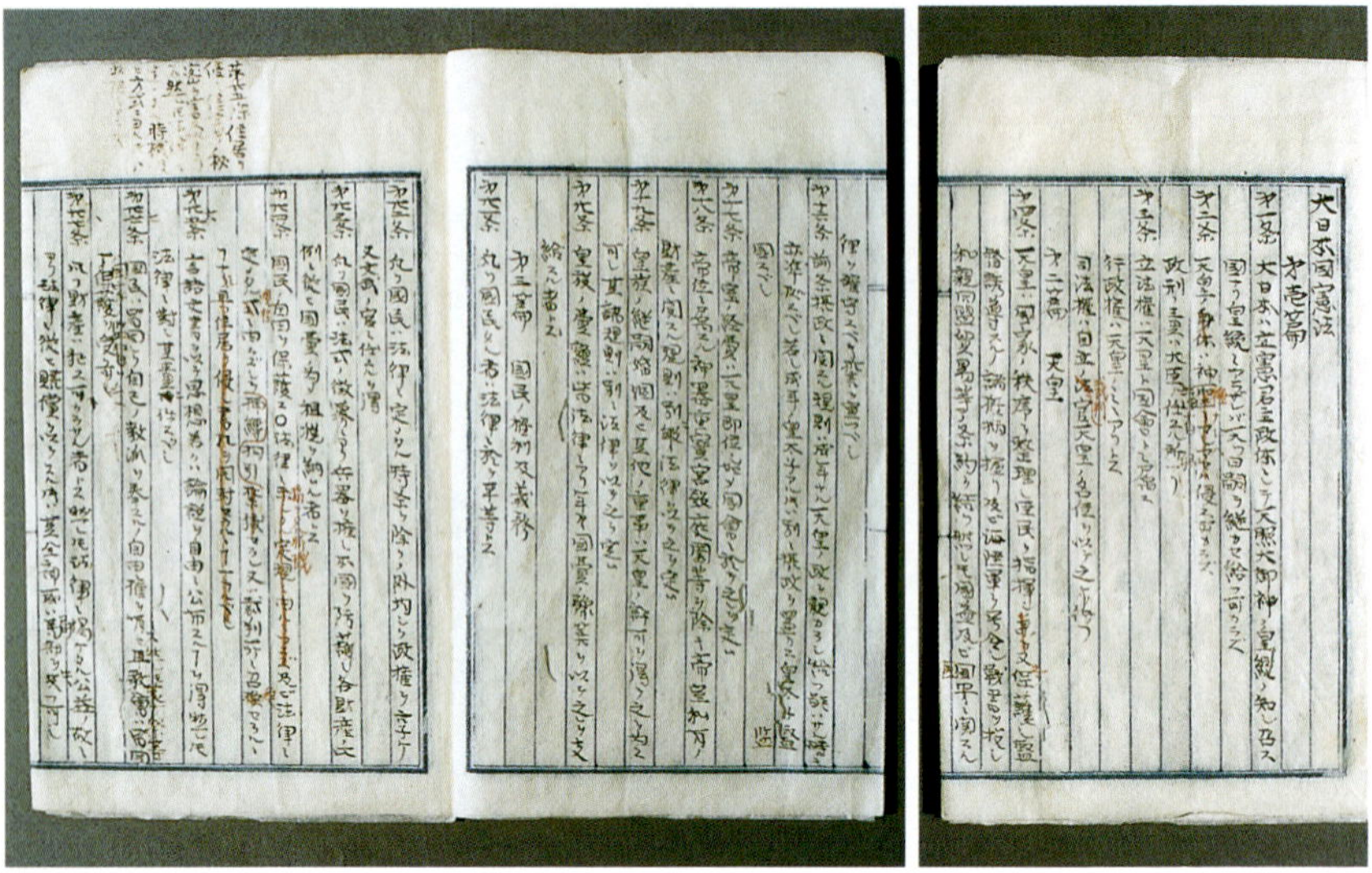
大日本国憲法

▲「大日本国憲法」の草案　天橋義塾《てんきょうぎじゅく》社長沢辺正修《さわべせいしゅう》を中心に作成された私擬《しぎ》憲法草案。明治13(1880)年11月の国会期成同盟第2回大会に，府下有志人民の総代として沢辺が上京するのにあわせ，起草されたとみられている。

▼新京都駅の夜景　歴史都市「京都」の新しい玄関口として平成9(1997)年に竣工した新京都駅は，第4代目の駅舎である。改築は平安建都千二百年記念の関連事業であったが，その当否をめぐり盛んな論議が繰り広げられた。

地方史研究協議会名誉会長
学習院大学名誉教授
児玉幸多　監修

企画委員　熱田公｜川添昭二｜西垣晴次｜渡辺信夫

京都府の歴史 目次

朝尾直弘｜吉川真司｜石川登志雄｜水本邦彦｜飯塚一幸

京都府の歴史

風土と人間――千年のミヤコがうみだした都会人

二つの水系にいだかれて●

京都府は、東北から西南に走る日本列島のほぼ中央部に位置している。北は日本海に面し、福井県に連なり、東は琵琶湖を擁する滋賀県に接し、南は淀川水系をへて大阪湾・大阪府に開き、おなじく淀川の上流にあたる木津《きづ》川をさかのぼれば奈良・三重両県とも連なり、西は列島で唯一日本海と瀬戸内海＝太平洋の両海浜をもつ兵庫県に隣りしている。面積は四六一二平方キロ、人口およそ二六〇余万、一五市・一〇町・一村からなっている。

京都府の歴史は、この風土を抜きにしては考えることができない。細長い日本列島ではあるが、中央の脊梁《せきりょう》部にある山岳が壁になって、日本海側と太平洋側との交通の不自由な地域が多い。京都府は隣接する地域を含め、右の点に関し、東西南北にもっとも往来しやすい条件にめぐまれてきた。ここに中央意識の根元がひそんでいる。

旧国郡制度でみると、丹後《たんご》国五郡のすべてと、丹波《たんば》国六郡のうち四郡、それに山城《やましろ》国八郡の統合により府が構成されており、一見まとまりがつかない印象をもたれがちであるが、意外に内部の交通は広やかで便利でもあった。

南部では、淀川水系が木津川・宇治《うじ》川・鴨《かも》川・桂《かつら》川（大堰《おおい》川）など、伊賀《いが》・大和《やまと》・近江《おうみ》・山城・丹波諸国を緊密にむすび、瀬戸内海へと大きく展開している。北部においても、由良《ゆら》川水系が多数の支流をかかえて、丹波・若狭《わかさ》・近江三国国境の三国《みくに》岳に源流を発し、西流して福知山に至り、北転して舞鶴湾にそそいでいる。

注意してよいのは、二つの大きな水系の源流が、ともに三国岳の周辺に求められる点である。南北をつなぐ中部の丹波高原は日本海側と太平洋側との分水界を形成しているが、標高二〇〇〜四〇〇メートル、高くもなく低くもなく、桂川と由良川の上流は並行して西へむかい、しかるのち南北に分かれた。上賀茂《かみがも》神社の玉依日売《たまよりひめ》の伝説が示しているように、古くから丹波と山城の交通は密接であった。丹後はこれらと孤立しているようにみえながら、野田川と竹野《たかの》《たけの》川を中心に、多数の断層にきざまれた小河川が海を介して相互の交通を保証していた。

いわば、京都府は淀川と由良川の二大水系が織

三川（桂川・宇治川・木津川）の合流点

りなすネットにいだかれ、周囲を山並みにかこまれながらも、列島中央部で四方に開かれた好位置に立地していた。

千年のミヤコ●

山城の国の風俗は、男女ともにその言葉、自然と清濁《せいだく》分かりよくして、譬《たと》へば流水の滞《とどこお》ること無《の》うして、いさぎよきが如《ごと》し。世俗に、その国風はその水を以《もっ》て知ると云《い》ふこと誠なるか。

江戸時代初期の『人国記《じんこくき》』は、右のようにのべている。鴨川、大堰川や巨椋《おぐら》池の例をもちだすまでもなく、この地域は早くから治水に力をつくし、「流水の滞ること無」き環境を不断につくりだしてきた。はじめは秦《はた》氏のような渡来《とらい》氏族の手を借りたといわれるが、なによりも平安京の造営と、その後千年にわたるミヤコの歴史がもたらした財産であった。たとえば、江戸幕府は土砂留《どしゃどめ》奉行をおき、常時、各水系の上流部まで山林原野の状態を点検させ、洪水を防ぐためにその修復をはかっていた。「山河襟帯《さんがきんたい》」（『日本紀略』）と称された自然の景観は、このなかでその美しさをそこなうことなく、人工による馴化《じゅんか》の長い過程をたどった。

律令国家の遺産もその自然地形を巧みに利用していた。奈良に都城《とじょう》のあった時代から、山城国は東海・東山・北陸・山陽・山陰の諸道が通過していた。平安京が成立してからは、京を中心に諸国へつうじる海陸の交通が整備され、列島中の至るところとの人と物資の交流が盛んになった。平安京の成立から明治維新まで、京都が「王城の地」としての地位を保ち続けた理由は、この人工的に馴化された自然環境によるところが大きかった。

古代には都城として、中世は公家《くげ》・寺家・武家の集住する権門都市として、そして近世には豊臣《とよとみ》政権がつかのまながら本拠をおいたあと、朝廷・公家のほか、かつては支配階級の生活を支持する手段の地位におかれていた商人・手工業者たちが、町衆《まちしゅう》・町人《ちょうにん》として自立し、都市の基盤となる町《ちょう》共同体を形成するに至るまで、京都は日本列島において他に類例をみない大都市として存在し続けた。千年のミヤコたるゆえんである。

このミヤコの住民、すなわち都市民としての性格こそ、京都府民の人間性を知るうえで欠かせない本質といえよう。すでに三〇〇年以前、丹波国についても「百姓は農業を専《せん》とせずして、商売を相兼ねて、身の富有《とみ》を求む」と記され、その理由を「都に近き」ゆえその風俗を見習い「木強《もっきょう》の質（素朴さ）を失」ったとしている（『新人国記』）。丹波・丹後には京都に住む領主の荘園があり、都市と農村の交流は日常のことであった。著者は「実を忘れて、虚を談ずる」などと批判しているが、このフィクションを楽しみ、商業によって暮らしを立て、人工的につくられた作法を生活のなかに取りいれたことこそ、都市住民そのものの本質に根ざす、京都人の特色であったといわねばならない。

女性と女性的であること●

『人国記』と『新人国記』が強調している特徴がもうひとつある。女性の評価の高さである。「女の姿、音《おん》声《じょう》の尋常なること並ぶ国なし」。ひとまずは容色と声に敬意をあらわしながら、「されども婦人脱兎《だっと》の勇といへば、強《あなが》ちにおとしむべからず」。逃げるウサギのようにすみやかな勇気があり、侮《あなど》りがたい、との論評は、文字どおり類例のない誉《ほ》めことばである。女性的であることがすべてマイナス・イメージで語られているなかにあって、唯一無二のプラス評価は突出している。

都市における庶民女性の生活はなまじいのものではなかったとはいえ、農業労働の苛酷《かこく》さから解放され、比較的に自立した商業と職人の世界での活躍の余地をもたらしたことは、立売《たちうり》の女商人や大原女《おはらめ》・桂女《かつらめ》の存在が物語っている。『七十一番職人歌合《うたあわせ》』をみると、餅《もち》売り・扇売り・帯売り・白物《しろいもの》売り・魚売り・米売り・豆売り・豆腐売り・索《そう》麵《めん》売り・白布《しろぬの》売り・綿売りなどの商人、機織《はたおり》・縫物師《ぬいものし》・組師などの職人もまた女性の姿で描かれていた。

芸能の世界では、出雲《いずも》国の巫女《みこ》とつたえる国《くに》が成功をおさめたのも、この京都においてであり、やがて歌舞伎の元祖となっていく。いずれもさきの論評にふさわしい、たくましさにあふれていた。ミヤコは多様な生業《なりわい》を成り立たせ、その内部に自立した女性を諸国にさきがけうみだしたといえる。

男性については、武士に代表される資質が求められたため、「柔《やわ》らかすぎて宜《よろ》しからず」となるが、その柔らかさから成り立つ「風儀」は、ならぶもののないほどの人物をもうみだすという。

ここで思いおこされるのは、源平争乱のさなかに、あえて「紅旗征戎《こうきせいじゅう》、吾《わ》が事に非ず」と、歌の道に専念した藤原定家《さだいえ》のことである。勃興する武士の時代をよこ目にみながら、和

大原女(右)と縫物師(『七十一番職人歌合』)

歌の家の誇りを失わず、その道に精進した。知的で技巧に富み、修辞に工夫をこらした『古今集』『新古今集』の世界こそ、単純素朴な『万葉集』をこえ、都市と文明の所産とよぶことのできる作品であろう。

俊成《としなり》・定家によって拓《ひら》かれた歌学は後世に大きな影響をおよぼした。茶湯《ちゃのゆ》の革新者武野紹鴎《たけのじょうおう》は定家の『詠歌大概《えいかのたいがい》』に触発されて、茶湯の名人になったという（『山上宗二記』）。物語や連歌の研究、能・狂言・謡曲から茶湯・立花《りっか》にいたる諸芸能は、その本質に定家のDNAを継承している。そしてそれらは京都を代表する文化の主流を形成しているのである。「女性的」なる批評を裏返すと、洗練された伝統文化であり、人工の極致をこらした文明に行きつく。京都人は、そのことに自信をもっている。それはジェンダー（社会的性差）克服へのもっとも早い萌芽であるともいえた。

●もてなしぶりと新しがり●

「王城の地」は異国渡来の人と文物に対し寛容であった。というよりも、この地域の人びとは外来の文化に慣れ親しんでいた。京都盆地の開発に従事した秦氏や高麗《こま》氏はもとより、平安京を定めた桓武《かんむ》天皇の母高野新笠《たかののにいがさ》は百済《くだら》系の渡来人であり、その父系をたどれば武寧《ぶねい》王の子聖明《せいめい》王に至ることはよく知られている。

それればかりか、丹後の立地条件は大陸との日常的な通交の窓口としての機能をもはたしていた。九世紀に最盛期をむかえた渤海《ぼっかい》国の国使はしばしば日本海沿岸に到着している。竹野郡大津浜には延長七（九二九）年渤海国入朝使裴璆《はいきゅう》が来着した。裴璆はそれまでにも来日していたが、このたびはじつは三年前に渤海国は契丹《きったん》に亡ぼされており、東丹国使としての来日であった（『日本紀略』）。大陸の周縁民族の興廃にかかわる最新情報もまた北方からのルートをたどってはいった。

もとより、南方の淀川ルートからは大量の文物と情報が流入した。中華帝国の正統ともいうべき儒教、東漸《とうぜん》してきた仏教、南蛮渡来のキリスト教等々、ミヤコの住民はそのつど親しくもてなし、すみやかにこれをうけいれ、みずからの養分として取りいれた。

もてなしぶりについては悪評高い「京のぶぶ漬け」論があるが、大都会のなかにあって、共同体で「町汁《ちょうじる》」をすすりあう仲間以外に、だれが信用できたであろうか。おたがいなにもなくても、「食べていきませんか」「おおきに、十分です」と声をかけあうだけで十分に厚意を示す礼は尽くされている。異国の人と文物への好奇心は貴賤上下とも強く、しばしば思いきった受容がなされた。

京都人のもてなしぶりと新しがりは歴史とともに古く、さまざまな要素を体質の底に、おりのように沈殿させている。千年の時間が薬を毒に、毒を薬に変異させ、全体としてバランスのとれたものとなっているのだが、ときどきできもののように皮膚の表面に吹きだすことがある。それがときに他国人の眼には不可解な京都人の行動としてあらわれるようである。

1章

クニグニの形成

海部氏系図

1　ムラからクニへ

人類の登場

いまの京都府の地に、人類が最初の足跡を記したのはいつのことだったろうか。近年、数十万年前にさかのぼるという遺跡がじつは捏造《ねつぞう》されたものだったことがわかり、私たちは大きな衝撃をうけた。しかしそれでも、人びとが素朴な石器を使い、狩猟採集をしながら移動生活をつづける「前期旧石器時代」が、日本列島にあったことは認められてよい。現時点でたしかな列島最古の遺跡は岩手県金取《かねとり》遺跡で、最下層の石器は九～八万年前のものとされる。また遅くとも三〇万年前ころには、人類は朝鮮半島までやってきていた（松藤和人「日本列島の旧石器時代」『日本史講座』一）。京都府域ではこうした時代の人骨も、道具も、生活の痕跡もまだみつかっていない。けれども、前期旧石器時代の長い年月のうちに、この地に移住してきた人びとがいなかったとはいいきれないだろう。

約三万年前から、旧石器文化は新しい展開をみせた。加工した原石をたたいて、同じ形の石器をつぎつぎに割り取っていく技術がうみだされ、主要な道具であるナイフ形石器を大量に製造できるようになった。また、用途に応じてさまざまな形態の石器が使われはじめた。府下の旧石器遺跡は、すべてこの「後期旧石器時代」のものである。遺跡が集中するのは山城《やましろ》盆地周辺で、北部のケシ山・広沢池・沢池といった丘陵や池辺、段丘の発達した乙訓《おとくに》地域のほか、近年では盆地中央部でも点々と旧石器が発見されている。これに対し、京都府北中部の旧石器遺跡はまだ多くない（以下、山城盆地と丹後半島周辺の主要遺跡については、二一・二二頁の図を参照のこと）。

乙訓の大枝《おおえ》遺跡では、国府《こう》型とよばれるナイフ形石器のほか、皮をはぐための掻器《そうき》・削器《さくき》、木材工作をするための彫器《ちょうき》など、五〇〇点を超える石器がみつかっていて、人びとの生活を想像させてくれる。涼しい夏とこごえる冬。彼らは森林や水辺で動植物をとり、それらを加工し、テントのような住居にくらした。住居のそばには墓もいとなまれていただろう。しかし食物が少なくなれば、彼らはたやすく別の土地に移り住んでいった。旧石器時代にはまだムラがうまれておらず、府下各地の地域色もほとんどあらわれていなかった。

縄文時代のムラ●

氷河時代がおわろうとしていた約一万二〇〇〇年前、日本列島に縄文土器《じょうもんどき》が誕生し、人びとは食物の煮炊きをはじめた。また投げ槍《やり》や弓矢が使われるようになり、有茎尖頭器《ゆうけいせんとうき》・石鏃《せきぞく》といった石器が装着された。これらの技術革新によって人びとの生活は安定し、定住化が進んでいった。縄文時代のはじまりである。

縄文時代初めの道具は府下各地で発見されており、なかでも有茎尖頭器は広く分布する。福知山《ふくちやま》市武者《むしゃが》ケ谷《たに》遺跡で出土した小型の深鉢《ふかばち》（口絵参照）は、京都府最古の縄文土器として知られている。

八五〇〇年ほど前、山城盆地の東北隅、今の北白川《きたしらかわ》と一乗寺《いちじょうじ》に小さなムラがうまれた。比叡《ひえい》山麓の扇《せん》状地《じょうち》には、その後も縄文時代のほぼ全期間にわたって人びとがくらした。彼らの生活の跡が「比叡山西南麓遺跡群」とよばれる、西日本有数の縄文遺跡である。北は修学院《しゅうがくいん》、南は岡崎《おかざき》におよび、その間約六キロ。縄文のムラは北白川小倉《おぐら》町・北白川追分《おいわけ》町・一乗寺向畑《むかいばた》町を中心にいとなまれ、盛衰を繰り返した。人びとが比叡山麓から姿を消す時期もあったし、発見された土器には、時により近畿北部・瀬戸内・

東海などの影響がうかがわれる。比叡山麓の縄文人は広い地域と関係をもち、必要に応じて移動していたらしい。

縄文時代の北白川には照葉樹林《しょうようじゅりん》が広がり、トチノミ・ドングリ・クルミなどがたくさん実った。小川や沼沢地では、魚介や集まってきた鳥獣をとることができる。人びとは自然の恵みを計画的に用い、安定した生活を送っていた。土器の種類は多彩となり、磨製石斧《ませいせきふ》、投げ網のおもり、磨石《すりいし》・石皿《いしざら》といった石器も使われた。信仰の道具としては石棒《せきぼう》や石刀《せきとう》があった。彼らの住居跡もみつかっている。約八〇〇〇年前の北白川上終《かみはて》町遺跡のものは長径約二・七メートル、短径約二・四メートルの楕円形の竪穴《たてあな》住居である。一方、北白川追分町遺跡の住居跡（約四〇〇〇年前）は、一辺約五メートルの隅丸方形で、中央に炉《ろ》があった。城陽《じょうよう》市森山《もりやま》遺跡の例から推せば、こうした住居が数棟、広場を囲んで立ちならび、一つのムラを形づくったのだろう。追分町遺跡では、居住域からややはなれた場所に墓地が設けられ、配石《はいせき》墓九基・甕棺《かめかん》墓七基が築かれていた。

縄文文化は京都府各地で開花した。とりわけ興味深いのは、山城盆地と自然環境が大きく異なる丹後《たんご》の縄文遺跡である（長

北白川小倉町遺跡（京都市左京区）の縄文土器

谷川達「京都府北部の縄文時代遺跡」『京都府埋蔵文化財論集』一)。京丹後《きょうたんご》市網野《あみの》町浜詰《はまづめ》遺跡や同市丹後町平《へい》遺跡は、日本海岸の砂丘上にある。浜詰遺跡では竪穴住居一棟と貝塚《かいづか》二カ所がみつかり、シジミ・ハマグリなどの貝、コイ・フグ・タイ・マグロなどの魚骨、イノシシ・シカ・サルなどの獣骨のほか、ドングリの実が大量に出土した。時期や立地はやや異なるが、数十キロはなれた福井県鳥浜《とりはま》貝塚の自然遺物とも似ていて、海辺の縄文人の食生活がよくわかる。また由良《ゆら》川下流では、舞鶴《まいづる》市桑飼下《くわがいしも》遺跡・志高《しだか》遺跡・八雲《やぐも》遺跡など、自然堤防上の縄文のムラがつぎつぎに発見されている。桑飼下遺跡では住居の炉跡が四八基もみつかったほか、七五一本の打製石斧が出土し、ジネンジョを栽培する道具ではないかとされている。約四〇〇〇年前、土偶《どぐう》などとともに東日本の文化要素が流入したものらしい。京都府を含む西日本には縄文遺跡が少ないが、由良川下流のような低地遺跡は、各地にまだまだ埋もれていることだろう。

山城盆地の弥生時代●

紀元前四世紀ごろ、朝鮮半島から九州北部へ、一群の人びとが移住してきた。水稲耕作の技術をもち、金属の道具を使う人びとである。やがて彼らは瀬戸内海地域に進出し、大阪湾岸を経て山城盆地にあらわれた。それがいくどか繰り返されるうちに、縄文人との交流と融合が進み、紀元前三〇〇年前後には山城盆地でも弥生《やよい》時代がはじまった。

長岡京《ながおかきょう》市雲宮《くもみや》遺跡は弥生時代初期にうまれ、山城盆地で最古級の水田をいとなんだムラの跡である。近辺には縄文時代から続くムラが多い。弥生人はそうしたなかに移住し、先住者に技術を伝えながら、あらたな社会秩序をつくりだしていったのだろう。雲宮のムラは微高地上にあり、二重の環濠《かんごう》をもっていた。壕《ほり》は幅三メートル以上、深さ一～一・五メートルをはかり、東西二〇〇メートル・南北一〇〇メートルほどの楕円形をなすと思われる。環濠内には東部に住居、西部に倉庫が建てられた。ムラの外の低湿地には水田が広がっていたらしい。紀元前二世紀ごろになると、雲宮の人びとはすぐ西の段丘上に新しいムラをつくった。神足《こうたり》遺跡がそれで、環濠は未発見だが、総面積は五万平方メートル以上におよぶとみられる。ムラの中心地では六〇棟以上の竪穴住居と四棟以上の高床倉庫《たかゆかそうこ》、その周囲で四〇基をこえる墓がみつかっている。住居は大小さまざまだが、一〜四棟がひとまとまりになっており、血縁集団を示すものかも知れない。墓のほとんどは周囲に溝をめぐらせた方形周溝墓《ほうけいしゅうこうぼ》で、一辺七〜一〇メートルのものが多い。これもいくつかのグループに分かれていて、住居と墓がうまく対応しそうである。

雲宮・神足の水田跡はまだみつかっていない。しかし雲宮遺跡では木製の鍬《くわ》が出土しており、こうした道具で溝を掘り、田をたがやしたことはあきらかである。三キロ北の向日《むこう》市森本《もりもと》遺跡では用水路が発見されている。幅は一〜一・八メートル、両壁を矢板《やいた》と杭《くい》で補強し、総延長は数百メートルにおよぶとみられる。用水路で灌漑される水田には、八幡《やわた》市内里八丁《うちさとはっちょう》遺跡などのように、一区画が九〜五〇平方メートルの田がならんでいたのであろう。傾斜地に水を張るには、小さな田のほうが作業しやすかった。秋になって稲が実ると、穂首を石包丁《いしぼうちょう》で刈り取る。雲宮では粘板岩《ねんばんがん》の石包丁を、自分のムラだけでは使い切れないほどつくっていた。収穫した稲穂は高床倉庫や大型の壺《つぼ》におさめておく。食べるときは臼《うす》と杵《きね》で脱穀・精米してから、甑《こしき》を使って炊飯し、高杯《たかつき》や椀《わん》にもりつけた。このような水稲耕作の技術、壺・甕・高杯などの土器セットは弥生時代初期からみられ、まとまった文化として伝えられたものであった。

神足のムラは紀元前後まで栄えた。まわりには古市《ふるいち》森本・雲宮・南栗ヶ塚《みなみくりがづか》・開田《かいでん》などの小さなムラがあり、神足を中心にして、灌漑工事などをともに行う共同体を形成していた。こうした母村—子村のまとまりは、山城盆地の各地でみることができ、基本的な生活圏としてうけつがれていく。クニの原初形態といえよう。乙訓では神足のほか、京都市中久世《なかくぜ》遺跡・向日市森本遺跡・長岡京市今里《いまざと》遺跡が母村とみられている。

しかし人びとは、共同体のなかだけで生きたのではない。たとえば乙訓地方の弥生土器には近江《おうみ》・摂津《せっつ》(三島《みしま》)と共通する特徴がみられ、淀《よど》川水系として一括できる地域色があったとされている。ただ同じ山城盆地でも、場所によって近江、あるいは大和《やまと》の影響がとりわけ強い遺跡があるし、時とともに変化もみられる。しかしいずれにせよ、他地域との交渉があったことは事実であろう。その背景に婚姻関係──女性の「嫁入り」──を読みとろうとする人もいる。女性が土器をつくる民族の多いことが、人類学の研究であ

神足遺跡(長岡京市)の弥生のムラ復原想像図

きらかになっているからである。

一世紀以降になると、乙訓地方は大きく変貌する。神足のムラは衰え、周辺は小さなムラが散在する地域に変わっていった。環濠をもつ大きなムラが解体し、小規模なムラの数がふえるのは、当時の西日本に広くみられる現象である。それだけではない。この時代には、見晴らしのよい高台にムラがつくられ、また有力首長が巨大な住居や墳墓を築きはじめるなど、弥生社会にさまざまな変化がおきていた。高地性集《こうちせい》落とよばれる高台のムラは、乙訓では向日市北山《きたやま》遺跡・長岡京市谷山《たにやま》遺跡などが知られており、山城盆地全体では一〇カ所以上におよぶ。これらはたがいに見通しがきき、ノロシをあげて連絡をとりあう軍事的な施設だったらしい。中国の歴史書は、二世紀の倭国《わこく》がおおいに乱れたと記しているが、高地性集落の多くはそのような緊張状態と関係するものと考えられている。

変動はなぜおきたか。原因の一つは、紀元前後から本格化する鉄器《てっき》の普及であろう。石器はこのころからしだいに姿を消した。鉄の道具によって生産力が高まり、社会に階層差が広がっていく。また当時、鉄は朝鮮半島でしかとれなかったから、鉄器を手にいれるためには、広域にわたる政治関係を維持する必要があった。かくして列島各地に有力首長がうまれ、たがいに連携しながら、環濠に象徴されるムラの共同性を打ち破っていった。こうした政治秩序の再編が「倭国大乱」をもたらしたのだろう。民衆から隔絶した首長が、それぞれのクニを支配する新しい時代がはじまった。向日市中海道《なかかいどう》遺跡で発見された巨大な建物跡は、弥生時代終末期の乙訓の有力首長の権力をまざまざと示している。

丹後半島の弥生時代●

時代はふたたび弥生初期に戻る。九州北部から東にむかった弥生人には、日本海沿岸を進んだ一派がいた。

彼らは最終的には本州北端に至ったが、途中で定着したものも多かった。そうした地の一つが丹後である。丹後半島には野田《のだ》川・竹野《たけの》川・福田《ふくだ》川・川上谷《かわかみだに》川などの河川が流れ、流域に小さな平野を形成し、河口に潟湖《せきこ》を伴っていた。丹後の弥生のムラは、京丹後市久美浜《くみはま》町函石浜《はこいしはま》遺跡・丹後町竹野《たかの》遺跡のように河口近くの砂丘や、与謝野《よさの》町蔵ヶ崎《くらがさき》遺跡のように内陸平野の低地などに、まずつくられた。周辺には縄文のムラもあったから、ここでも縄文人と弥生人の交流がみられたことだろう。蔵ヶ崎遺跡では紀元前三世紀ごろの水田土壌、矢板と杭で護岸した用水路、木製の鍬・鋤《すき》などが発見されている。

それからしばらくして、竹野川中流に要塞のようなムラができた。峰山《みねやま》駅前に小高い丘陵があるが、そこが最大幅六メートル、深さ四メートル、総延長が一キロにもおよぶ大環濠を二重にめぐらせたムラの故地、京丹後市峰山町扇谷《おうぎだに》遺跡である。扇谷の環濠からは土器、石器、鉄斧、玉作りの道具、ガラス塊、土笛などが出土しており、弥生人が住んでいたのは確かである。彼らがつくる稲田は、眼

扇谷遺跡(京丹後市峰山町)の環濠跡

下に広がる竹野川沿いの低地にあったのだろう。

扇谷から二キロほど南の段丘上に、峰山町途中ヶ《とちゅうが》丘《おか》遺跡がある。紀元前三〜二世紀から弥生時代末まで続いた大きなムラの跡である。ところが紀元前二世紀ごろ、途中ヶ丘にはしばらく人がいなくなり、ちょうどそれが扇谷のムラの存続期間と一致する（峰山町教育委員会『扇谷遺跡発掘調査報告書』）。また、途中ヶ丘遺跡でも玉や原石、玉作り道具、鉄斧、土笛など、よく似た遺物がみつかっている。どうやら途中ヶ丘の弥生人が、なんらかの社会的緊張をうけて扇谷に移住したものらしい。彼らは誰から身をまもろうとしたのだろうか。やがて緊張が去ると、人びとは扇谷をすてた。途中ヶ丘はその後、近在のムラムラをまとめる母村として、長く栄えることになった。

紀元前一世紀、竹野川のやや下流、奈具《なぐ》の地に新しいムラがうまれた。京丹後市弥栄《やさか》町奈具遺跡・奈具岡遺跡・奈具谷遺跡をのこした大集落である（河野一隆「奈具の弥生人」『古代文化』四九―四）。奈具ではこれまでに一〇〇棟以上の住居跡がみつかっている。多くは丘陵斜面をテラス状に造成して建てたもので、広場はなかったようだ。ムラの水田は丘陵の下にあり、水路や取水口が発見されている。トチノミの灰汁《あく》抜きもそこで行われた。奈具のムラには工房があった。玉工房では緑色凝灰岩《りょくしょくぎょうかいがん》から管玉《くだたま》、水晶《すいしょう》から勾《まが》玉《たま》・算盤玉《そろばんだま》・小玉《こだま》などが製作された。鉄工房跡からは鉄斧《てっぷ》・鉄鏃《てつぞく》といった製品のほか、鍛冶炉《かじろ》、鞴《ふいご》の羽口《はぐち》、朝鮮半島から輸入された鉄素材などがみつかった。水色・紺色のガラス玉やガラス滓《さい》も生産に伴うものだが、その原料も輸入品だった。こうした生産活動は扇谷・途中ヶ丘を含め、丹後の十数カ所のムラで確認されている。日本海を利用した九州北部・朝鮮半島との活発な交易が、その背景にあったに違いない。

奈具のムラでは墓も発見されている。二〇×一〇メートルの規模をもつ長方形の墳丘墓《ふんきゅうぼ》が三基、丘陵上に連続し、それぞれ二～七人が埋葬されていた。家族墓だろう。このような方形の台状墓を丘陵上に築くのが、弥生時代の丹後に特徴的な墓制である。また、近畿地方的な方形周溝墓、山陰地方の影響をうけた方形貼石墓《はりいし》もそれぞれ二基発見された。貼石墓は、与謝野町寺岡《てらおか》墳墓群・舞鶴市志高遺跡などで大きなものがみつかっている。

紀元前後、奈具のムラは突然消えた。弥生社会の大変動が、丹後半島にもおよんだのであろうか。このころ丹後半島から但馬《たじま》・北丹波《きたたんば》に至る地域に、共通の墓制が広がる（肥後弘幸「近畿北部の墓制」『季刊考古学』六七）。丹後の台状墓が普及し、鉄製武器・工具や玉類を大量に副葬するとともに、京丹後市大宮《おおみや》町三坂神社《みさかじんじゃ》三号墓のような隔絶した首長墓が築かれるようになった。丹後のガラス玉出土量は全国の十分の一にのぼるといい、本州では傑出している。そして弥生時代の終わりごろ、阿蘇海《あそかい》をのぞむ丘陵地に与謝野町大風呂南《おおぶろみなみ》一号墓が築かれた。七×四メートルもの巨大な墓穴に葬られた人物は、長い舟形木棺におさめられ、鉄剣一一本・銅釧《くしろ》一三点・ガラス釧一点・管玉二五〇点など数多くの副葬品をもっていた（口絵参照）。鉄と玉のクニの首長。丹後半島の弥生社会の一つの帰結が、ここにあった。

2　ヤマトとの同盟と対立——ヤマシロの古墳時代

椿井大塚山古墳●

二世紀の終わりごろ、大乱を経た列島各地のクニの首長たちは、女王卑弥呼《ひみこ》を盟主とする政治連合を形成した。二三九年、彼女は魏《ぎ》王朝に使者を派遣し、「親魏倭王《しんぎわおう》」の称号を得た。卑弥呼は三世紀半ばに死ぬ。

近年の研究によれば、そのころから西日本に前方後円《ぜんぽうこうえん》（方《ほう》）墳《ふん》が築かれはじめた。各地の弥生墳丘墓の要素を集めながら、それまでとは隔絶した規模をもつ画一的な墳墓。前方後円墳の出現が、新しい時代の到来を告げた。

出現期の前方後円墳は、奈良盆地東南部に箸墓《はしはか》古墳・西殿塚《にしとのづか》古墳など最大級のものがあり、倭王たちの墓と考えられる。瀬戸内海沿岸にも初期古墳が分布し、兵庫県西求女塚《にしもとめづか》古墳・岡山県浦間茶臼山《うらまちゃうすやま》古墳・福岡県石塚山《いしづかやま》古墳などが代表的である。山城盆地では、木津川《きづがわ》市椿井大塚山《つばいおおつかやま》古墳・向日市元稲荷《もといなり》古墳（前方後方墳）・向日市五塚原《いつかはら》古墳などがあげられる。三世紀の倭国政権の有力者は、これらの地域にいた。

椿井大塚山古墳は、ヤマト以外では最大の規模をもつ初期前方後円墳である。木津《きづ》川をみおろす丘陵の先端部を利用し、全長一六九メートルの墳丘を築いている。後円部は径一〇四メートルで、丘陵を断ち切る関係で形がいびつになった。前方部は先端がバチ形に開き、後円部よりずっと低い。築造計画としては全長一八四メートル、ヤマトの箸墓古墳をちょうど三分の二に縮小した形が選ばれた。後円部の中央に竪穴式石室がある。南北長六・九メートル、幅一メートル、高さ三メートルの巨大なもので、板石・割石を積んで壁を立ちあげ、天井に安山岩《あんざんがん》の板石をおき、粘土《ねんど》を厚くかぶせていた。床には板石・礫《れき》・砂をしき、粘土床を設けて、コウヤマキの割竹形木棺を安置する。石室内には朱が塗られ、粘土床には一〇キログラムを超える水銀朱がまかれていた。これらはみな出現期の前方後円墳の特徴をよく示すものである。

三六面の銅鏡《どうきょう》、多数の鉄製武器・工具・農具・漁具など、莫大な副葬品もみつかった。とくに注目されるのが、画文帯神獣鏡《がもんたいしんじゅうきょう》一面と三角縁《さんかくぶち》神獣鏡三二面である。画文帯神獣鏡は三世紀初め、三角縁神獣鏡は三世紀中葉に中国でつくられた鏡と考えられ、倭王が入手して、ほどなく列島各地の首長に配布したも

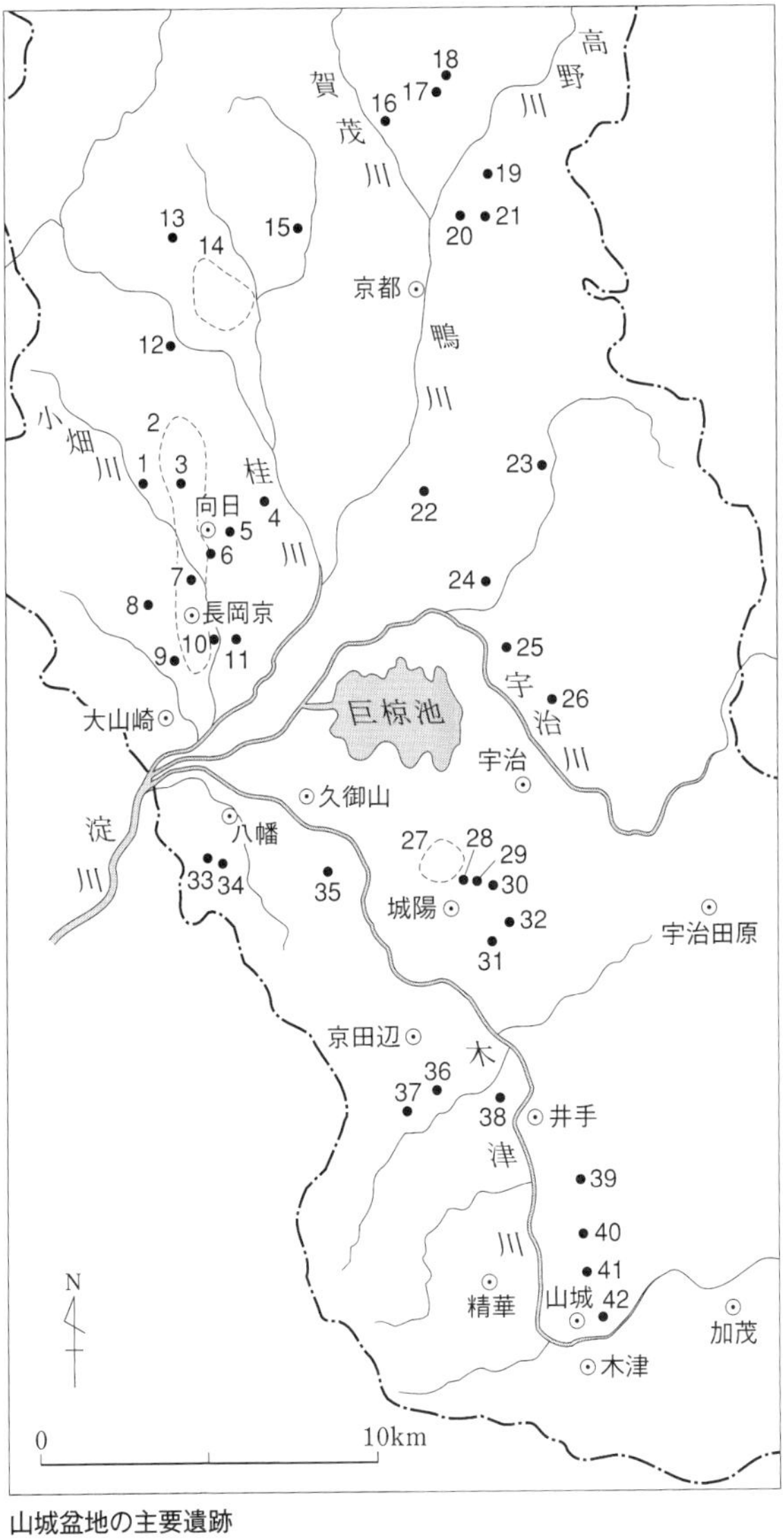

1 大枝遺跡
2 乙訓古墳群
3 中海道遺跡
4 中久世遺跡
5 森本遺跡
6 北山遺跡
7 今里遺跡
8 谷山遺跡
9 鞆岡廃寺
10 神足遺跡
11 雲宮遺跡
12 松室遺跡
13 広沢池遺跡
14 太秦古墳群
15 北野廃寺
16 植物園北遺跡
17 幡枝2号墳
18 幡枝元稲荷瓦窯
19 一乗寺向畑遺跡
20 北白川追分町遺跡
21 北白川小倉町遺跡
22 深草遺跡
23 中臣遺跡
24 黄金塚2号墳
25 宇治二子塚古墳
26 隼上り瓦窯
27 平川古墳群
28 久世廃寺
29 芝ヶ原遺跡
30 正道遺跡
31 森山遺跡
32 芝山遺跡
33 八幡西車塚古墳
34 八幡東車塚古墳
35 内里八丁遺跡
36 天神山遺跡
37 普賢寺跡
38 飯岡車塚古墳
39 湧出宮遺跡
40 平尾城山古墳
41 椿井大塚山古墳
42 高麗寺跡

山城盆地の主要遺跡

のと考えられる。三角縁神獣鏡は卑弥呼が魏から下賜《かし》された鏡とする見解が有力で、これまで全国の古墳から四〇〇面近く出土した。そのなかでも椿井大塚山古墳は、ヤマトの黒塚《くろづか》古墳の三三面とともに、抜群の点数をほこっている（口絵参照）。椿井大塚山古墳の被葬者、あるいはその父祖は、遅くとも三世紀前葉までに倭国の政治連合に参加し、高い地位の証《あかし》として、多数の中国鏡を倭王からあたえられたのであろう。古墳の規模と鏡の数のいずれをみても、この南山城の首長が、ヤマトの倭王一族につぐ強大な権力をもっていたことは疑いないように思われる。

反乱伝承と宮室●

椿井大塚山古墳に続き、南山城東南部には木津川市山城町平尾城山《ひらおじょうやま》古墳が築かれた。しかし、わずか二代で大古墳の系譜はとだえる。これに対して乙訓地方では、向日市の寺戸大塚《てらどおおつか》古墳・妙見山《みょうけんやま》古墳、京都市西京《にしぎょう》区の一本松塚《いっぽんまつづか》古墳・天皇ノ杜《てんのうのもり》古墳、そして長岡京市の今里車塚《くるまづか》古墳・恵解山《えげのやま》古墳と、築造地域をかえながら、五世紀初頭ごろまで大古墳がつくられた。椿井の勢力の消滅はあまりに突然である。三世紀末の南山城になにがあったのか。

これに符合するかのような物語がある。『日本書紀《にほんしょき》』によれば崇神《すじん》天皇の時代、いわゆる四道将軍《しどうしょうぐん》の一人として大彦命《おおびこのみこと》が北陸に派遣されたが、途中の和邇坂《わにさか》で少女の謎めいた歌を聞く。それはヤマシロにいる武埴安彦《たけはにやすひこ》の謀反《むほん》の予兆だった。やがて武埴安彦は反乱軍をおこすが、大彦命は平城山《ならやま》を越えて木津川南岸に進軍し、河北にいた武埴安彦を打ち破ったという。三世紀の倭国にタケハニヤスヒコという王族がいたこと、彼が倭王の地位を簒奪しようとしたこと、そのいずれもが不確かである。記紀《きき》の「国土統一の物語」を、そのまま信じることなどできない。しかし、その材料となった伝承や系譜に、遠い記憶の断片がまぎれこんでいる可能性はある。武埴安彦は椿井大塚山古墳のすぐ近くで敗死した。その反乱伝承は、南山城の大勢力の壊滅という歴史的事実と、どこかでつながっているのかもしれない。記紀の物語では、武埴安彦についで狭穂彦王《さほびこのみこ》という奈良盆地北部の勢力が滅ぼされる。南山城に接するヤマトの佐紀《さき》に、倭王たちが大古墳をつくりはじめるのは、ちょうど四世紀前葉のことであった。

ヤマシロは七世紀まで「山代」、奈良時代には「山背」、平安遷都《へいあんせんと》後は「山城」と表記されたが、元来は木津川（山代川）流域の南山城地方をさした。記紀が語る三〜五世紀のヤマシロは、特徴的な地域である。山代之荏名都比売《えなつひめ》、大筒木垂根《おおつつきたりね》王の女《むすめ》の迦具夜《かぐや》比売、山代大国之淵《おおくにのふち》の女の苅羽田戸弁《かりはたとべ》、山代之玖々麻毛理《くくまもり》比売、木幡《こはた》の宮主矢河枝《みやぬしやかわえ》比売など、天皇や皇子の妻となる女性がつぎつぎにあらわれる。一方で武埴安彦、忍熊《おしくま》王、大山守《おおやまもり》命などが反乱をおこし、敗北する舞台にもなる。ヤマトとの同盟と対立。ヤマシロがこのように描かれるには、ワニ氏の伝承が大きな役割をはたしたのだろうが、大和川水系のヤマト・カハチ（のちの河内《かわち》・和泉《いずみ》）に比肩する有力首長たちがいて、ときに緊張をはらみつつ倭国政権に参加したことは、やはり事実ではあるまいか。仁徳《にんとく》天皇時代、兄の菟道稚郎子《うじのわきいらつこ》は「宇治宮」にいて王位を固辞し、キサキの磐之媛《いわのひめ》は「筒城《つつきの》（綴喜）宮《みや》」で夫の不実をいかったという。菟道稚郎子は『播磨国風土記《はりまのくにふどき》』では「宇治《うじ》天皇」とよばれている。これらの宮室《きゅうしつ》が実在したとはかぎらないが、背後に支持勢力の存在をうかがうことはできる。

そして六世紀初頭、ヤマシロを始めとする淀川水系の諸勢力が、決定的に優位にたった。彼らは北陸・東海の豪族たちと連携し、オホドという大王を擁立した。彼の地位を天皇とよぶようになるのは七世紀、彼を継体《けいたい》と名づけたのは八世紀後半のことである。五世紀後葉から王権は専制化を強め、全国的な政治変動をもたらしたが、オホド大王の登場もその流れの上にあった。彼は樟葉《くずは》宮・筒城宮・弟国《おとくに》（乙訓）宮で二〇年をすごし、朝鮮問題の処理に忙殺される。そして五二六年、ついにヤマトにはいり、磐余《いわれ》に宮室をいとなんだ。そのころ、宇治に二子塚《ふたごづか》古墳という大古墳が築かれた。オホド大王の墓とされる大阪府今城《いましろ》塚《づか》古墳の三分の二の築造企画をもち、よく似た埴輪《はにわ》が使われているという。しかし、後続する古墳はない。オホド大王以後のヤマシロの地位を、それは暗示するかのようである。

栗隈県●

城陽市は夕陽の美しい街である。東部の丘陵からながめると、木津川沿いの平地のかなた、北摂《ほくせつ》の山なみに日はおちていく。かつては、すぐ北方に巨椋池《おぐらいけ》の広大な水面が光っていたことだろう。この夕景を数百年にわたって見続けた古代豪族がいた。

彼らの記念碑の一つが平川《ひらかわ》古墳群である。四世紀後葉の箱塚《はこづか》古墳、五世紀前葉の久津川《くつかわ》車塚古墳、五世紀中葉の芭蕉《ばしょうづか》塚古墳と続く前方後円墳の系譜は、乙訓地方で古墳の築造が衰えてきたころ、ヤマシロ最強の勢力がどこにいたかをはっきりと示す。なかでも久津川車塚古墳は墳丘長一八〇メートル、前方部が大きく発達し、二重の周濠をめぐらせる。後円部には「王者の棺」長持形《ながもちがた》石棺がおさめられ、銅鏡七面、多数の玉類、豊富な鉄製武器などもみつかった。四世紀後葉〜五世紀中葉の倭王たちはカハチの古市・百舌鳥《もず》に超大型古墳を築いたが、平川古墳群の規模と内容からみれば、城陽の首長は倭王と深い関係をもっていたと考えられる。しかし、彼らは新興豪族ではない。久津川車塚古墳の画文帯神獣鏡や三角縁神獣鏡は、被葬者の先祖が三世紀の倭国政権に同盟・服属したことを示すものである（森下章司「鏡の伝世」『史林』八一—四）。城陽の丘陵には芝ヶ原《しばがはら》古墳、西山《にしやま》古墳群、上大谷《かみおおたに》古墳群など、三・四世紀の古墳が連綿といとなまれていた。さきにあげた山代之玖々麻毛理比売は大久保付近の地名「栗隈《くりくま》」を名に含み、倭《やまと》建命《たけるのみこと》との婚姻が伝えられる。この伝統ある首長一族が四世紀後葉に力をつけ、ヤマシロに覇をとなえたのであろう。

『日本書紀』によると、仁徳《にんとく》天皇は「栗隈県《くりくまのあがた》」に大溝を掘って田をうるおしたという。推古十五（六〇七）年にも似た記事があるので、仁徳紀は疑わしく思える。しかしオホサザキ（仁徳）を五世紀前葉の倭王とすると、当時、栗隈近辺では平川古墳群の造営工事が続いていた。その技術と労働力を用いて溝を掘れば、広い田が灌漑できるだろう。五世紀にはカハチの古市やヤマトの石上《いそのかみ》でも、台地や扇状地に大溝が掘られている。そうした目でみると、久津川車塚古墳のすぐ東の大谷川は、扇状地上を等高線にそって北流する不自然な流路をとり、栗隈をめざしている。古墳の南では旧河道もみつかった。栗隈大溝を平地部の古川にあてる考えもあるが、ここでは大谷川説をとり、五世紀の開削を認めたい。

かつて「栗隈県」がこの地にあった。「県」は倭国の地方制度で、倭王に服属した有力首長を「県主《あがたぬし》」とし、その支配権を認めたまま王権に奉仕させるものであった。近年は県の成立を五～六世紀とみる学説も盛んだが、県主は国造《くにのみやつこ》・伴造《とものみやつこ》の「ミヤツコ」に先行する「ヌシ」の称をもち（鎌田元一「日本古代の『クニ』」『日本の社会史』六）、王宮ごとに部民《べみん》をおく名代《なしろ》・子代《こしろ》の制よりも古めかしい奉仕形態をとるから、それらにさきだつ三～四世紀に成立した制度と考えるべきであろう。城陽の勢力は「栗隈県主」一族だったと思われる。後代のことだが、栗隈采女黒女《うねめくろめ》という女性が推古《すいこ》天皇につかえ、また栗隈首徳万《とこまろ》の女である黒媛娘《くろひめのいらつめ》は天智《てんち》天皇のキサキとなって水主皇女《みぬしのひめみこ》をうんだ。王や王族に寵愛されたウネメは多く、ウネメとキサキは実態としては連続していた。栗隈県主も同盟・服属の証として、一族の娘を歴代王宮に奉仕させていたのであろう。山代之玖々麻毛理比売もそうした女性の一人だったのであろうか。県主はこのほか王の衣食住に関する貢納を行った。栗隈のすぐ北の那紀《なき》（名木）では、平安時代に内膳司《ないぜんし》の園がおかれ、天皇が食べる野菜をつくっていた。これも栗隈県の伝統を引くものかもしれない。

栗隈県主の本拠がどこにあったかはわからない。森山遺跡で四世紀ごろの豪族居館と竪穴住居の跡がみつかっているが、やや南にはなれている。さしあたっては丸塚古墳の家形埴輪から、彼らの豪壮な邸宅を想像しておきたい。集落遺跡も古いものは少ないが、墳墓のあり方から、この地域の階層構成をかなり復原することができる（和田晴吾「古墳築造の諸段階と政治的階層構成」『古代王権と交流』五）。平川の大古墳が大首長の墓であり、その下に帆立貝形古墳や方墳・円墳を築く小首長がいる。民衆の墓は弥生時代以来のもので、有力家長層は小型の低方墳、一般民衆は土壙墓《どこうぼ》に葬られたのであろう。五世紀後葉以降、大古墳がまた築かれなくなっても、中小古墳

丸塚古墳（城陽市）の家形埴輪

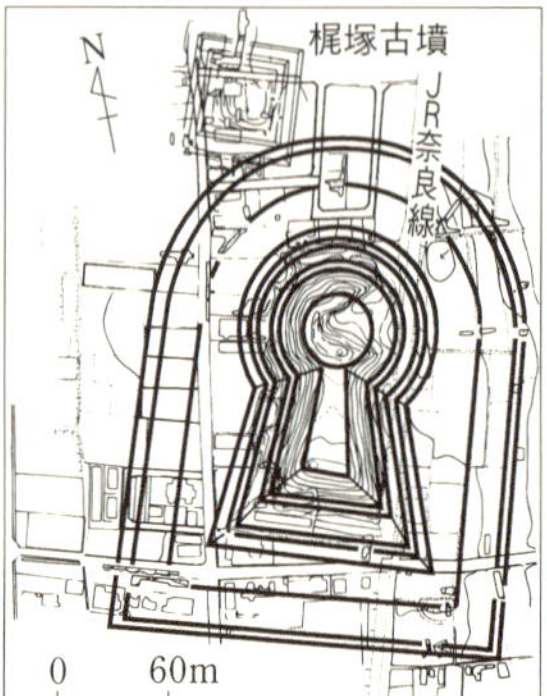

久津川車塚古墳（城陽市）の墳丘
城陽市史編さん委員会編『城陽市史』第3巻による。

の造営は続けられた。

六世紀後半になると、東部の丘陵・台地上に集落があらわれる。芝ヶ原遺跡、正道《しょうどう》遺跡、芝山遺跡、久世廃寺下層遺跡などがその遺跡である（近藤義行「南山城の古代集落」『平安京歴史研究』）。芝ヶ原の集落は七世紀まで続き、これまでに竪穴住居一四三棟・掘立柱建物四一棟がみつかっている。正道の集落は七世紀後半になって移動させられ、跡地に官衙《かんが》が建てられた。かつての栄光を失った栗隈県に、新しい時代が訪れつつあった。七世紀初頭に栗隈大溝が再開発され、ミヤケがおかれたことも、この地の律令制《りつりょうせい》への歩みを加速させたに違いあるまい。

葛野の開発●

ヤマシロの主要古墳群は椿井、乙訓、城陽と移っていったが、その後、五世紀末以降に古墳が盛んにつくられる地域があった。山城盆地西北隅の嵯峨野《さがの》である。京都市右京《うきょう》区太秦《うずまさ》古墳群は段ノ山《だんのやま》古墳・清水山《しみずやま》古墳・天塚《あまづか》古墳・片平大塚《かたひらおおつか》古墳（伝仲野親王陵古墳）・蛇塚《へびづか》古墳など、墳丘長六〇～七〇メートル程度の中型前方後円墳を中心とし、その築造は七世紀初頭まで続いた。

嵯峨野の古墳群を築いた勢力は、太秦にその名を残す秦《はた》氏以外に考えられない。秦氏は秦始皇帝《しんしこうてい》の末裔と称する氏族で、応神《おうじん》天皇時代に弓月君《ゆづきのきみ》が人民を引きつれて渡来し、ヤマトの葛城《かつらぎ》に住んだ。のちに雄《ゆう》略《りゃく》天皇が秦酒公《はたのさけのきみ》に秦の民を統率させたところ、彼は貢物の絹織物をうずたかく積みあげたので、ウヅマサの姓を賜ったという。四世紀後葉の渡来が事実かどうかはわからない。しかし太秦古墳群の年代からみれば、ワカタケル大王（雄略）がいた五世紀後葉に、秦氏がヤマシロ北部に勢力を扶植しはじめた可能性は大きい。

秦氏は桂《かつら》川を嵐山《あらしやま》渡《と》月橋《げつきょう》の近くでせきとめる大工事を行い、その水で田を灌漑した。これが「葛野大堰《かどののおおい》」である。奈良時代には大きな溝・堰の例にあげられるほどで、今も大堰《おおい》川の名が残っている。秦氏がまつった松尾《まつのお》神社のすぐ近くに、京都市右京区松室《まつむろ》遺跡がある。これまでに六世紀の集落跡と大規模な溝がみつかった。大溝は北西から南東へ流れ、最大幅一五メートル、深さ一・五メートル。葛野大堰から分流された用水路とする考えが有力である。十五世紀の「山城国桂川用水差図」（東寺百合文書《とうじひゃくごうもんじょ》）に渡月橋付近で取水して桂川西岸をうるおす「一井《いちのい》」がみえるが、これが松室遺跡の大溝の後身であろう。なお、同図には「一井」のすぐ下流で取水し、桂川東岸を灌漑する「二井《にのい》」も描かれている。この溝は他の中世絵図にもみえ、江戸時代末期に広げられて西高瀬《にしたかせ》川になったと考えられる。西高瀬川は太秦古墳群をぬって流れ、遅くとも九世紀にはその水がかりとみられる土地に水田が広がっていた。とすれば「二井」もまた、葛野大堰に伴う大溝の後身ではなかろうか。開削時期は不明だが、清水山古墳・天塚古墳の北をとおるから、両古墳より遅れる可能性があり、さしあたり六世紀後半とみておきたい。このように葛野大堰は六世紀に築かれ、桂川両岸を広く灌漑し、秦氏の財力の基盤になったと思われる。

秦氏が開発した山城盆地北部は「葛野」とよばれた。その範囲は巨椋池の北、のちの葛野郡・乙訓郡・愛宕《おたぎ》郡・紀伊《きい》郡とみられる。木津川流域をさす狭義のヤマシロに対置される地域である。秦氏はのちの葛野郡の嵯峨野、紀伊郡の深草《ふかくさ》を中心として、葛野各地に住んだ。その他の有力氏族としては、愛宕郡の鴨《かも》氏・小野《おの》氏・粟田《あわた》氏・山背《やましろ》氏などがいる。しかし、付近には五世紀前半までの古墳がみあたらず、彼らも葛野に移住してきた人びとであったと考えられる。これに対し、五世紀初頭まで大古墳を築いた乙訓の勢力の名は、葛野別《かどののわけ》氏・石作《いしつくり》氏・六人部《むとべ》氏などが候補となるが、はっきりしない。

鴨氏は「葛野鴨県主」または「葛野主殿《とのもり》県主」とよばれた氏族で、倭王に同盟・服属して「葛野県」の県主となり、薪炭や氷を貢納した。彼らがまつるカモ神について、「秦氏本系帳」などはこう語る。賀茂建角身命《かものたけつぬみのみこと》はヤマトの葛城山にいたが、ヤマシロの岡田（木津川市）に移った。さらに木津川をくだって桂川と鴨川の合流点（京都市南部）に至り、鴨川をさかのぼって上賀茂の地に鎮座した。そして丹波の神伊賀《いか》古夜日売《こやひめ》をめとり、玉依日古《たまよりひこ》・玉依日売をうむ。玉依日売は流れてきた丹塗矢《にぬりや》に感じて賀茂別《かものわけ》雷命《いかずちのみこと》をうむが、その矢は乙訓の火雷命《ほいかづちのみこと》だったという。この伝承は、神に託して語った鴨氏の歴史であろう。彼らは秦氏と同じく、ヤマトの葛城から移住してきたという。上賀茂付近で最古の古墳とみられる岩倉幡枝《いわくらはたえだ》二号墳は、五世紀後半に築造された。鴨氏の移住時期も、秦氏と同じころだったらしい。ところで、県主

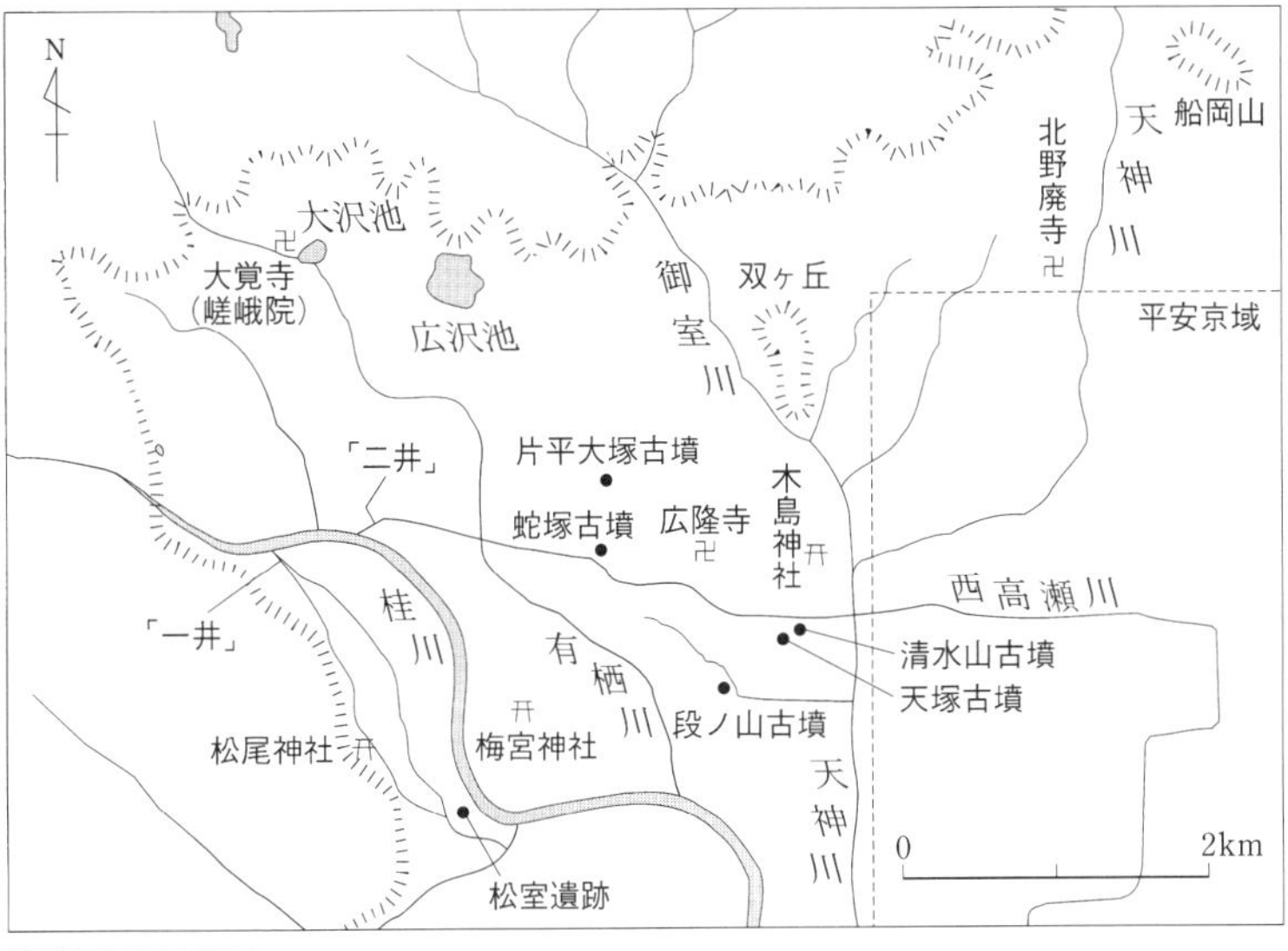

嵯峨野周辺の遺跡

の制度は三~四世紀に成立したとみられるが、移住以前から鴨氏が葛野県主であったはずがない。葛野にくる前にはヤマト葛城地方の県主であったか、あるいは他の氏族から葛野県主をうけついだか、このどちらか(または両方)であろう。今のところ決め手はないが、カモ神が葛野に第一歩を記した地点が乙訓のすぐ東とされ、しかも乙訓の火雷命(石作氏・六人部氏らの祖)との婚姻が伝えられていることはみのがせない。乙訓古墳群を築いた大勢力こそがもとの葛野県主一族であり、鴨氏は彼らと婚姻関係で結びついてその地位を継承したと、ひとまず推測しておくことにしよう。その後、鴨氏は上賀茂に根を張り、カモ神はヤマシロ随一の神威をほこるようになった。

小野氏・粟田氏はワニ氏の同族である。ワニ氏は何人ものキサキをだし、倭国政権に隠然たる力をふるった氏族で、ほかにヤマト北東部の春日《かすが》氏・大宅《おおやけ》氏・柿本《かきのもと》氏、ヤマシロ北東部の大宅氏などがいた。彼らは近江国和邇《わに》村(滋賀県大津市)の小野神社を氏神社とした。和邇村は愛宕郡から近く、周辺には和邇大塚山古墳など多くの古墳が分布する。ヤマトの本拠地でも四世紀以来、東大寺山《とうだいじやま》古墳を始めとする古墳が築かれている。愛宕郡のワニ氏はこうした地域から、いつしか移住してきた人びとと考えられる。

珍皇寺《ちんこうじ》(愛宕寺)を創建したという山背氏は南山城からきた氏族らしい。五世紀後半から列島各地に国造がおかれ、倭国の地方支配をになうようになるが、ヤマシロ国造に任じられたのがこの山背氏と考えられる。しかし彼らの本拠地も、葛野への進出時期も判然としない。愛宕郡にはこのほか、渡来氏族の錦部《にしごり》氏・八坂《やさか》氏、出雲《いずも》から移住してきたとみられる出雲氏などがいた。こうして数多くの人びとが葛野北部に移り住み、弥生時代から耕作されてきたこの地を大きく変貌させていった。

3　「丹後王国」の残映――タニハの古墳時代

旦波大県主●

弥生のムラがあった途中ヶ丘と奈具の中間地点、峰山駅のすぐ北に「丹波」という集落がある。八世紀初期に「丹波国丹波郡丹波里」とよばれた地である。丹後国は和銅六（七一三）年に丹波国から分置されたが、かつてのタニハ（旦波・丹波）の中心地の一つは、丹後半島竹野川中流のこの地にあったらしい（和田萃「丹波と倭王権」『新修亀岡市史』一）。

記紀の物語にみえる最初のタニハの人物は、旦波大県主由碁理《ゆごり》という首長である。彼の娘は竹野媛《たかのひめ》といい、開化《かいか》天皇のキサキとなって彦湯産隅命《ひこゆむすみのみこと》をうんだ。開化には、ワニ氏と系譜的につながる彦坐王《ひこいますのみこ》という皇子もいた。この彦坐王の子、別伝によれば彦湯産隅命の子が、丹波道主《みちのうし》王である。いささか複雑だが、「丹波道」の「主」、つまり支配者は開化の孫であり、ワニ氏あるいは旦波大県主の血を引く人物とされていたことになる。

記紀の系譜はさらに続く。丹波道主王は河上之摩須郎女《かわかみのますのいらつめ》という女性をめとり、何人かの娘をもうけた。娘たちの名や人数はさまざまに伝えられるが、『日本書紀』によれば、日葉酢《ひばす》媛・渟葉田瓊入《ぬはたにいり》媛・真砥野《まとの》媛・薊瓊入《あざみにいり》媛・竹野《たかの》媛の五人が垂仁《すいにん》天皇のキサキとなり、日葉酢媛が景行《けいこう》天皇をうんだとされる。この時期の記紀の物語で、倭王一族との婚姻関係がくわしく記される地域は、ヤマト周辺以外ではきわめて珍しい。しかも竹野（京丹後市丹後町竹野）・河上（同市久美浜町川上谷）・薊（同市網野町浅茂川《あさもがわ》）などと、丹後

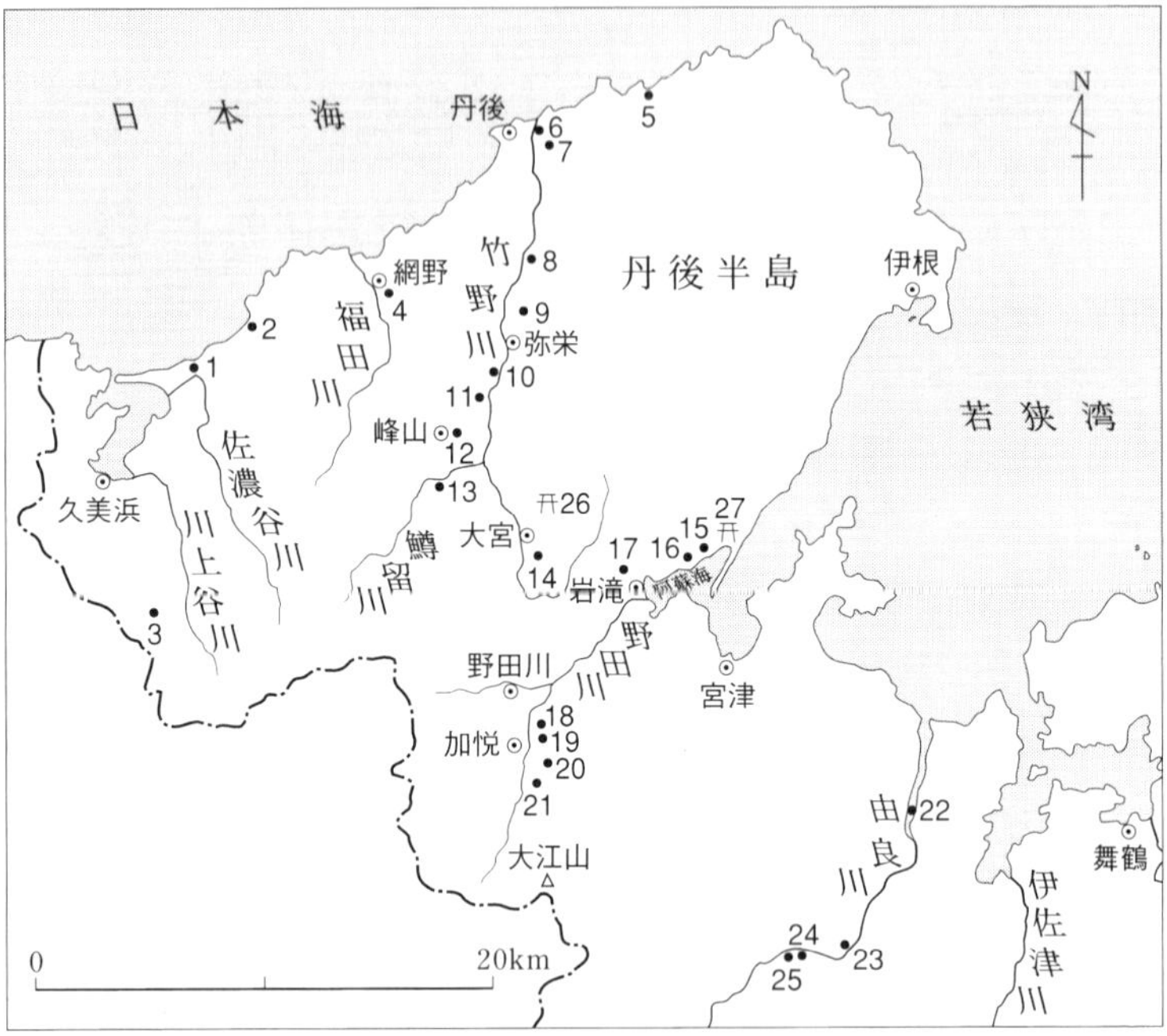

1　函石浜遺跡
2　浜詰遺跡
3　湯舟坂２号墳
4　網野銚子山古墳
5　平遺跡
6　竹野遺跡
7　神明山古墳
8　黒部銚子山古墳
9　奈具遺跡
10　太田南古墳群
11　湧田山１号墳
12　扇谷遺跡
13　途中ヶ丘遺跡
14　三坂神社墳墓群
15　丹後国分寺跡
16　法王寺古墳
17　大風呂南墳墓群
18　蔵ヶ崎遺跡
19　蛭子山古墳
20　温江丸山古墳
21　白米山古墳
22　八雲遺跡
23　志高遺跡
24　桑飼下遺跡
25　桑飼上遺跡
26　大宮売神社
27　籠神社

丹後半島周辺の主要遺跡

半島の地名にもよく対応する。こうした系譜が記紀に定着するには、やはりワニ氏の関与があったとみられるが、では記紀の物語は歴史的事実をどのように反映しているのだろうか。

のちに「開化天皇」とよばれた倭王が、実在した確証はない。しかし、邪馬台国《やまたいこく》を中心とする政治連合が成立した二世紀末〜三世紀中葉に、タニハの首長たちが倭王に同盟・服属したことは、まず疑いないと思われる。丹波・丹後ではまだ出現期の前方後円墳は確認されていないが、四世紀の古墳に副葬された鏡が、三世紀のタニハとヤマトの関係をうつしだしてくれる。京丹後市弥栄町・峰山町にまたがる太田南《おおたみなみ》古墳群では、二号墳から三世紀初頭の画文帯神獣鏡が、五号墳から青龍三（二三五）年銘の方格規矩四神《ほうかくきくしじん》鏡《きょう》がみつかった。与謝野町温江丸山《あつえまるやま》古墳でも三角縁神獣鏡が出土している。これらはすべて魏の鏡とみてよく、三世紀の倭王が入手し、ほどなくタニハの首長たちに下賜したものと考えられる。それが彼らの子孫に伝えられ、古墳におさめられたのであろう。邪馬台国の時代、それまで独特の弥生墳墓を築いてきた竹野川・野田川流域の首長たちは、新しい政治秩序に組み込まれていった。彼らのなかで傑出した存在が、記紀で「旦波大県主」や「丹波道主」とよばれる大首長だったに違いない。太田南古墳群と「丹波」の地は一キロ半しかはなれていない。旦波大県主一族の本拠地は、やはりこの辺りだったのであろう。卑弥呼と交渉をもったタニハの大首長は、峰山付近の初期古墳に今も眠り続けているのだろうか。

三大古墳の時代●

四世紀中葉ごろ、丹後半島では巨大な前方後円墳があいついで築かれた。まず野田川中流の加悦谷に、与謝野町蛭子山《えびすやま》古墳がつくられる。全長一四五メートル（計画長一七〇メートル前後）、三段築成で葺石《ふきいし》と埴輪列をもち、後円部に三つの埋葬施設がある。舟形《ふながた》石棺をもつ中央の墓穴と、その東の竪穴式石槨《せきかく》が最初の埋葬施設だったと考えられている。つぎに福田川河口の浅茂川湖をのぞむ丘陵上に、京丹後市網野町網野銚子山《ちょうしやま》古墳が築かれた。全長一九八メートルをはかり、日本海側最大の古墳である。やはり三段築成で葺石・埴輪列がみつかっている。寛平法王塚《かんぴょうほうおうづか》古墳・小銚子塚古墳という二つの陪塚《ばいちょう》をしたがえる。そして竹野川河口の潟湖をみおろす位置に、同市丹後町神明山《しんめいやま》古墳が築造された。全長約一九〇メートル、おそらく三段築成。葺石と埴輪が認められるが、発掘調査がされておらず、くわしいことはわからない。

三大古墳は右に述べた順につくられたとみられるが、時期はかなり近接する。しかもこれらの古墳では、みな丹後型円《えん》筒《とう》埴輪とよばれる、上端が丸くすぼまる形の埴輪が使われていた。丹後型円筒埴輪は四世紀の丹後半島に特徴的なもので、加悦谷を中心に一〇基ほどの古墳で確認されている。タニハに政治的・文化的なまとまりがあったことを示唆するが、加悦谷とそれ以外で、製作技法や装飾に違いがあったこともみのがせない。

加悦谷には蛭子山古墳以前に、白米山《しらげやま》古墳という全長九二

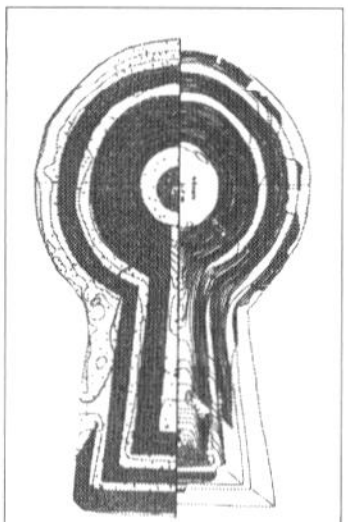

網野銚子山古墳(京丹後市，右)と佐紀陵山古墳(奈良市，左)　岸本直文氏による。

神明山古墳(京丹後市，左が後円部)

メートルの前方後円墳があった。三角縁神獣鏡をだした温江丸山古墳も注目され、竹野川中流とならぶ政治的中心地だったとみてよかろう。しかし竹野川や福田川の河口に、突如として巨大古墳が築かれたのは、いかにも不思議である。三大古墳が出現した理由は何だったのだろうか。

　四世紀前葉～中葉には、二〇〇メートル級の巨大古墳はヤマト以外ではほとんど築かれなかった。例外は大阪府摩湯山《まゆやま》古墳・兵庫県五色塚《ごしきづか》古墳と、タニハの網野銚子山古墳・神明山古墳だけである。しかも墳丘の形をみると、ヤマトの佐紀陵山《さきみささぎやま》古墳（現日葉酢媛陵）と五色塚古墳・網野銚子山古墳はそっくりで、蛭子山古墳もこれに似ており、神明山古墳は佐紀の五社神《ごさし》古墳（現神功《じんぐう》皇后陵）に近いという。つまり三大古墳はヤマトの佐紀古墳群の被葬者と深い関係をもち、倭王一族につぐ地位にあった人物の墓と考えるのが自然である。

　古墳が暗示するタニハの四世紀史は、記紀の物語とよく符合する。イクメイリヒコ（垂仁）はタニハの大首長の娘たちをめとり、その一人ヒバスヒメがオシロワケ（景行）をうんだ。イクメイリヒコもオシロワケも四世紀の倭王とみてよく、ヒバスヒメもおそらく実在し、王統譜に名を残した人物であろう。イクメイリヒコが佐紀に葬られたのち、ヒバスヒメが「大后」、タニハの首長たちが倭王の「外戚」として勢力をもったことは、たやすく想像できる。これまで三大古墳が出現したのは、倭国の外交拠点としてタニハが重視されたためと考えられてきた。しかし四世紀後葉以後、対外戦争の時代になると、タニハの古墳はかえって小さくなる。タニハはたしかに海上交通の要地であったが、その政治的地位が四世紀中葉にかぎって別格となったのは、やはりヒバスヒメが倭王をうんだことによるのではあるまいか。それを可能にしたのは、旦波大県主などの娘が王権に奉仕してきた伝統であったろうし、またワニ氏との関係も有効に働いたと推測される。

旦波大県主は、ヤマシロの栗隈県主と同じく、同盟・服属の証として一族の娘を王宮《おうきゅう》に出仕させた。ウネメとよばれた彼女らは、王子をうんでキサキ扱いされることもあった。丹波集落から竹野川を五キロさかのぼると、京丹後市大宮町大宮売《おおみやめ》神社がある。大宮売神は天照大神《あまてらすおおみかみ》に奉仕して言葉を取りつぐ女官のような神格であった。タニハから王宮（平安時代には神祇官《じんぎかん》と造酒司《みきのつかさ》）に勧請されて守護神となったらしいが、その背景にはヒバスヒメを頂点とする旦波大県主一族の女性たちが、歴代王宮に出仕した歴史があったのではなかろうか。また『止由気宮儀式帳《とゆけのみやぎしきちょう》』によると、伊勢外宮《げくう》の女神・等由気神は、雄略天皇時代にタニハの比治《ひじ》の真奈井《まない》から招かれ、内宮《ないくう》の天照大神の食膳に供奉《ぐぶ》することになったという。真奈井は丹波郡（現在の京丹後市の一部）の郡家《ぐうけ》西北の比治山山頂にあった（『丹後国風土記《たんごのくにふどき》』逸文《いつぶん》）。同市峰山町西部の山地であろう。等由気神の遷幸《せんこう》が事実とはかぎらないが、これもタニハのウネメが倭王の食膳につかえた事実とつながっているように思われる。ちなみに記紀によれば、はじめて天照大神を伊勢にまつったのは倭姫《やまとひめ》であるが、彼女もまたヒバスヒメがうんだ王女であった。

丹波国造と部民

加悦谷から野田川をくだると阿蘇海《あそかい》にでる。阿蘇海は天橋立《あまのはしだて》にまもられた内海で、沿岸には与謝野町法《ほう》王寺《おうじ》古墳（四世紀の前方後円墳、全長七四メートル）があり、ここにも有力な首長がいたらしい。阿蘇海の北奥には、のちに丹後国一宮《いちのみや》として崇敬された籠《この》神社が鎮座する。

籠神社には九世紀の「海部氏系図《あましけいず》」（本章扉写真参照）が伝えられる。同社の祝《はふり》（神官）を世襲した海部直《あたい》氏の系図で、古い竪系図の形をもち、独自の所伝を含む。それによれば海部直の始祖は彦《ひこ》火明《ほあかり》命で、

❖コラム

天女の里

奈良時代の『丹後国風土記《たんごのくにふどき》』は失われてしまったが、別の書物に引用されて残った部分（逸文《いつぶん》）がある。与謝郡《よさ》の「水の江の浦嶼子《みずえうらしまこ》」の伝承が著名で、海上活動が盛んだった丹後にふさわしい話といえようが、やはり神仙《しんせん》思想にかかわる逸文がもう一つある。それは羽衣《はごろも》伝承である。

かつて比治《ひじ》の真奈井《まない》には、八人の天女《てんにょ》が舞いおりて水浴びをした。倭奈佐《わなさ》の老夫婦はそれを知り、一人の天女の衣裳をかくしてしまう。帰れなくなって恥じいる天女に、老夫婦は自分たちの子になるよういった。彼女はそれを聞きいれ、いっしょに比治里に住むことにした。天女は酒をかもすのがうまく、その酒を飲むとあらゆる病が治るのであった。老夫婦は霊酒によって財をなすと、手のひらを返したように天女を追いだす。彼女は泣きながらさまよった。荒れさわぐ潮のような心を語った村が荒塩《あらしお》村、槻《つき》の木によりかかって泣いた村が哭木《なきき》村、そしてやっと心がなぐしく（穏やかに）なった村が奈具《なぐ》村である。彼女はそこにとどまり、豊宇賀能売命《とようかのめ》としてまつられた。

天女が老夫婦とくらした比治里は、京丹後市峰山《みねやま》町久次《ひさつぎ》辺りかとされる。峰山と久美浜《くみはま》を結ぶ比《ひ》治山《じやま》峠の東麓である。荒塩村はどこかわからないが、哭木村は峰山町内記《ないき》、奈具村は京丹後市弥栄《やさか》町奈具。彼女は鱒留《ますどめ》川・竹野《たけの》川をくだり、奈具に至った。鱒留川沿いの途中ヶ丘《とちゅうがおか》、そして奈具には大きな弥生《やよい》のムラがあった。内記は丹波《たんば》集落にとなりあっている。

豊饒《ほうじょう》をもたらす天女が彷徨《ほうこう》したのは、まさしく弥生時代〜古墳時代のタニハの中心地であった。奈具社の豊宇賀能売命とは、伊勢外宮《いせげくう》にまつられる等由気《とゆけ》神にほかならない。天の霊酒をかもす女神。それをタニハのウネメの姿に重ねあわせるのは、いきすぎであろうか。

応神天皇の時代、四世孫の健振熊宿禰《たけふるくまのすくね》が海部直の姓を賜り、国造に任じられた。はじめて祝となったのは、養老元（七一七）年まで三五年間奉仕した海部直伍佰道《いおみち》だったという。むろん系図の内容をそのまま信じることはできない。国造制は五世紀後半以降に成立したとみるのが通説であり、「海部直」という姓の成立もそのころにくだるであろう。ただ、海部直の先祖がタニハ国造とされたこと、のちに海部《あまべ》とよばれた海民支配の制度がホムタワケ（応神）の時代にできたことなどは、検討に値する記事だと思われる。

海部直と丹波国造は『先代旧事本紀《せんだいくじほんぎ》』でも同族とされている。丹波国造の姓は丹波直。のちの桑田《くわた》・船《ふな》井《い》・天田《あまた》・与謝《よさ》・丹波の各郡で勢力をもった雄族である。律令制下の丹後国造は丹波郡の豪族であったから、かつての丹波国造の本拠地もやはり竹野川中流域だったとみられる。確実なことはわからないが、丹波大県主が直のカバネをあたえられ、国造になったと考えることもできよう。タニハ各地には同族と称する土豪《どごう》たちが蟠踞《ばんきょ》し、みな直姓を名乗った。与謝の海部直もそうした首長の一人だったのであろう。

阿蘇海や宮津湾《みやづわん》の海民を支配する首長が、海上輸送や海産物貢納を倭王から命じられたのは、いつのことだったか。記紀もまた、応神天皇が海部・山部《やまべ》を定めたとのべている。四世紀後葉に実在したらしい倭王ホムタワケ（応神）のころから、倭国は大きな転機を迎えた。朝鮮や中国との外交・戦争の時代にはいり、人や文物が海を越えて往来し、中央政権の整備が進む。王陵はヤマトからカハチに移動し、列島各地の古墳築造も再編されていった。こうした時期に、海上輸送をになう部民がタニハにおかれたとしても、なんら不自然ではない。いわゆる職業部民としても、海部は古い形態をもっている。ただ、「朝鮮支配の物語」を展開するために、記紀が海部設置を応神天皇時代のこととし、それが海部氏系図に反映した可能性もある。そうであれば、海部の設置時期はもっと遅くなる。

いずれにせよ、五世紀にはタニハ各地は王権に圧倒されていった。丹後半島では一〇〇メートル級の前方後円墳は京丹後市弥栄町黒部《くろべ》銚子山古墳・峰山町湧田山《わくだやま》一号墳（ともに四世紀後葉か）を最後に消え、丹後型円筒埴輪もみられなくなる。一方、五〜六世紀には刑部《おさかべ》・日下部《くさかべ》・春日部《かすがべ》といった名代・子代（王家の諸宮室に奉仕する部民）や、物部《もののべ》・蘇我部《そがべ》・漢部《あやべ》などの豪族部民がつぎつぎにおかれ、タニハの首長たちは個別に中央政権に従属させられていった。金銅装双竜環頭大刀《こんどうそうそうりゅうかんとうたち》をもつ同市久美浜町湯舟坂《ゆぶねさか》二号墳（六世紀後半）の被葬者も、部民管掌者（地方伴造）と考えるのが自然である。そして、部民設置の締めくくりとなったのが私部《きさきべ》（五七七年）と壬生部《みぶべ》（六〇七年）で、それぞれ后妃・王子に奉仕する部として、のちの船井・何鹿《いかるが》・竹野・熊野《くまの》の各郡におかれた。丹波・丹後には部民に関する人名や地名が多く、それは中央政権への従属性の強さを示している（磯野浩光「古代丹波・丹後の居住氏族について」『京都府埋蔵文化財論集』一）。ヤマシロに部民が少なく、渡来・移住氏族が多いのときわめて対照的である。

やがて五世紀後半ごろから、タニハの主要勢力は丹後半島から南丹波に移ったらしく、兵庫県丹波篠山市の雲部《くもべ》車塚古墳（一四〇メートル）や亀岡《かめおか》市千歳《ちとせ》車塚古墳（八一メートル）などの前方後円墳があらわれる。それ以前の丹波中南部にも、南丹市園部《そのべ》町垣内《かいち》古墳・綾部市私市丸山《きさいちまるやま》古墳などに葬られた有力首長がいたが、王権の伸張に伴い、ヤマトに近い南丹波の力が丹後をしのぐようになったのだろう。千歳車塚古墳は六世紀前葉の古墳としては、大王や中央豪族の墳墓につぐ規模をもつ。桑田郡の倭彦《やまとひこ》王がオホド大王の前に即位を求められた物語と関連するものかもしれない（平良泰久「丹波の倭彦王」『長岡京古文化論叢』Ⅱ）。

近年、「丹後王国」という言葉をよく耳にする。提唱者である門脇禎二氏によれば、四世紀末〜六世紀中葉の丹後は一つの「地域国家」であり、ヤマトに対してかなりの独立性をもっていたという。しかし、古墳時代のタニハがそのような「王国」であったとは考えにくい。有力豪族や独特の文化はむろん存在した。しかし古墳も、女神も、部民も、ヤマトへの従属の歴史を物語るし、五・六世紀にはいっそうそれが進んだ。タニハの独立性を主張するなら、邪馬台国以前の「鉄と玉のクニ」時代こそがふさわしいだろう。丹後半島の三大古墳は、弥生の「丹後王国」の残映であったように思われてならない。

〔付記〕　考古学では、弥生時代・古墳時代を前期・中期・後期に区分して時期を示すのが通例であるが、遺跡や遺物をデータとして用いるため、森岡秀人・都出比呂志・岡村秀典・和田晴吾各氏の近業に依拠して暦年代をあたえ、ここまでの時代を叙述した。異論があるのは承知のうえで、本書の年代観を明示しておくと、弥生時代は前期を前三世紀、中期を前二世紀〜前一世紀、後期を一世紀〜三世紀前半とし、古墳時代は前期を三世紀後半〜四世紀中葉、中期を四世紀後葉〜五世紀中葉、後期を五世紀後葉〜七世紀初頭とした。

4　律令国家の誕生

飛鳥寺院の瓦●

崇峻元（五八八）年、倭国最初の寺院の建設がはじまった。蘇我氏の氏寺《うじでら》、飛鳥寺《あすかでら》である。伽藍《がらん》中心部は推古四（五九六）年に完成した。これに続き、七世紀初頭には法隆寺《ほうりゅうじ》・四天王寺《してんのうじ》・豊浦寺《とゆらでら》などが建設される。仏教公伝から半世紀、いわゆる飛鳥寺院がヤマトを中心につぎつぎといとなまれていった。ヤマシロ各地の豪族もこの動向に深くかかわっていた。

飛鳥寺創建に用いた瓦は寺辺の飛鳥寺瓦窯《がよう》で焼かれた。これと同じ笵《はん》（型）でつくった単弁八葉軒丸瓦《たんべんはちようのきまるがわら》は木津川市山城町高麗寺《こまでら》でもみつかっている。高麗寺は渡来氏族狛《こま》氏の氏寺とされ、周辺には高句麗《こうくり》使が滞在する相楽館《さがらかのむろつみ》もあった。ヤマシロ最古の飛鳥寺院といえよう。

飛鳥寺瓦窯は斜面をトンネル状に掘り抜いた窖窯《あながま》であるが、同じような瓦窯はヤマシロ各地にあった。宇治《うじ》市隼上《はやあが》り窯、八幡市楠葉平野山《くずはひらのやま》窯、京都市左京《さきょう》区幡枝元稲荷《はたえだもといなり》窯である。隼上り窯の瓦は豊浦寺、楠葉平野山窯の瓦は四天王寺・奥山《おくやま》久米寺《くめでら》、幡枝元稲荷窯の瓦は京都市右京区北野廃寺などに供給された。しかも幡枝元稲荷窯の瓦の笵の一つは、隼上り窯からもたらされたものだった。飛鳥時代の瓦は寺院から遠くはなれた場所でも焼かれ、窯と窯のあいだで交流があったらしい。ヤマシロで瓦が焼かれたのは輸送の便もあったのだろうが、瓦工人がわたり歩き、各地にいた須恵器《すえき》工人を編成したことが考えられる（菱田哲郎「畿内の初期瓦生産と工人の動向」『史林』六九―三）。むろん工人が自由に話をつけたとは思えず、ヤマト・ヤマシロの諸豪族の意向と政治関係がすべ

隼上り瓦窯跡出土の軒丸瓦

隼上り瓦窯跡（1号窯，宇治市）

てを左右していた。

幡枝元稲荷窯の瓦を葺《ふ》いた北野廃寺は、北野白梅町付近にあった。飛鳥～平安時代の瓦や土器が出土し、講堂らしい建物跡もみつかっている。平安時代の土器には「野寺」「鵤《いかるが》室」「秦立」などの墨書があった。聖徳太子《しょうとくたいし》から仏像を下賜された秦河勝《はたのかわかつ》が、推古十一（六〇三）年に建てはじめたという蜂岡寺《はちおかでら》（葛野秦寺）の跡であろう。その後、同寺の中枢部分は太秦に移って広隆寺《こうりゅうじ》となり、跡地には平安遷都時に野寺《のでら》（常住寺《じょうじゅうじ》）が建てられたと考えられる。広隆寺に伝わる二体の弥勒菩薩半跏像《みろくぼさつはんかぞう》（口絵参照）も、最初はここにあったのだろうか。ただ、広隆寺からも飛鳥時代の瓦（北野廃寺よりも新しい）がでていて、北野廃寺との関係や移転時期についてはいろいろと議論がある。しかしいずれにせよ、葛野最大の豪族秦氏が、聖徳太子一族と結びついて仏教を受容した記念碑、それが北野廃寺であったことは動くまい。太子の子の山背大兄王《やましろおおえのおう》は深草にミヤケをもっていたが、深草もまた秦氏の根拠地の一つであった。

このほか京都府下では長岡京《ながおかきょう》市鞆岡《ともおか》廃寺、城陽市久世廃寺・正道廃寺、京田辺《きょうたなべ》市普賢寺《ふげんじ》で飛鳥時代の瓦がみつかっている。仏教は新しい思想・技術・美術をもたらしたが、いちはやくそれを受容できたのは政治力と財力をもつ豪族のみであった。新文明の光は中央政権に密着したヤマシロにまずさしこみ、タニハにとどくにはもう少し時間が必要だった。

天下立評●

大化元（六四五）年六月に蘇我本宗家《ほんそうけ》を滅ぼして成立した新政府は、国制の根幹を改める政策をつぎつぎにうちだした。それは中央豪族をあらたな官僚組織に組み込み、各地に評（コホリ、のちの郡）という行政機関をおいて地方豪族を任用し、さまざまな部民を廃止して公民制を創出しようとするものであった。

いわゆる大化改新《たいかのかいしん》である。

評制は大化五年に施行されたらしく、人はこれを「天下立評」とよんだ。それまで国造や県主であったり、部民や屯倉《みやけ》を管理していた地方豪族のうち、有力者が評家（コホリノミヤケ）を建て、評の官人（評督・助督）となった。のちの郡家《ぐうけ》・郡司《ぐんじ》である。評に関する最古の史料は法隆寺旧蔵金銅観音菩薩像《こんどうかんのんぼさつぞう》の銘文で、笠評君大古《かさこおりのきみおおこ》のために造像した旨を辛亥年《しんがいのとし》（六五一）に記している。この笠評をタニハの加佐評にあてる説がある。

平川古墳群をみおろす城陽市正道遺跡は、評家（郡家）の遺跡として知られている。まず七世紀後半、南北に長い建物と倉庫群がL字型に配置して建てられた。これが七世紀末に改修されたのち、八世紀には建物群はやや東に移る。大規模な正殿が広場に面して建ち、何棟かの建物がそえられ、全体を築地塀《ついじべい》が取り囲んでいた。これらは九世紀前半まで存続したらしい。東区の建物群が八・九世紀の山背（山城）国久世郡の郡家であることは疑いない。それにさきだつ西区の建物群は七世紀久世評の評家なのであろう。

久世郡家復原想像図

久世評を立てた豪族は、なお勢力を保っていた栗隈首（かつての栗隈県主）とみるのが自然である。

このほか京都府下では、向日市長岡宮下《ながおかきゅうか》層《そう》遺構が山背国乙訓郡家、綾部《あやべ》市青野南《あおのみなみ》遺跡が丹波国何鹿郡（評）家の跡と考えられており、京都市花園《はなぞの》遺跡・宇治市菟道《とどう》遺跡・京田辺《きょうたなべ》市興戸《こうど》遺跡なども、山背国葛野郡・宇治郡・綴喜郡の郡家遺跡の候補にあげられる。また由良川下流でも、舞鶴市桑飼上遺跡・志高遺跡で奈良時代の大きな建物群がみつかっている。

評家は公民支配の拠点となったが、地方行政にかかわる官人が利用する交通施設でもあった。評を結ぶ道路も整備されていったことだろう。それにさきだち、大化二年には主要道の渡し場の通行税が廃止された。同年に道登《どうと》が宇治橋をかけたというのも（宇治橋断碑、口絵参照）、あるいはこの施策と関係があるのかもしれない。

大化改新はイデオロギーの変革を伴った。官僚制にふさわしい儒教的秩序が高揚されるとともに、天皇は蘇我本宗家にかわって仏教を保護し、寺院建設を支援すると宣言した。評家と双生児のように、いわゆる白鳳《はくほう》寺院が全国にうまれた理由はここにある。

ヤマシロには寺院が叢生した。七世紀後半の評（郡）別寺院数は、乙訓七、葛野二、愛宕三、紀伊四、宇治五、久世四、綴喜六、相楽五。合計三六寺を数え、飛鳥寺院から激増している。乙訓・葛野では高句麗系軒丸瓦、愛宕・紀伊・宇治では紀寺《きでら》式軒丸瓦、久世・綴喜・相楽では川原寺式軒丸瓦がおもに用いられた。地域色がはっきりでており、これも中央政権と各地の豪族、あるいは豪族同士の関係を反映するものであろう。なお、木津川市山城町蟹満寺《かにまんじ》は今に続く白鳳寺院だが、本尊釈迦如来像《しゃかにょらいぞう》は創建当初からまったく動いていないという。

❖コラム

山階精舎はどこか

大化改新《たいかのかいしん》から四半世紀のあいだ、中臣鎌足《なかとみのかまたり》は中大兄《なかのおおえ》皇子（天智《てんち》天皇）のブレーンとして重んじられ、藤原《ふじわら》氏の繁栄の基礎を築いた。『藤氏家伝《とうしかでん》』によると、彼は天智八（六六九）年十月十六日に大津宮《おおつのみや》近くの邸宅で亡くなり、翌年閏九月六日に「山階精舎《やましなしょうじゃ》」で葬礼をおえた。

別の史料によれば、鎌足は斉明四（六五八）年から毎年、「山階陶原家《すえはらのいえ》」で維摩経《ゆいまきょう》を講説させたという。こうした法会《ほうえ》を行う持仏堂が、山階精舎とよばれたのであろう。やがてこの講経は藤原氏の氏寺である厩坂寺《うまやさかでら》・興福寺《こうふくじ》に移され、鎌足の忌日法会として整備される（維摩会）。興福寺が山階寺と称されたのも、山階精舎にその起源が求められたからである。

山階精舎は京都市山科区のどこにあったのだろうか。白鳳寺院跡としては大宅廃寺《おおやけはいじ》がある。山階精舎とみる人もいるが、平安時代まで存続するのは興福寺前身寺院として不自然である。やはり大宅氏の氏寺であろう。栗栖野《くるすの》の中臣遺跡は縄文《じょうもん》以来の大遺跡である。飛鳥《あすか》時代にも有力な集落があったが、地名のほかに鎌足とのつながりを示すものはない。

むしろ注目すべきは山科駅周辺である。すぐ西に須恵器《すえき》の窯跡《かまあと》群があり、かつて「陶田《すえた》里」とよばれていた。陶原家の名とうまく合う。「安祥寺《あんしょうじ》伽藍《がらん》縁起《えんぎ》資財帳《しざいちょう》」によれば、安祥寺下寺は田辺《たなべ》村に隣接し、南に興福寺の所領があった。鎌足の子の不比等《ふひと》は山科の田辺史大隅《たなべのふひとおおすみ》の家で育ったという。思うに、この興福寺領荘園こそが山階精舎の跡地ではないか。旧寺地が荘園《しょうえん》化することはほかにも例がある。その位置は安祥寺下寺の南方、山科駅から南西にかけてとみられる。ちなみに、平成六（一九九四）年度の安祥寺下寺跡の発掘では、七世紀中葉の建物跡がみつかっている。

タニハでも寺院造営がはじまった。七世紀後半の寺院としては、亀岡市桑寺《くわでら》廃寺・観音芝《かんのんしば》廃寺・與能《よの》廃寺・池尻《いけじり》廃寺、京都市右京区周山《しゅうざん》廃寺（以上桑田評・郡）、綾部市綾中《あやなか》廃寺（何鹿）、福知山市和久寺《わくでら》（天田）がある。京丹後市網野町俵野《たわらの》廃寺（熊野）は、七世紀までさかのぼるか判然としない。南丹波五、中丹波二、丹後一（?）。各地域でこれだけの違いがあった。

推古三十二（六二四）年の倭国の寺院数は二四、これが持統六（六九二）年には五四五になったという。『延喜式《えんぎしき》』の郡数は五九一。評の数はわからないが、郡と同じ程度とすれば、白鳳寺院の数にかなり近いことになる。しかし、寺院が政治・経済・文化面での実力をもつ地域に集中したのに対し、評は地方支配の装置として比較的均等におかれた。この違いのなかに「天下立評」の意義と内実が読みとれるようである。

山背国・丹波国・丹後国●

新政府は難波《なにわ》に新宮をいとなみ、それを取り囲む特別行政区画＝畿内《きない》を定めた。東限は名張《なばり》、北限は逢坂《おおさか》山《やま》であったから、ヤマシロは畿内、タニハは畿外《きがい》とされたとみられる。各地域の評を統轄する行政組織も形成された。改新から天智《てんち》朝（六六一〜六七一）にかけて、中央から派遣される国宰《こくさい》の制が整備され、これが律令制下の国司につながる。天武四（六七五）年までには、ヤマト・カハチ・ツ・ヤマシロの四国を畿内とし、タニハ・タジマを同グループ（のちの山陰道《さんいんどう》）とする広域行政区画がうまれていた。さらに天武十二年から十四年にかけて国境が確定し、四畿《しき》（のち五畿《ごき》）七道制《しちどうせい》が完成した。弥生のクニから国造のクニ、そして律令国家のクニへという歴史が、その最終段階を迎えていた。

そして大宝元（七〇一）年の大宝律令《たいほうりつりょう》の完成、翌年にかけての全国施行は大きな画期となった。国号は倭から日本に改められ、クニグニの表記も統一される。ヤマシロは山背、タニハは丹波と記すよう定められた。さらに和銅六（七一三）年には丹波国から丹後国が分置される。評は郡となり、郡を支配する国の権限も定まった。国司《こくし》が常駐する国府《こくふ》や、幹線道路である駅路が本格的に整備されるのも、八世紀前半のことと考えられている。

京都府下の三つの令制国を概観しよう。まず山背国であるが、国の等級は上国。大・上・中・下の四等のうち二番目である。奈良時代まで畿内の末尾におかれたが、平安遷都後に筆頭国となった。乙訓・葛野・愛宕・紀伊・宇治・久世・綴喜・相楽の八郡がある。郡は複数の里《り》（のち郷《ごう》）からなるが、『律書残篇《りつしょざんぺん》』によれば八世紀前半の山背国には九〇の郷があった。当時の一郷の平均人口は約一一〇〇人であるから（鎌田元一「日本古代の人口について」『木簡研究』六）、山背国の総人口は一〇万人前後と考えられる。ちなみに八世紀前半の全人口は約四五〇万人、現在の京都府の人口は約二五〇万人である。財政規模を示す『延喜式』正税《しょうぜい》数は一五万束（全国平均二三万束）、『和名類聚抄《わみょうるいじゅうしょう》』の田積は八九六一町（同一万二八〇〇町）。ただしともに十世紀の数値である。

山背（山城）国府は八世紀前半まで南山城、その後延暦十六（七九七）年まで葛野郡、延暦十六年から長岡京の南、そして貞観三（八六一）年からは山崎におかれた。それぞれ木津川市山城町上狛《かみこま》、京都市右京区太秦、長岡京市神足または久貝《くがい》（南栗ヶ塚遺跡）、大山崎《おおやまざき》町大山崎にあてる説が有力である。たび重なる移転は遷都の影響とみられ、それは駅路についても同じであった。平城京《へいじょうきょう》時代、山背国を東山道《とうさんどう》・北陸道《ほくりくどう》・山陰道・山陽道《さんようどう》が通過した。木津川東岸をとおる東山道は宇治田原《うじたわら》を経て近江国湖南《こなん》へ、北陸道は山科《やましな》から逢坂をとおって近江国湖西《こせい》へむかい、木津川西岸の山陰道は淀《よど》から老ノ坂《おいのさか》を経て丹波国篠《しの》へ、山

恭仁京の探究

天平十二（七四〇）年十月、聖武《しょうむ》天皇は伊勢《いせ》・美濃《みの》への旅にでた。十二月、彼は山背国《やましろ》相楽郡《さがら》の恭仁宮《くにきゅう》まで戻り、都の建設をはじめる。大極殿《だいこくでん》が平城宮《へいじょう》から移築され、大宮垣が築かれていき、恭仁宮の建設は着々と進んだ。京には条坊地割《じょうぼうじわり》がしかれ、木津《きづ》川に大きな橋がかけられた。しかし天平十四年秋、近江《おうみ》国で紫香楽《しがらき》宮の建設がはじまり、十五年末には恭仁宮の工事が中止される。さらに十六年二月には難波遷都《なにわせんと》があり、十七年五月に都《みやこ》はついに平城に戻った。恭仁京はこの間の短命の都だった。

天平十八年、恭仁宮大極殿が山背国分寺《こくぶんじ》に施入される。藤原宮・平城宮・恭仁宮と移建を重ねてきた大極殿が、やっと安息の地をみつけた。山背国分寺はその後も存続し、加茂《かも》盆地の木津川北岸の地にかつて恭仁宮があったことを知るよすがとなった。

近年まで恭仁宮・恭仁京の全体像はよくわからなかったが、それを打開したのが歴史地理学者足利健亮氏の研究である。現地地形を精査した足利氏は、山背国分寺金堂跡、つまり恭仁宮大極殿跡の周辺に平城宮と同じような地割がみられることを発見し、これをもとに一キロ四方の恭仁宮を復原した。さらに賀世山《かせやま》以東の加茂盆地を左京《さきょう》、以西の山城盆地を右京《うきょう》とする恭仁京復原案も氏によって提出される。東西に分かれた恭仁京という奇想天外な学説は、文献史料の確実な読みに立脚し、地割や地名をうまく説明するものであった。

昭和四十九（一九七四）年、恭仁宮跡の発掘調査がはじまった。これまでの発掘により、恭仁宮が足利氏が想定したよりもずっと小さく、平城宮を簡略化したものだったことが判明している。急

❖コラム

ごしらえの宮室《きゅうしつ》にふさわしいといえようか。宮の規模は南北約七五〇メートル、東西約五六〇メートルしかなく、南北に長い長方形であった。大極殿は文献どおり平城宮から移建したものらしいが、基壇化粧が簡素だった可能性がある。大極殿の南にある朝堂院《ちょうどういん》も平城宮より東西幅がせまく、築地塀《ついじべい》ではなく板塀で囲まれていた。朝堂はまだ検出されていない。大極殿の北は内裏《だいり》で、正殿は未発見だが、何棟かの建物跡がみつかっている。

恭仁宮跡からは瓦や木簡《もっかん》が出土し、造営過程を考える手がかりとなった。今後の発掘によって、山背国最初の都城である恭仁京の様相がさらにあきらかになるだろう。ただ、この考古学的調査が画期的な足利説に先導されたものであることも、よくおぼえておきたい。

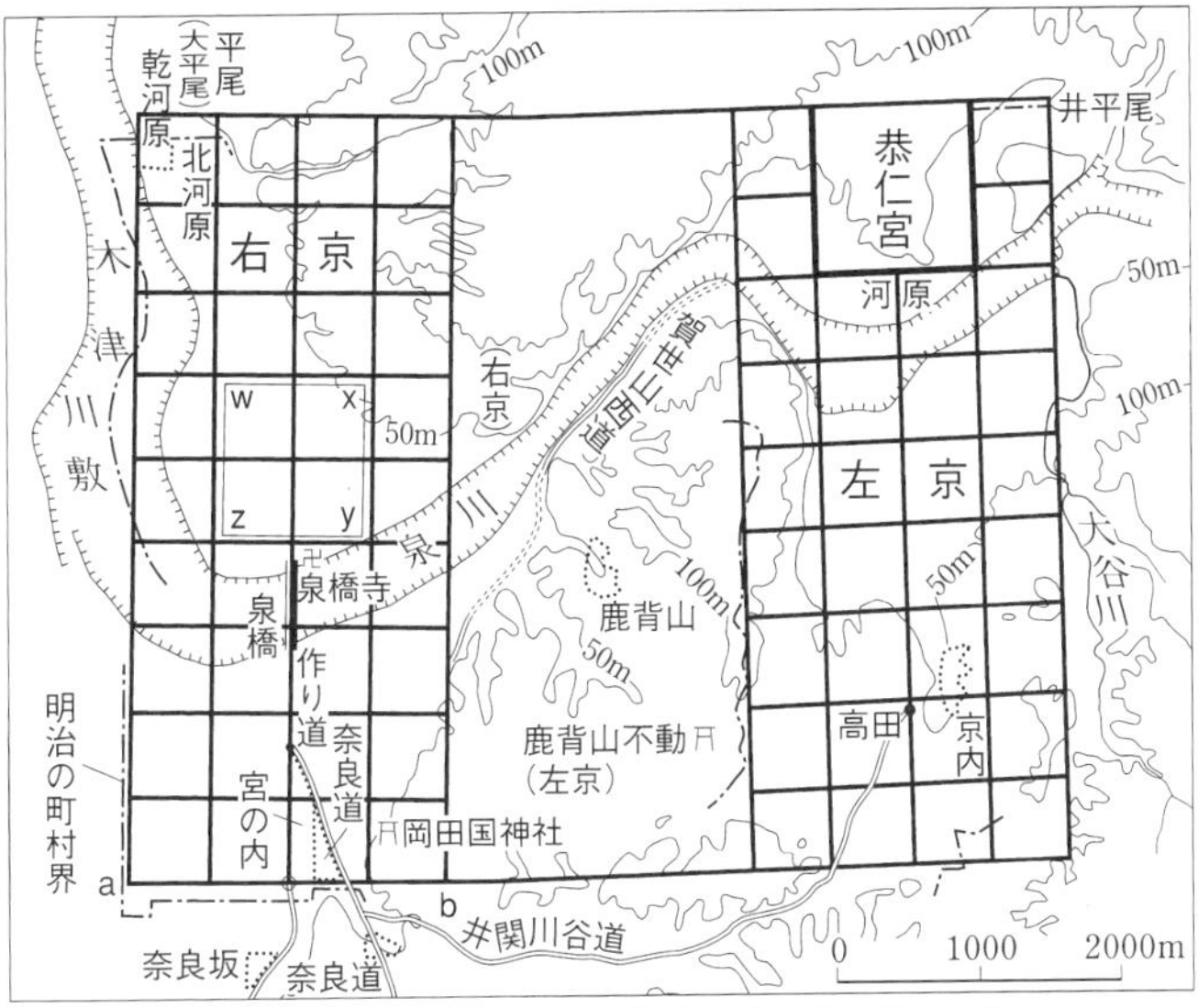

恭仁京復原図　加茂町史編さん委員会編『加茂町史』第1巻による。

陽道は田辺から河内国楠葉《くずは》に抜けた。山背に都がうつると駅路も改変されたが、これについては次章にゆずる。最後に天平十三（七四一）年に建立が命じられた国分《こくぶん》寺《じ》・国分尼寺《こくぶんにじ》であるが、山背国分寺には天平十八年、恭《く》仁宮《にきゅう》大極殿《だいごくでん》が施入された。遺跡は木津川市加茂町例幣《れいへい》の恭仁宮跡にあり、巨大な金堂跡と塔跡が残る。国分尼寺は木津川対岸の同市加茂町法花寺野《ほっけじの》にあったらしい。

丹波国は山陰道筆頭国である。『延喜式』では上国、正税数二三万束、『和名類聚抄』田積は一万六六六町。桑田・船井・多紀《たき》・氷上《ひかみ》・天田・何鹿の六郡を管轄した。うち多紀・氷上両郡は兵庫県域である。『律書残篇』の号数は七二郷、推定人口約八万人。丹波国府は十世紀には桑田郡、十二世紀には船井郡屋賀《やが》にあり、平安時代に移転したかと思われる。十世紀までの国府候補地としては今のところ亀岡市千代川《ちよかわ》遺跡が有力で、八世紀中葉〜九世紀を中心とする建物跡や遺物がみつかっており、官衙色が濃い。ただ、屋賀に近い亀岡市池尻遺跡では奈良時代の壺が大量にでていて、漆《うるし》を使う国府工房があっ

丹波国分寺塔跡（亀岡市）

たとみられる。

屋賀にむかう大堰川東岸の直線道路を古い山陰道とみる説があり、この古道に接して国分寺・国分尼寺が建っていた。丹波国分寺跡は亀岡市国分《こくぶ》にあり、中門・金堂・五重塔・講堂・僧房などの跡がみつかっている。今も小堂が残り、平安時代の薬師如来坐像《やくしにょらいざぞう》を伝える。国分尼寺跡はすぐ西の御上人林《おしょうにんばやし》廃寺で、発掘調査で南門・金堂・講堂・尼房が検出された。僧尼両寺が発掘された珍しい例である。平安時代の山陰道は大堰川対岸を通り、亀岡から天引《あまびき》峠を経て篠山盆地に抜けた。そこから山陰道は加古《かこ》川をさかのぼって但馬国にむかうが、丹後国へは由良川沿いに福知山（天田郡）にでて与謝峠を越える支線がある。

丹後国は『延喜式』では中国、正税数一七万束、『和名類聚抄』田積は四七五六町。加佐・与謝・丹波・竹野・熊野の五郡からなり、『律書残篇』によれば三九郷、したがって推定人口は約四万三〇〇〇人。丹後国府は『和名類聚抄』によれば加佐郡にあったという。しかし、中世には宮津市の籠神社近くが府《ふ》中《ちゅう》であったし、丹後国分寺跡もそこから一キロほどだから、国府は古代から与謝郡のこの地におかれていた可能性がある。もしそうであれば、山陰道支線は与謝峠から加悦谷を経て、国府に至ったことになろう。現在の丹後国分寺跡の礎石《そせき》は建武元（一三三四）年の再建時のものだが、奈良時代の瓦もでており、古代からこの辺りにあったとみてよかろう。尼寺についてはよくわかっていない。

律令制による支配

八世紀前半の山背・丹波・丹後に二〇一あった郷は、それぞれいくつかの集落を組み合わせたもので、原則として五〇の戸《こ》からなっていた。戸もまた複数の家族を集めてつくられた、律令制支配のための基礎単位と考えられている。戸を単位に口分田《くぶんでん》があたえられ、租税が徴収された。公民を戸に編成して支配するため、六年に一度、戸籍が作成された。また、計帳《けいちょう》という帳簿が毎年つくられ、中央政府はこれで人口や税収を把握していた。

律令制下の租税はさまざまであった。収穫した稲の三%を納付させる租《そ》と、正税を貸し付けて利息をとる出挙《すいこ》が国府の財源となり、これらの稲は郡の倉庫におさめられた。正道遺跡の倉庫群が思いだされる。中央政府の財源となったのは調《ちょう》と庸《よう》で、各地域の産物が指定され、京に運ばれた。このほか雑徭《ぞうよう》や兵役《へいえき》などの力役も、重い負担となった。山背国は畿内であるため、調は畿外の半額、庸は全免とされていた。古くはおもに麻布を調としたが、和同開珎《わどうかいちん》発行後は銅銭にかわった。『延喜式』によれば、丹波国の調は綾《あや》などの高級織物・絹・綿《わた》、庸はおもに米であった。丹後国もほぼ同じだが、庸に綿が加わる。平城宮跡などでは、丹波国・丹後国から送られた米や山海の産物の荷札がみつかっている。

和銅四(七一一)年、諸国に錦・綾の織り方を教える使者が派遣され、翌年、丹波を含む二一国に貢納が命じられた。丹後国は和銅六年に成立したが、やはり錦・綾生産国となったであろう。『延喜式』の調の高級織物はここに起源をもつ。丹後国は古くから絹生産が盛んだったらしく、舞鶴市(加佐郡)・与謝野町(与謝郡)に式内倭文神社《しきないしどり》がある。

錦や綾は国府工房で織られたと考えられるが、各国ではほかにも武器や奢侈品《しゃしひん》を製作した。さきにふれた亀岡市池尻遺跡の漆壺も、これにかかわるものであろう。また正倉院《しょうそういん》に所蔵される鳥兜《とりかぶと》は、丹後国府で反故《ほご》にされたと考えられる古文書を芯《しん》に使っており、国府工房の製品とみてよい。この反故文書は丹後国の地方行政をうかがわせる貴重な史料である(東野治之『正倉院文書と木簡の研究』)。このほか紙・筆の生産や鉱業なども、国府の管理下にあった可能性が大きい。

さて、公民の耕地は国家からあたえられた口分田である、というのが律令制の原則であった。この班田《はんでん》制《せい》と深く関連するのが条里制《じょうりせい》である。耕地を一町（一〇九メートル）四方の方格地割に整理し、それを条・里に編成する。そして個々の耕地の所在地を「九条深草里卅三坪」というようにあらわす。条里制はこうした「条里地割」と「条里呼称法」からなっていた。ただし地表に条里地割がないのに、書類上、条里呼称法が行われることもあった。

古い条里呼称法を示す史料として、天平十五（七四三）年の「弘福寺田数帳《ぐふくじでんすうちょう》（寺田籍）」があり、山背国久世郡の寺田を「家田里廿四御田」などと表記している。ちなみにこの耕地は石清水《いわしみず》八幡宮の東方にあった。一方、条里地割は府下各地に残っている。山背国では山城盆地に広く分布し、丹波国では大堰川流域の亀岡・山国盆地などにみられるが、由良川流域の綾部・福知山盆地では断片的である。丹後国では峰山盆地、野田川流域、宮津市国分付近などに方格地割がある。条里制がいつ施行されたかはむずかしい問題で、全国各地の発掘調査でみつかる条里地割には平安時代以降のものが少なくない。しかし、奈良時代の遺構もみつかっているから、やはり条里制は八世紀前後に施行されたとみてよいように思われる。

条里地割は、都城の条坊地割や駅路と同じく、直線を基本としている。施行工事には数多くの公民が徴発されたに違いない。古代にはじまる条里制耕地は、その後も農業生産の主要な舞台として、山背・丹波・丹後の前近代社会をささえ続けた。

出雲郷の奈良時代●

京都市の賀茂川に出雲路《いずもじ》橋という橋がかかっている。下鴨神社のすぐ西である。神社の対岸を出雲路というが、奈良時代、付近は山背国愛宕郡出雲郷とよばれていた。正倉院にこの出雲郷の計帳が伝わっている。

神亀三（七二六）年のもので、五〇戸のうち二四戸の記事が残り、奈良時代の集落や家族のようすを知るよい手がかりになる。

出雲郷にはいくつかの特徴があった。計帳を読んでまず気付くのは、出雲臣《いずものおみ》の姓をもつ人がきわめて多いことである。三四三人のうち二六二人、実に七六％にのぼる。しかも姓名がわかる戸主二〇人のうち、一七人が出雲臣である。出雲郷でもっとも有力なのは、郷名のとおり、移住氏族の出雲臣氏だったと考えられる。郷内には氏寺とみられる出雲寺が甍《いらか》を輝かせ、また式内社《しきないしゃ》の出雲井於《いのうえ》神社・出雲高野《たかの》神社がまつられていた。

しかし、出雲郷は閉鎖的な同族集落ではなかった。計帳はあくまで課税台帳であって、現実の家族のあり方をそのまま表現したものではない。戸主と同居していなくても、戸口とされるようなことはよくある。そこで婚姻関係がどうであったかを調べてみよう（寺内浩「下級官人とその出身地」『新版古代の日本　近畿Ⅱ』）。成年者の多くは配偶者がいたと思われるが、計帳ではほとんどそれがみえず、現在知られる婚姻は三五例。このうち夫婦とも出雲臣というのは一二例、夫が出雲臣・妻が他姓というのが一六例、夫が他姓・妻が出雲臣というのが二例、夫婦とも他姓というのが五例である。つまり出雲臣の同姓婚はわずか三分の一にすぎず、出雲臣だけでまとまろうという志向は読みとれない。妻の姓には木勝族《きのすぐりのやから》・錦部・丸《わに》部《べ》・秦前《はたのさき》といった近郷の氏族がみられる。

出雲臣安麻呂の勤務評定木簡（長屋王家木簡）

また、佐太忌寸《さたのいみき》・檜前《ひのくま》民使首・高市《たけち》県主など、大倭《やまと》国の飛鳥周辺の氏族と結婚しているのもおもしろい。これは飛鳥や藤原に都があったころ、出雲郷の人びとがそこで働き、妻をみつけたことを示すものであろう。出雲郷計帳のもう一つの特徴は、平城京の貴族につかえるもの（帳内《ちょうない》・資人《しじん》）や、中央政府の下級官人（舎人《とねり》・史生《ししょう》・使部《しぶ》など）になっているものが多いことである。たとえば出雲臣忍人《おしひと》は最高権力者長屋《ながや》王《おう》につかえ、出雲臣安麻呂《やすまろ》も長屋王と関係の深い北宮《きたみや》で働いていた。安麻呂の名は長屋王邸跡で出土した木簡《もっかん》にもみえる。和銅六（七一三）年ごろ、彼はすでに都にでて、年間三二〇日も出勤していた。

下級官人を輩出するのは、実は出雲郷だけでなく、愛宕郡全体の特色であった。下級官人の出身地は京畿内、とくに河内・大倭・山背・右京に集中し、郡単位でみると山背国愛宕郡が飛び抜けて多かったことが知られている。南河内や飛鳥とならぶ文化先進地であったためであろうか。有力氏族の小野氏・粟田氏もいた。京都市左京区上高野《かみたかの》では七世紀の官人小野毛人《えみし》の墓誌もみつかっている（口絵参照）。いったん官人として出仕する途が開けると、それはどんどん拡大したらしい。一般の公民が下級官人になるときには、縁故採用がふつうだったからである。出雲郷でも、出雲臣置見《おきみ》・大海《おおみ》が同じ鋳銭寮《じゅせんりょう》で史生・使部として働くなど、兄弟や近所でまとまって出仕する例がある。彼らは租税を免除され、給与をもらった。故郷の村では、都の官衙や貴族の威勢をかりて、偉そうにふるまったに違いない。愛宕郡ほどでなくとも、こうした光景は畿内のどこの村でもみられたことだろう。

しかし、都に近いのはよいことばかりではない。大きな造営工事があれば、すぐさま役夫を徴発される。出雲郷計帳には多くの逃亡者が記されるが、それは和銅年間（七〇八〜七一五）に集中し、平城京造営と関係するものとされている。また調銭の賦課、奴婢《ぬひ》の集積なども出雲郷の先進性の現れであるが、それらは伝統的な社会を破壊する要因にもなる。出雲臣一族のまとまりも、こうしたなかで失われていったのであろうか。同じ奈良時代といっても、丹波国や丹後国とはかなり異なった世界を、山背国の人びとは生きていたように思われる。

2章

平安京と地域社会

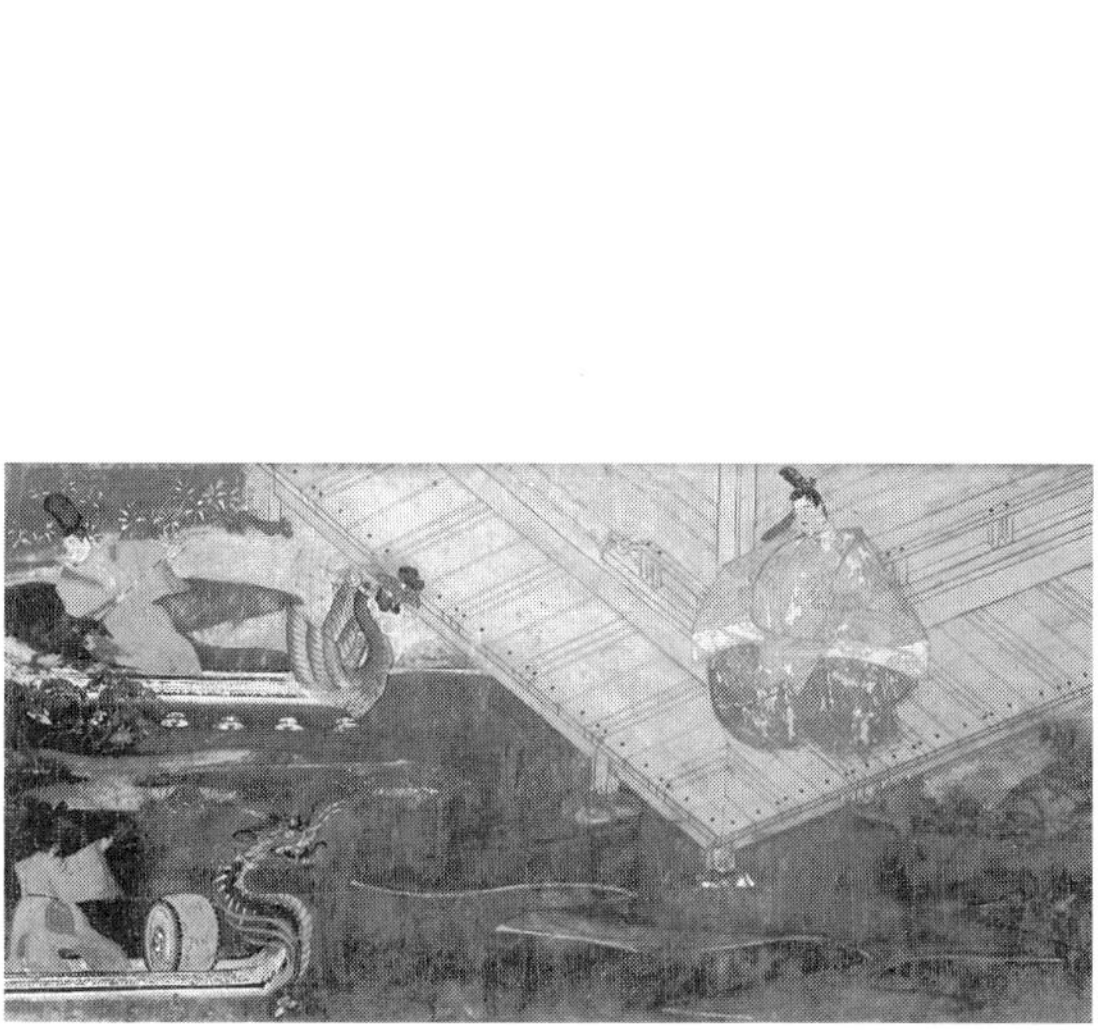

藤原道長(『紫式部日記絵詞』)

1　山背遷都

長岡京建設●

延暦三（七八四）年五月、藤原小黒麻呂《ふじわらのおぐろまろ》・種継《たねつぐ》らは山背国《やましろ》乙訓郡《おとくに》長岡村《ながおか》に派遣され、新京建設のための視察を行った。桓武天皇《かんむ》ははやくから平城京《へいじょうきょう》をすてようと考えていたらしいが、この視察のころから遷都《せんと》事業はいっきに加速した。六月には種継を首班とする造長岡宮使《ぞうながおかきゅうし》が任じられ、造営工事がはじまった。桓武が長岡宮に移ったのは十一月のことで、翌延暦四年の元日儀礼でははやくも大極殿《だいごくでん》が用いられている。同年九月、突貫工事を指揮していた藤原種継が暗殺されるが、この事件はかえって遷都反対勢力の粛清《しゅくせい》をもたらした。その後も建設は続き、延暦五年七月には宮の主要施設である太政官院《だいじょうかんいん》（朝堂院《ちょうどういん》）が完成した。

長岡遷都が順調に進んだのは、桓武がなみなみならぬ意欲を示したからであろう。彼にとって新都造営とは、自分が天皇位にあることを正当化する事業だった。桓武は血統がすぐれなかった。父の光仁《こうにん》天皇は傍流の天智《てんち》系王族、母の高野新笠《たかののにいがさ》は渡来氏族和氏《やまと》の出身である。しかし、複雑な政治状況が桓武を天皇に押しあげると、彼は父祖の顕彰にはげみ、中国思想をも活用して、正統な王朝が創始されたかのような装いをこらした。新王朝には新都がふさわしい。長岡遷都は「新王朝の物語」と不可分一体のものであった（清水みき「桓武朝における遷都の論理」『日本古代国家の展開』上）。

しかし、意欲だけでは遷都はうまく運ばない。周到な戦略が必要である。桓武は平城宮をそのまま残し、複都の難波京《なにわ》を廃止するという手段をとった。難波宮の建物を長岡宮に移すことにより、費用を節約し工期を短縮するとともに、平城廃都に伴う動揺をおさえようというのである。難波宮を管轄する摂津職《せっつしき》長官には、すでに腹心の和気清麻呂《わけのきよまろ》が配されていた。中山修一氏によってはじめられた長岡宮の発掘調査では、内裏《だいり》（西宮）・大極殿院・太政官院地区でみつかる軒瓦《のきがわら》の多くが難波宮式であり、太政官院が難波宮と同じ八堂《はちどう》型式をとったことが判明している。難波宮の建物が長岡宮に移建されたことは疑いない。

そして遷都がもはや既成事実となった延暦七年、長岡宮造営は第二段階にはいった。長岡宮の大改造、そして平城宮の解体である。それまでの「前期造営」でも、内裏と大極殿院を分離し、大極殿院を拡大する という新機軸がうちだされていた。これは内裏を日常政務の場とし、大極殿院を堂々たる儀礼空間にする試みだった。延暦七年からの「後期造営」では、内裏をさらに大極殿院から遠ざけたほか（東宮）、大極殿院につながる太政官院を拡大して朝堂院と改称し、その西にも大きな儀礼空間をつくりだした。長岡宮全体が南に二九〇メートル、北に二七〇メートル拡張されたらしい。大和国《やまと》では平城宮の解体がはじまった。門や官衙《かんが》がつぎつぎに長岡に移され、桓武の理想とする宮室がその姿をあらわしていった。

長岡宮は長岡京の北端、見晴らしのよい丘陵地におかれた。それ以外の長岡京域では、碁盤の目のように街路をとおし、整然たる街並みをつくる条坊《じょうぼう》制がほぼできあがった。しかも三条以南は、宮の正面をのぞけばすべて一二〇メートル四方の「町《ちょう》」が基本区画となり、宅地配分を容易にした。左京《さきょう》の六条大路と東二坊大路の交差点付近では、敷地を溝や柵で区画し、数棟の掘立柱建物を建てた宅地跡がみつかっている。約二〇〇メートル南を流れる小川には橋がかかり、人面土器《じんめんどき》や土馬《どば》などが流されていた。都市民の祈りの跡である。このあたりは桂川《かつら》のすぐ近くで、実質的に京のはてであった。桂川以南では条坊も未整備だったらしい。

桓武は長岡に都を移した理由として、水陸交通の要衝であることをあげている。おそらく事実であろう。長岡京は交通・流通面で至便の位置にあった。淀・山崎という港をもち、淀《よど》川をくだれば瀬戸内海に、木津《きづ》川・宇治《うじ》川・桂川をさかのぼれば大和・近江《おうみ》・丹波《たんば》に直結する。逢坂《おうさか》や老ノ坂《おいのさか》も近くなった。左京一条三坊では多数の木《もっ》簡《かん》が出土し、桂川支流に面するこの地に材木集積場があったことがわかった。水運を活用する長岡京の姿をよく示すもので、長岡京木簡がもたらした成果の一つである。難波京を廃止し、淀川河口を三国《みくに》川（神崎《かんざき》川）に結んだことも、長

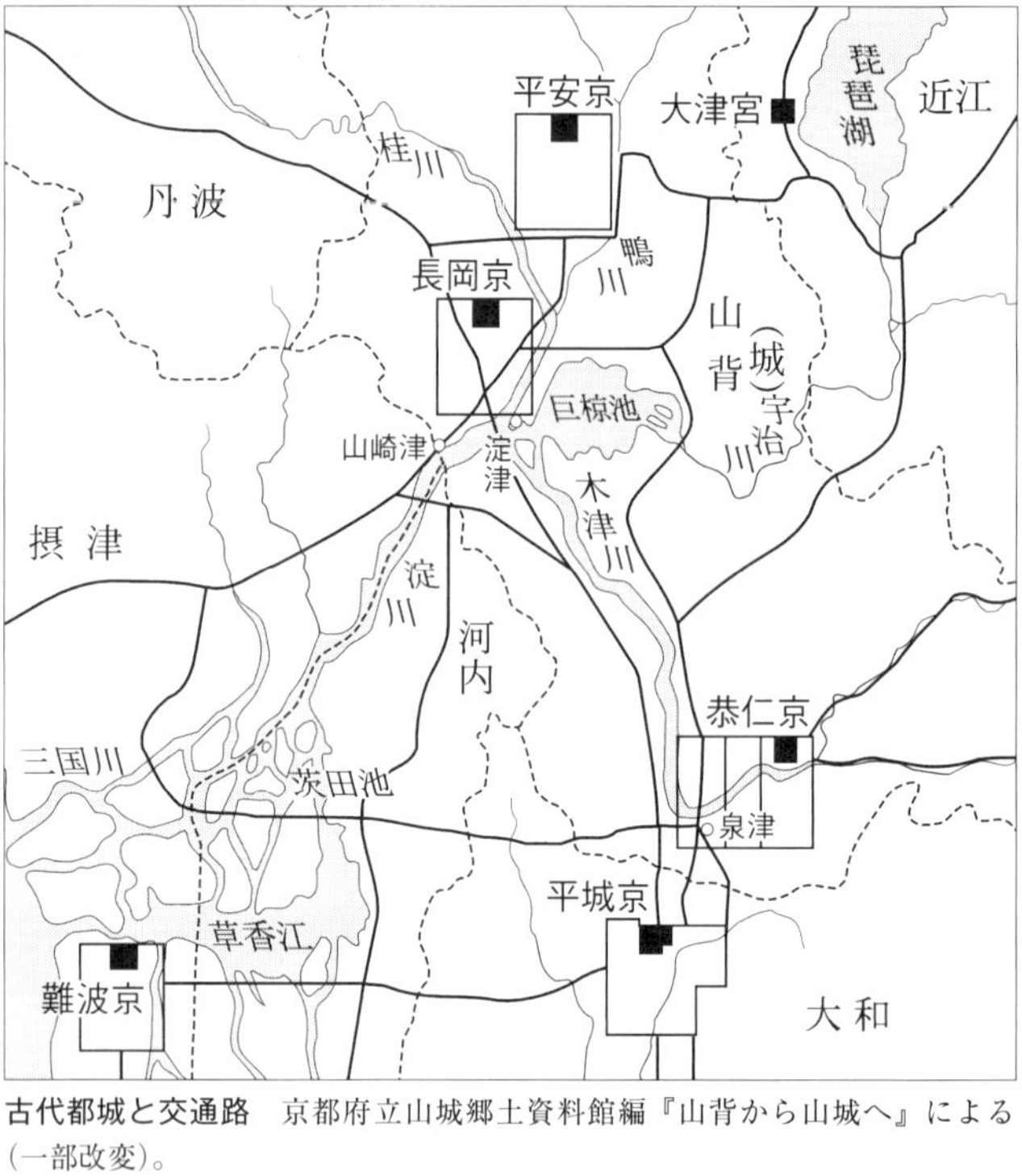

古代都城と交通路 京都府立山城郷土資料館編『山背から山城へ』による（一部改変）。

岡京が淀川水系の要に位置したことと関係していた。はじめての本格的な淀川水系の都城。長岡遷都はこの意味でも画期的な事業であった。

万代の宮⑦

延暦十一（七九二）年、長岡宮の空気は重かった。後期造営は着々と進んでいたが、六月に早良《さわら》親王の祟りが報告され、八月には桂川が洪水をおこした。早良親王は藤原種継暗殺事件への関与を疑われ、絶食自殺した前皇太子である。桓武は長岡京を廃棄することにした。翌年正月、遷都のため葛野《かどの》郡宇太《うだ》村を視察させ、内裏の解体にそなえて東院に移る。三月には新京を巡覧しているから、このころ造営工事がはじまったらしい。正式に遷都したのは延暦十三年十月で、翌月には新京を平安京《へいあんきょう》と命名し、山背国を山城国に改称した。

平安宮にはまず長岡宮の内裏・朝堂院・官衙が移建されたが、長岡宮前期造営よりもずっと時間がかかった。大極殿がはじめてみえるのは延暦十五年正月で、視察から三年が経っていた。ついで新造施設の建設に移り、豊楽院《ぶらくいん》や諸官衙が造営される。そして全体の工事が停止されるのが延暦二十四年。主要施設はほぼ完成していたのであろう。

翌大同元（八〇六）年、桓武は死去し、平城《へいぜい》天皇が即位した。彼は大同四年に嵯峨《さが》天皇に譲位《じょうい》し、翌年平城京への還都を企てて鎮圧された（薬子《くすこ》の変《へん》）。その後、平安京は首都として定着し、名実ともに「万代の宮」となる。嵯峨は平安宮を改造し、殿舎・諸門の名を唐風に改め、儀式整備を進めた。平安宮の構造、平安京の都市計画、都をめぐる交通網はいずれも長岡京から引きつがれたが、嵯峨天皇のころ安定期が訪れた。長岡・平安遷都は一連の「山背遷都」とみることができるが、ここに山背遷都が終焉したといえようか。

平安京と平安宮●

平安京は東西約四・五キロ、南北約五・二キロの都城である。条坊制は長岡京よりもさらに洗練され、京全域が同じ大きさの「町」からなっていた。左右京一条を桃花坊《とうかぼう》、左京三条を教業坊《きょうぎょうぼう》などと各条をまとめてよぶことも九世紀にはじまった。平安京を洛陽《らくよう》・長安《ちょうあん》にあてる意識は九世紀末ごろにうまれ、十世紀後半には左京＝洛陽、右京＝長安が定着した。

平安京の正門、羅城門《らじょうもん》は正面七間の堂々たる重層門で、楼上には兜跋毘沙門天立像《とばつびしゃもんてんりゅうぞう》（口絵参照）が安置されていたと伝える。羅城門の左右には羅城（城壁）がとりつくが、東西の京極《きょうごく》までは続かない。門からまっすぐ南へ鳥羽作道《とばのつくりみち》がのび、全国にむかう駅路に接続していた。

京の南端には東寺《とうじ》・西寺《さいじ》が左右対称に建っていた。ともに平安京を鎮護する官大寺で、京内には両寺以外に寺院はない。西寺には僧綱所《そうごうしょ》があり国家法会《こっかほうえ》が行われたのに対し、東寺は弘仁十四（八二三）年に空海《くうかい》にあたえられて真言道場《しんごんどうじょう》となった。西寺は鎌倉《かまくら》時代に退転するが、東寺は今も法灯を伝える。塔や金堂の規模はほとんど変わっていないらしい。

羅城門をくぐると幅八三メートルのメインストリート、朱雀大路《すざくおおじ》である。路の両側には柳並木が植えられ、太い溝が流れていた。その外には高い坊城垣《ぼうじょうがき》が続く。坊城垣は各条ごとに設けられ、中間の小路に坊門が開いていた。坊城垣と坊門は都の威厳を高める装置で、朱雀大路沿いだけに築かれた。京内の主要施設としては、左右京七条一坊に鴻臚館《こうろかん》がある。外国の使節を泊める施設だが、渤海使《ぼっかいし》がときおり使う程度であった。左右京七条二坊には東西の市がおかれ、官衙や都市民のためにさまざまな物品を売っていた。

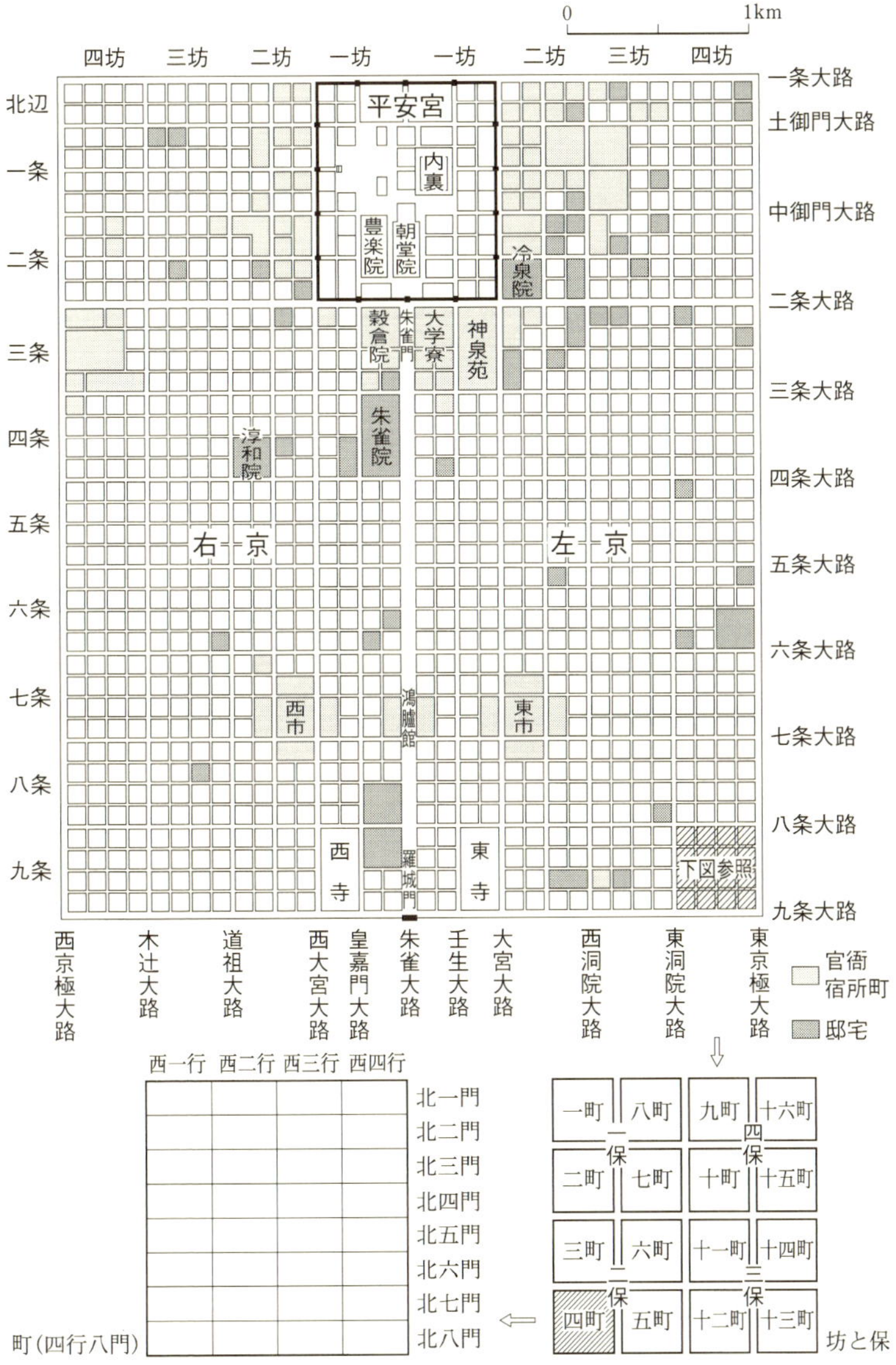

平安京(9世紀ころ) 『平安京提要』『よみがえる平安京』による。

右京四条一坊の朱雀院は京内随一の邸宅で、天皇家の家政をあずかる離宮《りきゅう》（後院《ごいん》）である。冷然院《れいぜいいん》（冷泉院）・淳和《じゅんな》院も同じような施設であった。左京三条一坊には大学寮《だいがくりょう》と神泉苑《しんせんえん》がならぶ。神泉苑は広大な苑地で、雨乞いもここで行われた。このほか穀倉院《こくそういん》・検非違使庁《けびいしちょう》・獄舎《ごくしゃ》などが京内にあった。

　平安京の北端中央が平安宮である。大内裏《だいだいり》とよばれ、東西一・二キロ、南北一・四キロの規模をもつ。四周を大垣と溝がめぐり、一四の門が開く。なかでも南面中央の朱雀門がもっとも大きい。これをくぐると応天門《おうてんもん》である。貞観八（八六六）年に焼亡し、伴善男《とものよしお》らが放火の罪で失脚させられたことで知られる。応天門内が南北約四六五メートル、東西約一九〇メートルの朝堂院である。その中心部は二つの区画からなり、北の一段高い壇（竜尾壇《りゅうびだん》）の上に大極殿が建つ。即位や元日朝賀のさいに天皇が出御し、その天下支配を象徴する巨大建築である。東西には蒼竜楼《そうりゅうろう》・白虎《びゃっこ》楼が甍《いらか》をならべていた。竜尾壇の南には広い朝《ちょう》庭《てい》があり、それを一二棟の朝堂《ちょうどう》が取り囲む。朝庭と朝堂は官人たちが儀礼や政務（朝政）のさいに用いる施設だが、朝政ははやくから形骸化していた。朝堂院の西隣は饗宴のための施設、豊楽院である。正殿の豊楽殿はやはり唐風《とうふう》の大建築で、発掘調査で基壇がみつかっている。これら朝堂院・豊楽院の諸堂には、棟や軒先に瑠璃瓦《るりがわら》がふかれ、美しい緑色の光を放っていた。

　朝堂院の北東が内裏である。大内裏の建物はほとんどが瓦葺だが、内裏には檜皮葺《ひわだぶき》の殿舎が軒を接するように建ちならび、独特の雰囲気をかもしだしていた。正門は建礼門《けんれいもん》だが、公卿《くぎょう》たちは東面の建春門《けんしゅんもん》から出入りする。内裏正殿が紫宸殿《ししんでん》で、前面に南庭があり、その東西に四棟の殿舎が建っていた。この空間を用いて、公卿から天皇への政務報告や、雅《みやび》やかな宮廷儀式が行われた。紫宸殿東北廊の陣座《じんのざ》は公卿会議の場として知られている。天皇は儀礼や政務のときは紫宸殿に出御するが、ふだんはその北西の清涼殿《せいりょうでん》で暮らした（九世紀には仁寿殿《じじゅうでん》も用いられた）。清涼殿の南端が殿上《てんじょう》の間《ま》で、ここに伺候《しこう》できるのは殿上人《てんじょうびと》と蔵人《くろうど》だけである。天皇の秘書局である蔵人所《くろうどどころ》はその南隣の校書殿《きょうしょでん》におかれた。一方、内裏の北半分は後宮《こうきゅう》で、キサキや女官たちが暮らしていた。十世紀には後宮の建物がみな廊下で結ばれていたが、それがいつまでさかのぼるかは判然としない。

建春門から外にでると、正面が外記庁《げきちょう》である。太政官が八省《はっしょう》や国司《こくし》から行政報告をうける官衙で、まさに太政官政治の中枢といえる。古くは五〇〇メートル南の太政官庁がそうした場であった。二官八省など主要な官司は、大内裏に曹司《そうし》とよばれる官衙施設をもつ。たとえば中務省《なかつかさしょう》曹司は東西約一七〇メートル、南北約一一〇メートル、周囲を築地塀《ついじべい》がめぐる。南西部の区画が中務省本省で、それ以外に陰陽寮《おんみょうりょう》や監物《けんもつ》などの区画もある。それぞれ正庁を中心に、実務処理を行う建物がいくつも配置され、官人たちが忙しく働いていた。厨房《ちゅうぼう》や宿泊施設もあり、上級官人は個人用の建物をもっていた。ここに妻子を住まわせる不心得者もいたらしい。どこの曹司でも事務作業のほか、さまざまな現業を行っており、必要に応じて太政官に上申した。国家行政のほとんどは、こうして内裏と曹司で処理されていた。

大内裏の外にも、曹司や厨房はいくつかあった。舎人《とねり》や仕丁《しちょう》らが暮らす宿所町《しゅくしょまち》もある。これらは二条以北の大内裏周辺に集中し、京内とはいえ大内裏の延長のようであった。有力貴族の邸宅もこのあたりに建てられることが多かったが、これについては次節でふれたい。

京外の風景●

平安京の郊外も、宮や京の活動と無関係ではなかった。まず、平安京を経済的にささえる津《つ》がある。淀津・山崎《やまざき》津・大堰《おおい》津が主要なもので、食料や物資がここに集まり、倉庫が軒をならべた。琵琶湖岸の大津《おおつ》も東の外港というべき存在で、米などは逢坂を越えて京に運ばれた。ちなみに平安京の東西を流れる鴨《かも》川・桂川は、しばしば洪水をおこすやっかいな存在で、政府は堤防を築いて治水に意をそそいだ。

寺社も京外にあった。まずあげるべきは、平安京北東にそびえる比叡山《ひえいざん》の延暦寺《えんりゃくじ》であろう。最澄《さいちょう》が建立した日本天台宗《てんだいしゅう》の根本寺院《こんぽんじいん》で、弘仁十三（八二二）年に大乗戒壇《だいじょうかいだん》の設立が認められ、南都《なんと》仏教から独立した。さらに円仁《えんにん》・円珍《えんちん》が密教《みっきょう》を導入し、平安京の貴族の帰依《きえ》を高めた。浄土教《じょうどきょう》もこの延暦寺で成長したものである。また、嘉祥寺《かしょうじ》・貞観寺《じょうがんじ》・仁和寺《にんなじ》・醍醐寺《だいごじ》などの御願寺《ごがんじ》が洛東《らくとう》・洛北《らくほく》につぎつぎと建立され、天台・真言僧《しんごん》が止住して天皇家の信仰をささえた。法住寺《ほうじゅうじ》・勧修寺《かじゅうじ》など貴族の氏寺《うじでら》も同じような性格をもつ。一方、神社では上下賀茂《かみしもかも》神社・松尾《まつのお》神社・稲荷《いなり》神社などが、遷都以前からの歴史をもつ名社として崇敬された。また藤原氏の氏神《うじがみ》である春日神が勧請《かんじょう》され、大原野《おおはらの》神社・吉田《よしだ》神社がうまれる。これらは橘《たちばな》氏の梅宮《うめのみや》神社、和氏の平野《ひらの》神社とともに、外戚の氏神として公祭にあずかった。延喜三（九〇三）年に左遷先の大宰府《だざいふ》で死去し、強力な御霊《ごりょう》（怨霊《おんりょう》）と化した菅原道真《すがわらのみちざね》は、十世紀中葉ごろ北野《きたの》神社に天神《てんじん》としてまつられ、平安京を鎮護する存在となった。このほかにも山林寺院や御霊社など、それぞれに特色のある大小の寺社が人びとの信仰を集めた。

葬地にもふれておこう。律令制《りつりょうせい》では京内の埋葬が禁じられていたから、平安京の人びとは京外に葬地を求めねばならなかった。天皇や貴族は都《みやこ》をめぐる丘陵地に墓を築いた。桓武天皇が宇太野《うたの》（のち伏見《ふしみ》の柏原《かしわばら》）、嵯峨天皇が嵯峨、仁明《にんみょう》天皇が深草《ふかくさ》に葬られたのが代表的である。藤原氏の墓域は主として鳥辺《とりべ》野《の》や木幡《こはた》にあった。貴顕《きけん》の陵墓には陵寺・墓寺が付属することもある。仁明陵の嘉祥寺がはやい例だが、著名なのは寛弘二（一〇〇五）年に木幡に建てられた浄妙寺である。発掘調査でも三昧堂《さんまいどう》や多宝塔《たほうとう》の跡がみつかっている。民衆の墓地といえば鳥辺野や蓮台野《れんだいの》が思い浮かぶが、平安初期の葬地として確実なのは鴨川と桂川の河原である。桂河原では放牧や耕作も行われたが、島田《しまだ》・久受原《くずはら》・佐《さ》比《い》などの地が葬送に使われた。平安京佐比（道祖《さい》）大路のはてが佐比橋で、葬列はここを渡って「佐比の河原」に至り、死体を遺棄したらしい。承和九（八四二）年、悲田院《ひでんいん》は島田・鴨河原の髑髏《どくろ》五五〇〇あまりを焼いて埋葬したという。葬地の光景が目に浮かぶようである。

平安京の王族・貴族は別荘をもっていた。閑静な地、四季の風光の美しい地が選ばれ、遊宴・避暑・隠棲などに用いられた。とりわけ好まれたのは嵯峨野である。嵯峨天皇の嵯峨院、清《きよ》原夏野《はらのなつの》の双丘《ならびがおか》山荘、源融《みなもとのとおる》の棲霞観《せいかかん》など、名高い別荘がいくつもあった。のちにそれぞれ大覚寺《だいかくじ》、天安寺《てんあんじ》、棲霞寺となったように、別荘が寺院に転化することも少なくなかったようである。このほか桂・北山《きたやま》・山科《やましな》・宇治にも貴顕の別荘が点在していた。

別荘には、周辺の地が荘園《しょうえん》として付属した。嵯峨院に属する嵯峨荘《さがのしょう》については、「山城国葛野郡班田図《はんでんず》」から九世紀の様

嵯峨院跡（大覚寺と大沢池）

相がうかがえる。嵯峨院から渡月橋《とげつきょう》に至る地域には未開の原野が多く、嵯峨荘の田も高燥で水利条件のよくない場所に立地していた。めぐまれた田はおおむね公民の口分田《くぶんでん》で、現在の嵯峨駅周辺に人家があった。彼らは古墳《こふん》時代に嵯峨野を開発した秦《はた》氏の子孫である。嵯峨荘は平安初期になって占地されたが、遷都以前からの耕地や集落を取りこむことはなかったらしい。郊外の古代村落はなお生命力を保っているかのようである。しかし早晩、平安京の影響が強くおよび、新しい秩序が築かれていくことであろう。

2　平安京の変貌

『池亭記』の時代●

天徳四（九六〇）年、平安宮内裏が焼失した。前例のない事件として天皇や貴族は大きな衝撃をうけたが、その後一〇〇年間に内裏は一二回も焼亡し、里内裏《さとだいり》の利用が定着していった。このころから貴族邸宅や延暦寺・興福寺《こうふくじ》などの大寺院も焼亡があいつぐ。「火事の時代」の到来は、まさに律令体制の終末を象徴するものであった。

公民制・班田制・租税制など、律令国家をささえた制度は九世紀から衰退してきたが、それらがほぼ解体するのは十世紀後半のことであった。政治体制のうえでも後期摂関《せっかん》政治の時代となり、律令太政官政治は縮小再編され、天皇家と藤原氏を中心とする権門《けんもん》の力が強くなった。地方支配は受領《ずりょう》が引きうけ、彼らの蓄財と権門への奉仕もめだちはじめる。こうした変化に連動して、平安京は大きく姿をかえていった。

そのころ一人の文人貴族が六条の地に住まいを定め、静かな生活を送りはじめた。彼の名は慶滋保胤《よししげのやすたね》。

その『池亭記《ちていき》』には、新しい邸宅での暮らしぶりだけでなく、十世紀後葉の平安京のようすが具体的に描きだされている。そこで保胤の記述をたどりながら、王朝の首都の変貌をみてみることにしたい。

都市景観の変化●

『池亭記』によれば、右京は住人が減って幽墟のようになり、逆に左京の四条以北に人口が集中した。都市域は膨張して北と東の京極を越え、北野や鴨川畔に人家と田畠が広がったという。都市域が北東にかたよったということであるが、このころには鴻臚館・坊城・羅城門などの施設も荒廃し、首都の景観ははっきり変わりつつあった。

実は九世紀前葉から平安京には空き地がめだち、水田耕作以外の農業も許されていた。右京の衰退もはやかったようで、九世紀中葉には西市に人が集まりにくくなっていた。それはおもに地形的要因による。平安京は鴨川の扇状地上に建設され、大部分は高燥であったが、右京南部には低湿地が広がっていた。推定人口約一二万人が住むには十分すぎる京域だったから、好条件の土地へと自然に人が移っていった。そ れが『池亭記』の時代までにいっそう進行したのであろう。ただし近年の発掘成果によれば、九世紀の右京にはかなりの人家があり、その衰退も道祖大路以東・二条大路以北にはおよばなかったらしい。

京内の農地としては、空き地が耕作されたほか、宅地の内部にも小規模な畠があった。保胤は邸内に菜園・芹田《せり》をつくり、余暇には肥料や水をやった。発掘調査でみつかる大小の宅地にも畠があったと想定されている。保胤は肥料を「糞」と書く。平安京では大量の人糞・馬糞・牛糞が排出され、溝や街路をよごしたが、野菜には肥料が不可欠であるから、内膳司の御料菜園と同じように、ある程度の糞尿が京内の畠で処理された可能性がある。ともあれ右京の耕地化は進み、十一世紀末期には約半分にあたる三〇〇余町が耕地と化した。

寝殿造●

殷賑《いんしん》をきわめた左京北東部には、官衙・宿所町や上級貴族の邸宅が建ちならんでいた。貴族邸宅の代表といえるのが、左京三条三坊の東三条殿である。藤原良房《よしふさ》の創建と伝え、忠《ただ》平《ひら》・兼通《かねみち》・兼家《かねいえ》・道長《みちなが》・頼通《よりみち》らにうけつがれ、摂関家の本邸となった。東三条殿の建物配置や利用方法は『類聚雑要抄《るいじゅうざつようしょう》』や『年中行《ねんじゅうぎょう》事絵巻《じえまき》』によってくわしく知ることができる。

平安時代の貴族邸宅を寝殿造《しんでんづくり》とよぶが、東三条殿もこの住宅様式をとっていた。四周を築地塀がめぐり、四つの門が開く。正門は東にあり、大臣家にふさわしい四脚門であった。南門《なんもん》がないのは当時の慣例で、内裏をはばかったものという。四脚門をはいると正面に東中門《ひがしちゅうもん》があり、南北に中門廊《ちゅうもんろう》がとりつく。中心建物である寝殿へは、東中門のところで

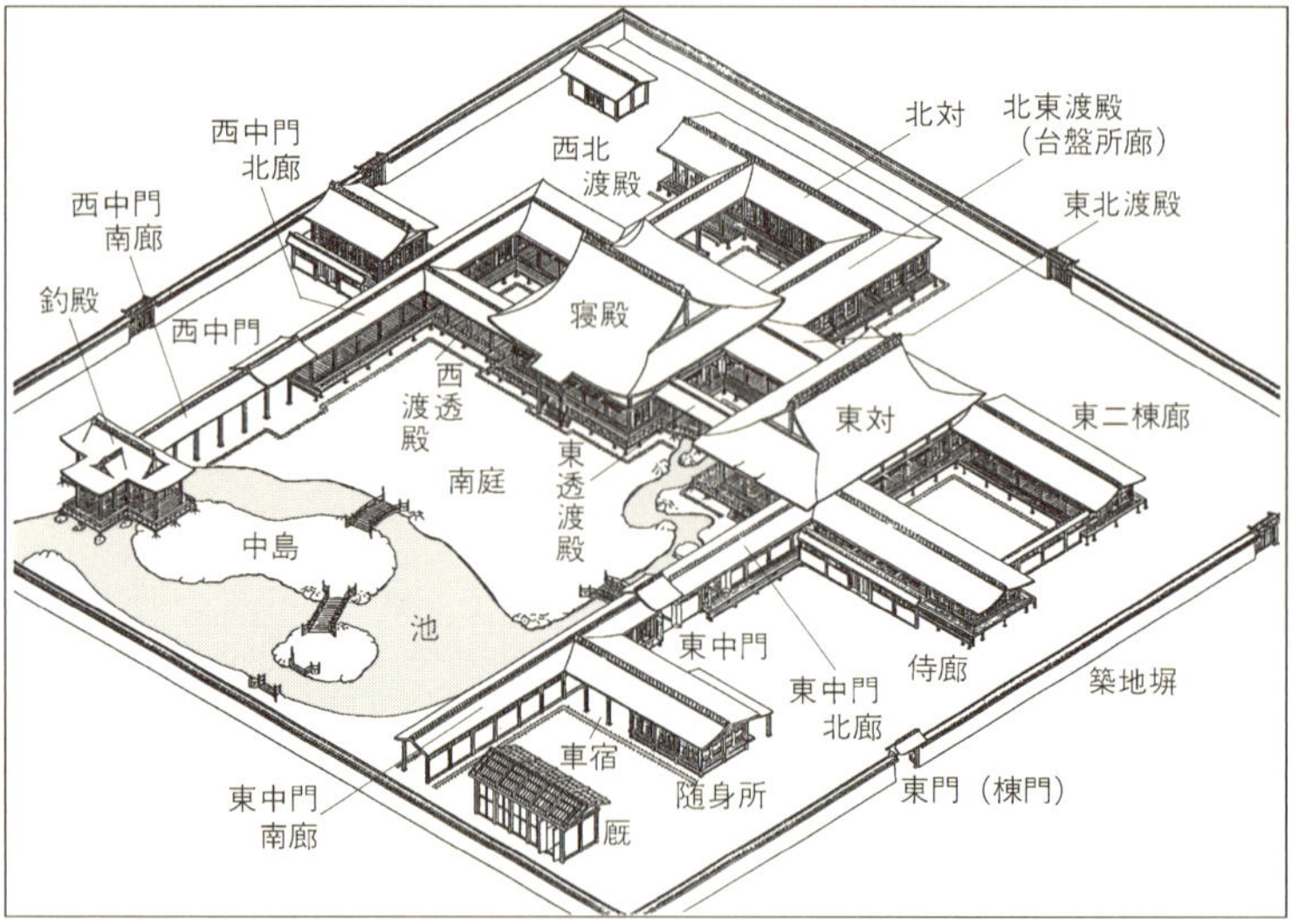

寝殿造邸宅復原図（登尾未佳・川本重雄氏制作）『年中行事絵巻』「闘鶏」にみえる邸宅を復原的に描いたもの。東三条殿よりも格下だが，基本構成は似ていてよい参考になる。

中門北廊にのぼり、東 対《ひがしのたい》と透渡殿《すいわたどの》をとおっていく。つまりここが玄関である。一方、中門廊には寝殿・南庭の一郭を囲いこむという重要な役割もあった。寝殿造は中門廊によって内郭《ないかく》・外郭《がいかく》に区切られる構造をもっており、それは内裏建築の影響であったらしい。寝殿は主人夫妻の居所であり、大規模な儀礼の場でもあった。東対もこれに準じ、また日常の接客にも用いられた。西対を欠くのは様式的に新しく、かつては東西対称に対屋《たいのや》をもつのが一般的だった。これらの建物はみな檜皮葺で、内部は御簾《みす》や几帳《きちょう》などで区切り、畳をしいて使う。南庭には中島《なかじま》をもつ池があって、そこに釣殿《つりどの》がかかり、遣水《やりみず》がそそいだ。

十〜十一世紀には上級貴族の家政機関が発達し、家政運営を担当する政所《まんどころ》、伺候者《しこうしゃ》を管理する侍 所《さむらいどころ》・台盤所《だいばんどころ》などがうまれた。東三条殿の侍所は東中門廊に連なる侍 廊《さむらいろう》にあり、男性の家司《けいし》・家人《けにん》がひかえた。主人はその北の東二棟廊《ふたむねろう》にでて、彼らに接見する。女房の詰所である台盤所は、寝殿の東北に続く台盤所廊にある。女房は主人夫妻のそば近くにつかえ、渡殿に個室をもつものもいた。侍所・台盤所は寝殿造の外郭に位置する、具体的な場所の名でもあった。侍廊の南には随身所《ずいじんどころ》がおかれ、厩《うまや》もその近くにあったらしい。一方、政所の場所はよくわからないが、日常的な事務処理は、東三条殿の東隣に設けられた御倉《みくら》町《まち》でなされたと思われる。東三条殿御倉町には倉庫が建ちならび、藤原氏長者のシンボルである荘園文書や饗宴具もここにおさめられていた。御倉町は別納《べちのう》ともよばれ、一般に貴族邸宅の財産・経済をあずかる施設であった。隣接する受領の家が、そうした役割をになうこともあったようだ。政所職員はここで文書や記録をつくり、また物資を管理・出納し、東二棟廊にでむいて主人の命令をうけたのだろう。

このように寝殿造は内郭・外郭・御倉町という三つの空間からなっていた。内郭は貴族の生活と儀式の場であり、王朝《おうちょう》文化もここを舞台に開花した。はなやかな詩宴や管弦がもよおされ、調度類にも美術工芸の粋がつくされた。政治・文化の中心は平安宮内裏であるが、それを上級貴族の邸宅群が衛星のようにとりまき、機能を分有していた。一方、寝殿造の外郭や御倉町には多くの都市民が出入りし、そこに宿直・起居するものもいた。畿内《きない》・近国、さらには全国の荘園から徴発された人や物、それらもまた貴族邸宅に集まってきた。『池亭記』によれば、貴族邸宅のまわりには従者たちが住んでいたという。そのなかには富裕な受領も含まれ、諸国の物資と人材を集めていたことだろう。このように寝殿造は内は内裏に、外は京・畿内・諸国の人びとにつながっており、けっして閉鎖的な空間ではなかった。

ただ、すべての貴族邸宅が東三条殿のようであったわけではない。中下級貴族の家はもっと狭く、家政規模も小さかった。御倉町をもつ邸宅は少なく、ふつうは築地塀のなかの外郭域に倉庫や事務機構がおかれていたのだろう。慶滋保胤の邸宅も四分の一町を占めるのみで、建物も少なかった。また、右にのべた東三条殿の状況は十一～十二世紀のものである。発掘調査でみつかった九世紀の貴族邸宅は、建物の配置・つながりや庭園のようすが典型的な寝殿造とはかなり異なる。階層や時代による違いがあったことをしっかり念頭におく必要があろう。応和年間（九六一～九六四）から貴族は豪壮な邸宅を立てはじめたと『池亭記』は述べている。寝殿造の成立も、平安京の変貌と深くかかわっていたのだろうか。

都市民の生活●

慶滋保胤は世俗生活に批判的であったから、大邸宅のそばに住む身分の低い人びとがいつも貴族の顔色をうかがい、ときには家を兼併されて大騒ぎしていると記す。彼らの住居はたがいにくっつきあっているから、火事があればすぐ類焼するのだと顔をしかめる。

こうした記述を読んで目に浮かぶのは、『年中行事絵巻』にはじめて姿をみせる京の町屋《まちや》である。町屋は中世以降にうけつがれる都市住宅で、道路に面して建てられ、軒を連ねて続くから長屋《ながや》のようにもみえる。しかし一軒一軒は独立していて、正面に窓と戸口が設けられ、壁は網代《あじろ》壁とし、内部は土間《どま》と板敷に分かれる。切《きり》妻《づま》屋根には板をふいていた。

町屋の起源ははっきりしないが、貴族が祭礼などを見物するため大路沿いに建てた桟敷《さじき》は、町屋によく似ていた。『年中行事絵巻』でも町屋の多くは桟敷として使われている。『池亭記』の時代は都の年中行事が派手になってくるころで、桟敷もこのころから史料にみえはじめる。これを町屋の起源の一つとみる学説は魅力的である。ただ、道路に面する建物は古くからあった。右京八条二坊二町でみつかった九世紀初期の宅地跡では、西靫負《ゆげい》小路に面する部分に柵が設けられ、すぐ内側に建物があった。さきにふれた長岡京左京の住宅でも、大路沿いにたつ建物があった。貴族邸宅では周囲を築地塀がめぐるが、庶民の家に土塀はなく、木柵や柴垣で区画するだけだったと考えられる。住宅がさらに道路側にでて、柵・垣や

馬長の行列と町屋(祇園御霊会か。『年中行事絵巻』)

出入口と一体化し、それが連続すれば町屋である。桟敷がさきか、道路直面住宅がさきか、市などの商売用建築との関係はどうかなど、まだわからないことが多い。

ただいずれにせよ、『池亭記』の時代に軒を連ねた小住宅があり、それが平安京本来の宅地と異なっていたことは確かである。長岡京・平安京では一二〇メートル四方の町が東西に四つ、南北に八つ、計三二の区画に分けられ、それぞれが一戸主《へぬし》とよばれて宅地班給の基準となった。「四行八門《しぎょうはちもん》制」といい、さきの右京八条二坊の宅地もこれに基づいて区画されていた。ところが土地証文をみると、十二世紀には「左京四条二坊九町西四行北七門」といった表示が影をひそめ、「六角油小路」という街路による表記に変わる。平安京の都市住宅が、町屋を中心とする中世的な形態に変わったことと対応するものであろう。

さて、律令制下の京戸は戸籍・計帳《けいちょう》に載せられ、調《ちょう》と徭銭《ようせん》を徴収された。十世紀になるとそうした制度はくずれたが、都市民が無税になったわけではない。彼らは住宅（在家《ざいけ》という）ごとに左右京職《さゆうきょうしき》と検非違使の支配をうけ、人夫や夜回りなどの役を徴発された。在家支配は中世に広くみられるが、平安京の役はその先駆をなすものであった。四つの町をまとめた「保《ほ》」には保長《ほちょう》・保刀祢《ほとね》がおかれ、都市支配の末端をになった。また、宿所町や諸司領の町にも、それぞれの官司によって宿直などの役が課された。もっとも平安京の住民には権門に奉仕するものが多かったから、役の徴発はたやすいものではなかった。

都市民はこうして権門・諸司・京職などの支配をうけた。ただ、彼らは『池亭記』のいうように小心翼々としていたばかりではなく、彼らなりの処世術があった。たとえば複数の権門・官衙につかえて便宜を得たり、情報をさぐったりする。家族や知人を介して、そうした活動を広げることもできた。権門の邸宅が都市民の交流の場でもあったことは、寝殿造の構造をみればたやすく理解できよう。市もにぎわい、そこでは商品だけでなく、情報が集散した。上級貴族でさえ、市女にたのんで童《わらわ》や女房をさがすことがあったらしい。こうしてさまざまな情報・風聞・流言がとびかった。当時、平安京ではいろいろな都市問題が発生していた。疫病の流行、物価の騰貴、盗賊の横行、大規模な火災、そして鴨川の洪水。首都はけっして「平安」ではなく、これらの都市災害は中下層の人びとを直撃した。不安が多く、変動の激しい都市生活を送るためには、さまざまな人間関係や情報が大きなささえとなったことであろう。

平安京の信仰と祭礼

慶滋保胤の邸宅には小堂が建てられ、阿弥陀像《あみだぞう》が安置されていた。保胤は毎朝、ここで阿弥陀仏を念じ、法華経《ほけきょう》を読んだ。昼は朝廷出仕、夜は読書と作詩である。寛和二（九八六）年、彼は出家して寂心《じゃくしん》と号し、恵心僧都源信《えしんそうずげんしん》のいる比叡山横川《よかわ》にはいった。横川では二十五三昧会《にじゅうござんまいえ》という念仏結社をつくり、いよいよ浄土信仰を深めた。

浄土信仰は平安京の貴族・民衆に深く浸透した。藤原道長は賀茂川畔に法成寺《ほうじょうじ》を創建し、阿弥陀像と五色の糸で結ばれて臨終を迎えたし、藤原頼通が宇治に建てた平等院鳳凰堂《びょうどういんほうおうどう》は浄土教美術の粋を集めたものとして名高い。前節で述べたように、浄土信仰の直接の母胎となったのは比叡山延暦寺である。当時の天台宗は法華三昧・念仏三昧という修行を重視し、それが人びとの法華経・阿弥陀仏信仰につながった。保胤の宗教生活もこれとみごとに一致していた。平安京の都市民たちにも、市聖《いちのひじり》とよばれた空也《くうや》が念仏を広めた。空也の念仏は死霊鎮魂と不可分のもので、十世紀中葉から民衆に熱狂的にうけいれられた。

人びとはまた、仏教にさまざまな現世利益《げんぜりやく》を求めた。朝廷は鎮護国家《ちんごこっか》のため、正月に大極殿御斎会《ごさいえ》・真言院後七日御修法《ごしちにちのみしほ》という顕教《けんきょう》・密教の法会を開催した。真言院は承和元（八三四）年、空海の奏請により内裏西方に設けられた道場である。その後も真言密教の太元帥法《たいげんのほう》、天台密教の熾盛光法《しじょうこうほう》を中心とする護国修法が行われたが、十世紀には貴族の私的修法が盛んとなり、五壇法《ごだんほう》・七仏薬師法《しちぶつやくしのほう》などによって除病・安産・怪異調伏《かいいちょうぶく》が祈願された。また、藤原道長が南都・天台の学僧を集めて法華三十講をもよおすなど、顕教法会も院政期に続く新しい様相をみせはじめる（上島享「中世前期の国家と仏教」『日本史研究』四〇三）。経典講説は祇陀林寺《ぎだりんじ》・六波羅蜜寺《ろくはらみつじ》・雲林院《うりんいん》などのほか、京内の保でも行われ、多くの都市民が聴聞《ちょうもん》・結縁《けちえん》にでかけた。『大鏡《おおかがみ》』が語られた舞台は雲林院の菩提講《ぼだいこう》であり、そうした場の雰囲気が伝わってくる。顕教法会はけっして貴族だけのものではなかった。このほか清水寺《きよみずでら》・六角堂《ろっかくどう》といった観音霊《かんのんれい》場《じょう》も、身分を問わず信仰を集めていた。

　高踏的な『池亭記』は一言もふれないが、平安京ではさまざまな祭礼が行われた。なかでも賀茂祭は行列も美しく、見物人がつめかけたが、ここで取りあげるべきは御霊会《ごりょうえ》であろう。平安京で御霊会がはじまったのは貞観五（八六三）年のことである。この年は春先から疫病が流行した。朝廷は崇道《すどう》天皇（早良親王）・伊予《いよ》親王らの怨霊のしわざとみて、神泉苑に御霊をまつって経典講説や舞楽・散楽をもよおし、都市民にも観覧させた。以後、京では御霊の慰撫がしばしば行われ、北野神社もこうしたなかでうまれた。一方、御霊会は祇園《ぎおん》・上出雲《かみいずも》・紫野《むらさきの》（今宮）・衣笠《きぬがさ》などで修され、都市生活に密着した夏祭として発達していった。人口が集中し、衛生状態もよくない首都平安京は、つねに疫病の脅威にさらされていたのである。祇園祭はそうした御霊会の代表格で、創始は貞観十一年とも天禄元（九七〇）年ともいい、牛頭天王《ごずてんのう》をまつって疫神をふせいだ。正暦五（九九四）年にも疫病が大流行したが、都市民の噂《うわさ》話によって船岡《ふなおか》御霊会がはじまり、二基の神輿《みこし》に幣帛《へいはく》をささげる人びとは数知れなかったという。

❖コラム

賀茂の祭

葵《あおい》祭の名で知られる上賀茂《かみがも》神社・下鴨《しもがも》神社の祭礼は、長い伝統をもっている。祇園《ぎおん》祭が都市民の祭であったのに対し、賀茂祭は王朝《おうちょう》貴族がもっとも楽しみとする行事であった。勅使《ちょくし》は内裏《だいり》から出発し、賀茂斎院《さいいん》とともに数百人にものぼる隊列を組み、下社《しもしゃ》、そして上社《かみしゃ》に参る。神社では祝詞《のりと》・幣帛《へいはく》がたてまつられ、走馬《はしりうま》が行われた。勅使がのる馬は美しくかざられ、風流笠《ふりゅうがさ》などがつきしたがった。貴族たちは華麗な行列がみたくて一条大路につめかけ、桟敷《さじき》や牛車《ぎっしゃ》からながめた。わざわざ桟敷を建てたり、牛車を新調するものもいた。

こうした祭礼は、平安遷都《へいあんせんと》の後にできあがったものである。賀茂祭が国家行事となったのは弘仁十（八一九）年のことと考えられ、賀茂斎院もそのころおかれた。平安京が定着するとともに、賀茂の神は守護神として特別視されるようになったのであろう。

平安時代以前にも賀茂祭は盛んであった。その起源は六世紀と伝えられるが、山背《やましろ》国を中心として人びとが多数集まり、騎射《うまゆみ》などを奉納した。しかし、盛況のあまり乱闘事件などがおきたらしく、朝廷は七世紀末から八世紀にかけてしばしば禁制をだしている。

平安時代になっても、地域の人びとの祭という性格は残っていた。四月中酉日の勅使派遣の前日、山城国の国祭とよばれる祭儀が執《と》り行われた。しかもこの日、朝廷では警固といって大内裏《だいだいり》の諸司、とりわけ左右馬寮《さゆうめりょう》・兵庫寮《ひょうごりょう》をきびしく守衛した。ふつう警固は変乱にそなえて行われる。国祭の騒乱が平安宮におよぶことを恐れたのであろう。

このように賀茂祭の構成には、賀茂神社がたどった独特の歴史がきざみこまれていた。

御霊会は平安京から各地に広がり、盛大な田楽《でんがく》を伴う農耕儀礼として定着したが、逆に農村から平安京にむかう神もあり、都市民はそれを待ちうけた。天慶八（九四五）年七月、東西の国から神々がやってくるという風聞が京に流れた。やがて摂津国豊島《てしま》郡に志多羅神《しだらがみ》の神輿三基があらわれ、数百人がそれをかつぎ、行列をつくって歌い踊った。神輿は八月一日には六基にふえ、島下《しまのしも》・島上《しまのかみ》郡を経て山崎に至る。自発的に集まった群衆の数は数千、数万となった。ところが志多羅神はなぜか入京せず、山崎橋を渡って石清水《いわしみず》八幡宮に遷座したという。群衆は「月笠着る　八幡種蒔《ま》く　いざ我らは　荒田開かむ」といった農耕の祝歌をうたっていた。農民的な宗教運動が首都をめざし、はやくから風聞として伝わったことは、藤原純友《すみとも》の乱《らん》後まもなくの事件であったこととあわせ、実に興味深い。そういえば各地を遍歴した空也が平安京にはいり、都市民の信仰を得たのもほぼ同時期、天慶元年のことであった。

その後、毎年四月の松尾祭でも山崎の人びとが田楽を奉納し、平安京の都市民も見物にでかけた。ところが嘉保三（永長元＝一〇九六）年、松尾祭が延期されたところ、神はそれをのぞんでいないという童謡《わざうた》が流れ、人びとはきそって田楽を行い松尾社に参った。そして六月、永長大田楽とよばれる空前の事態となる。人びとは祇園御霊会にことよせ、京の街路をうずめて、昼夜を問わず歌舞に熱狂した。大田楽には権門・諸司につかえる人びと、その他の都市民、近郊農民が華美な衣裳で参加し、ついには貴族たちにおよんだという。

このような宗教・芸能面での高揚、政治批判を含む童謡や流言はさまざまなかたちで発生した。『池亭記』のころから平安京は権門都市「京都」に変貌していったが、その都市文化と都市性は、貴族以外の都市民によってもたしかにささえられていた。

3　荘園と受領

宇治の荘園●

『源氏物語《げんじものがたり》』の主人公光源氏《ひかるげんじ》は、和漢の教養と繊細な美意識をもつ王朝貴族であったが、同時に強大な権門の主として国政を動かし、数多くの従者と荘園を支配していた。彼の優雅な生活は公私にわたる権力の上に成り立つものであった。光源氏の子の薫《かおる》大将もその一部をうけついだとみられる。「宇治十帖《うじじゅうじょう》」から薫の社会的な権力をうかがってみよう。

薫は宇治周辺にいくつかの荘園をもっていた。宇治には八の宮という貴族が隠棲しており、薫はその山荘をしばしば訪れた。宮の死後、二人の娘が残された。薫は彼女らを手厚く世話したが、思いをよせた大君は世を去り、妹の中の君は匂宮《におうみや》に迎えられる。山荘は中の君が相続し、薫により寺に改められた。大君を忘れられない薫は、面影の似た浮舟《うきふね》という女性をそこに住まわせた。しかし浮舟は匂宮と通じ、煩悶《はんもん》のすえ宇治川に身を投げた。

このリリカルな「宇治十帖」の物語に、宇治の荘園の人びとがたびたび登場する。彼らは薫に命じられて食事や秣《まぐさ》を持参し、山荘の警備や改築にかりだされた。都の邸宅によばれ、用務をいいつけられることもあったといい、おそらく日常的に宿直などの役務をはたしていたのであろう。その代表格が内舎人《うどねり》という、よく太ったしわがれ声の老人である。内舎人は薫が支配する山城・大和の荘園の人びとと縁者になり、宇治周辺には彼の一族が満ちあふれていた。女房たちが乱暴者と恐れる内舎人も、薫にはたのもしい従者であった。内舎人の婿は右近大夫《うこんのだいぶ》という薫の側近で、万事はこの家司らしき人物をつうじて指令されていた。

　宇治の人びとは薫に対する諸役をつとめており、他史料にみえる権門の「寄人《よりうど》」にあたるものであろう。朝廷の官職をもつものもいて、彼らは諸司の雑任でもあったと考えられる。平安京にでれば、彼らもまた多様かつ流動的な都市民の一部となったのであろう。そして在地社会では、大規模な農業経営をいとなむ有力者（田堵《たと》）だったと考えてよい。こうした有力農民が各地でまとまるとともに、平安京の権門・諸司を核として、畿内諸国にわたるネットワークを築いていた。

　権門や諸司につかえる有力農民は、その権威を利用して、国司・郡司《ぐんじ》に対抗した。そうしたことはとくに畿内・近国で著しく、すでに九世紀後葉から大きな政治問題となっていた。この関係を断ち切ろうとする法令もしばしばだされたが、効果はあまりなかった。天暦元（九四七）年、畿内・近江・丹波では権門の威をかりて納税を拒否するものが多く、また永承五（一〇五〇）年の和泉《いずみ》には荘園が四五カ所あり、租税を免除された田が九八〇町、寄人が一二八〇人にのぼったという。権門・諸司、

薫大将と浮舟（『源氏物語絵巻』）

さらには大寺社も、有力農民を寄人や雑任に召しかかえ、さまざまな役務を課すかわりに、彼らやその耕作地の租税減免を国司（受領）に認めさせた。土地の寄進が伴うことも多かったろう。畿内・近国にはこのような荘園が叢生し、それとともに権門の家政機関が発達していった。薫大将の荘園と従者組織は光源氏から伝えられたものだろうが、その多くはこうして形成されたとみられる。

さて、宇治平等院の前身は藤原頼通の宇治殿である。宇治殿は源融の別荘にはじまり、十世紀末に藤原道長が手にいれ、頼通に伝えられた。対岸には道長の祖父藤原師輔《もろすけ》の岡屋荘《おかのやのしょう》があった。師輔の死後、岡屋荘は遺言によって比叡山横川の楞厳院《りょうごんいん》に寄進される。院領となった岡屋荘は田地一六〇町の租税と、荘司《しょうじ》・荘子《しょうじ》（寄人）五〇人の雑役《ぞうやく》を免除され、常灯料・法会料・修理料などにあてられた。ただし、その後も摂関家への奉仕は続いたらしい。「宇治十帖」を書いた紫式部《むらさきしきぶ》は、こうした別荘や荘園を念頭においていたのではなかろうか。そういえば、失踪した浮舟を宇治院で発見したのは横川の僧都であった。

荘民の形成

宇治から奈良街道を南下すると、かつては徒歩二時間ほどで玉井《たまのい》という名泉についた。現在の綴喜《つづき》郡井手《いで》町の地である。ここに東大寺《とうだいじ》領玉井荘があった。天平宝字四（七六〇）年、光明《こうみょう》皇太后の七七日忌にさきだって勅施入された荘園で、それまでは勅旨所《ちょくししょ》が管理する天皇家の土地だったらしい。井手は光明の母方氏族橘氏の根拠地で、橘諸兄《もろえ》の別荘や井手寺（円提寺《えんていじ》）があった。彼女が支援をおしまなかった東大寺に玉井荘が施入されたのも、そうした由緒によるものだろう。当初の面積は三六町だったと伝える。その後の玉井荘の動向は定かでないが、おそらく東大寺は田堵とよばれる有力農民に耕作を請け負わせ、また受領の交替のたびに租税免除の確認をうけていたものとみられる。

十一世紀中葉から玉井荘はにわかにさわがしくなった。まず、山城国の受領が宣旨《せんじ》（朝廷の命令）をたてに内裏造営、斎宮や宇佐使の供給といったさまざまな臨時雑役《りんじぞうやく》を賦課しはじめた。これに検非違使庁や馬寮の雑役が加わり、取立ての使者は荘民《しょうみん》（田堵・住人）をせめたてた。荘民という語は天喜二（一〇五四）年の玉井荘で使われたのがもっとも早い例である。荘司らは東大寺に訴えでる。東大寺は支払いを拒否する文書をだして受領や使庁に対抗するとともに、朝廷に申しでて免除命令を取りつけた。こうした紛争は十一世紀後葉まで続いた。

それよりも深刻だったのは近隣の荘園との争いである。玉井荘の東には円提寺の所領、南には藤原信家《のぶいえ》領石垣《いしがき》荘

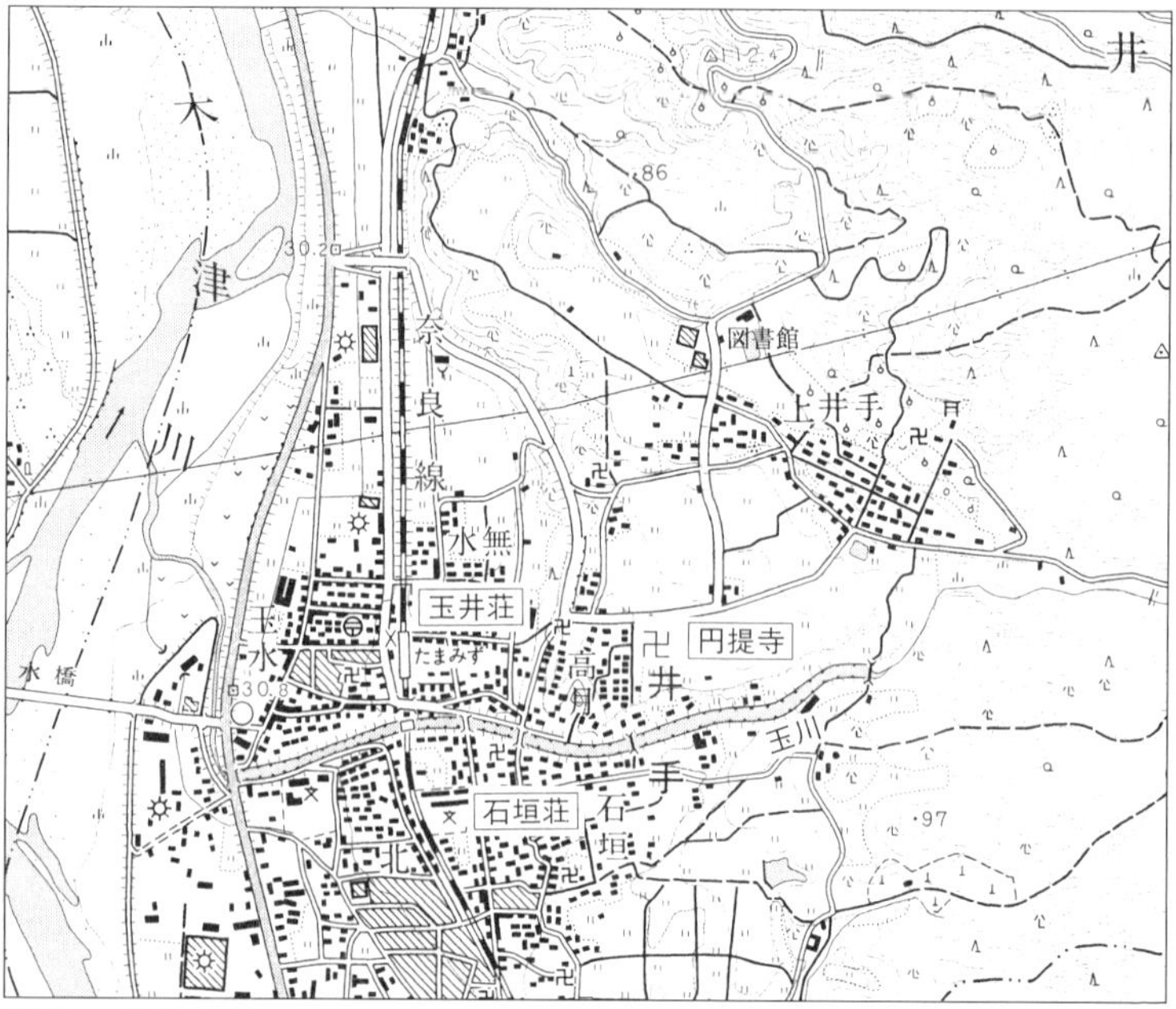

山城国玉井荘付近（国土地理院２万５千分の１地形図「田辺」）

があった。円提寺はもともと玉井荘の領域内にあったと思われるが、九世紀に皇后橘嘉智子《かちこ》との関係で勢力をもりかえし、その後も橘氏長者の助力によって所領を広げた。延久四（一〇七二）年には法華寺《ほっけじ》も訴えをおこし、六町を割きとっている。大治三（一一二八）年までに玉井荘は田八町・畠八町余を占めるのみとなっていた。一方、石垣荘はのちに摂関家領になる荘園だが、いかにして信家領が成立したかはわからない。有力農民の私領寄進や寄人化などが契機となったのであろうか。玉井荘と石垣荘は玉《たま》川を荘境とし、それは領主間で合意されていた。しかし保延六（一一四〇）年ころ、石垣荘司は玉井荘内の草堂を興福寺西金堂に寄進し、畠七段を石垣荘に組み入れたという。

さらに玉井荘・石垣荘・円提寺は、玉川の水をめぐって相論《そうろん》を繰り返した。玉井荘はもっとも下流で取水したため、つねに不利な立場におかれた。しかも石垣荘の荘司や住人は、みずから兵器をたずさえて取水を妨害し、武威をもって鳴る興福寺西金堂衆とも結託していた。こうした争いは天喜四年から一世紀近く続く。また、東方の山林をめぐっても争いがおきた。石垣荘司らは石垣山を領内と主張して、玉井荘民が木を切るのを実力で阻止し、山道の通行さえ許さなかったという。荘司や田堵・住人の訴えをうけた東大寺は、そのたびに使者を派遣し、また摂関家や井手寺別当と折衝しなければならなかった。

こうした相論は畿内・近国のあちこちでみられた。その基底にあったのは、九世紀にはじまる有力農民の成長である。彼らは在地社会では小農民層を引きつけながら新しい秩序をつくりだし、他方で権門・諸司・大寺社との関係を深めていった。畿内では十世紀後葉から中世的な村落と耕地が形成されはじめる（広瀬和雄「中世への胎動」『岩波講座日本考古学』六）。それはちょうど平安京の変貌と時期を同じくしていた。十一世紀中葉になると、彼らは田堵・住人として荘園領主に要求を突きあげるまでに成長した。それは奈良時代以来の荘園でも、平安時代にうまれた荘園でも変わるところはない。荘園と受領の対立や、荘園間の相論が頻発するうちに、それぞれの荘園が政治的領域としてまとまっていった。中世の荘園制はこのような過程を経て、十二世紀前半に確立することになる。

訴えられた丹波守●

権門・諸司や大寺社の所領がふえたといっても、受領が支配し徴税する公田は広大だった。さきにあげた和泉国の例でも、有力農民のうち寄人になったものは八割を占めるが、租税を免除された田はわずか二割にすぎない。おそらく山城・丹波もこれに近い状態だったろうし、都から遠い丹後ではさらに受領の力が強かったに違いない。公田の耕作を請け負い、徐々に権利を強めていったのは、やはり有力農民（田堵・負名《ふみょう》）であった。彼らは公田・荘園を問わず農業経営を進め、受領はその支配と編成に力をそそいだ。

長和五（一〇一六）年、藤原頼任《よりとう》という中級貴族が丹波守《たんばのかみ》になった。頼任は皇后藤原妍子《けんし》につかえたまま、任国に赴いた。妍子の父道長とも関係が深く、赴任に際しては馬をもらい、在任中は枇杷《びわ》殿の造営を取りしきるなど、奉仕をおこたらなかった。京の自宅の塀を新造したのもこのころである。公田から取り立てた租税は、朝廷の行事や造営工事、貴族給与などのために上納する分をのぞけば、みな頼任のふところにはいり、蓄財と権門への奉仕にまわされていた。

寛仁三（一〇一九）年六月、丹波国氷上《ひかみ》郡の百姓が上洛し、頼任の罪状二四カ条を訴えた。翌日、彼らがふたたび愁訴《しゅうそ》に赴いたところ、頼任は陽明門外で待っていた。みずから馬にのり、弓矢をもった従者をつれての反撃である。百姓は大内裏に逃げこむ。頼任配下のものたちが彼らをとらえたが、十数人は外記庁などに乱入し、検非違使に拘禁《こうきん》された。この騒ぎが勘気にふれ、頼任は道長・頼通邸に出入り差止めとなる。翌月、またもや愁訴があった。頼任はさすがに困り、ある貴族に道長への取りなしをたのんだ。これが功を奏し、頼任は道長に許され、ほっとして丹波に赴く。百姓の愁状《うれいじょう》は受理されたが、国に帰るよう指示があったのみだった。そして九月、数百人の百姓がこんどは頼任の善政を申しでてきた。まもなく頼任は無事に任期をおえる。治国の功が認められ、彼は美濃《みの》守に転じた。

頼任を訴えた百姓は、丹波西部の有力農民層だったと考えられる。愁訴は任期最終年に起きた。受領は任期終了が近づくと、ここぞとばかり国内を収奪し、また多くの荘園をたてて権門に取りいるのが常であった。百姓はこうした時期に、頼任の失脚をねらって愁訴をかけたとみられる。ところが頼任は一枚上手《うわて》であった。その後の数百人による善政上申は、彼が丹波国の有力者を幅広く掌握・組織し、政治的演出を試みたものであろう。ちなみに頼任の後任の藤原資業《すけなり》は、やはり任期最終年に丹波国人によって京宅を襲撃された。ほとんど無人の中御門宅は十数人の騎兵におそわれ、一物も残さず焼失したという。

こうした事件がなくても、有力農民層を掌握することは受領にとって大きな課題であった。律令制支配が解体した十世紀後葉から、受領は新しい支配機構をととのえたが（佐藤泰弘「古代国家徴税制度の再編」『日本史研究』三三九）、土地調査と公田の割当て、租税の徴収・運送などをスムースに行うためには、平安京からつれていった郎等《ろうとう》だけでなく、任国の有力者をしっかり組織しなければならなかった。丹波国には権門・諸司の寄人や雑任が多く、受領も楽ではなかったろう。しかし、実入りがよいので受領就任をのぞむものが多く、丹波国は高く格付けされていた。

永承元（一〇四六）年、興福寺が焼亡した。さっそく再建がはじまり、丹波守藤原章信《あきのぶ》は金堂の造営を命じられた。そこで彼は言上する。「当国には荘園が多く、半数以上のものが国務にしたがいませぬ。公田のみに造営役を賦課すれば、抵抗をうけて遅滞をきたしましょう。ついては公田と荘園とを問わず、一律に徴収することをお許しいただきたい」。朝廷は申請を認め、宣旨をあたえた。これが一国平均役《いっこくへいきんやく》とよばれる、十一世紀中葉にはじまった課税方式である。宣旨を根拠として、公田・荘園一律に賦課される臨時雑役がどういう結果をもたらすかは、山城国玉井荘でみたとおりである。荘園側ははげしく抵抗したが、その一方で諸国百姓の愁訴はあとをたった。荘園の発達と受領の権限強化。両者は密接にからみあいながら、各地に新しい政治体制をうみだしていく。丹波国の富はその後ますます注目され、院政期《いんせいき》には院近《いんのきん》臣《しん》が受領となり、さまざまな造営工事をささえることになった。

天橋立への旅●

藤原保昌《やすまさ》が丹後守になったのは、おそらく寛仁四（一〇二〇）年のことである。彼は藤原道長が深く信頼した家司で、日向《ひゅうが》・肥後《ひご》・大和・丹後・摂津の受領を歴任し、武勇で名高い人物であった。丹後に赴任するとき、保昌は妻の和泉式部《いずみしきぶ》をつれていった。二人の旅は記録に残されていないが、和泉式部の娘小式部《こしきぶの》内侍《ないし》は都にとどまって女房生活を続けており、その「大江山《おおえやま》いくのの道の遠ければまだふみもみず天橋《あまのはし》立《だて》」という歌から道程をうかがうことができる。彼らの天橋立への旅を復原してみよう。

保昌は受領になると、比較的すみやかに任国にむかったと思われる。諸方への挨拶と丹後への連絡をすませ、おそらく道長からあたえられた駿馬《しゅんめ》にのって平安京を後にしたことだろう。受領の職務をささえる郎等たちが彼につきしたがった。やがて道は老ノ坂にかかる。盗賊が出没するぶっそうな峠道で、「大江山」（大枝山）とはここを指すものとみられる。峠を越えると丹波国である。丹後までは四日かかるので、宿泊や食事は丹波守藤原資業が世話したと思われるが、丹波には道長ゆかりの寄人や荘園も多く、不便はなかっただろう。「いくのの道」は福知山《ふくちやま》市東南の歌枕で、ここをとおったのであれば、篠山《ささやま》盆地を経由する古代山陰道ではなく、現在の国道九号線ルートを用いたことになる。やがて一行は歌枕の花浪《はななみ》（福知山市瘤木《こぶのき》付近）につき、和泉式部が歌をよんだ。

いよいよ丹後国境の与謝《よさ》峠である。『宇治拾遺物語《うじしゅういものがたり》』によれば、保昌はここで白髪の騎馬武者に敬意を表したが、しばらく先で多数の兵をつれた平致経《むねつね》にあい、かの人物が致経の父致頼《むねより》だったことを知らされたという。平致頼は軍事貴族・伊勢平氏《いせへいし》の一人で、説話はその人物をみぬいた保昌の武威をたたえるものである。しかし致頼は当時すでに死去していたから、この話は事実ではない。実際は与謝峠において、丹後国の官人や雑色《ぞうしき》人が保昌を出迎える「境迎《さかむかえ》」儀礼が行われたと考えられる。彼らは名乗りをあげて挨拶したが、同時に新受領をじっくり観察した。ここでみくびられると部内支配は立ちゆかない。保昌は威

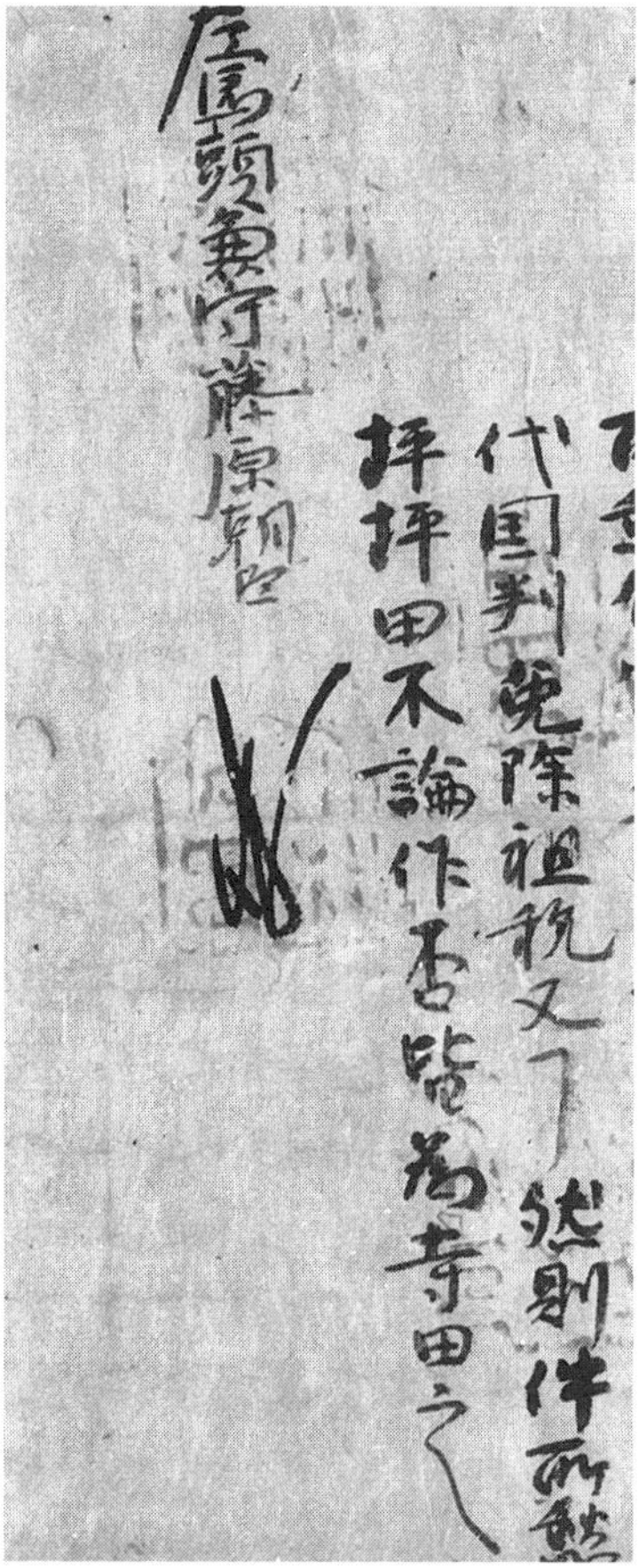
藤原保昌のサイン（大和守時代，東寺文書）

風堂々と応じたことだろう。さきの説話もこうした事実を下敷きにしたものかもしれない。保昌一行は官人たちに先導され、加悦谷《かや》をくだっていく。阿蘇海《あそ》にでると、ついに天橋立がみえた。やがて保昌らは、籠神社《この》にほど近い国府の館《たち》に落ちついたと思われる。

新任受領は多忙であった。まず朝廷の赴任命令書を披露し、行政権の象徴である印と鎰《かぎ》（もしくは印櫃《ひつ》の鎰）をうけとる。府中《ふちゅう》の飯役社《いいやく》（宮津市《みやづ》中野《なかの》）は「印鎰《いんやく》」がなまったものである。ついで三日厨《みっかくりや》とよばれる宴会が続く。そののち部内を巡行し、名社で神拝を行う。籠神社や大宮売《おおみやめ》神社もむろんその数にはいっていただろう。神拝がおわると、政務がはじまる。国府の諸部局や郡・郷に郎等や国内有力者を配置し、丹後全域の検田《けんでん》（耕地調査と税額決定）を命じた。また、国内の人・土地・産業・寺社などに関するあらゆる情報を提出させた。保昌はこのように丹後の行政を進めたが、和泉式部も彼をさまざまに援助したと考えられる。女房生活によってきたえられた社会性や文芸能力が、任国支配や権門奉仕に役だった例は少なくない。また『今昔物語集《こんじゃくものがたりしゅう》』によると、保昌は丹後守の在任中、郎等・従者をつれてしばしば鹿狩りを行ったという。このときの射手の役は、館の警備や租税輸送の護衛などと同じく、国内の武士に課されるものであった。文武双方にわたる丹後の有力者がこうして保昌の指揮下にはいっていった。

府中にあった保昌の館は、丹後の有力者たちが結集し、交流する場であったろう。受領一行は都の動静を伝え、新しい文化をもたらす。一方、受領のさまざまな公用・私用を果たすため、丹後の人びとも都におもむいた。むろん荘園領主への奉仕もあったろうし、中下級貴族とのつながりも少なくなかったようである。丹後の地域社会は国府を中心に、いくつもの回路で平安京と結ばれていた。

受領とはいっても、左馬頭《さまのかみ》をかね、道長の信任の厚い保昌はしばしば上洛した。丹後に残された和泉式

❖コラム

酒呑童子

丹後《たんご》の大江山《おおえやま》は、酒呑童子《しゅてんどうじ》の伝説でよく知られている。福知山市大江町仏性寺《ぶっしょうじ》には鬼ケ茶屋《おにがちゃや》・鬼の足跡といった名所があり、あたりは酒呑童子の里として整備されている。

酒呑童子に関する現存最古の説話は、十四世紀の『大江山絵詞《おおえやまえことば》』である。それによれば、一条《いちじょう》天皇の時代、平安京《へいあんきょう》の姫君や若君がしばしば姿を消し、陰陽師安倍晴明《おんみょうじあべのせいめい》の占いで大江山の鬼王のしわざとわかった。そこで源頼光《みなもとのよりみつ》と藤原保昌《ふじわらのやすまさ》が征討に赴く。彼らは僧に姿をかえた住吉《すみよし》・熊《くま》野《の》・八幡《はちまん》・日吉《ひえ》の神の力を借り、武勇と計略によって、身の丈一五メートルもある鬼王酒呑童子をみごと討ち取る。頼光と保昌は生野《いくの》の道をとおり、童子の首をもって京に凱旋《がいせん》した。

ところが十五世紀の謡曲《ようきょく》「大江山」では、酒呑童子は都《みやこ》にほど近い大江山（老ノ坂《おいのさか》）にいたことになっている。説話では丹波《たんば》・丹後国境の大江山とするものが多いが、もともとは山城《やましろ》・丹波国境の大江山（大枝山）が話の舞台だったと考えられる。

高橋昌明氏によると、酒呑童子の原像は疱瘡神だったのではないかという（『酒呑童子の誕生』）。平安時代、都に疫病をもたらす鬼・神がはいってこないように、逢坂《おおさか》・大枝《おおえ》・山崎《やまざき》・和邇《わに》で「四堺祭」が行われた。丹波境の大枝山もその一つであり、盗賊のでる山というイメージが重なって、いつしか酒呑童子の伝説ができあがっていったのだろう。ちなみに老ノ坂には酒呑童子の首塚があり、遅くとも十七世紀には首を埋めたという話ができていた。丹波の南と北の大江山。酒呑童子はどちらの方が住みやすかったのだろうか。

部は雪空の下、ひとり物思いにふけることがあった。館からのぞむ阿蘇海には、漁民の舟がいくつも浮かんでいる。遠い昔、おそらく倭王ホムタワケの命令によって海部《あまべ》がおかれた海である。あれから六〇〇年の時が流れ、籠神社周辺は地方都市の様相さえみせはじめている。和泉式部の感慨がいかなるものであったにせよ、丹後国でも古代は確実に終わりつつあり、中世への扉がゆっくりと開きはじめていた。

4 白河と鳥羽

法勝寺●

治暦四（一〇六八）年、後三条《ごさんじょう》天皇が即位した。藤原氏を外戚《がいせき》としない天皇の出現は一七〇年ぶりのことで、三〇代の彼は摂関の威にしばられない精力的な政治を行った。なかでも延久元（一〇六九）年の荘園整理令は荘園と受領の対立を強く制御したもので、御願寺の円宗寺《えんしゅうじ》（遺址は京都市右京区御室《おむろ》）を中心とする仏教興隆策とともに、それ以降の政策の基調を形づくった。短期間におわった後三条の政治をうけついだのが白河《しらかわ》天皇である。応徳三（一〇八六）年、白河は子の堀河《ほりかわ》天皇に譲位して隠然たる力をふるったが、堀河が死んで孫の鳥羽《とば》天皇が即位した嘉承二（一一〇七）年ころから、国政の前面に立ちあらわれた。院政の確立である。白河は中下級貴族を院近臣として重用し、彼らの受領としての財力、武士としての軍事力を手中におさめた。

承保二（一〇七五）年、白河天皇は洛東《らくとう》白河に法勝寺《ほっしょうじ》の造営をはじめた。現在の京都市左京区岡崎《おかざき》の地である。ここには古くより藤原氏の白河殿（白河院）があったが、藤原頼通の没後、子の師実《もろざね》が白河天皇

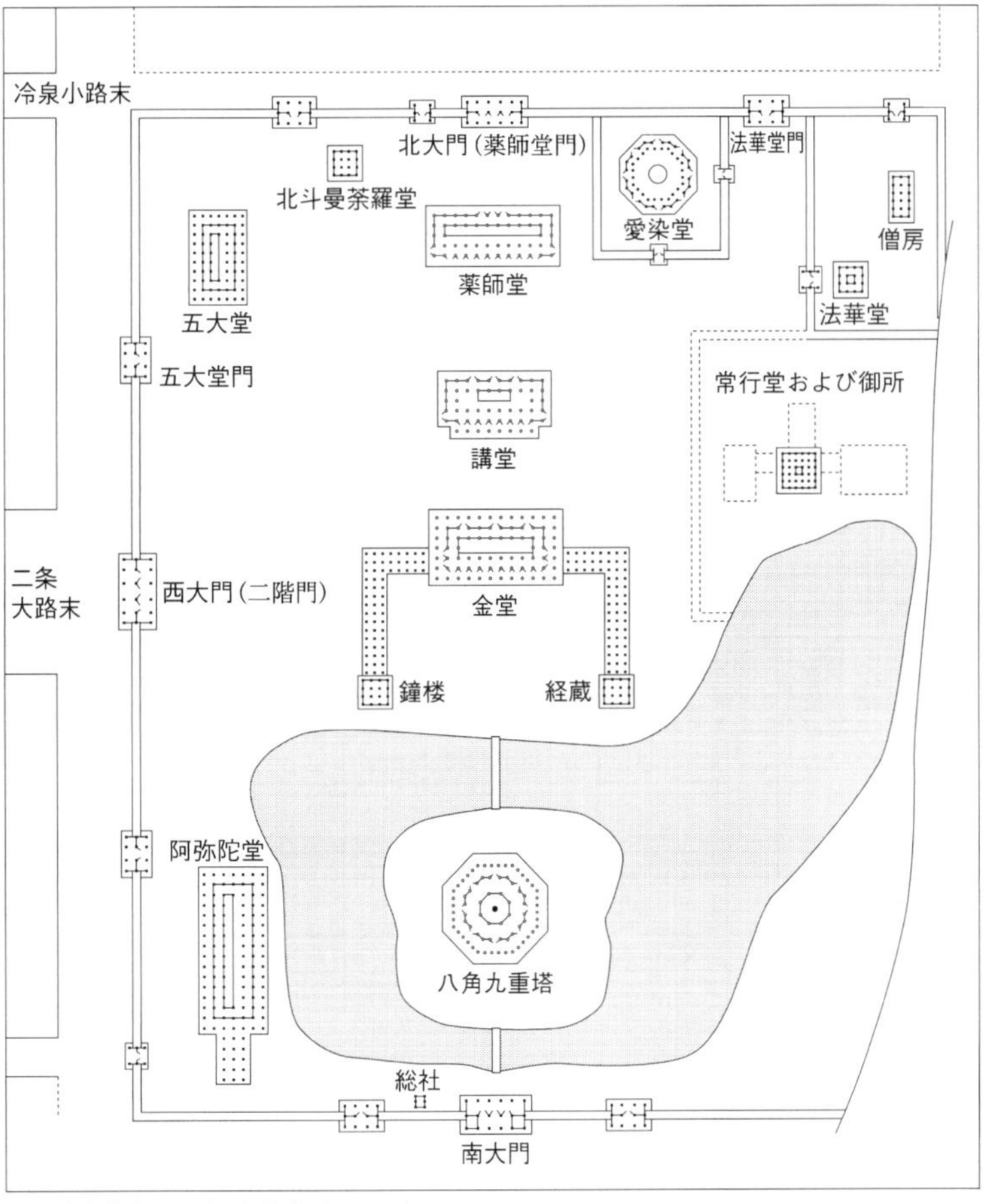

法勝寺伽藍復原図（冨島義幸氏による）

に献じた。白河院の建物を一部残しながら、大規模な寺院が建設され、承暦元（一〇七七）年に創建供養が行われた。伽藍《がらん》の姿をうかがってみよう（冨島義幸「法勝寺の伽藍形態とその特徴」『日本建築学会計画系論文集』五一六）。

法勝寺は二条大路を延長した道路の突きあたりにあり、そこに重層の西大門《さいだいもん》が建っていた。南北二町余・東西二町の寺域の北・西・南に築地がめぐり、それぞれに大門が開くが、天皇や上皇《じょうこう》は西大門を利用した。西大門をはいると、目の前が金堂《こんどう》である。重層裳階《もこし》つき、正面九間・奥行四間の大建築で、中尊は毘盧舎那仏《びるしゃなぶつ》。これを四体の脇侍《きょうじ》が取り囲み、胎蔵界《たいぞうかい》五仏を形作った。金堂の東西に回廊《かいろう》が取りつき、南に折れて鐘楼《しょうろう》・経蔵《きょうぞう》に続く。金堂の前面には中島をもつ池があり、池の西側に阿弥陀堂が建っていた。このほか寺域北半に講堂《こうどう》・五大堂《ごだいどう》・法華堂《ほっけどう》・僧房《そうぼう》があった。これらの創建堂宇《どうう》は顕教・密教・浄土教の要素をあわせもち、藤原道長の法成寺をモデルにしたものらしい。規模や安置仏がよく似ていて、池に面して北に金堂、西に阿弥陀堂をおく点も同じだった。これについで永保三（一〇八三）年に塔《とう》・薬師堂《やくしどう》・愛《あい》染堂《ぜんどう》が完成した。中島にそびえる八角九重塔は、瓦葺（のち檜皮葺）で高さは約八一メートル、内部に金《こん》剛界《ごうかい》五仏を安置した。法成寺にこうした巨塔はない。法勝寺は法成寺の構想を超え、国王による全国支配と仏法護持を象徴するかのような偉容を示した。

白河は金堂の修正会《しゅしょうえ》、阿弥陀堂の法華三十講、講堂の大乗会《だいじょうえ》などの法会を開催した。法勝寺には専属の僧侶がほとんどおらず、これらの法会には他寺の僧が出仕した。法勝寺は白河が主催する法会を開く、劇場のような大寺院であった（山岸常人「法勝寺の評価をめぐって」『日本史研究』四二六）。こうして南都・天台・真言の僧侶が集められたこと、また大乗会が円宗寺法華会・最勝会《さいしょうえ》とともに北京三会《ほっきょうさんね》とよばれ、その講師をつとめた天台僧が僧綱になる途が開かれたことは重要である。白河は仏教興隆に力をつくし、一方で寺社嗷訴《ごうそ》に悩まされたが、法勝寺は寺院勢力をゆるやかに統合する場となっていたと思われる。

白河の地には平安京の延長というべき方格地割《ほうかくじわり》がしかれた。そして法勝寺に続き、十二世紀前半に尊勝寺《そんしょうじ》・最勝寺《さいしょうじ》・円勝寺《えんしょうじ》・成勝寺《じょうしょうじ》・延勝寺《えんしょうじ》が御願寺としてつぎつぎに建てられ、六勝寺《ろくしょうじ》と総称された。ほかにも得長寿院《とくちょうじゅいん》・歓喜光院《かんきこういん》など大小の寺院が造営され、一帯には堂塔が林立した。白河西部にあった白河南殿（泉殿）・白河北殿という広大な院御所《いんのごしょ》には、それぞれ蓮華蔵院《れんげぞういん》・宝荘厳院《ほうしょうごんいん》という御堂が付属した。これらの寺院でも法会は盛んに行われた。法勝寺八講は仙洞《せんとう》最勝講・宮中《きゅうちゅう》最勝講とあわせて三講とよばれ、南都・天台の高僧がつとめるべき法会となり、また尊勝寺・最勝寺の結縁灌頂《かんじょう》も台密僧が僧綱になるための階梯とされた。法会によって寺院勢力を統合する機能は、これらの御願寺・御堂に拡散しながらさらに発達し、白河はさながら洛東の仏都と化していった。

鳥羽離宮

白河天皇は譲位の直前に、洛南《らくなん》鳥羽の地に後院（離宮）の造営をはじめた。応徳三（一〇八六）年七月のことである。一〇〇町余りが占定され、南北八町・東西六町という広大な池に面して御所がつくられた。白河の侍臣《じしん》や従者たちも土地をもらって家を建て、あたかも都遷りのようであったという。上皇となった白河はこの離宮を愛し、京の院御所（六条殿・大炊《おおい》殿・高松殿など）とのあいだをしばしば往還した。鳥羽上皇もこれをうけつぎ、さらに作事を進めた。

鳥羽離宮跡は京都市伏見区竹田《たけだ》・中島《なかじま》付近で、発掘調査によって実像があきらかになってきた。鳥羽は今より東を流れる鴨川と桂川にはさまれた地で、羅城門から南下する鳥羽作道の末にあたる。鳥羽作道に南北二つの楼門が建てられ、北端には東西方向の北大路がとおされた。作道（西大路）の東が院御所・御堂のエリアである。最初に造営されたのが南端の南殿で、寝殿・小寝殿・御堂（証金剛院《しょうこんごういん》）が雁行《がんこう》状にならび、東に池があった。南殿の北に秋の山という築山《つきやま》があり、その北が北殿である。御所のほかに宇治平等院を模した御堂（勝光明院《しょうこうみょういん》）と宝蔵が建ち、やはり池に面した。池の中島には馬場殿があり、馬場・御所・城南《じょうなん》寺がおかれた。今の城南宮一帯である。馬場殿から池をへだてた北東側が泉殿である。これら南殿・北殿・馬場殿・泉殿が造営初期の建物で、たがいに船で往来できた。泉殿にはのちに白河が三重塔を建てて墓所とし、鳥羽上皇は泉殿の東に東殿を造営して、御所・御堂（安楽寿院《あんらくじゅいん》）・塔（鳥羽陵・近衛《このえ》陵）をおいた。さらに鳥羽上皇は泉殿の北に田中殿、西に金剛心院《こんごうしんいん》を建てている。このように御所・御堂

鳥羽離宮の鳥瞰図（南から）

が一対となってつくられ、さらに陵墓《りょうぼ》が築かれた。なお、鳥羽作道の西側には侍臣・従者の宅、御倉町、雑舎などがあった。

十一世紀後葉から十二世紀中葉にかけて、こうして洛東の白河、洛南の鳥羽で大規模な造営工事が行われた。白河でも鳥羽と同じように、院御所・御堂をとりまいて侍臣の邸宅などが建ちならび、「京・白河」と称されるような都市的様相がうまれていた。白河・鳥羽の発達は京の拡大とみることもできる。白河は平安京の東西のメインストリート二条大路の延長上にあり、逢坂を越えて東海・東山・北陸方面へむかう通路にあたっていた。一方、鳥羽も京以南の交通の要衝であり、すぐ南にある淀津とともに、瀬戸内海方面からの玄関口となっていた。院政権力はこうした交通・物流上の要地をおさえ、多くの人びとを集結させて、京の内裏や院御所とならぶ政治・宗教・文化の拠点をつくりだした。

白河・鳥羽の建設をささえたのは、院近臣を中心とする受領の財力である。たとえば尊勝寺の造営では、金堂・講堂などが但馬《たじま》守高階仲章《たかしなのなかあき》、薬師堂などが伊予《いよ》守源国明《くにあき》、東西五重塔が播磨《はりま》守藤原基隆《もとたか》の私財で建立され（成功《じょうごう》）、塔の心柱・金物は備後《びんご》を始めとする八カ国に賦課された（国宛《くにあて》）。国宛をうけた受領は一国平均役をかけることができるが、成功にくらべて財政的比重は低く、受領の功績にもならなかった（上島享「平安後期国家財政の研究」『日本史研究』三六〇）。鳥羽殿でも事情は同じで、最初の土地提供は備《び》前《ぜん》守藤原末綱《すえつな》、御所建造は讃岐《さぬき》守高階泰仲《やすなか》が行い、苑池の造営は全国六〇余国に賦課された。奉仕の見返りとして受領遷任・重任を認めるなど、さまざまな恩顧をあたえることによって、院政権力には受領の富が集中し、巨大な造営事業が可能となった。この時代には知行国制といって、院や上級貴族が受領を任命し、その権限と収益を吸いあげる制度も確立した。

建設がおわった御願寺や御堂には、財源として数多くの荘園があてられた。法勝寺や尊勝寺には封戸《ふこ》が施入され、受領に租税上納が求められたが、その後は荘園施入がふつうとなる。こうした場合には大規模な領域型荘園が立てられることが多く（川端新「院政初期の立荘形態」『日本史研究』四〇七）、中世王家領が急速に形成されていった。院政権力は荘園と受領という二つの財政的基盤をもっており、それは摂関家も同じであった。各国でも荘園・公領の確定が進むが、一方、受領は任国に赴かず、目代《もくだい》に国衙の在庁官人を統轄させるようになる。中世的な政治・財政システムは十二世紀前半にほぼ完成した。

首都の市街戦

白河・鳥羽両上皇はながく専制的な権力をふるったが、鳥羽院政末期には権門内部が分裂しつつあった。王家では崇徳《すとく》上皇と後白河天皇、摂関家では藤原忠実《ただざね》・頼長《よりなが》と忠通《ただみち》の対立が深刻になっていた。保元元（一一五六）年七月に鳥羽が没すると、事態は急展開する。後白河天皇はいちはやく崇徳・頼長方の動きを制したが、崇徳上皇は鳥羽田中殿をでて白河北殿に移り、合戦の準備をはじめた。源為義《ためよし》らの武士が集まり、宇治から頼長がかけつけた。後白河・忠通方は平清盛《きよもり》・源義朝《よしとも》・源義康《よしやす》を中心とする軍勢を動かし、一挙に白河北殿を囲んでこれを炎上させる。敗走した崇徳は讃岐に配流《はいる》、頼長は流れ矢にあたって死亡、そして為義以下の武士は斬刑に処された。これが保元《ほうげん》の乱《らん》の顛末である。主要舞台は白河だが、首都の地で公然たる市街戦が行われたのは、六七二年の壬申《じんしん》の乱《らん》以来のことであった。薬子の変からたえてなかった死刑が執行されたのも、人びとに衝撃をあたえた。『愚管抄《ぐかんしょう》』は保元の乱から「武者の世」がはじまったと述べている。

首都の武士は長い歴史をもっていた。十世紀に平将門《まさかど》・藤原純友の乱を鎮圧した平貞盛《さだもり》・藤原秀郷《ひでさと》・源経基《つねもと》は中級貴族に取り立てられ、以後彼らの子孫が武芸を世襲した。武闘と殺人をこととする軍事貴族は恐れられ、京内外の盗賊追捕や東国の反乱征討に用いられた。しかし彼らは地方武士と強く結びついておらず、畿内・近国に基盤をもち、小規模な武士団をしたがえるのみであった。院政時代になると南都・天台の寺院勢力による嗷訴が盛んになり、院政権力は防御のために武士を重用したので、彼らの地位が高まることになった。正盛《まさもり》・忠盛《ただもり》ら伊勢平氏は荘園寄進や成功によって白河上皇に接近し、北面武士として院の軍事力の中核となる。一方、摂関家は為義ら河内《かわち》源氏をしたがえた。権門内部の対立が軍事衝突に結びついた背景には、このような京の軍事貴族の成長があった。そして清盛・義朝らが諸国から動員された武士を指揮したことにより、彼らと地方武士の結合が強まっていった。

乱に勝利した後白河天皇は、近臣の信西《しんぜい》をブレーンとして、荘園整理と寺社対策を進めた。さらに大内裏の造営と朝儀の復興、京内秩序の維持など、首都京都の整備に強い意欲を示した。ところが保元三年に後白河が退位すると、信西・清盛に反発する藤原信頼《のぶより》や源義朝などが手を結び、平治元（一一五九）年十二月、清盛の熊野詣《くまのもうで》の隙《すき》をついてクーデタをおこした。義朝軍は院御所の三条烏丸殿《からすま》を囲んで、後白河を内裏に幽閉するとともに、信西を攻めて自殺に追い込んだ。ところが清盛があわてて帰京するとクーデタ勢力は分裂し、後白河は内裏から脱出する。平氏の軍勢は大内裏の源氏軍を攻撃し、六条河原での決戦に勝利した。この平治《へいじ》の乱《らん》ではまさに京都の中心部が戦場となった。平清盛は以後ますます権勢を強め、六波羅《ろくはら》邸と西八条第《にちはちじょうだい》を拠点として、着々と武家政権への道をあゆむ。首都京都、そして山城・丹波・丹後はそれぞれに激動の時代を迎えようとしていた。

3章

中世京都の誕生と展開

後白河法皇像

1　公武の相克から武者の世へ

京の六波羅●

鴨《かも》川の河東の旧五条から六条にかけては六波羅《ろくはら》とよばれ、京都の葬送の地である鳥辺野《とりべの》の入り口にあたり、六波羅蜜《みつ》寺や六道珍皇《ろくどうちんこう》寺があって古くから庶民信仰の厚い土地柄であった。その一方で六波羅は平氏《へいし》政権の誕生から鎌倉幕府《かまくらばくふ》の滅亡に至るまで京都のなかでもきわめて政治性の強い地域でもあった。

治承三（一一七九）年十一月、別業《べつごう》の地である摂津《せっつ》の福原《ふくはら》から入京した平　清盛《たいらのきよもり》は、後白河院政《ごしらかわいんせい》廃止のクーデタをおこし、院を鳥羽殿《とばどの》に幽閉して高倉《たかくら》天皇を擁立し、武家ではじめての政権を六波羅の地に樹立した。平氏政権の経済基盤をささえたのは一門による知行《ちぎょう》国《こく》支配と諸国荘園《しょうえん》の集積、さらに日宋《にっそう》貿易から得た富などであった。『平家物語《へいけものがたり》』によれば平氏知行国は全国六六カ国のうち三〇カ国余りとのべられ（実際は二〇余カ国）、治承三年には丹後《たんご》国の国主に平　恒正《たいらのつねまさ》、国守に重盛《しげもり》が任じられ、治承四年には丹波《たんば》国の国主に平清邦《きよくに》（国守は不明）が任じられるなど、畿内《きない》近国の主要国支配は平家一門の手ににぎられることになった。

しかし清盛は京都の政況に大きな影響力をもっていた延暦寺《えんりゃくじ》や園城寺《おんじょうじ》の衆徒《しゅと》らの寺院勢力を統制することができなかった。また、全国の武士層の利害を調整できずに一門の繁栄ばかりをのぞむ平家に対して、治承四年四月九日には後白河法皇の第二皇子以仁王《もちひとおう》が、源　頼政《みなもとのよりまさ》のすすめで諸国の源氏に清盛追討の命令（通称以仁王令旨《りょうじ》）を発して平家打倒の兵をあげた。以仁王は流矢の傷がもとで死去し、頼政も宇治平等《うじびょうどう》院《いん》の合戦で戦死をとげ、この挙兵は不発におわったが、八月には伊豆《いず》で源頼朝《よりとも》が挙兵するなど反平家の機運をいっきに加速させることになり、寿永二（一一八三）年七月入京をはたした源義仲《よしなか》の軍に京都を追われた平氏は、瀬戸内海に活路を求めたが長門国壇ノ浦《だんのうら》にあえなく没落した。

文治元（一一八五）年十一月、頼朝は平家滅亡後に不和となった弟義経《よしつね》と叔父行家《ゆきいえ》を召進めさせるため北条時政《ほうじょうときまさ》を上洛させ、翌十二月後白河法皇にせまって文治の守護《しゅご》・地頭《じとう》設置の勅許を得ることに成功した。平家滅亡後に専制色を強めつつあった後白河法皇を掣肘《せいちゅう》するため、頼朝は時政を朝廷との折衝にあたらせた。このときに時政が京都での根拠地としたのが平氏の六波羅跡である。時政は幕府が設置した初代の京都守護となり、在京御家人《ごけにん》を統率するとともに、京中を横行する群盗を捕えて斬首するなど、本来は検非違使庁《けびいしちょう》の任務であった京都の治安維持権を接収した。続いて頼朝の義弟である一条能保《いちじょうよしやす》が京都守護につき、承久《じょうきゅう》の乱《らん》後に六波羅探題《たんだい》が設置されるまでの幕府の京都における政治的拠点となった。

木造伝平清盛像

承久の乱●

承久元（一二一九）年、源実朝《さねとも》が甥の公暁《くぎょう》によって暗殺され、頼朝以来の源氏将軍《げんじしょうぐん》の伝統が三代でとだえたところ、京都では後白河法皇のあとをうけて後鳥羽上皇《ごとばじょうこう》が権力を集中し倒幕の決意をかためつつあった。そして三年五月十四日、上皇は鳥羽の城南寺《じょうなんじ》に流鏑馬揃《やぶさめぞろ》えと称して畿内近国から兵を集め、幕府打倒の兵をあげた。このときに馳《は》せ参じた兵は、美濃《みの》・尾張《おわり》以西から丹波・丹後・但馬《たじま》まで一四カ国一七〇〇人（流布本「承久記」）とも、美濃・尾張以西から丹波・丹後・但馬・播磨《はりま》・伊予《いよ》まで一三カ国一〇〇〇余騎（慈光寺本「承久記」）ともいわれ、丹波からは日置刑部丞《ひおきぎょうぶのじょう》・館六郎《たちろくろう》・芦田太郎《あしだたろう》・栗村左衛門尉《くりむらさえもんのじょう》、丹後からは野田兵衛尉《のだひょうえのじょう》が馳参している。上皇挙兵の報をうけた鎌倉では、北条政子《まさこ》や義時《よしとき》がただちに関東の御家人を糾合し、泰時《やすとき》・時房《ときふさ》らに大軍を率いて上洛させ、六月半ばには宇治川の戦いに勝利して容易に京都を占領してしまった。乱後に挙兵の中心人物である後鳥羽上皇は隠岐《おき》に配流《はいる》となり、京都政界から反幕勢力を一掃した幕府は、開幕以来の京都守護にかわって、六波羅の地に六波羅探題を設置し、北条一族をこれにあて、洛中《らくちゅう》の治安や公家勢力の監視、尾張以西の西国《さいごく》の庶政を管轄させることとした。しかし、公家や大寺社など権門《けんもん》領主権力の強く残る山城国《やましろ》や大和国《やまと》には有力御家人による守護はあいかわらず設置されることはなかった。

　承久の乱以前に丹波・摂津を始めとする畿内近国六カ国の守護職は、頼朝挙兵以来の有力御家人である大内惟義《おおうちただよし》であったが、乱の直前に没したあとはその子惟信《ただのぶ》に引きつがれた。惟信は幕府の有力御家人でありながら後鳥羽院政とも深く関係し、承久の乱では上皇方にくみしたため没落してしまった。乱後の丹波守護は執権《しっけん》北条義時の弟時房、およびその嫡子時盛《ときもり》が任じられた。さらに建治三（一二七七）年時盛没後

❖コラム

和歌《うた》の家・冷泉家

平安時代末期に『千載和歌集《せんざいわかしゅう》』を選んだ藤原俊成《としなり》《しゅんぜい》と、その子で鎌倉時代前期に『新古今和歌集《しんこきんわかしゅう》』や『小倉百人一首《おぐらひゃくにんいっしゅ》』を選んだ藤原定家《さだいえ》《ていか》を直接の祖先にもつ家が、現在の京都御所の北側に同志社大学のキャンパスにかこまれてひっそりとたたずんでいる。その名は冷泉家《れいぜいけ》である。

冷泉家は、定家の孫為相《ためすけ》にはじまる和歌の家として、平明で清新な歌風をとなえて冷泉家流を確立していった。冷泉家では俊成・定家以来代々勅撰集の選者に選ばれることが多く、そのために普段からさまざまな和歌集を収集し、また和歌の理論（歌論《かろん》）を説くため『源氏《げんじ》物語』『伊勢《いせ》物語』をはじめとする多くの古典籍を書写・保存し続けた。応仁の乱勃発初日の戦火により冷泉家は焼亡するが、時の当主為富《ためとみ》は先祖代々の万巻の古典籍をいち早く避難させ無事であったという。

江戸時代になって古人の古筆跡収集が流行すると、古典籍の宝庫である冷泉家の蔵は収集家の垂《すい》涎《ぜん》の的であった。冷泉家の典籍散逸を恐れた二代将軍秀忠《ひでただ》は朝廷に奏聞して、寛永五（一六二八）年ごろから京都所司代と武家伝奏のもとで勅封とし、年一度の曝涼《ばくりょう》も両役の立会いで厳重に管理されることとなった。天明八（一七八八）年の大火では冷泉家も罹災《りさい》し、二年後に再建されたのが現在の冷泉家住宅で、現存最古の本格的な公家住宅として重要文化財に指定されている。幸いにして古典籍は「御文庫」とよばれる土蔵のなかで類焼をまぬがれ、今日まで大切に保管されてきた。

昭和五十六（一九八一）年に邸宅・典籍の保存と冷泉家の和歌の伝承を目的に財団法人冷泉家時雨《しぐれ》亭文庫が設立され、日本文化の精髄である和歌の伝統を後世に伝える努力が俊成・定家の血を引く子孫の手によって今も続けられている。

も一族がこれに任じられたが、のちには六波羅探題南方が兼帯することとなった。これは丹波国が山陰道《さんいんどう》の要衝にあたっていたからである。これに対して鎌倉時代の丹後守護は、永仁元（一二九三）年ごろ幕府吏僚大江《おおえ》氏一族の長井貞秀《ながいさだひで》の在職が認められるにすぎず、その前後はまったく不明である。

東国武士の西遷●

一方、上皇に味方した守護や地頭は乱後に改易《かいえき》され、また全国三〇〇〇余荘といわれる多くの所領は幕府によって没収され、承久の乱に功績のあったおもに東国の武士らに恩賞としてあてがわれた。京方について没落した武士の所領のほとんどは西国に限られ、乱後に東国《とうごく》出身の武士らが新補《しんぽ》地頭として京都を始めとして西国各地へやってくることになる。

丹波守護大内惟信がそうであったように、承久の乱に際して山城《やましろ》・丹波・丹後の勢力は京方に味方し、没落したものが多かったと推測される。乱後に没収された荘園に、山城国では乙訓《おとくに》郡物集女《ものずめ》荘（向日《むこう》市・京都市）がある。丹波国では東寺《とうじ》領大山荘（兵庫県）が著名であるが、京都府域丹波国では仁和寺《にんなじ》領船井《ふない》郡和知《わち》荘（京丹波町）地頭職が武蔵《むさし》国出身の片山広忠《かたやまひろただ》にあてがわれており、天田《あまた》郡では賀茂別雷《かもわけいかずち》神社（上賀茂神社）領の私市《きさいち》荘（福知山《ふくちやま》市）公文《くもん》職が清久《きよひさ》小次郎胤行《たねゆき》に改補され、同社領の氷上《ひかみ》郡由良《ゆら》荘の資親《すけちか》の下司《げし》職が改易され十郎経成《つねなり》が地頭に補任されている。丹波国の二荘が没収されたのは、その荘園領主である賀茂別雷神社神主清久が京方にくみしたため、乱後鎮西《ちんぜい》に流されたことに関係するものであろう。丹後国では確かなことはわからないが、平清盛が領家職をにぎっていた志楽《しらく》荘はこのとき没収されたと推測され、また京方について没落した多くの保司《ほし》跡について乱後に入部してきた地頭とのあいだで新旧の得分《とくぶん》をめぐって争論が頻発している。

新補地頭は恩賞として得たこれらの所領に、初めのうちはみずからは入部せず代官を派遣して、在地とのあいだで争論を引きおこすことが多かった。由良《ゆら》川に沿った和知荘ではたび重なる争論に弘安五（一二八二）年領家預所《あずかりどころ》と地頭片山盛親《もりちか》とのあいだで下地中分《したじちゅうぶん》が行われ、由良川上流沿いを領家方の上《かみの》荘、下流沿いの地頭方を下《しもの》荘としてそれぞれ一円支配を行うこととなった。上荘はまた本《ほん》荘ともよばれ、現在にその地名を残している。

尊氏の挙兵と地方武士●

正中元（一三二四）年九月、元弘元（一三三一）年五月と二度にわたって、後醍醐《ごだいご》天皇は側近らと倒幕の計画を企てたが、いずれも内部からの密告により幕府の知るところとなった（正中の変、元弘の変）。天皇は京都をでて一時南都《なんと》東大寺《とうだいじ》の東南院に身を寄せたあと、八月下旬に宇治田原《たわら》の鷲峯山《じゅぶせん》を経て笠置山にのがれたが、ここで六波羅勢の総攻撃にあって敗走の途中、天皇以下が綴喜《つづき》郡多賀《たか》郷（現井手《いで》町）の有王《ありおう》山で捕縛され、十月二日に平等院に逗留したのち六波羅に護送されていった。翌二年

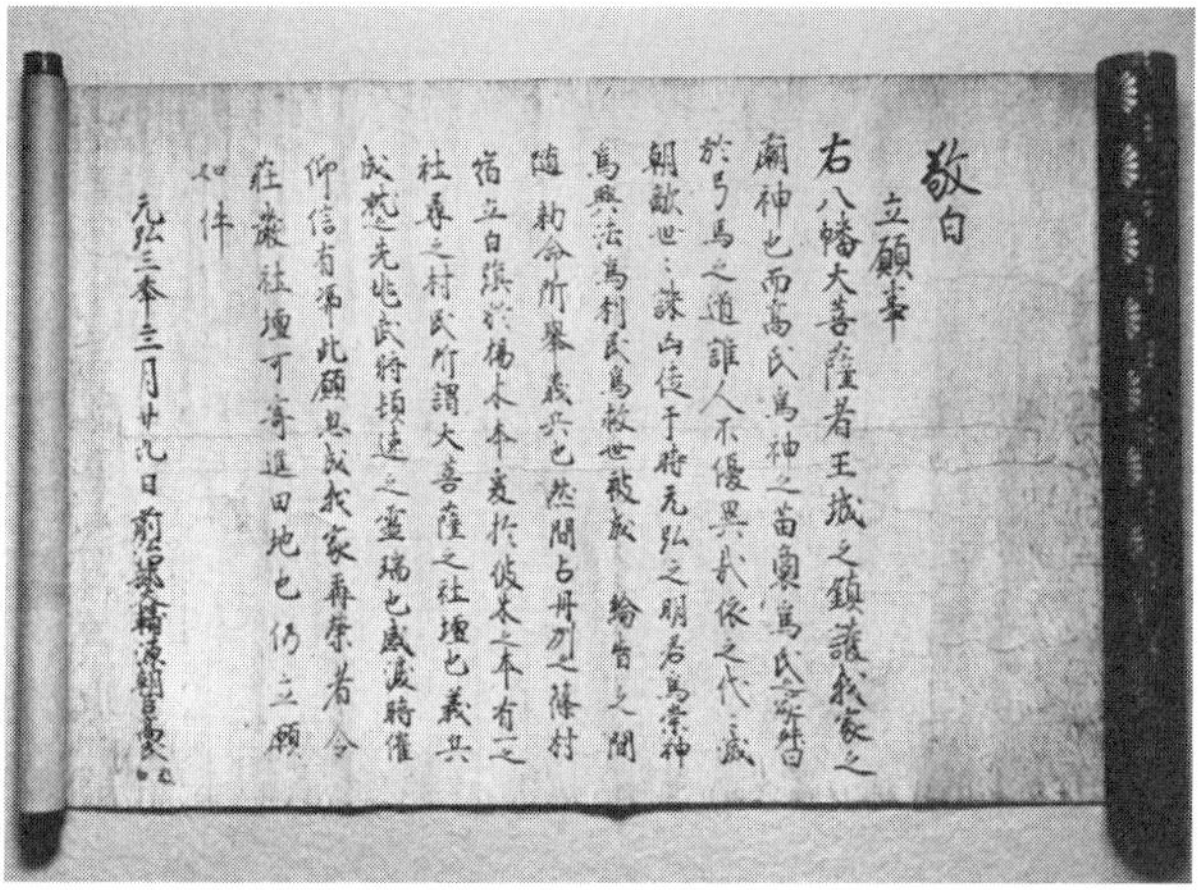
敬白
立願事
右八幡大菩薩者王城之鎮護我家之
廟神也而高氏為神之苗裔為氏之家督
於弓馬之道誰人不優異哉依之代々感
朝敵世々誅凶徒干時元弘之明君為崇神
為興法為利民為救世被成　綸旨之間
随　勅命所挙義兵也然間占丹州之篠村
宿立白旗於楊木本爰於彼木之本有之
社壇之村民所謂大菩薩之社壇也義兵
成就先兆武将頓速之霊瑞也感激騎催
仰信有余此願忽成我家再栄者今
荘厳社壇可寄進田地也仍立願
如件
元弘三年三月廿九日　前治部大輔源朝臣高氏

足利高氏自筆願文　謹厳な文字が高氏の決意のほどを物語っている。

三月に幕府は天皇を隠岐に、尊良《たかよし》親王を土佐《とさ》に配流の身とした。元弘三年閏二月に隠岐を脱出して伯耆《ほうき》の名和長年《なわながとし》のもとにあった後醍醐天皇を討つため、四月に鎌倉を発向した足利高氏《あしかがたかうじ》（のち尊氏《たかうじ》）は搦《から》め手の大将として京都を経由して山陰道を進んでいった。しかし山城・丹波国境を越えてすぐのところにある桑《くわ》田《た》郡篠村《しのむら》八幡宮（亀岡市）まで軍勢を進めたところで幕府に叛旗を翻し、四月二十九日に八幡宮宝前に源家再興の願文《がんもん》をささげるとともに、北条氏を討滅するため諸方に密使をつかわして軍勢を集めた。高氏謀反の報に接した六波羅では後醍醐方に寝返るものや敵前逃亡する兵士のでるありさまであった。五月七日には京都の北西南三方から六波羅探題への攻撃が開始された。時の探題北条仲時《なかとき》（北方）と同時益《ときます》（南方）は夜半に近江《おうみ》に脱出したが、番場《ばんば》宿で在地武士らの攻撃をうけて絶命し、ここに六波羅探題は滅んだ。一方、鎌倉は新田義貞《にったよしさだ》によって攻められ、幕府が滅亡するのは五月二十二日である。

高氏は丹波路にむかう直前の四月二十七日、おそらくは京都滞在中に伯耆国よりの勅命（後醍醐天皇綸《りん》旨《じ》）により一族をもよおして馳参するよう、ひそかに各地の武士に軍勢催促状をつかわしていたらしい。篠《しの》村八幡宮に近い丹波国分寺《こくぶんじ》荘下司寺町新次郎《てらまちしんじろう》や船井郡和知荘地頭片山貞親にあてた軍勢催促状の正文や案文が現存する。『太平記《たいへいき》』によれば丹波から久下弥三郎時重《くげやさぶろうときしげ》が一番乗りをはたしたのを始め、長沢《ながさわ》・志《しゅ》宇知《うち》・山内《やまのうち》・葦田《あしだ》・余田《よでん》・酒井《さかい》・波賀野《はがの》・小山《おやま》・波々伯部《ははかべ》氏らがかけつけ、その他、畿内近国からも多勢馳参し、その数二万余騎に達したという。軍勢の数には誇張があるとはいえ、丹波国何鹿《いかるが》郡は高氏の生母上杉清子《うえすぎきよこ》の故郷でもあり、丹波の武士たちに期待するところがいかに大きかったかがうかがえよう。

南北朝の動乱とバサラの時代

元弘三（元徳三＝一三三三）年六月に隠岐から還幸して入京をはたした後醍醐天皇は、光厳《こうごん》天皇を廃位し

「公家一統の政治」を宣言して天皇親政を実現した。天皇は記録所《きろくじょ》を復活し雑訴決断所《ざっそけつだんじょ》・武者所《むしゃどころ》・恩賞方《おんしょうがた》を設置するなど、やつぎばやに新政策を断行し新政の実をあげようとした。しかし、建武元（一三三四）年八月二条河原《にじょうがわら》落書《らくしょ》（『建武記』）に「この頃《ごろ》都ニハヤル物、夜討、強盗、謀綸旨《にせりんじ》・……安堵、恩賞、虚軍《そらいくさ》、本領ハナルル訴訟人、文書入タル細葛《ほそつづら》……」とあるように、京都市中は新政の混乱で社会は騒然とし、また綸旨によってのみ土地訴訟の確認が行われたため、安堵や恩賞を求めての訴訟が頻発し、にせ綸旨がはやる始末であった。こうして天下諸人の期待を裏切った建武新政《けんむのしんせい》は、後醍醐天皇の理想とは裏腹に二年たらずであえなく瓦解してしまった。

建武三（延元三）年六月に九州から入京した足利尊氏によって後醍醐天皇は神器を奉じて比叡山《ひえいざん》に追われ、一時帰京をはたしたものの、十二月になって今度は吉野にのがれた。これ以降、後醍醐天皇方の南朝《なんちょう》方と幕府に擁立された北朝《ほくちょう》方のあいだで南北朝の動乱が約六〇年にわたって繰り広げられ、京都は両勢力によって争奪の対象となり戦乱の巷《ちまた》となった。丹波国では桑田郡勝林寺島《しょうりんじじま》の中津川《なかつがわ》氏や船井郡和知荘の片山氏、丹後国では与謝《よさ》郡日置郷の日置氏など、在地武士の多くは足利高氏の挙兵以来、幕府方として北朝につくものが多かったが、なかには丹波国一宮出雲《いちのみやいずも》神社の田所《たどころ》職をつとめた桑田郡出雲荘の田所氏のように南朝方についてたたかいながら争乱後も命脈を保つものもあった。

この時代の社会風潮や美意識を表現する言葉に「バサラ」がある。その代表とされるのが近江守護佐々木導誉《どうよ》と美濃守護土岐頼遠《ときよりとお》と執事高師直《こうのもろなお》の三人であった。なかでも近江ほか四カ国守護を兼ねるとともに、尊氏のもとで政所《まんどころ》執事をつとめ、幕政に重きをなした佐々木導誉はその典型とされた人物である。『太平記』によれば暦応三（興国元＝一三四〇）年に導誉の一行が東山《ひがしやま》鷹狩りの帰りに東山妙法院《みょうほういん》をとおりかかったさいに、南庭の紅葉《もみじ》を折る狼藉《ろうぜき》を働いた下部の者が打擲《ちょうちゃく》されたのに腹を立て、妙法院を焼討ちして門跡累代の重宝類を灰燼に帰したという。権威をはばからないその所業がまさにバサラの振舞とされたのであった。

花の御所と足利義満●

それまで京都の中心といえば内裏《だいり》であった。足利義《よし》満《みつ》は永和三（天授三＝一三七七）年に烏丸《からすま》今出川《いまでがわ》から北小路《きたのこうじ》室町《むろまち》一帯に大規模な邸宅の造営を開始し、永徳元（弘和元＝一三八一）年三月十一日に後円融《ごえんゆう》天皇を迎え、関白《かんぱく》二条《にじょう》師嗣《もろつぐ》以下の廷臣も参列する盛大な落慶式を挙行した。邸内には鴨川から水を引き、京の公家《くげ》衆や諸国の大名《だいみょう》らから献上させた四季の花木が植えられたことにちなみ「花《はな》の御所《ごしょ》」と称され、これ以降、将軍のことを室町殿《むろまちどの》、その居処を室町第《だい》とよぶようになった。

義満は至徳三（元中三＝一三八六）年に丹後の天《あまの》橋立《はしだて》にある久世戸《くせと》智恩寺《ちおんじ》に参詣し、これ以降もなん

室町第（上杉本『洛中洛外図屏風』）　足利義満が造営した「花の御所」の故地に，足利義晴が天文11（1542）年に造営したもの。

どか丹後や若狭《わかさ》を訪れている。さらには紀伊和歌浦《きいわかのうら》や紀三井寺《きみいでら》、駿河《するが》富士山、安芸厳島《あきいつくしま》、高野山《こうやさん》など遠方にも参詣・遊覧している。義満は内乱の過程で強大化した守護大名の勢力を削減させるため、諸国遊覧と称しながら各国守護の情勢を探っていたのである。その最大の対象が丹波・丹後を始めとする山陰道一帯および紀伊・和泉《いずみ》など一族で一一カ国の守護職を有する山名《やまな》氏であった。これより先の康暦元（天授五＝一三七九）年の政変で、管領細川頼之《かんれいほそかわよりゆき》の勢力を一掃した義満は、明徳元（元中七＝一三九〇）年、山名氏内部の家督争いに乗じて一族を分断する策にでたのである。翌年十二月には丹波・丹後ほかの守護であった満幸《みつゆき》は挑発にのって一族あげて挙兵し没落した。京都北西の内野《うちの》の戦いでやぶれた満幸は、再起をはかろうと丹後国にのがれたが、竹野《たかの》郡木津《きづ》荘で国人層の反抗にあい伯耆へとおちていった。

こうして幕府に拮抗するほどに強大化した有力守護の勢力削減に成功した義満は、明徳三年十月に南朝の後亀山《ごかめやま》天皇を嵯峨大覚寺《さがだいかくじ》に迎えて、後小松《ごこまつ》天皇に神器が渡されることとなり、約六〇年におよんだ南北朝の合一に成功した。

応永元（一三九四）年に義満は将軍職を九歳の嫡子義持《よしもち》にゆずり、公家官制の極位である太政大臣《だいじょうだいじん》についたが、翌年これをも辞退して出家し法名を道義《どうぎ》と名乗っている。公武の世界で政治的に最高位をきわめた義満は、出家後の応永五年に完成した北山第《きたやまだい》に移り住みここを政務の中心にすえ、義持の後見として以前にも増して幕府政治に絶大な権力を行使した。北山第には宸殿《しんでん》・会所《かいしょ》・舎利殿《しゃりでん》（金閣《きんかく》）・護摩堂《ごまどう》を始めとする諸堂がならびたち、さながら「西方極楽にも換うべからず」とまで賞された。応永十一年中国明《みん》国王から「日本国王」に冊封《さくほう》された義満は、応永十五年には後小松天皇をこの北山第に二〇日もの長期間招いた。そのときの義満の威儀・振舞はあたかも天皇の父である上皇のようであったとされるが、それは公武両勢力の頂点に立ち、ついには皇位の簒奪《さんだつ》をも構想した義満の一大デモンストレーションであったと解される。しかし応永十五年五月、義満の急死によってその野望はついに達せられることはなかった。

2 一揆と内乱の時代

侍所・政所と山城守護●

六波羅探題滅亡後の建武政権下に京都の民政を一時的に支配したのは検非違使であったが、足利氏が京都に幕府を開いてから京都の支配に大きくかかわったのは侍所《さむらいどころ》と政所であった。応安二（正平二十四＝一三六九）年二月、侍所頭人の土岐義行《よしゆき》は禁制を発して京都市中の俗人の僧装を禁じ、翌年十二月には幕府は比叡山の公人が借物の取立てと称して京中の公家の邸宅に乱入して悪行を働くことを厳禁するなど、洛中の検断権を順次掌握していった。また幕府は明徳四（一三九三）年に「洛中辺土散在土倉《どそう》幷酒屋《さかや》役条々」を定めて政所に土倉・酒屋から役銭徴収権を認め、南北朝末期には所領争論に関する訴訟（所務沙汰《しょむさた》）やそれ以外の不動産・債権の売買などに関する民事訴訟（雑務沙汰《ざつむさた》）の裁判権も政所の所轄事項となった。こうして幕府の京都支配にとって侍所と政所が重要な権限をにぎるようになっていった。

建武三（延元元＝一三三六）年から文和元（正平七＝一三五二）年までは山城国の守護職は不設置であったが、文和二年以降は侍所の兼帯するところとなった。その後至徳二（元中二＝一三八五）年に山名満幸《みつゆき》が侍所・守護を兼帯していたが、この年九月から十二月までのあいだに両職を分離して山名氏清《うじきよ》が守護に任命され、これ以降、山城守護が洛中およびその周辺の京都をのぞいた山城国全体の統治にあたるようになった。この結果、侍所の洛中支配と守護の山城支配はかえって強化されることとなったため、守護の入部をきらった南山城では国人らが激しく抵抗したが、山名氏の軍勢は破竹の勢いで山城各地で堂舎・仏閣や民屋を焼き払い、木津川を越えて笠置《かさぎ》寺に立てこもった国人らを平定して、この年の暮れまでに南山城一帯を手中におさめた。山城守護の掌握は幕府政治の安定にとって不可欠であったので、侍所所司（長官）の山名・赤松《あかまつ》・一色《いっしき》・京極《きょうごく》の四職《ししき》家の兼務、あるいは畠山《はたけやま》・細川・伊勢《いせ》氏などの有力大名が交替で補任されたが、室町時代をつうじて丹波・丹後のように特定の大名家に固定されることはなかった。

大乱への導火線●

応永二十七（一四二〇）年は六月、京都に大地震があり、さらに大干魃が重なって多数の餓死者をだした。翌二十八年にかけても干魃や飢饉が打ち続き、諸国の貧人が上洛して洛中には数万人におよぶ餓死者や疫病の発生による病悩死者が蔓延するありさまであったという。幕府は翌二十九年に諸大名に命じて五条河原に仮小屋を立て大々的に大施餓鬼《せがき》の施行を行い、天竜《てんりゅう》寺や相国《しょうこく》寺でも五山僧《ござんそう》によって施餓鬼が行われたが、社会不安は増幅するばかりであった。

応永三十二年十二月、将軍足利義量《よしかず》が在位三年で死去したあと、将軍職は一時空席となった。同三十五年一月に足利義持が急死すると、管領・重臣らの合議が開かれ、後継将軍を義持の遺志により弟四人のうちから鬮《くじ》引《び》きで決めることになった。前代未聞の後継選びの結果、青蓮院《しょうれんいん》義円《ぎえん》が義教《よしのり》と改名して正長二（一四二九）年将軍宣下《せんげ》をうけた。将軍となった義教は、永享十二（一四四〇）年には有力大名の丹後守護一色義貫《よしつら》を大和出陣中に謀殺するなど、世に「万人恐怖」と畏怖される専制色の強い政治を推し進めたため、社会の不安と重なり政情はますます不安定さを増していった。

正長元年八月、近江国の馬借《ばしゃく》の蜂起からはじまった徳政《とくせい》を求める一揆《いっき》は、九月には京都周辺にも波及し、醍醐周辺の土民が徳政と号して酒屋・土倉・寺院を襲撃して債務の破棄を求めた。「日本開白《かいびゃく》以来、土民《どみん》蜂起、是れ初めなり」（「大乗院寺社雑事記」）といわれた正長の徳政一揆はその後もすぐには終熄せず、その年のうちに奈良各地で徳政令がだされ、翌年には播磨・丹波にも拡がりをみせた。徳政とは本来為政者の善政の意で、鎌倉時代末期には寺社への所領返付を意味したが、この時代には質物の取戻しをも意味するようになっていたのである。

嘉吉元（一四四一）年六月、播磨守護赤松満祐《みつすけ》が、将軍義教を私邸で誘殺するという事件がおこり、九月に細川・山名追討軍によって赤松氏一族は播磨木山《きやま》城にせめられ自害してはてた（嘉吉の乱）。この間、空洞化した幕府政治の間隙をぬうように、九月三日に近江坂本《さかもと》にはじまった徳政要求の一揆は、京都でも鳥羽・竹田・伏見《ふしみ》・嵯峨・仁和寺・賀茂といった近郊から洛中に押し寄せてきた。幕府では侍所の兵で防戦したがかなわず、一揆側の要求をいれて幕府はじまって以来の徳政の制札を京六口に立てざるを得なかった。その後も土《ど》一揆は頻発し続け、文安四（一四四七）年七月には京都西郊の西岡《にしおか》の土一揆勢が七条の土倉を襲い放火におよび、土岐持益《もちます》によって鎮圧されている。また寛正三（一四六二）年九月にも京都郊外で徳政一揆が勃発し、幕府は赤松政則に鎮定させている。

花の都、狐狼の臥土となる●

畠山氏では父持国《もちくに》から家督をゆずられた政長《まさなが》に対して、これに反対する家臣らが義就《よしなり》を擁しての一族・家臣団間の対立が激化し、さらに斯波《しば》氏一族でも義敏《よしとし》・義廉《よしかど》のあいだで家督争いがおこった。将軍家でも将軍義政は幕政にまったく意欲をみせず、寛正五（一四六四）年には弟（義視《よしみ》）を後継と定めて、みずからは東山に山荘（銀閣《ぎんかく》）をかまえ、優雅三昧《ざんまい》の趣味の世界に耽溺していった。そのようななかで翌年に正妻の日野富子《ひのとみこ》に待望の嫡男義尚《よしひさ》が誕生すると、先に後継と定められた義視とのあいだで家督相続争いがおこった。文正元（一四六六）年に義政が弟義視の殺害をはかったため、義視は細川勝元《かつもと》邸に避難してこれに抵抗した。これに対して細川氏と幕府の実権を争っていた山名持豊《もちとよ》は義尚方とくんだため、将軍家や管領家の家督争いに幕政の主導権争いがからんで政治は混迷の様相を深めていった。

翌年一月、山名持豊方の畠山義就は細川勝元方の畠山政長を上御霊《かみごりょう》神社の戦いに破ると、戦端は拡大し、五月には細川勝元が花の御所に陣をかまえ（東軍）、山名持豊が堀川西の自邸に陣をかまえ（西軍）、ついに応仁元（一四六七）年五月二十六日、東軍が西軍を攻撃し、以後一一年におよぶ応仁《おうにん》・文明《ぶんめい》の乱（以下応仁の乱）の戦端が切っておとされた。

初めのうちは京都市中での市街戦となったため、そ

真如堂縁起絵巻　応仁の乱の東岩倉の合戦で集団戦法をとる足軽の活躍が描かれている。

の年のうちに二条以北の上京《かみぎょう》一帯が兵火で焼け野原となるありさまであった。その後も諸国の守護大名は両軍いずれかに分かれて京都各地で戦闘を繰り広げた結果、市中の大半が焦土と化し、武家や公家の邸宅、相国寺や東寺・天竜寺・仁和寺などを始めとする由緒ある大寺社の多くが戦火によって焼亡した。軍記物語である『応仁記《おうにんき》』では京都の疲弊の様を慨嘆をこめて「不計《はからざりき》、万歳期セシ花ノ都、今何ンゾ、狐《こ》狼《ろう》ノ臥土《ふせど》トナラントハ、……応仁ノ一変ハ王法仏法トモニ破滅シ、諸宗皆悉《ことごと》ク絶《たえ》ハテヌルヲ」と記しているが、応仁の乱は京都全体を荒廃させ、政治と宗教のもつ相互の権威性はまったく地におちてしまった。

戦火はまたたくまに東国・九州をのぞく全国各地に拡大していき、守護大名らが京都で戦闘を繰り広げているあいだに、領国では守護代や国人層が勢力をのばして守護の権力を奪取しつつあった。

山城国一揆の時代●

応仁の乱後も山城国では畠山政長・義就が両派に分かれ一族争いを展開し、文明十七（一四八五）年宇治川で激戦を繰り広げていた。これに対し十二月十二日に南山城の久世《くぜ》・相楽《そうらく》・綴喜三郡を中心とした国人三六人が集会して、郡単位を超えた国規模での惣国一揆を結成し、細川政元《まさもと》の支援もあって「土民等群集」らと連合した一揆衆は両軍を撤退させることに成功した（山城国一揆）。国人らは同月十七日には両畠山勢の再進出禁止、寺社本所領を直務とすること、新関の停止など三カ条の掟を定めた。さらに翌年二月には国人が宇治川畔の平等院に寄りあい、国中掟法を定めたとされるが、その内容はあきらかでない。このあと山城国一揆では、月行事《がちぎょうじ》とよばれる合議機関をととのえて独自の国掟を制定し、裁判権や検断権をも行使し、一揆が一つの自治的な統治機構をそなえるまでに成長していった。

山城国一揆の影響は周辺にも波及していった。長享元（一四八七）年、乙訓郡一帯でも西岡《にしがおか》・中脈《なかすじ》衆とよばれた鶏冠井《かいで》雅盛《まさもり》・物集女《ものずめ》光重《みつしげ》・神足《こうたり》友善《ともよし》・小野《おの》景《かげ》行《ゆき》らが中心となって国一揆が結成された。向日宮《むこうぐう》で寄合がもたれ、地域的小規模ながら山城国一揆と同様な行動がとられた。

しかし、明応二（一四九三）年九月には、山城守護代古市《ふるいち》澄胤《ちょういん》の侵攻に抵抗した南山城国人らが稲屋妻《いなやつま》城に立てこもってやぶれ、ここに八年にわたって南山城を支配した国人らによる山城国一揆は終焉を迎えることとなった。

丹波・丹後の守護と土豪

京都・山城に対して、丹波国は明徳《めいとく》の乱《らん》で守護山名氏《うじ》清《きよ》が没落したあと、管領家の細川氏が室町・戦国時代をつうじて一貫して守護職を堅持した。丹波国は本拠である讃岐《さぬき》国や土佐国・摂津国・山城国とともに細川氏にとって重要な領国であった。支配の拠点として丹波国のほぼ中心にあたる船井郡八木《やぎ》城（現南丹市）に守護所をおき、郡内の有力土豪《どごう》らを郡奉行《ぐんぶぎょう》（十五世紀中葉から郡代）に任命した。郡代が配置された城に天

山城国一揆で国人集会が行われた平等院

田土師城《はぜ》（現福知山市）や多紀郡《たき》八上城《やがみ》（兵庫県）が知られる。しかし、細川氏は領国経営にあたって、出身地の四国衆《しこくしゅう》とよばれる内衆を守護代などに重用して、在地土豪らの採用には消極的であったため、国人層の反発を招く結果となった。戦国時代の丹波国の争乱の背景には、国人層と内衆との対立関係がつねに影をおとしていたといっても過言ではない。

永享元（一四二九）年には丹波国でも正長の土一揆の影響がおよぶかたちで土一揆が勃発した。守護代香西元資《こうざいもとすけ》のかずかずの強引な荘園侵略に抗議して一揆はおこり、元資は責任をとらされて守護代を罷免されてしまった。かわって守護代となったのが内衆出身の内藤《ないとう》氏で、以後戦国時代をつうじて守護代の職にあったが、その間も宝徳元（一四四九）年には丹波国北部の奥郡で土一揆が発生している。さらに山城国一揆が乙訓郡に波及して二年目の延徳元（一四八九）年九月、丹波国でも守護代上原元秀《うえはらもとひで》の失政に対立した牢人《ろうにん》衆や土豪らによって、船井郡を中心とする大規模な国一揆がおきた。一揆が丹波全体に波及するのを恐れた細川政元は討伐の軍勢を派遣し、十二月には国人衆の籠城する須智城《しゅうち》（京丹波町）をせめおとして須智氏を没落させ、さらに何鹿郡位田城《いでん》を攻撃し陥落させた。しかし一揆の勢いはやまず、延徳二年九月、荻野九郎左衛門尉《おぎのくろうさえもんのじょう》の立てこもる八上城で大規模な戦闘が繰り広げられた。あしかけ三年にわたる丹波国一揆は須智・荻野氏の殺害と土豪層の大弾圧という結末によって幕をとじた。その結果、細川氏の領国支配は強化されたが、明応八（一四九九）年にふたたび奥三郡《おくさんぐん》（天田・何鹿・氷上《ひかみ》）で国人層が蜂起するなど、在地の抵抗にはその後も根強いものがあった。

丹後では明徳の乱で山名氏没落のあと一色満範《みつのり》が丹後守護に任じられ、若狭国守護武田《たけだ》氏の侵攻をうけて一時期守護職を奪われたものの、およそ一世紀余にわたり丹後国を領した。満範の嫡子義貫《よしつら》（義範《よしのり》）は将軍義持に重用され、侍所頭人・山城守護を兼任するなど四職家の一つとして幕政に重きをなした。しかしつぎの将軍義教の有力守護抑圧策により、永享十二（一四四〇）年、大和在陣中に武田信栄《のぶひで》の陣中で謀殺され、義貫の子の三兄弟も細川持常《もちつね》勢にせめられて自害してはてた。義貫のあと教親《のりちか》・義直《よしなお》が守護職をついだが、義直は在京することが多く、領国経営はもっぱら守護代の延永《のぶなが》氏があたっていた。応仁の乱が勃発すると守護の義直は対立関係にあった武田氏に対抗して西軍の山名方につき、応仁元（一四六七）年五月守護職を罷免され、文明元（一四六九）年から六年にかけて武田信賢《のぶかた》・国信《くにのぶ》父子に守護職を奪われてしまった。また細川勝元の従弟政国《まさくに》に与謝郡が分郡守護の形で一時あたえられている。

明応七年五月二十九日に丹後国にも国人一揆がおこり、守護一色義秀《よしひで》は丹後・丹波国堺の普甲山《ふこうざん》城に攻められ切腹してはてた。まさに丹後国における下剋上《げこくじょう》を象徴する事件であった。その後、永正十（一五一三）年には一色氏惣領《そうりょう》の義有《よしあり》が弱冠二六歳で病死し、同十三年八月には一色義清《よしきよ》と同九郎《くろう》との一族間で家督をめぐって守護家内部の内紛がおこるなど不安定となり、これ以降丹後

丹後・丹波国境の普甲峠　平安時代末期には天台系の聖の別所であったが，丹後をやくする地にあり，鎌倉時代末期以来，丹後・丹波・但馬勢の合戦・争奪の対象となった。向こうに見えるのは丹後大江山連峰。

国における守護職の異動、および一色氏の動静はわからない。

明応の政変後の京都●

明応二（一四九三）年四月、将軍足利義稙《よしたね》（義材《よしき》）が畠山基家《もといえ》討伐のため河内《かわち》出兵中の間隙をぬって、細川政元は仇敵畠山義就の子基家と手を結んで畠山政長を暗殺し、義稙を廃して、堀越公方《ほりこしくぼう》足利政知《まさとも》の二男義高《よしたか》（義澄《よしずみ》）を還俗《げんぞく》させて将軍に擁立した。明応《めいおう》の政変《せいへん》とよばれるこの事件によって管領細川惣領（右京兆《うけいちょう》）家の畿内近国における覇権が確立し、これ以降、将軍権力は完全に失墜することとなった。細川氏は被官の香西元長を北五郡（乙訓・葛野《かどの》・愛宕《おたぎ》・紀伊・宇治）、赤沢朝経《あかざわともつね》を南三郡（久世・綴喜・相楽）の守護代に任命し、守護代をつうじて山城国は細川氏の完全な領国となった。なかでも香西元長は守護伊勢貞陸《さだみち》を差しおいて、山城五郡の寺社本所領得分の五分の一を知行し、永正元（一五〇四）年には山城国に半済《はんぜい》を課し、翌年九月これをこばんだ一乗寺《いちじょうじ》・高野など住民宅を焼討ちし、さらに山科郷《やましな》民とも交戦するなど強引な領国支配を展開した。しかし、一方で政元の跡つぎ問題から細川家内部で有力被官衆をもまきこんだ内訌《ないこう》が絶えずおこり、永正元年、摂津守護代の薬師寺元一《やくしじもとかず》が政元を廃して養子澄元の擁立をはかり、淀《よど》城に蜂起して敗死する事件がおこっている。

天文十八（一五四九）年七月、もともと阿波《あわ》細川氏の被官であった三好長慶《みよしながよし》が入京をはたすと、翌年十一月には将軍足利義藤《よしふじ》（のちの義輝《よしてる》）を近江国堅田《かただ》に追放してしまった。翌二十年六月、領国丹波国の軍勢を率いた細川晴元《はるもと》が将軍義輝を擁して入京し京都奪回をはかるが、七月に三好氏の将松永久秀《まつながひさひで》の軍勢によって相国寺の戦いで撃破されてしまい、政元・澄元《すみもと》・高国《たかくに》・晴元と続いた細川氏による幕府支配は瓦解した。

天文二十一年一月に将軍義輝は長慶と和議が成立し一旦帰洛したが、翌年八月に長慶の軍勢二万五〇〇〇余と幕府軍との戦闘がおこった。幕府軍は船岡山《ふなおかやま》に陣取り、松田《まつだ》氏や三宝院《さんぼういん》衆らが東山霊山《りょうぜん》城に拠ってこれを迎え撃ったがたちまちに撃破され、将軍義輝は北山山中に追放されてしまった。三好氏は入京後の天文十九年七月には上京の洛中・洛外惣中に五カ条の掟をだして、公家・寺社領や三好方支配地の地子《じし》銭《せん》徴収、京中出入りなどを規制し、また、天文二十四年には山城国物集女荘からの天竜寺公用米一〇〇石に関する争論に裁許状を発するなど、京都市中の課税権や治安・裁判権を完全に掌握し、幕府支配層の出身ではない戦国大名としてはじめて京都支配をなしとげた。

その後、永禄元(一五五八)年十一月に六角義賢《ろっかくよしかた》の仲介で義輝を再び京都に迎え入れ、三年には河内・大和両国を攻略して三好氏の勢力は最大となったが、翌四年から七年にかけて有能な三人の弟や嫡子義興《よしおき》を失うと、七年七月に長慶は悲嘆にくれたまま病死した。長慶にかわって実権を握ったのが松永久秀と三好三人衆(三好長逸《ながよし》・三好政康・石成友通《いわなりともみち》)であったが、八年ごろから久秀と三人衆のあいだで対立が表面化し、十一年九月の織田信長《おだのぶなが》上洛まで河内・大和各地で戦闘がくりひろげられた。

4章

中世京都の都市と農村

大山崎離宮八幡宮牓示石

1　京都の「中央」と「地方」

京都の荘園●

京都は日本の首都＝「中央」であり、荘園《しょうえん》領主の集まるわが国最大の都市として、中世末期までに人口二〇万人に達していたといわれる。これに対して現在の京都府域を中世にさかのぼらせると、いくつも峠を越えて陸路をいかなければならない丹波《たんば》国やさらにそのさきにある丹後《たんご》国は、琵琶湖《びわこ》舟運や通称鯖《さば》街道をつうじて京都と直結していた若狭《わかさ》国とくらべても十分に「地方」といえるものであった。

京都は、平安時代以来、天皇とその一族やそれを取りまく摂関家《せっかんけ》に代表される公家衆《くげしゅう》、さらに有力な寺院や神社がひしめき、また南北朝《なんぼくちょう》時代以降は室町《むろまち》幕府とその官僚である諸国大名たちが集住する政治・宗教都市であったが、彼らは権門《けんもん》勢家ともよばれ、全国に分布する荘園や国衙《こくが》領の支配者＝荘園領主でもあった。

京都近郊の荘園は、面積がせまく、一つの荘園内に複数の領主の所領が存在しており、その耕地も散在していたため領有関係は複雑であった。そのため荘園と村落は領域的に一致することはまれで、なかには紀伊《きい》郡の東寺《とうじ》領拝師《はいしの》荘《しょう》の場合のように荘域内に村落が存在せず、竹田《たけだ》・鳥羽《とば》・唐橋《からはし》・東九条《ひがしくじょう》など周辺の荘園の村落や東寺寺内からの出作で耕作が行われていた荘園もある。

また、荘園領主に対して日常の必需品を供給するよう義務付けられた荘園も多い。とりわけ京都では宮廷や公家、寺社のあいだで伝統的な諸行事が途絶えることなく執《と》り行われ、これに使用される調度品や文具など恒常的に備進された物品は多い。後白河法皇《ごしらかわほうおう》の持仏《じぶつ》堂《どう》である長講堂の荘園であった山城国《やましろ》下桂《しもかつら》荘からは、建久二（一一九一）年に御簾《みす》・畳《たたみ》・砂《すな》・菖蒲《しょうぶ》を始め臨時召人夫などが提供されており、同領の伏見《ふしみ》御領からは牛三頭も勤仕《ごんし》されていた。東寺領上久世《かみくぜ》荘では鎌倉後期の北条《ほうじょう》氏得宗《とくそう》領時代には年貢や秋蕎麦《そば》・草用途・人夫・藁《わら》その他の公事《くじ》は代銭納《だいせんのう》であったが、建武三（延元元＝一三三六）年に足利尊氏《あしかがたかうじ》が地頭《じとう》職を東寺鎮守八幡宮に寄進してからは、東寺の寺内での需要から人夫・藁を現物でおさめることになった。藁は三八四五束、人夫約一九二〇人（毎日人夫八人、月約二四〇人、正・五・六・七月をのぞき八カ月分）が課せられていた。応仁《おうにん》の乱《らん》後の東寺では藁・人夫の未進に対抗して、これを夫米《ぶまい》で徴収しようとして農民らの反対にあっている。

　やや京郊の概念からははずれるが、宇治《うじ》の富家《ふけ》殿からは領主の近衛《このえ》家に対して、文明十一（一四七九）年に正月六日の若菜《わかな》、左義長《さぎちょう》の竹、端午《たんご》の節句《せっく》用の菖蒲・蓬《よもぎ》、盆供《ぼんぐ》の米・枝大豆・茄《なす》・根芋《ねいも》など季節の必需品が貢進されている。

東寺境内

さらに、農民たちは用水や入会地《いりあいち》の問題解決にあたって協力していくなかで、村落間の結合を強めていった。京都の西郊、京都市西京《にしぎょう》区から向日市《むこう》にかけての桂《かつら》川右岸地域は西岡《にしがおか》とよばれ、小規模ながら京都の公家や寺社をささえる荘園が多数あった地域である。上久世・寺戸《てらと》・下津林《しもつばやし》・河嶋《かわしま》・下桂を「上五ケ郷」、下桂・徳大寺《とくだいじ》・牛ケ瀬《うしがせ》・大藪《おおやぶ》・下久世・築山《つきやま》を「下六ケ郷」といい、松尾《まつお》神社辺りで桂川から取水された「今井溝《いまいみぞ》」とよばれる用水があわせて「西岡十一ケ郷」と総称される諸荘園の田地をうるおした。長禄二（一四五八）年に西岡十一ケ郷と松尾神社とのあいだで用水取水口の位置をめぐって争論となり、文明十二年になってやっと神前からの取水が許されたが、この間西岡十一ケ郷は結束して東寺をたのんで幕府に訴訟におよんでいる。このような村落間の団結がのちの国一揆の成立に結実していくのである。

南山城の荘園●

南山城の荘園の多くは木津《きづ》川や宇治川流域、あるいはその支流にそって展開している。領主の特徴としては南山城一帯に近衛家領荘園が多いこと、相楽《そうらく》郡を中心に興福寺《こうふくじ》・春日《かすが》神社や東大寺《とうだいじ》などの南都《なんと》権門寺社領が多いこと、木津川西岸に南山城最大の権門神社である石清水《いわしみず》八幡宮の社領が多く存在することなどである。

以上のような理由で、山城国の荘園は荘園領主が存在する京都や奈良の近傍あるいはその中間にあって領主権力も在地まで比較的およびやすく、支配の複雑さは荘園に住む住民同士の利害の衝突による争論を頻発させることが多かった。

綴喜《つづき》郡にある石清水八幡宮領薪《たきぎ》荘とその南に隣接する興福寺領大住《おおすみ》荘とのあいだでは、鎌倉時代に両荘の住人同士で殺害事件にまで発展したほどの深刻な争論が展開された。薪荘は古くは薪薗《その》ともよばれ、石清水八幡宮の神楽《かぐら》燎《かがりび》料に薪を調進する荘園として荘民の一部は八幡宮の神人《じにん》となって奉仕していた。これに対して大住荘は平安時代後期に南都の興福寺領として成立し、荘内には正員・脇員あわせて二四人の春日神人が居住していたが、領有関係は複雑で、鎌倉時代には荘域内の一部に東大寺領が混在し、さらに石清水八幡宮領の橘《たちばな》薗には石清水御網引神人一〇人が居住していた。嘉禎元（一二三五）年に両荘で用水をめぐる争論がおこり、薪荘住民が大住荘住民を殺害し、その報復に南都から興福寺衆徒が発向し薪荘在家六〇余宇を焼きはらい神人二人を殺傷する事件にまで発展している。

近衛家領としては、宇治郡に岡屋《おかや》荘・羽戸《はど》院、久世郡に巨倉《おぐら》荘・小巨倉荘・富家殿、綴喜郡に石垣《いしがき》荘、相楽郡に木津荘・原《はら》荘・山田荘などがあった。このうち巨倉荘や小巨倉荘のように荘務権のない本所《ほんじょ》として一定の得分《とくぶん》を得るだけのものもあったが、中世をつうじて近衛家の家産をささえるうえで重要な荘園が多かった。また摂関家藤原氏の氏寺《うじでら》・氏神《うじがみ》である興福寺や春日神社に参詣のさい、これらの荘園は道中にあたることから、興福寺や春日神社に再寄進されたり、あるいは寄進されないまでも両寺社への奉仕を義務付けられる場合もあった。

丹波の荘園

丹波国は山地が多く川が深く谷を削りとっているため広大な土地が少なかったが、京都に近いため中央からの権門勢家の影響がはやくからおよび、古代以来多くの荘園が成立していた。京都府域にかぎってみると、由良《ゆら》川にそった天田《あまた》郡・何鹿《いかるが》郡、大堰《おおい》川にそった船井《ふない》郡・桑田《くわた》郡では、その支流に小さな盆地がはいりこみ比較的小規模な荘園の成立が多くみられる。

丹波高原は京都への材木の供給地として平安京造営のために桑田郡山国杣《やまくにのそま》が設けられ、また傾斜がゆるやかで冷涼な気候のため牛馬の飼育に適しており、丹波国は船井郡胡麻牧《ごまのまき》や野口《のぐち》牧など、摂津《せっつ》・近江《おうみ》・播磨《はりま》国とならんで古代以来の牧が存在する地域であった。なかでも野口荘の前身である野口牧は桑田・船井両郡にまたがる広大な面積を有し、長和五（一〇一六）年、藤原道長《ふじわらのみちなが》が馬二〇疋を放牧して以来、摂関家の重要な荘園として伝領され、平安末期にはその一部が長講堂《ちょうこうどう》に寄進された。建久二（一一九一）年には野口荘から長講堂に、正月三カ日用の御簾六間分・砂一〇両、御八講・歳末掃除・日吉御幸《ひえぎょこう》・諸宮《しょぐう》行啓《ぎょうけい》などのさいの臨時人夫、「廻御菜《めぐりのごさい》」とよばれる毎月三日の新鮮な野菜や端午節供のさいの菖蒲など

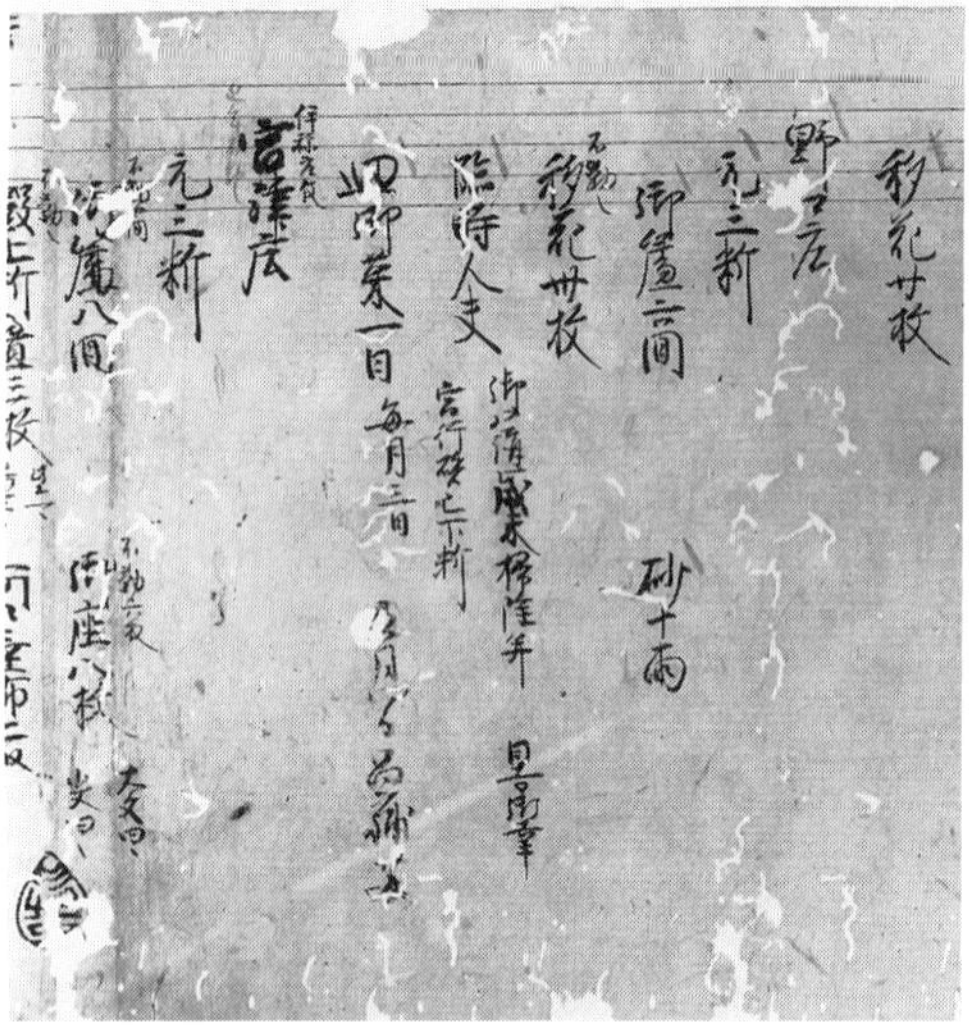

長講堂領目録（丹波国野口荘の部分）　鎌倉時代になって長講堂に奉仕が続けられているものには合点《がってん》が付けられ，移花には「不勤之」とあって奉仕がとだえていることがわかる。

が調進されている。野口荘は谷筋でいくつもの地域に分かれていたため、摂関家や長講堂領以外にも鎌倉《かまくら》時代以降栂尾高山寺《とがのおこうさんじ》・東寺・伏見宮家などに分割領有されている。ほかにも天田郡菟原《うばら》・細見《ほそみ》、船井郡梅田《うめだ》と多紀《たき》郡草山《くさやま》・藤坂《ふじさか》の五荘は「五箇荘《ごかのしょう》」とよばれ、いずれも荘内に梅田春日神社をまつり、祭祀を同じくする、藤原摂関家の地位にともなって伝領される殿下渡《でんかわたり》領であった。

また、丹波国の荘園の特色の一つとして中央の神社領がめだつことである。石清水八幡宮領として何鹿郡高津《たかつ》荘・宮坂《みやさか》荘や船井郡質美《しつみ》荘があり、賀茂別雷《かもわけいかずち》神社領として何鹿郡私市《きさいち》荘、松尾神社領として天田郡雀部《ささいべ》荘や桑田郡桑田神戸《しんこ》、祇園感身院《ぎおんかんじんいん》（八坂《やさか》神社）領として天田郡曽我部《そかべ》荘がある。これらの荘園では本社から祭神を勧請して荘内鎮守としている場合が多くみうけられる。

田数帳にみる丹後の荘園●

丹後国は山城・丹波にくらべれば京都からさらに遠隔地にあって、領域的には広大な荘園も多い。丹後の荘園を概観するうえで貴重な史料に『丹後国諸荘郷保惣田数帳《しょしょうごうほそうでんすうちょう》』（田数帳）がある。これは鎌倉時代の正応元（一二八八）年に丹後国衙《こくが》によって作成されたと考えられている土地台帳で、国全体で荘園二五、郷二三、保九一、寺社二九、その他不明七、合計一七五カ所の所領《しょりょう》名とその田数が記載される。これによって丹後国の荘園の分布状況をみると、荘園の成立に国衙の勢力の有無が大きくあずかっていたことがよくわかる。国衙所在地の与謝《よさ》郡北半やこれに隣接し国衙勢力がおよびやすい丹波・竹野《たかの》郡では荘園が少なく、国衙領ともいえる郷《ごう》・保《ほ》名をもつ所領が広範に存在している。これに対して国衙から相対的に遠隔にある加佐《かさ》郡や熊野《くまの》郡、あるいは国衙所在郡でありながら与謝郡南半では荘園の分布が顕著で、しかも加佐郡志楽《しらく》荘二〇九町余・田辺《たなべ》郷一九九町余、熊野郡田村《たむら》荘一一三町余・河上本《かわかみほん》荘一〇七町余、与謝郡南半の大石《おおいし》荘二一三町余・宮津《みやづ》荘一五五町余・石河《いしかわ》荘一三四町余など大規模なものが多く、保の成立はきわめて抑制的である。

田数帳にみられる荘園・公領の個々の成立時期についてはは史料の制約があってははっきりとはわからないが、十二世紀後半にはおもな荘園が成立しているので、鳥羽《とば》・後白河院政《いんせい》期にはほぼその骨格が形成されていたものと考えられる。

さきの田数帳で注目すべきは、鎌倉時代の土地の状況を示した台帳が、約一七〇年を経た長禄三（一四五九）年ごろに今度は国内に段銭《たんせん》を賦課するための台帳として、守護の側から再利用されていることである。所領名やその総田数は変わらずであるが、一つの所領が下地中分《したじちゅうぶん》などの結果、諸勢力によって分割され領有されているさまがよくわかる。

その一例を鎌倉時代の総田数二〇九町一八〇歩の志楽荘でみると、荘内は舞鶴湾《まいづるわん》にそそぐ志楽川・河部《かわなべ》川・朝来《あせく》川の三つの小河川によって形成された三つの谷にそって春日《かすが》

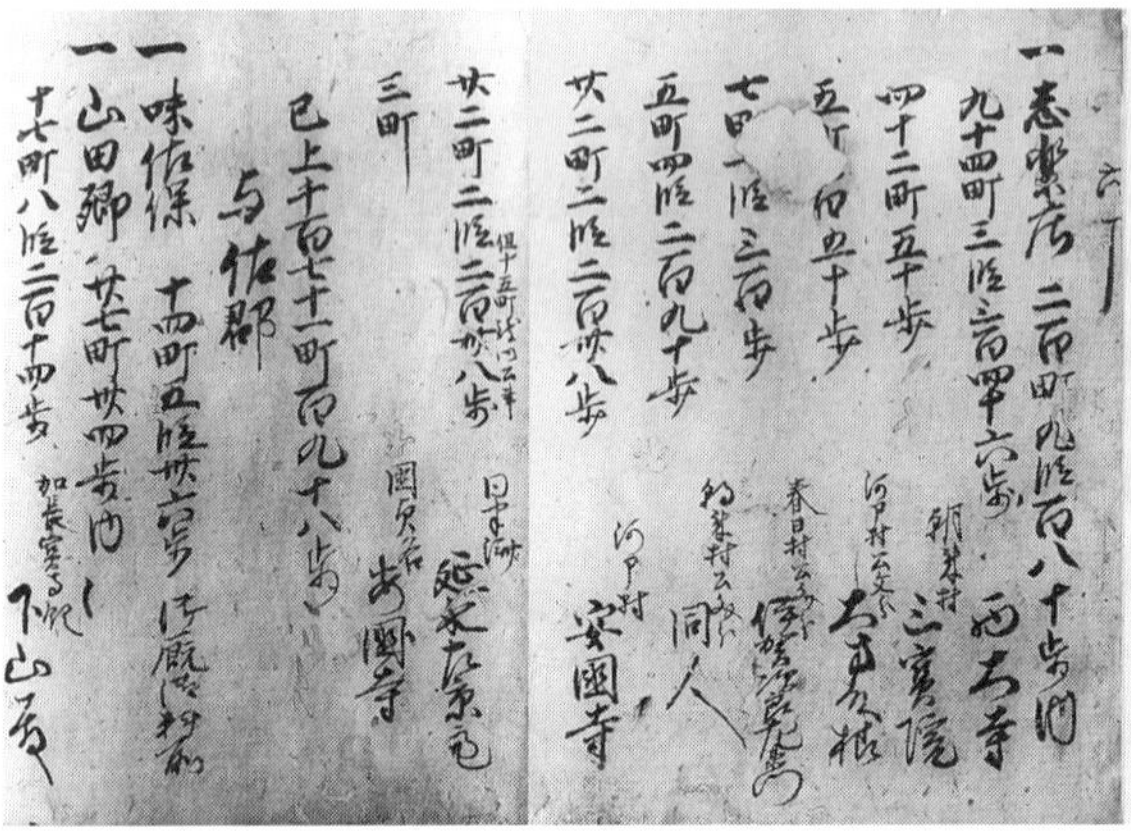

『丹後国諸荘郷保惣田数帳』

部《べ》村一〇一町五段二八六歩・河部村五二町五段二六六歩・朝来村四七町四段三四〇歩に分かれていた（六段三五八歩の誤差がある）。室町時代の中期には春日部村は地頭職の奈良西大寺《さいだいじ》と公文《くもん》分の在地土豪《どごう》の伊賀《いが》次良左衛門《じりょうざえもん》、河部村は公文分の大方殿《おおかたとの》様と丹後安国寺《あんこくじ》と守護代《しゅごだい》の延永左京亮《のぶながさきょうのすけ》、朝来村は醍醐寺三宝院《だいごじさんぼういん》と伊賀次良左衛門らの領有であった。なかでも河部村の安国寺と延永左京亮の所領がともに二二町二段二三八歩となっているのは、もと安国寺領であった四四町五段一一六歩が守護代勢力の侵略にあって下地中分を行った結果である。このように丹後国田数帳は荘園制の崩壊過程をつぶさに示している。

絵画にみる都市と農村の景観●

中世の都市や農村の景観をみようとする場合、文献だけでは理解できない形や色をあますところなく私たちの視覚に訴えてくれる寺社の縁起絵巻《えんぎえまき》、高僧の伝記絵巻などに描かれた風景・人物や風物、あるいは荘園絵図類が有効である。

時宗《じしゅう》の開祖一遍《いっぺん》没後に描かれた『一遍聖絵《ひじりえ》』は、東は関東から南は九州まで遊行して歩いた一遍とそれにつきしたがう時衆《じしゅう》の姿を、各地の寺社の景観や市井《しせい》の風景とともに情緒ゆたかに描いている。弘安二（一二七九）年の春上京した一遍は因幡堂《いなばどう》（平等寺《びょうどうじ》）に一夜の宿を求めるが、すでに堂の縁側や縁の下では非人《ひにん》・乞食《こつじき》が菰《まこも》をまいて寝入っている。

このあと一遍は信濃《しなの》国から関東に赴き、ふたたび上洛するのは五年後の弘安七年閏四月十六日で、この日四条京極《しじょうきょうごく》の釈迦堂《しゃかどう》で念仏を進め、その後空也上人《くうやしょうにん》の遺跡である市屋《いちや》に道場を建て、ここで四八日間にわたり踊念仏を興行した。四条大橋の上を通る牛車《ぎっしゃ》や狩衣《かりぎぬ》姿の男、市女笠《いちめがさ》をかぶった貴婦人に対して、橋下では魚釣をする子どもや褌《ふんどし》一つで牛を洗う男三人の姿が描かれていて興味深い。市屋道場は板葺《いたぶき》の屋根に材木をはりつけただけの簡素なもので、高床で四方壁がないため、楽しそうに念仏踊りをしている時衆を見物にやってきた貴人たちが見上げ、市屋の名のとおり踊り屋のまわりには多くの店が軒を連ねている。聖絵の画師円伊《えんい》の目は、市屋道場のにぎわいとは対照的に、堀川《ほりかわ》の東ほとりに建ちならぶ粗末な小屋やそこに仰臥《ぎょうが》する非人・乞食のさまざまな姿態や、堀川に材木を流す筏師《いかだし》の姿などにもそそがれている。

その後一遍の一行は、五月二十二日に桂川辺りの道場にはいったが、ここでも沿道には非人・乞食が粗末な小屋をならべて道いく人びとに物乞いをしている。また桂川には水浴をする若者や二匹の鵜《う》をもって舟上から鮎《あゆ》漁をする鵜匠《うしょう》の姿がみえる。鵜匠はまさしく桂川を本拠としてその上流の大堰川や保津《ほづ》川、宇治川・淀《よど》川その他丹波・近江の河川で自由に鵜飼いすることを認められていた桂供御人《かつらくごにん》であった。とれた鮎は近在に居住する桂女《かつらめ》によって自由に他所《よそ》に売り歩くことができたのである。

秋になって桂をたち丹波国桑田郡穴太《あのう》寺を経由して、八年五月上旬に丹後国熊野郡久美《くみ》の浜《はま》にむかい、ここで竜神の昇天するのを目撃して法悦にひたっている。丹波・丹後にくると、あれほど一遍のいる場の周囲にたむろしていた非人・乞食の姿は画面から消えて、のどかな田園や海浜の景色が展開するばかりとなる。非人・乞食の集団はきわめて都市的な存在であったことがわかる。

中世都市京都の景観を描いたものとして、『洛中洛外図屛風《らくちゅうらくがいずびょうぶ》』をおいて右にでるものはあるまい。旧平安京の右京《うきょう》ははやくからすたれ、十一世紀末ごろから左京《さきょう》を中心にその一帯を「洛中」「京洛《きょうらく》」と呼称するようになった。やがて洛中の外辺部も発展してくると、はじめはこれを「辺土《へんど》」とよんでいたが、十四世紀ごろから「洛外」の語があらわれ、室町幕府法でも「洛中洛外」の語も用いられる。応仁の乱後の復興された京都の景観を描いたのが、六曲《ろっきょく》屛風に仕立てられた洛中洛外図とよばれる風景・風俗画である。

現存する最古のものは大永五（一五二五）年から享禄四（一五三一）年までの成立とされる町田家《まちだけ》本であり、ついで天正二（一五七四）年に織田信長《おだのぶなが》が上杉謙信《うえすぎけんしん》に贈ったという伝承があり、狩野永徳《かのうえいとく》筆とされる上杉本が著名である。両図は天文五（一五三六）年の天文法華《てんぶんほっけ》の乱《らん》で壊滅的な打撃をうける以前とその後の復興した景観を描いたものとされる。当時すでに別個に成立していた名所《めいしょ》絵・四季月次《つきなみ》絵・職人絵などの諸要素をふんだんに織り込んだ日本最初の広域景観図である。

　初期の『洛中洛外図屛風』は一条通りで両隻に分け、右隻には下京《しもぎょう》を中心とする洛中や鴨《かも》川以東の東山《ひがしやま》山麓に三十《さんじゅう》三間堂《さんげんどう》・清水寺《きよみずでら》・祇園社《ぎおんしゃ》など洛外に展開する有名寺社を描き、左隻には内裏《だいり》・幕

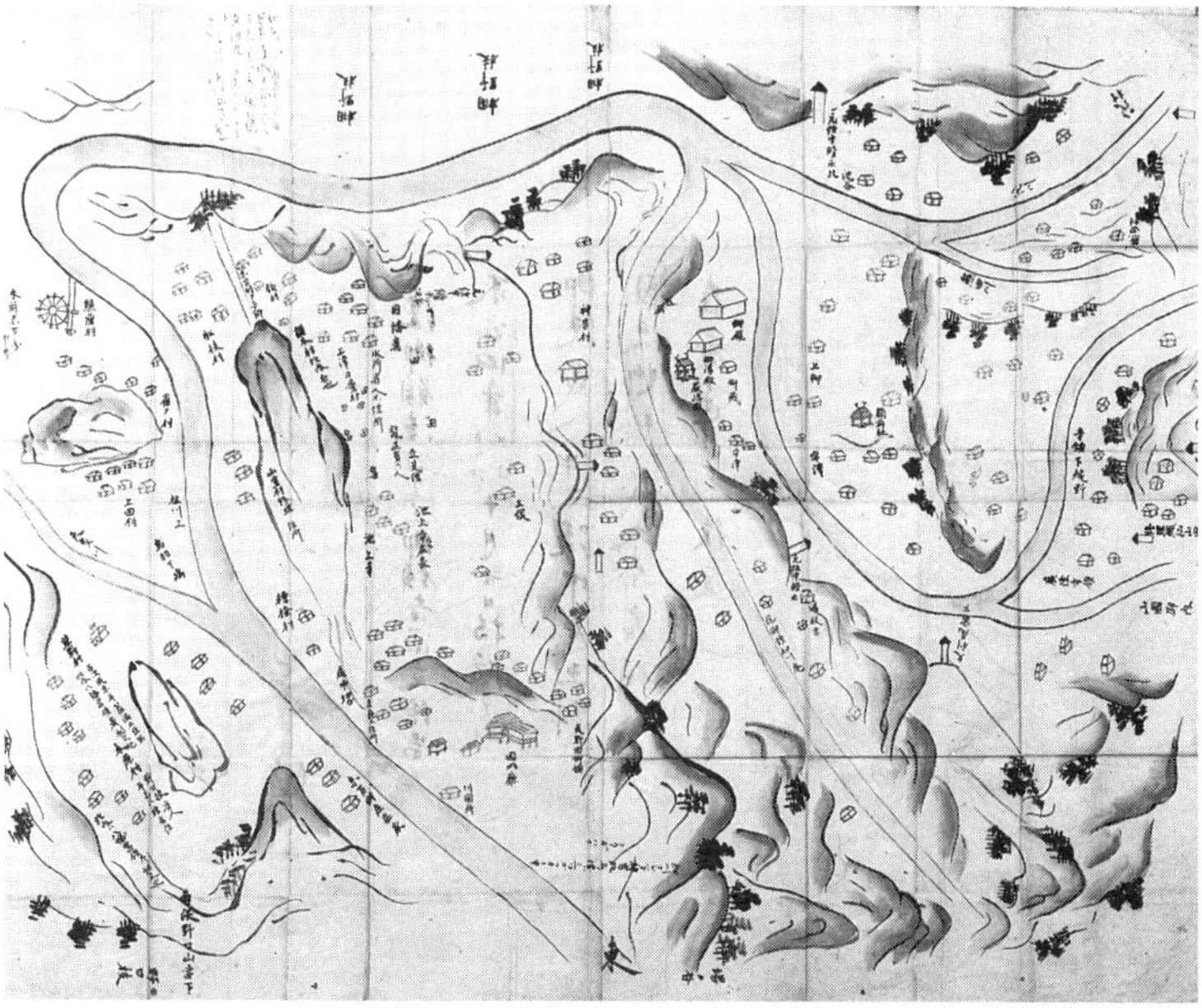
吉富荘絵図

府の御所《ごしょ》を始め公家《くげ》屋敷・諸武将《ぶしょう》の邸宅が立ちならぶ上京《かみぎょう》を中心とする洛中と北山《きたやま》や西山《にしやま》とそこに点在する洛外の寺社を描く。図では上京と下京とは都市空間的には独立した存在で、両者をつなぐのが室町通りであった。応仁の乱後の町衆《まちしゅう》による京都の復興を象徴する祇園祭のにぎわいや毎年五月に行われる千《せん》本閻魔堂《ぼんえんまどう》の念仏狂言《きょうげん》、あるいは念仏風流《ふりゅう》踊りなど、年中行事や祭礼風俗がいきいきと描かれている。

『洛中洛外図屛風』が都市図の典型とすれば、荘園絵図は農村の景観を理解するうえで格好の素材を提供してくれる。吉富《よしとみ》荘は丹波国桑田郡にあった神護寺《じんごじ》領荘園で、承安四（一一七四）年の立券時の裏書をもつ絵図の写しが地元に残っている。吉富荘は桂川上流の保津川およびその支流域を荘域とする広範な荘園であった。現在市町名でいえば亀岡《かめおか》市・京都市右京区・南丹市八木《やぎ》町にまたがっている。絵図には隣接する他の郷・村や各所に点在する在家屋敷が記載され、また境界を明示する牓示《ぼうじ》が描かれている。絵図では川の存在が大きく描かれているのは、山間部の奥まった荘園にあって農山業生産や他所への移動はもちろんのこと、自荘と他郷の領域を認識するうえで川のもつ意味が大きかったものと想像される。絵図のなかで興味を引くのは、保津川からの用水のための灌漑揚水用の水車が描かれていることである。河床の低い保津川からの用水には上流に堰《せき》を設けるか、このような水車による灌漑が広く行われていた。また「国《くに》八庁《はっちょう》」として南丹市八木町屋賀《やか》の地あたりには丹波国衙の建物が描かれている。丹波産地からの材木は保津川筏運で京都へ送られてきたが、国衙近傍の通過点には「川関所《かわせきしょ》」が設けられており、おそらくは丹波国衙の管理下におかれていたのであろう。

2 中世京都の再生

困窮する京の公家衆の地方下向●

公家衆の家産をささえる地方の荘園では武士や他荘から侵略をうけ、これに対抗して農民たちも連帯を深め、いずれも荘園領主の支配から独立化の傾向を深めていった。これに対して領主側でも、それまでは現地から登用した代官や「定使《じょうし》」とよばれる使者派遣によるいわば間接支配から、直接経営（直務支配）にたずさわったり、争論のあとの荘園の引渡しをうけるために領主みずからが荘園現地に赴くようになった。

関白《かんぱく》職までつとめ准三后宣下《じゅさんごうせんげ》をうけた九条政基《くじょうまさもと》の場合、応仁の乱の最中、近江坂本《さかもと》に避難し、その滞留費用や公事用途を家領の一つ和泉国日根野荘入山田村《いずみひねのいりやまだ》の年貢徴収権と引替えに、家司《けいし》であり従兄弟《いとこ》にあたる唐橋在数《からはしありかず》から一八〇貫文の借銭をするありさまであった。挙句《あげく》のはてには明応五（一四九六）年に在数殺害の暴挙にでて勅勘《ちょっかん》をこうむる始末であった。その後勅勘はとかれたものの、薙髪《ちはつ》した政基は、文亀三（一五〇三）年三月から永正元（一五〇四）年十二月まで日根荘にみずから下向して、荘務を回復するため農民たちと力をあわせ荘園経営に奮闘した。その時のようすを自筆日記である『政基公旅引付《まさもとこうたびのひきつけ》』に詳細に書き残している。わずかな借銭が原因で発生した親族殺害といい、京都を遠くはなれた荘園への下向といい、名門九条家の凋落《ちょうらく》は、この当時の公家衆に共通したものであった。

十五世紀後半の打ち続く戦乱や一揆《いっき》の頻発によって、京都を焼けだされたのは武士や一般民衆ばかりではなかった。公家衆も地方への避難を余儀なくされた。応仁の乱勃発後すぐ一条坊門《いちじょうぼうもん》の自邸を焼かれた関白一条兼良《かねよし》は、一族を率いて五男の興福寺《こうふくじ》大乗院《だいじょういん》門主《もんしゅ》尋尊《じんそん》の伝《つて》をたよって奈良に避難した。このとき兼良の長子で関白をつとめたことのある教房《のりふさ》は家領の土佐《とさ》幡多《はた》荘に下向し国人らに迎えられ、その子房家《ふさいえ》は土佐一条家をおこして戦国大名《せんごくだいみょう》となった。

中原康富の丹波下向●

平安時代後期から朝廷の諸官司の長官には、特定の中級貴族の家が世襲的に任ぜられるようになった。長官は官司に付属する諸国の所領を管掌し、公役をつとめさえすれば残りは自家経済にあてることができた。丹波国天田《あまた》郡今安《いまやす》保は朝廷の諸官司のおもに食料を担当する大炊寮《おおいりょう》領として、寮頭《りょうのかみ》（長官）を世襲した中原《なかはら》氏が知行《ちぎょう》していた。今安保からは年貢米のほかに公事物《くじもの》として麦粉・懸麻《かけあさ》・盆供米《ぼんくまい》などが定期的に調進されてきた。南北朝時代には中原師守《もろもり》が知行し、実際に保の経営にたずさわっていたのは現地から補任されたと思われる下司《げす》竹夜叉丸《たけやしゃまる》と下司代心浄《しんじょう》であったが、康永三（興国五＝一三四四）年ごろより有力名《みょう》主《しゅ》層の一員と思われる円祐《えんゆう》から下司職の競望を企てられたり、保内の名主層から連名で下司代忌避を訴えられたりしている。また、本所《ほんじょ》分半済《はんぜい》として外部から守護勢力の侵略をたえずうけていた。その後寮頭は師茂《もろしげ》、師夏《もろなつ》、師孝《もろたか》と継承されたが、十五世紀中ごろに師孝が寮務を怠慢したため、寮頭は大外記《だいげき》清原業忠《きよはらなりただ》にあたえられた。

その後、文安六（一四四九）年五月、さきの中原氏とは別系の中原康富《やすとみ》が清原業忠から今安保の預所《あずかりどころ》職《しき》（代官職）を所望して許されると、細川下野入道《ほそかわしもつけのにゅうどう》が給恩《きゅうおん》として被官吉良七郎《ひかんきらしちろう》にあたえていた今安保半済分を回復するために丹波に下向した。五月十六日夜、京都を出立して、十九日、天田郡土師《はじ》に到着すると、天田郡奉行《ぶぎょう》（小守護代）堀孫次郎《ほりまごじろう》の館にむかい打渡しを求めたがこの日ははたさず、やっと六月四日

❖コラム

小京都

「東北の小京都○○」というように地域名を冠しての小京都が、日本各地に数えきれないほどある。三方を山にかこまれたなかを鴨川《かも》が流れる京都の伝統的街並や文化・習俗のもつ雅なイメージを自分の街に重ねあわせて、観光地化しようという商魂が見え隠れする場合もあり、なかには実際の京都とは似てもにつかぬ小京都もあるようである。その一方で、日本人の心のどこかに京都的なものに対する憧憬《しょうけい》があることも確かで、それがいくつもの小京都を現出させてきたのである。

室町・戦国時代には、地方の大名たちが自分の領国に京都の街並を模し、京都にある社寺を勧請《かんじょう》しそこで行われている行事までも移入しようとした。小京都を創造しようとする機運が高まりを見せた時期でもあった。周防長門《すおうながと》両国の大名大内弘世《ひろよ》が南北朝時代に本拠とした西の山口は、「山口に祇園《ぎおん》・清水《きよみず》・愛宕寺《あたごでら》を建立し、統《す》べて帝都の模様を遷す」(『大内氏実録』)といわれたように、京都の景観・地名や行事などを積極的に模倣して山口の小京都化をめざした。毎年七月二十日から八日間にわたり京都八坂《やさか》神社から伝わった鷺舞《さぎまい》神事が山口の八坂神社でも行われているのはよくしられている。歴代の大内氏は公家志向が強く和歌や連歌を好み、山口に公家衆を招くこともしばしばで、なかでも政弘は飯尾宗祇《いのおそうぎ》を招いて連歌会を催しているほどである。戦国大名が京都文化への志向を強くいだいていた点では、越前一乗谷《えちぜんいちじょうだに》に城下町を建設した朝倉《あさくら》氏も同様であった。

戦国期に領国経営の成功によって経済力を増した地方武家と、荘園支配の崩壊の過程で困窮をきわめ文化を生計の糧とする公家とのあいだでのいわば経済と文化の交換が、小京都を成立させる基盤となっていたのである。

になって相手である吉良氏の使者が到着し、翌日打渡しは無事に完了し、康富は保の政所《まんどころ》で地下《じげ》の名主百姓連中から参賀をうけている。しかしその後の今安保本所分に対して吉良七郎の押領《おうりょう》はやまず、宝徳三（一四五一）年十二月にも康富は再度の下向を余儀なくされたが、ついに享徳三（一四五四）年八月に吉良氏とのあいだで年貢六貫文の京着と小公事物の弁納を条件に代官請負契約を結び、これ以降、大炊寮領今安保支配の実権を失っていくことになる。このようにして中世後期の公家領荘園の多くは崩壊していった。

京の童から町衆へ

鎌倉末から南北朝時代にかけての動乱期の混乱する社会状況のなかで、当時の言葉で「京童《きょうわらわべ》」とよばれる人びとが登場してくる。京童の語はすでに十一世紀初めごろ、「空戯《そらざれ》」ともいわれた猿楽《さるがく》を演じる芸能民をさす言葉として『新猿楽《しんさるがく》記《き》』にみえている。彼らは鎌倉時代をつうじて、建武新政《けんむのしんせい》を痛烈に風刺した「二条河原落書《にじょうがわららくしょ》」にみられるような批判精神をもった庶民として成長をとげながら、中世都市京都の担い手となっていった。それはこの時代の商工業の発展に伴っ

今安保の風景

て勃興した、どちらかといえば下層の商工業者を中心とし、公家や武家につかえていた下人《げにん》や下部あるいは芸能民までも含み込んだ京都の新しい都市民の典型的な姿であった。

室町時代の京都は、応仁の乱を始めとする大小さまざまな騒乱の連続であったが、それはまた破壊と復興の繰り返しでもあった。そのようななかで自衛の必要にせまられた京都の庶民は、自分たちの住む家の前の街路をはさむ両側の町並みが共同して「町《ちょう》」を形成するようになる。町の構成員は、土倉《どそう》とよばれた富裕な商工業者や下層の公家・武士やその下人たちであったが、その実態はまさに前代からの京童の延長にほかならなかった。

応仁・文明の乱以降、町組やその連合体である惣町を形成して自治的な組織をととのえ、京都の復興に中心的な役割をになったのが町衆《まちしゅう》とよばれた、京都の下京辺の民衆たちであった。彼らは当時の史料上の用語としては江戸時代に一般的に用いられる「町人」としてあらわれるが、とくに十五、十六世紀の京都の都市民をさす学術的な概念として「町衆」という言葉が広く用いられている（当時の京都の「町」を「ちょう」とよんだことから「ちょうしゅう」と読む説もある）。

京都の復興の象徴が町衆による祇園祭の再興であった。祇園祭のハイライトである山鉾巡行《やまぼこじゅんこう》は鎌倉時代末期に風流拍子物《ひょうしもの》として登場し、南北朝時代をつうじて山鉾の数も増加し、下京中を練《ね》り歩く現在の巡行の様式ができあがった。それはたび重なる動乱のなかで、都市民衆が自衛・自治のために結束した都市共同体の象徴ともいえるものであった。山鉾巡行が最高潮に達したのは応仁元（一四六七）年のときで、六月七日の神輿迎（前祭）に鉾一〇、山一九、舟一、拍子物一の計三一基、十四日の還幸祭《かんこうさい》（後祭）には鉾四、山二一、舟一、笠鉾一の計二七基、総計五八基もの山鉾が巡行した。しかし応仁の乱で町全体が打撃をうけると、祇園祭も以後三〇年あまりにわたり中断に追い込まれ、復興をしたのは明応九（一五〇〇）年になってからである。その後の下京を中心とする京都の経済復興はめざましく、巡行する鉾をかざる懸装品《けそうひん》には中国や西洋から船載された虎皮《とらがわ》や絨緞《じゅうたん》などの豪奢《ごうしゃ》な品々が用いられている。

京の酒屋と土倉●

建長二（一二五〇）年の飢饉《ききん》に際して幕府は酒売買（沽酒《こしゅ》）を禁止し、鎌倉では酒壺三万七〇〇〇個を破壊したという。京都でも鎌倉時代には京中いたるところに酒屋があったが、その多くは比叡山延暦寺《ひえいざんえんりゃくじ》の支配をうけていた。鎌倉幕府は飢饉・不作への対処策として、酒売買の禁止という形で酒造にまわる米穀

祇園祭礼図（重要文化財）　左隻は長刀鉾を先頭とする前祭の山鉾巡行のようすを描いたものである。町屋に平屋が多いことから本図の制作は慶長5（1600）年をほどくだらない時期のものとされる。

量を制限することはあっても、酒屋の営業そのものを課税の対象としなかったことが酒屋の発達を促す一因となっていた。しかし、室町時代になって商品貨幣経済が進展すると、南北朝時代の御料所からの年貢や守護出銭に加えて、年六〇〇〇貫を超すといわれた酒屋や土倉から役銭徴収が幕府の収入の大きな比重を占めるようになる。

酒造に欠かせない麴《こうじ》をつくる人びとは北野天満宮《きたのてんまんぐう》に属する座を結成して、応永二十六（一四一九）年、幕府に訴えて洛中洛外における独占を認めさせることに成功した。応永三十三年の「洛中洛外酒屋交名《きょうみょう》注文」（「北野神社文書」）によれば、洛中および京都近郊には合計三四七軒の造り酒屋の名前と住所をのせるが、洛中では東は京極大路、西は大宮大路、東西は一条大路から七条大路までのあいだに実に多くの酒屋がひしめき、これら酒屋への麴の供給権を掌握していたのである。しかし北野麴座の独占も長くは続かなかった。文安元（一四四四）年には比叡山の援助をうけた酒屋中が北野麴座の独占解除を幕府に訴え、麴座の独占は二〇年あまりでついえた。

酒屋の多くは同時にまた土倉とよばれる金融業をいとなんでいた。なかでも下京五条坊門に店をかまえた柳酒屋の酒は美酒「柳酒《やなぎざけ》」として知られ、酒価は通常の酒の倍であったが京都の公家・武家・寺社のあいだで愛飲された。柳酒屋は土倉業もいとなむ京都を代表する豪商として、十五世紀中ごろの酒屋役は月六〇貫文に達するほどであったという。

巨大な富を蓄積し、金融業をいとなむ酒屋や土倉は、頻発する土一揆《どいっき》の格好の攻撃目標となった。また幕府はたびたび一揆の要求に屈して徳政令《とくせいれい》を発布し債務の破棄を命じたため、十五世紀末には酒屋や土倉は一時の勢力を失っていった。

大山崎の油座と地方の市

西国《さいごく》の荘園や中国・朝鮮の貿易をつうじて京都に流入する物資は、瀬戸内海をとおって難波《なにわ》にいったん陸揚げされたあと、直接に陸路をつうじて運ばれることもあったが、多くは淀川の舟運を使って途中の大山《おおやま》崎《ざき》・淀《よど》津《つ》あたりに陸揚げされたあと京都に運送された。ここで用いられた陸路が、京都から山陽道につうじる播磨路《はりまみち》ともよばれた西国街道であった。西国街道は平安京と長岡京とを結ぶ道として古くから開かれ、大山崎から淀川・桂川右岸の河岸段丘《かがんだんきゅう》上にある長岡京・向日を経由して桂川の久世《くぜ》橋をわたり、九条通りを経て東寺口から京都市中にはいる主要道であった。

水陸交通の要衝としての大山崎は津とよばれる港湾都市として栄え、正治二（一二〇〇）年に藤原定家《ふじわらのていか》は後鳥羽上皇《ごとばじょうこう》の水無瀬殿《みなせでん》に伺候《しこう》したさいに、大山崎の油売りの屋敷に宿泊している。この地に鎮座する離宮《りきゅう》八幡宮は、嵯峨《さが》天皇の河陽離宮《かやのりきゅう》跡に創建されて以来、対岸にある石清水八幡宮を本所《ほんじょ》として、神人《じにん》らが灯明用の油の調進にあたってきた。彼らは離宮八幡宮に所属して大山崎神人（油神人）とよばれて油座《あぶらざ》を組織し、鎌倉時代から油の専売権やその原料となる荏胡麻《えごま》の買付け権を幕府から特権的に認められ、また売買にあたって諸国を往来するための関《せき》料・津《つ》料の免除、神人の居住地における課役免除の特権を得ていた。しかし応仁の乱ごろを境に他地域の商人らの台頭・競望により油売買の独占権は徐々に失われていった。それでも十五世紀中ごろから大山崎では宿老《しゅくろう》と若衆《わかしゅう》からなる惣中《そうちゅう》とよばれる自治組織を形成し、石清水八幡宮の支配からはなれて離宮八幡宮を中核とする郷村結合が組織され、戦国時代の戦乱のなかで諸方の権力の交代ごとに数多くの禁制をもらいながら命脈を保っていったのである。

座が商工業の発展に伴って結成された同業者の集まりであることから、大都市およびその近郊に展開するのに対し、地方では国府や地域の中心的な荘園村落のなかに市場《いちば》が開かれた。奈良街道の宇治川渡河点にかかる宇治橋西詰付近は平等院《びょうどういん》の門前として栄えた中世宇治郷の中心をなし、ここでは十五世紀中ごろに五日ごと月六回定期的に開かれた六斎市《ろくさいいち》があって、幕府によって市ごとに店棚をかまえる商人は一〇銭、立売商人は五銭の市銭が課せられた。このほかに山城《やましろ》淀市では水運業者である問丸《といまる》が存在し、石清水八幡宮宿院付近では平安時代の十一世紀以来中世をつうじて市場があった。南山城では相楽郡銭司《ぜす》荘や綴喜郡田辺郷に中世市場の存在が知られる。

丹後では室町時代中期ごろに加佐郡志楽荘に市場の存在が確認できるが、鎌倉時代中期ごろには志楽荘では年貢の代銭納が広範に行われるようになっていることから、その成立は鎌倉時代までさかのぼるものであろう。与謝郡加悦《かや》荘にも南北朝時代には市場があって、南朝・北朝両軍の争奪の対象となった。

備前焼大甕　大山崎離宮八幡宮付近の発掘で出土したもので，甕に付着した油脂の分析から荏胡麻油の貯蔵に用いられたものであることが判明した。

5章

中世京都の人と文化

白色尉面

1　中世京都に生きる人びと

清目をする人びと●

前近代の社会は身分制を基本とする社会であったが、中世社会は、それ以前の古代律令《りつりょう》国家やのちの近世幕藩制社会のように身分というものが法律や制度として固定してはいなかった。それゆえに中世社会の身分制度がどのようにして成立し、また編成されていたのかを体系的にとらえることは困難な問題である。そのなかで非人《ひにん》とよばれ、社会的に差別された一群の人びとをどのように位置付けるかが、中世の国家権力や社会構造を理解するうえで重要な指標とされている。

中世の京都では天皇家を頂点とする公家《くげ》衆と、その子弟らが門跡として管領する大寺院の僧侶らが権門《けんもん》身分として政治的支配者層をなし、また在京武士や中下級の官人層がこれを取りまいていた。その下に百姓《ひゃくしょう》・凡下《ぼんげ》とよばれる被支配層が広範に存在し、さらにまたその下に隷属民としての下人・所従が存在していた。非人身分をこれらの身分制度の外におかれた存在とみるか、あるいは百姓・凡下の特殊な一形態とみるか、さらには非農業民としての「職人」身分としてみるか、学説は大きく分かれている。

非人身分の根幹をなす中世京都の「清目《きよめ》」に焦点をあててみよう。

あだし野の露きゆる時なく、鳥部山《とりべ》の烟《けぶり》立ちさらでのみ住み果つる習いならば

『徒然草《つれづれぐさ》』のなかの有名な一節である。京都には平安遷都以来多くの寺院が建立されてきたが、聖なる天皇を中心とする公家政治が行われた王城の地では、由緒ある大寺院であっても洛中《らくちゅう》に自由に墓地をいと

なむことは許されず、京都の西方嵯峨野《さがの》の小倉《おぐら》山東北麓に広がる化野《あだしの》、北方の船岡《ふなおか》山から西の紙屋《かみや》川にかけての一帯にあった蓮台野《れんだいの》、さらに東山清水寺《きよみずでら》の西南の阿弥陀《あみだ》が峰山麓一帯になだらかに広がる鳥辺野《とりべの》、の三方に大規模な葬送の地が発展していった。なかでも鳥辺野は洛中に近く、茶《だ》毘《び》に付すのに適しており、鎌倉時代以来西山をのぞんで浄《じょう》土《ど》宗や時《じ》宗の寺院が多く建立され、京都最大の葬送の地となっていった。

『今昔物語集《こんじゃくものがたりしゅう》』には、十一世紀ごろ病気が重篤になった女性が「家ニテハ殺サジ」として兄に家から追放され、ついに清水の鳥辺野辺りで死にたえたという説話がのせられている。当時の人びとにとって、肉親の死といえども、死穢《しえ》がいかに恐れられていたのかをよく物語っている。このような死穢への恐怖を背景として、十二世紀ごろから洛中では、死者の死体や斃牛馬などの動物の死骸を片付けることを職業とする「清目」身分の者（非人）があらわれるようになる。『一遍聖絵《いっぺんひじりえ》』に描かれた姿からもわかるように、彼らの多くは河原辺りに居住していたことから「河原《かわら》

鳥辺野の墓地から清水寺をのぞむ

者《もの》」「河原法師《ほうし》」などともよばれたが、禁中《きんちゅう》や大寺社にも「庭掃《にわはき》」と称された直属の清目がいた。『為房《ためふさ》卿記《きょうき》』によれば、鳥羽殿《とばでん》に一〇二人、法勝寺《ほっしょうじ》に四二人、尊勝寺《そんしょうじ》に三〇人の庭掃がいたという。

清水坂《きよみず》は清目にたずさわる人びとがもっとも多く居住する場所であった。鎌倉《かまくら》時代にはいって数十年にわたり清水寺に属する清水坂非人と興福寺《こうふくじ》の支配をうけた奈良坂非人とのあいだで、非人の居住する諸国宿の支配をめぐって武力抗争に発展した相論《そうろん》が繰り広げられていた。興福寺を背景に大和国《やまと》七宿の非人支配権を掌握していた奈良坂は、南山城《みなみやましろ》を経て清水坂を配下におさめようとしていた。一方、清水坂は、近畿各地の宿の頂点に立って山崎宿《やまざき》から摂津《せっつ》河辺郡《かわべ》河尻《かわじり》の小浜宿《おばま》や丹波《たんば》・近江《おうみ》の非人を支配下におき、さらに紀州《きしゅう》山口宿から紀《き》ノ川流域をさかのぼって大和に至り、ここで奈良坂非人と衝突している。

嘉元二（一三〇四）年七月に没した後深草院《ごふかくさいん》の葬送のさいの七僧法会《ほうえ》にあたって非人施行《せぎょう》が行われた。このとき、清水坂一〇〇〇人、蓮台野一七〇人、鴨《かも》川西畔にあった東悲田院《ひでんいん》一五〇人、大籠《おおごめ》一四二人、散《さん》在《ざい》三七六人、散所《さんじょ》一一八人、獄舎七一人、あわせて二〇二七人分もの施行がなされたが、清水坂の非人の数がいかに多かったかがわかる。

清水坂非人は、祇園社《ぎおんしゃ》の神人《じにん》である犬神人《つるめそ》を兼帯しているものも多く、両者は系譜的につながっている。鎌倉時代後期になって活躍する犬神人は、ふだんは祇園社境内の清掃（とりわけ死穢の除去）をつとめとし、祇園会祭礼の当日の神幸にさきだって道先の不浄物を取りのぞく役目をになっていた。また毎年諸寺院の墓地を巡検し、新葬のあとを発見すると、その寺院から埋葬料を徴収した。これは京都の町からケガレを取り去るための清目の役目の本質に根差したものであった。

室町《むろまち》時代になると清目の存在は京都以外にも知られるようになる。十四世紀ごろ桑田《くわた》郡には「丹州の庭掃」とよばれる清目がいて農業生産に従事しながら、時に応じて上洛し、二条関白家《かんぱくけ》に出仕して庭掃きなどの清掃に従事し、また死穢があるときは、その処理に従事していた。十五世紀ごろの丹後国《たんご》でも国衙《こくが》近傍に「清目給《きゅう》」とよばれる給田《きゅうでん》をうけた清目がおり、国衙やその周辺の死体処理を含む清掃に従事していたものと思われる(『丹後国諸荘郷保惣田数帳《たんごのくにしょしょうごうほそうでんすうちょう》』)。

女性と子ども●

乙訓《おとくに》郡の海印寺《かいいんじ》は東大寺末寺の華厳宗道場《けごんしゅうどうじょう》として栄えた。海印寺十院《じゅういん》の一つ寂照院《じゃくしょういん》の山門にある金剛力士《こんごうりきし》像から、法華経普門品《ほけきょうふもんぼん》・般若心経《はんにゃしんぎょう》三巻・納経交名《のうきょうきょうみょう》・結縁《けちえん》交名・諷誦文《ふうじゅもん》など大量の像内納入品が発見され、足《あし》柄銘《ほぞめい》からこの像が康永三(一三四四)年に造立されたことが判明した。このうち前欠ながら七〇〇人近くの結縁交名には、上は僧侶・武士から当時「凡下」とよばれた一般民衆まで実に多くの人びとの名前が書きあげられている。なかでも男性名にまじって、尼《あま》妙覚のように「〇〇尼」を称するもの、弥四郎後家《ごけ》のように「〇〇後家」

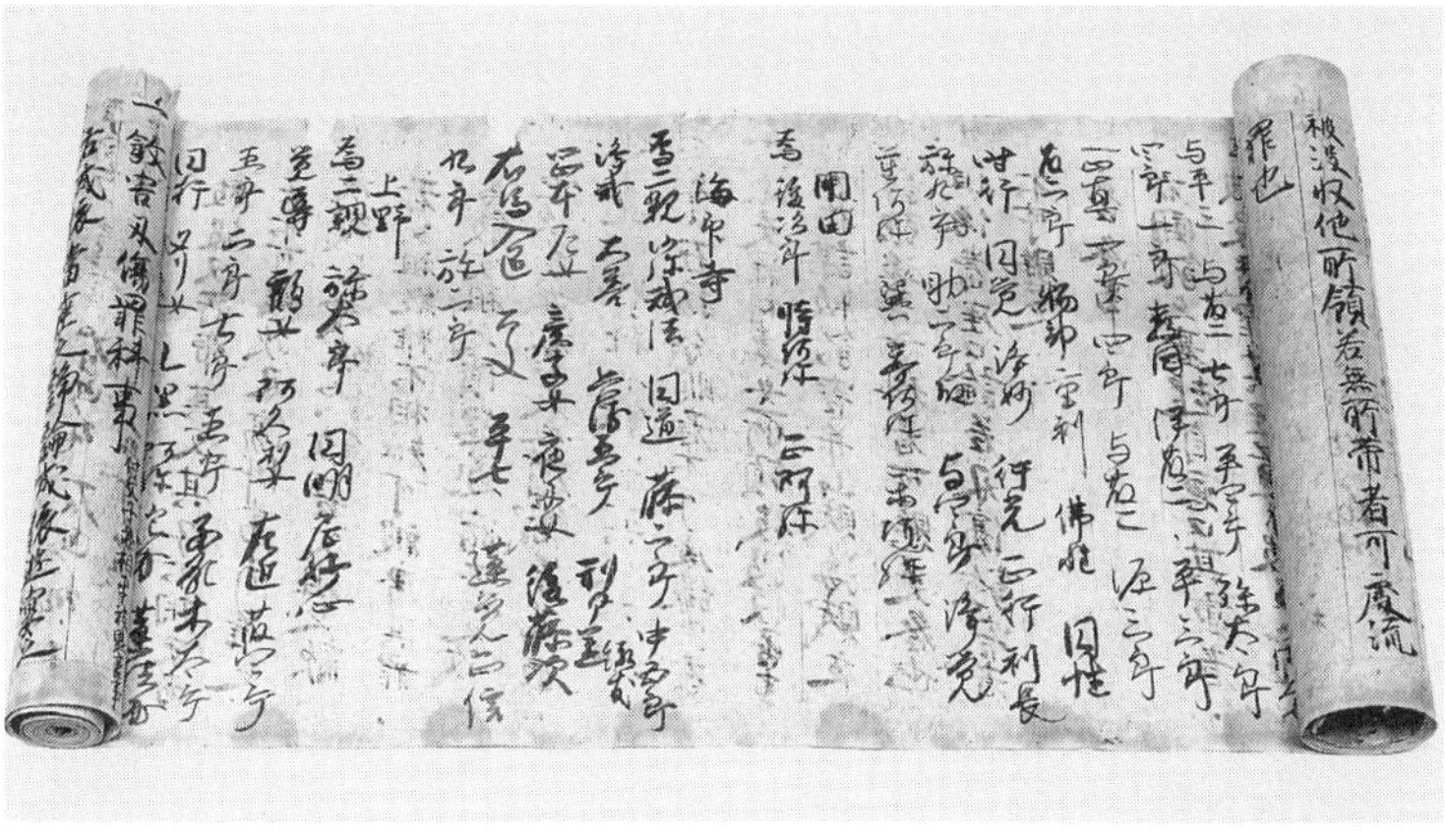

結縁交名

を称するもの、薬師女《め》のように「〇〇女」を称するものが多くみいだされ、さらに中五郎縁友《えんゆう》のように夫婦関係を示す言葉がみられる。夫婦間を「縁友」とよびあう例は貞応三（元仁元＝一二二四）年に造立された向日《むこう》市の光臨《こうりん》寺阿弥陀如来立像《あみだにょらいりゅうぞう》の像内から発見された供養札にも記されている。このように仏縁をともにする夫婦がお互いを「縁友」とよびあうようになったことは、同居する夫婦と子どもを核とする一夫一婦制を単位とする家族制度が、この時期に広く成立していたことを示している。

鎌倉時代前期の女性の財産相続権は、夫の死後その財産は、後家の場合は一期《いちご》譲与であったが、長子と次子以下（庶子）とでは遺産の相続内容に差はあるものの、庶子の男女ともに永代分割相続が行われていた点では同じであった。しかし鎌倉後期ごろから嫡子単独相続制が強化されるようになると、女子分は永代譲与から一期譲与へと変化するようになり、さらに室町時代になって女性の財産相続は完全に喪失することはなかったが、きびしく制限されることが多くなった。このような女性の財産権に対する変化のなかで、地域信仰の中核に位置する仏像などの造立や修理に際して、自分の意志に応じて私財を積極的に提供して結縁する多くの女性の姿があった。

なお、仏像修理にさいして男性と対等の立場で多くの女性が結縁した例として、承元四（一二一〇）年に修造勧進《かんじん》が行われた長岡京《ながおかきょう》市楊谷寺《ようこくじ》の本尊千手観音《せんじゅかんのん》立像の場合でもみることができる。

近世や近・現代に比べて生産活動と家族生活の場が一体性をもっていた中世では、社会の至るところで働く女性の姿がみられる。十六世紀の『七十一番職人歌合《ななじゅういちばんしょくにんうたあわせ》』には町で働く三四種類もの女性姿の職人が描かれている。被《かぶ》り物の有無、作眉《さくび》の有無などによって、白拍子《しらびょうし》・曲舞《くせまい》・比丘尼《びくに》・尼衆などの芸能・宗教にたずさわる女性たち、薫物（香）売・帯売・扇《おおぎ》売などの女性相手の高級品を売る女性たち、米売・魚売・酒作・麹《こうじ》売・豆腐《とうふ》売など食物を製造販売する女性たち、大原女《おはらめ》・灯心《とうしん》売・白布《しろぬの》売・紺掻《こんがき》・摺《すり》師《し》など食物以外の物品を販売する女性に分類できる。中世京都の主要産業は織物・染色・刺繍などの繊維業、扇・屏風《びょうぶ》・仏像・仏具などの工芸品、刀剣・武具などであったが、これらのうちには女性の手作業で成り立つ部分がかなりあった。また女性が酒造りにたずさわっていることからもわかるように、男女の職業上の役割分担意識は江戸時代ほど強くはなかった。

それでは中世の子どもたちの生活はどのようなものであったろうか。

遊びをせんとや生まれけむ　戯れせんとや生まれけむ
遊ぶ子供の声聞けば　我が身さへこそ動《ゆる》がるれ

これは、後白河院《ごしらかわいん》によって編纂された『梁塵秘抄《りょうじんひしょう》』の有名な一節である。いつの世にも子どもの本質を示すものは遊びの世界であった。なかでも小動物は子どもたちの格好の遊び相手であった。『法然上人絵《ほうねんしょうにんえ》伝《でん》』『一遍聖絵』『慕帰絵詞《ぼきえことば》』など著名な高僧伝の絵巻《えまき》資料には、喧嘩をしたり、猿や蛇などとたわむれる京都市中の子どもの姿が頻繁にいきいきと描かれ、『鳥獣人物戯画《ちょうじゅうじんぶつぎが》』丙巻のなかにも犬の喧嘩を囃《はやし》立てている子どもたちの姿が描かれている。

しかし遊ぶ姿とともに、絵巻には働く子どもの姿も多く描かれている。農・山・漁業や手工業など技術が親から子へとうけつがれた時代にあっては、親たちの労働現場にいりまじって見習労働する子どもたちの姿を多くみることができる。また京都の寺院や貴族・武士の邸宅では、僧侶や貴人の身のまわりの世話をしたり主人の外出のさいにつきしたがう、いわゆる「扈従《こじゅう》労働」をする「童」の姿も多くみうけられる。

宣教師ルイス゠フロイスは『日欧文化比較』のなかで、十六世紀末期の日本で赤児をおんぶして子守をしている少女の姿に注目しているが、少年・少女の子守労働は十六世紀後半から近世をつうじて一般化したもので、中世の絵巻のなかには老人が子守をしている姿はあっても子どもが子守をする姿はみられない。かわって子どもたちは老人の歩行の介助や身のまわりの世話をするなど、老人介護をすることも重要な役目であった。

盂蘭盆会と大文字の送り火●

平安時代中期ごろから京都の公家社会では、死者への追善回向《ついぜんえこう》をする盂蘭盆会《うらぼんえ》が毎年七月十五日に年中行事化するようになり、鎌倉時代には京都市中の一般の人びとのあいだでも盛んに行われるようなった。藤《ふじ》原定家《わらのていか》も『明月記《めいげつき》』寛喜二（一二三〇）年七月十四日の記事のなかで「近年、民家今度長き竿《さお》を立て、その鉾《ほこ》に紙を張った灯籠《とうろう》のごときものを付け灯を奉る、遠近にこれあり、年をおってその数多く、流星に似る、人魂錦に着く」と記しているように、門口《かどぐち》に灯籠を立て精霊《しょうりょう》迎えの目印にしていることがうかがえる。南北朝《なんぼくちょう》期の中級実務官僚であった中原師守《なかはらのもろもり》は父師茂《もろしげ》にしたがい、毎年七月十四日に東山の霊山に先祖の墓参りにでかけるのが恒例であったが、このころすでに霊山や鳥辺野では精霊迎えの万灯《まんとう》が焚《た》かれていた。室町時代になると、公家のあいだではこまかい細工により趣向をほどこした風流《ふりゅう》灯籠をこしらえ、献上や贈答することが流行するようになり、宗教的な意味合いが薄れていった。

そして、盂蘭盆のおわった七月十六日の夜に精霊を送るために灯される大文字《だいもんじ》の送り火である。現在は東山山麓の如意ケ嶽《にょいがたけ》の「大」文字、東北方の松が崎の万灯籠山《まんどろ》の「妙」と大黒天山《だいこくてん》の「法」、西賀茂の船山の「舟形」、西北の大文字山の左「大」文字、嵯峨の曼陀羅《まんだら》山の「鳥居」形の五つであるが、かつては京都郊外の農村共同体の結束を象徴するものとして各所で点火されていた。

宇治と丹波の猿楽

平安時代後期になると、諸国の寺社の祭礼の余興に猿《さる》楽《がく》とよばれる滑稽味《こっけいみ》をおびた芸能が奉納されるようになった。猿楽芸人は山城・大和・丹波・近江・摂津など近畿一円に分布しており、大寺院や諸国一宮《いちのみや》などに所属してその庇護をうけ、各地の神事芸能に出演していたのである。なかでも大和猿楽の活躍がめだち、春日《かすが》興福寺を本所《ほんじょ》とした結崎《ゆうざき》・円満井《えんまい》・外山《とび》・坂戸の四座《よざ》が、のちに観世《かんぜ》・金春《こんぱる》・宝生《ほうしょう》・金剛《こんごう》の各座となって発展していった。幽玄美の典型とされる能《のう》の源流はこの神事猿楽を母体に発展したもので、応安七（一三七四）年に東山今熊野《いまくまの》神社での勧進猿楽興業に、室町幕府三代将軍足利義満《あしかがよしみつ》の賞翫《しょうがん》を得た観阿弥《かんあみ》・世阿《ぜあ》弥《み》父子は、その後将軍の同朋衆《どうほうしゅう》となって室町期の能界をリードし能の大成に貢献した。

南山城では宇治離宮《うじりきゅう》明神の離宮祭に参勤していた宇治田楽《でんがく》や猿楽の活躍があった。離宮明神は宇治上神社と宇治神社からなり、それぞれ槙島《まきしま》・宇治郷の住民の

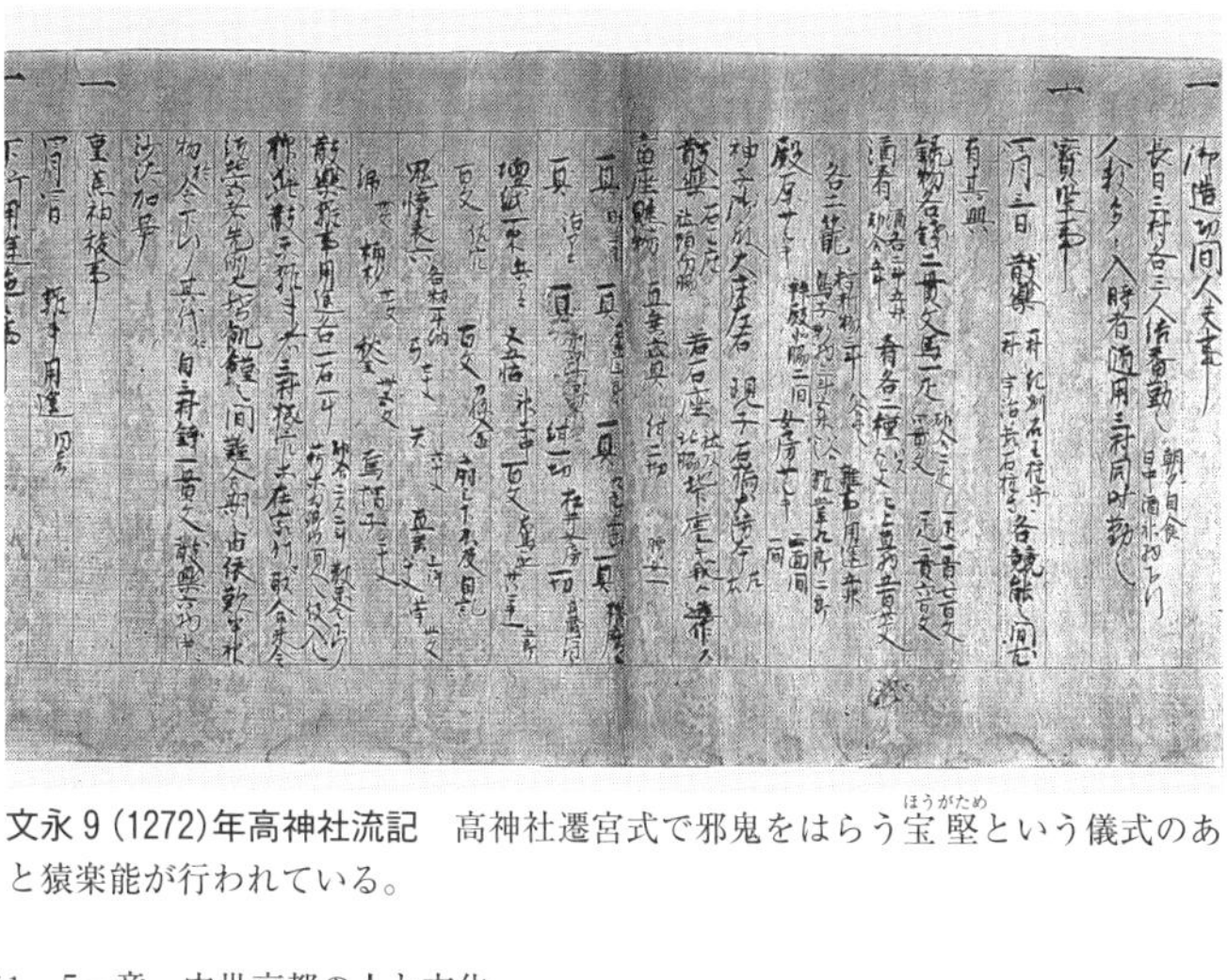

文永9(1272)年高神社流記　高神社遷宮式で邪鬼をはらう宝堅《ほうがため》という儀式のあと猿楽能が行われている。

氏神《うじがみ》として崇敬され、槙島氏人から左方、宇治郷氏人から右方の「長者《ちょうじゃ》」を名乗るものがでて神主をつとめていた。毎年五月八日に行われた離宮明神の還幸祭は、宇治辺住民の祭礼として田楽・散楽《さんがく》・巫女《ふじょ》を始めとする当事流行の諸芸能が演じられるという賑やかなもので、十二世紀初頭関白《かんぱく》藤原忠実《ただざね》のときから鎌倉時代まで、藤原摂関家では祭を見物するために毎年のように宇治の平等院《びょうどういん》を訪れている。祭最大の演《だ》し物は住民らの手で挙行された競馬《くらべうま》と田楽躍《おどり》であったが、なかでも田楽は、藤原宗忠《むねただ》の日記『中右《ちゅうゆう》記《き》』に「田楽法師原《ほうしばら》その興極なし、笛は定曲なく口に任せて吹き、鼓は定声なく手に任せて打つ、鼓笛喧嘩、人の耳目を驚かす」とあるように、田楽法師という専門の芸能集団によって演じられ、見物人らに熱狂的に迎えられた。このころから宇治白川《しらかわ》には本座《ほんざ》田楽とよばれる専業の田楽法師集団がおり、春日若宮《わかみや》御祭の新座《しんざ》田楽とともに京都や奈良の大寺社に参勤して田楽を演能していた。鎌倉幕府最後の執権北条高時《しっけんほうじょうたかとき》は政治を顧みず、新座・本座の田楽を呼下《よびくだ》して日夜田楽狂いの生活にふけったので幕府は滅んだという噂《うわさ》(『太平記《たいへいき》』)がたつほどだったが、宇治白川田楽そのものはこのころから衰微の一途をたどっていった。

宇治田楽の衰微とは反対に、鎌倉時代中期になると宇治に専門の猿楽の座があらわれるようになる。文永八(一二七二)年、一二〇年ぶりに行われた綴喜《つづき》郡多賀《たか》郷の高神《たか》社の遷宮《せんぐう》行事には宇治若石権守《わかいしごんのかみ》と紀州石王権守《いしおうごんのかみ》が参勤している。鎌倉時代末期になって若石権守の系譜をひく宇治猿楽は興福寺大乗院《だいじょういん》の楽《がく》頭職《とうしき》を手にいれ、これ以降、大和猿楽の諸座と対抗しながら大和各地の寺社で興業するようになり、京都で活躍することは少なかった。室町中期ごろになると宇治猿楽も組織化が進み、幸大夫《こうだゆう》を中心に藤松《ふじまつ》大夫・守菊《もりぎく》大夫・梅松《うめまつ》大夫らが座をつくって各地の祭礼に個別に参勤するとともに、興福寺や宇治離宮の祭礼には宇治総座として四座総出演している。

丹波には京都の宝鏡寺《ほうきょうじ》領桑田郡矢田《やだ》の地を本拠とする矢田座があったが、応永三十三(一四二六)年に京都南郊の伏見《ふしみ》に移住し、伏見郷の鎮守御香宮《ごこうぐう》の楽頭職を得て各地で活躍していた。しかし永享十(一四三八)年には借金のかたに御香宮の楽頭職を観世座に奪われてしまい、以降は観世座の代勤として御香宮の祭礼に参勤するようになった。このほか船井郡殿田《とのだ》を本拠とする梅若《うめわか》座や日吉《ひえ》座(本拠地不明)は、室町時代中期ごろ後小松院《ごこまついん》の愛顧をうけて宮中での演能に活躍していた。

京の七口●

鎌倉時代後期になって商品流通の発展に伴い、多くの物資の輸送や人の移動が増大するようになると、大寺社や公家衆・武士など荘園《しょうえん》領主が集住する京都も、荘園年貢を始めとする諸国の物資の集積・消費都市から高度な生産技術をもった商工業都市へと変貌をとげていった。

京都への出入り口の要衝は「口《くち》」とよばれ、室町時代になると「京の七口」と称される関所《せきしょ》が設置されたが、それは人や物資の通過に対しての関銭《せきせん》=通行税徴収という経済的な要請の強い関所であった。永享三(一四三一)年七月の飢饉では、米商人らは七口から京都に入荷する流通米を口々で追い返して手持ちの米を売り惜しみ、京都の治安をあずかる幕府侍所《さむらいどころ》の所司《しょし》の代官である所司代に賄賂を贈って米価をつりあげ、餓死者増加の一因となるほどであった。将軍足利義教《よしのり》は侍所頭人赤松満祐《あかまつみつすけ》に命じて首領六人と与党数十人を捕縛して湯起請《ゆぎしょう》をとったところ、大火傷をした四人を斬首にしたという。

京の七口に設置された関は恒常的なものでなく、内裏《だいり》や御所《ごしょ》あるいは伊勢《いせ》神宮の修理造営などの名目で設置され、そのつど旧関は撤廃されることが多かった。長禄三(一四五九)年八月に、幕府は諸国の旧関を撤廃し、伊勢神宮造営料と称して粟田《あわた》口など京の七口に新関を設けた。また文明十(一四七八)年一月には土御門《つちみかど》内裏修理のためと称し京の七口に新関を設け荷の大きさによって関銭をかけ、すぐさま撤廃したが、七月になって再度設置した。これに対して山城国人は宇治、八幡《やわた》、山崎などで通路をふさぎ諸関撤廃を求めて土一揆《つちいっき》をおこした。政治から逃避した生活にふける将軍足利義政《よしまさ》にかわり、御台日野富子《ひのとみこ》が幕府政治・財政の実権をにぎっており、幕府の関銭賦課は富子の意図するところが大きかった。大乗院尋尊《だいじょういんじんそん》はその日記『大乗院寺社雑事記《じしゃぞうじき》』のなかで、京の七口への関銭賦課による内裏修理は名目で、実際はすべて御台富子の収入になると記しているが、それは諸人の一致した大方の見方でもあった。

文明十二年八月にも、幕府は内裏修理を名目に幕府収入の増大を目的として京の七口に新関を立て、高利貸をいとなむ土倉《どそう》業者に関銭徴収請負をさせていたため、九月に土一揆が蜂起し酒屋《さかや》・土倉をおそい、各所に火を放った。はじめ東寺《とうじ》に陣取った土一揆は徐々に北上し、翌十月には土一揆は北西の北白川で集会がもたれ、京の七口を始め東西南北の新関をつぎつぎと焼きはらった。このときは短期間のうちにすべての新関が土一揆勢によって廃止されたが、京の七口を始めとする関所の設置権は幕府にあり、これ以降も幕府収入の増加を目的に新関の設置が繰り返された。

2　京都の宗教文化

別所と念仏聖●

十一世紀前半ごろから比叡山延暦寺《ひえいざんえんりゃくじ》・園城寺《おんじょうじ》、高野山金剛峰寺《こうやさんこんごうぶじ》、南都東大寺《なんととうだいじ》・興福寺《こうふくじ》など大寺院の周辺では、既成の宗教活動から主体的に離脱した「聖《ひじり》」をよばれる一群の僧侶らが、空閑地《くうかんち》や山林藪沢などの未開発の土地を求めて集団的に草庵《そうあん》をいとなむようになる。このような多数の聖の遁世《とんせい》する場を別所《べっしょ》とよび、不断念仏の声が響き、また迎講《むかえこう》・法華八講《ほっけはっこう》や涅槃講《ねはんこう》などが盛んにいとなまれていた。山城《やましろ》国京都周辺では延暦寺を本寺とするものに黒谷《くろたに》別所・大原別所・善峰《よしみね》別所、勝林院《しょうりんいん》を本寺とする芹生《せりょう》別所など天台宗系の別所が多かったが、神護寺《じんごじ》別所や高山寺《こうざんじ》別所など真言《しんごん》宗系の別所も存在した。黒谷別所は延暦寺西塔《さいとう》にあって浄土宗開祖の青年時代の源空《げんくう》（法然《ほうねん》）が修行したところとして知られる。これらのなかで大原は聖《ひじり》の集住するもっとも大きな別所であった。十一世紀初頭に左大臣源雅信《みなもとのまさのぶ》の五男時叙《ときのぶ》が遁世出家して法名を寂源《じゃくげん》と名乗り勝林院をたて、その後半にははじめ比叡山で修行していた良忍《りょうにん》が大原に隠棲《いんせい》して来迎院《らいごういん》を開き、ここで庶民に念仏の功徳《くどく》を説いてのちの融通念仏《ゆうずうねんぶつ》宗の基を開いた。さらに十二世紀になって真如坊《しんにょぼう》によって丈六の阿弥陀如来像を安置する往生極楽院《おうじょうごくらくいん》が建立されると大原別所の中心となっ

往生極楽院本尊の阿弥陀如来と両脇士坐像（三千院）

ていった。時代はさがるが、貞和二（正平元＝一三四六）年九月には勝林院で迎講が修され、親鸞《しんらん》の曽孫で本願寺を創建した覚如《かくにょ》が結縁《けちえん》のために訪れている。

このほか南山城《みなみやましろ》では宇治にも白河・芝原《しばはら》に別所があり、相楽《そうらく》郡には興福寺を本寺とする南都系の小田原《おだわら》別所があった。また丹後《たんご》国には普甲《ふこう》寺別所があり、十二世紀ころに多くの天台系の念仏聖が住して迎講が修されている（『今昔物語』）。丹波国船井郡でも十一世紀後半に黒田谷《くろだだに》別所の存在が知られる。

法然・親鸞・一遍●

中世京都の宗教界をみると、比叡山延暦寺に代表される天台宗や教王護国寺《きょうおうごこくじ》（東寺《とうじ》）・仁和寺《にんなじ》・醍醐《だいご》寺をはじめとする真言宗などの古代以来の諸寺院は、十一世紀ごろから積極的な諸国荘園の集積を行うとともに、聖などの民間布教者の活動や勧進《かんじん》などの活動をつうじて鎌倉時代には巨大な荘園領主（権門《けんもん》）として自己変革をとげていった。天台・真言の密教や興福寺・東大寺・西大寺などの南都六宗《なんとろくしゅう》（顕密《けんみつ》仏教）は、中世になっても朝廷や公家《くげ》・幕府の保護をうける体制派仏教＝正統としての位置を保っていた。これに対して鎌倉時代になって法然《ほうねん》・親鸞《しんらん》・一遍《いっぺん》・栄西《えいさい》《ようさい》・道元《どうげん》らによってあらたにとなえられた仏教は、個々人の精神的な救済を使命とする鎌倉新仏教としての評価がなされてきたが、禅宗をのぞけば中世の国家的な体制の枠組みのなかでは必ずしも主流となるには至らなかった。

法然房源空は建久九（一一九八）年に『選択本願《せんじゃくほんがん》念仏集』を著述し、京都の各所で専修《せんじゅ》念仏による往生を平易に説き、九条兼実《くじょうかねざね》などの貴族や武士・庶民の信仰を集めた。しかし諸行往生や造仏・造寺などの作善行《さぜんぎょう》を否定したため、南都や比叡山などの顕密寺院からの弾圧の要求をうけいれた後鳥羽上皇は、建永二（一二〇七）年二月に専修念仏を禁止し、源空を土佐《とさ》、親鸞を越後《えちご》に配流《はいる》とし、源空の弟子安楽《あんらく》と遵西《じゅんさい》を死罪とした（建永の法難）。このときの法難への弟子たちの対応の違いから、急進派である親鸞の門流がのちの浄土真宗をうみ、穏健派の弁長《べんちょう》門流から鎮西《ちんぜい》派、中間派の証空《しょうくう》門流から西山《せいざん》派が分派した。西山派のおこりは証空が善峰寺に住したことにちなみ、一帯には粟野光明寺《あわのこうみょうじ》、浄土谷楊谷寺《じょうどだにようこくじ》など西山派浄土宗寺院が多くうまれた。

法然の専修念仏の教えをさらに徹底させた親鸞は、善人よりも殺生《せっしょう》を生業《なりわい》とし阿弥陀《あみだ》の本願にすがらざるを得ない悪人のほうが往生できるという「悪人正機《あくにんしょうき》」説をとなえた。建暦二（一二一一）年に赦免されてからも関東にとどまり布教を続けるとともに『教行信証《きょうぎょうしんしょう》』を著述した。その後帰京して布教にあたり、弘長二（一二六二）年に三条富小路《さんじょうとみこうじ》の善法坊《ぜんぽうぼう》で没し、遺骨は東山山麓大谷の廟堂《びょうどう》に安置された。その後、この廟堂は親鸞の子孫によって厳重に守られ、延慶三（一三一〇）年に大谷廟留守《るす》職となった三世覚如《かくにょ》によって本願寺が成立した。鎌倉時代の東国では門徒組織を中心に初期真宗教団が成立していたのに対し、京都では元応二（一三二〇）年に下野《しもつけ》高田派了源《りょうげん》が山科《やましな》に建立した興正寺《こうしょうじ》がのちに仏光寺派と

一遍上人像（重文）

なって一大勢力をほこっていたが、十五世紀後半に八世蓮如《れんにょ》がでるにおよんで近畿・東海・北陸を中心に各地の門徒を組織し、政治権力ときびしく対峙《たいじ》しながら本願寺が浄土真宗の中心教団に発展していった。

これに対して一遍智真《ちしん》は「南無阿弥陀仏《なむあみだぶつ》　決定往生　六十万人」という名号札《みょうごうふだ》をつくって全国各地を念仏勧進（遊行《ゆぎょう》）しながらくばり歩き（賦算《ふさん》）、これをうけ取れば往生できると説き、また群衆が念仏をとなえながら踊ること（踊念仏《おどりねんぶつ》）を念仏布教の真髄とした。一遍に随従帰依《きえ》した僧衆は、不断念仏の六時衆を略して時衆《じしゅう》とよばれ、宗派としての時宗と区別している。一遍の赴くところに人が集まって道場ができ、それが時宗寺院となっていった。京都では、弘安九（一二八六）年に一遍が入洛したさいに住持作阿《さくあ》が開いた市屋《いちや》道場金光寺《こんこうじ》、一遍の死後に弟子聖戒《しょうかい》が開いたと伝える六条道場歓喜光寺《かんきこうじ》、正安三（一三〇一）年に七条仏所から仏師定朝《じょうちょう》邸跡の寄進をうけて成立した七条道場金光寺、応長元（一三一一）年に時宗二祖他阿真教《たあしんきょう》の弟子浄阿真観《じょうあしんかん》が開いた四条道場金蓮寺《こんれんじ》、弘和三（永徳三＝一三八三）年に一遍の時宗とは別系統の国阿《こくあ》が開いた霊山《れいざん》道場正法寺《しょうぼうじ》などがあった。

栄西・円爾・道元・日蓮●

禅宗が本格的に伝来したのは鎌倉《かまくら》時代になってからで、幕府の保護をうけて鎌倉五山《ござん》の制がととのえられた。康永元（興国三＝一三四二）年になると第一南禅寺《なんぜんじ》、以下天竜《てんりゅう》・建仁《けんにん》・東福《とうふく》・万寿《まんじゅ》の五寺を京都五山とする官寺制度が定められたが、永徳二（弘和二＝一三八二）年に相国寺《しょうこくじ》が創建されると、天竜・相国・建仁・東福・万寿の順とし南禅寺を五山の上とした。また五山の下に十刹《じっさつ》・諸山の制が敷かれて全国の禅宗寺院は体制化するとともに、幕府財政の基盤となった。このように室町幕府の保護と統制をうけて五山派が京都を中心に一大発展をとげていったのに対し、越前永平寺《えちぜんえいへいじ》を中心とする曹洞《そうとう》宗や大徳寺《だいとくじ》・妙心寺《みょうしんじ》

❖コラム

禅僧と外交

今日の外務省にあたる役所がなかった中世の日本では、中国や朝鮮と正式な外交ルートをもっていなかったが、かわって臨済《りんざい》宗五山派出身の禅僧たちが、かつて留学した経験や渡来僧から学んだ得意の語学的教養を駆使《くし》して国際交流の担い手となっていた。

元《げん》が南宋《なんそう》を滅ぼすと、難をさけて江南《こうなん》からの禅僧の渡来に拍車がかかった。嘉暦元（一三二六）年に北条高時《たかとき》の招請に応じて来日した清拙正澄《せいせつしょうちょう》、同四年に来日して後醍醐《ごだいご》天皇の帰依《きえ》をうけた明極楚俊《みんきそしゅん》らをはじめとして多くの中国禅僧が、京・鎌倉の五山の住持を歴任し、その後の日本禅宗界に大きな足跡を残した。彼らの渡航に触発されるかのように、元末までの七〇年のあいだに渡航した日本僧は記録に残るだけで二〇〇人を超すとされるが、その大半を臨済宗の禅僧が占めていた。しかし元のあとに成立した明《みん》は国家間の正式外交しか認めず、民間船便乗による禅僧の往来は急速に終末を迎えるようになり、室町時代になると遣明船《けんみんせん》による交流が主流を占めるようになっていった。

室町幕府ともっとも関係が深く、幕府外交をになった禅院が、春屋妙葩《しゅんおくみょうは》の創建した相国寺《しょうこくじ》であった。春屋は青年時代に渡来僧の竺仙梵僊《じくせんぼんせん》に随侍していたために、渡海の経験はなくとも中国語につうじており国際感覚にも富んでいた。足利義満《あしかがよしみつ》から五山《ござん》・十刹《じっさつ》を統括する僧録司《そうろくし》に任じられ、貞治六（平正二十二＝一三六七）年に倭寇《わこう》禁圧を求める高麗使《こうらいし》への返書を認めたのを手始めに、その後の幕府外交の枢要《すうよう》をになうようになった。春屋以降の相国寺鹿苑院《ろくおんいん》住持が僧録を兼ねて、幕府外交に参画するならわしとなったが、それは彼らが五山文学の素養と国際感覚をともに身につけていたからにほかならない。

のように諸国大名を始めとする武士層に受容され、地方伝播に主力をそそいだ諸派を林下《りんか》とよんでいる。

文治三（一一八七）年に二度目の入宋《にっそう》をはたした明菴栄西《みょうあんえいさい》は、帰国後の建久五（一一九四）年に京都で臨済宗の布教を開始するが、比叡山衆徒の訴えにより日本達磨《だるま》宗の開祖大日坊能忍《のうにん》らとともに禅の布教を禁止された。その後九州博多《はかた》・鎌倉で布教したあと、建仁二（一二〇二）年に京都に戻り台《だい》（天台宗）密《みつ》（真言宗）禅三宗兼学の道場とした建仁寺を建立した。また九条兼実のためにあらわした『興禅護国論《こうぜんごこくろん》』は最澄《さいちょう》の教えを基本とし、日本禅宗を樹立することを明言したものである。

栄西とならんで鎌倉時代の京都の禅宗界に大きな影響をあたえた禅僧に円爾弁円《えんにべんえん》がいた。円爾は嘉禎元（一二三五）年に渡宋し、径山《きんざん》の無準師範《ぶしゅんしばん》のもとに参禅して法をつぎ、仁治二（一二四一）年に帰国すると大宰府《だざいふ》の湛慧《たんね》のすすめで崇福寺《そうふくじ》を開き、翌年に宋国出身の貿易商謝国明《しゃこくみん》に請われて博多承天寺《じょうてんじ》の開山となっていた。京都では前関白《さきのかんぱく》九条道家《みちいえ》が建寺度僧《けんじどそう》の素願《そがん》をいだき、寛元元（一二四三）年二月に九州から円爾を招いて禅要を聴聞し深く帰依するところとなり、東大・興福両寺の規模に匹敵する寺院を建立して、その二字をとって寺号を東福寺とし、円爾を開山に請じた。円爾は宋風禅を基本に天台・真言の三宗兼学とし、十地覚空《じゅっちかくくう》を始め東山湛照《とうざんたんしょう》・無関普門《むかんふもん》・白雲慧暁《はくうんえぎょう》ら多くの直弟子を育て、その弟子がさらに多くの門弟をうみ、その禅風は東福寺派あるいは聖一《しょういち》（円爾の国師号）派として京都五山のなかでも多彩な人材を多く輩出した。なかでも東福寺三世虎関師錬《こかんしれん》は、仏教史書である『元亨釈書《げんこうしゃくしょ》』を元亨二（一三二二）年に編集したり、多くの漢詩文集をあらわして五山文学僧のさきがけとなり、また室町時代前期に東福寺専属の画僧として活躍した吉山明兆《きっさんみんちょう》（兆殿司《ちょうでんす》）は、「涅槃《ねはん》像」や「聖一国師像」など多くの禅宗仏画や禅僧肖像画を描き、のちの周文や雪舟《せっしゅう》につながる水墨画《すいぼくが》の先駆者となった。

貞応二（一二二三）年に入宋して曹洞宗を伝えた道元は、帰国後の天福元（一二三三）年に洛南深草に興聖寺《こうしょうじ》を開き只管打坐《しかんたざ》（坐禅ひたすら）と修証一如《しゅしょういちにょ》（修行と悟りは同体）の禅をとなえたが、さらにきびしい修行の場を求めて寛元元（一二四三）年に越前に移住し永平寺を開いて弟子の育成にあたった。

日蓮宗を開いた日蓮は「南無妙法蓮華経」の題目《だいもく》をとなえ、法華経を護持により救いが得られるとする極端な法華至上主義を主張し、文応元（一二六〇）年には『立正安国論《りっしょうあんこくろん》』を北条時頼《ほうじょうときより》に提出して念仏禁止を求めるなど、念仏無間・禅天魔・真言亡国・律国賊という、いわゆる四箇格言《しかかくげん》を標榜して他宗を排撃《はいげき》したため、既成宗教界からの反発を招き、幕府からも危険思想視されてたびたび流罪となった。日蓮やその本弟子六人（六老僧）の宗教活動の地はもっぱら鎌倉を中心とする東国にかぎられ、京都で布教することはなかった。日蓮宗が京都に本格的に伝播《でんぱ》するようになるのは、鎌倉比企《ひき》谷門流（日朗《にちろう》）の弟子日像《にちぞう》である。永仁二（一二九四）年に初めてに入洛して深草宝塔寺《ほうとうじ》・松が崎妙泉寺《みょうせんじ》・乙訓真経寺《おとくにしんきょうじ》で布教の実を

聖一国師像（明兆筆）

あげ、元亨三年十一月に日蓮宗弘通《ぐずう》の勅許を得て妙顕寺《みょうけんじ》を創建した。これ以降室町時代中期までのあいだに日蓮宗各門流がつぎつぎと京都に進出し、町衆とよばれた富裕な商工人層の支持を得て洛中には二十一箇本山と総称された数多くの有力寺院が建立された。法華門徒を主体とする町衆は、応仁の乱以降の京都復興の中心となって、法華一揆を形成し町自治を発展させていった。このことが市中に既得権益を有する権門寺社、とりわけ比叡山の反発を招き、天文五（一五三六）年二月の京都一条での法論で論破された山門僧らは、七月に六角《ろっかく》氏の援軍を得て京都を包囲して総攻撃を加え法華一揆《いっき》を壊滅させた。これにより法華宗寺院は泉州《せんしゅう》堺《さかい》に雌伏を余儀なくされ、天文十一年になって京都帰還が許されたが、復興したのは一六カ寺にとどまった。

禅宗の地方展開●

禅宗が地方に伝播し、禅宗寺院が建立されるかたにはいくつかある。禅僧が五山に象徴される権威や世俗の権力から逃れて、人里離れた山里に庵《いおり》を結んで隠棲《いんせい》し、それが本格的な禅寺となった例に、光厳院《こうごんいん》の草庵から発展した桑田《くわた》郡常照寺《じょうしょうじ》がある。光厳院は持明院統《じみょういんとう》の正嫡として元弘元（一三三一）年に皇位についたが、建武元（一三三四）年に後醍醐《ごだいご》天皇によって廃され、さらに翌二年に足利尊氏《あしかがたかうじ》によって上皇として擁立されたが、正平七（文和元＝一三五二）年に南朝によって河内国金剛寺《かわちのくにこんごうじ》に移された。光厳院はかねてから夢窓疎石《むそうそせき》に帰依しており、金剛寺で孤峰覚明《こほうかくみょう》について出家すると諸国巡歴の旅にでて、貞治二年ころに丹波国桑田郡山国荘《やまぐにのしょう》内に草庵を結び、翌年当地で没するまで最晩年の隠棲地となった。

足利尊氏・直義兄弟は暦応二（延元二＝一三三九）年八月に没した後醍醐天皇らの冥福《めいふく》を祈るため、光厳上皇に奏請して夢窓疎石を開山として京都嵐山に暦応寺《りゃくおうじ》（のちの天竜寺《てんりゅうじ》）を創建した。また、夢窓疎石の勧めにしたがい、元弘の乱以来の戦死者の冥福と国土安穏《あんのん》を祈って国ごとに安国寺《あんこくじ》・利生塔《りしょうとう》の造立を発願したが、丹波国では何鹿郡にあった上杉氏の菩提寺《ぼだいじ》である光福寺《こうふくじ》を安国寺と改め、夢窓と同門の天庵《てんあん》妙受《みょうじゅ》を南禅寺から招いて開山とした。尊氏は生母上杉清子《きよこ》の生地であった八田郷《やたごう》内にある安国寺を「将軍家の氏寺」「六十六か国之第一」として手厚く庇護《ひご》し、応安四（建徳二＝一三七一）年に諸山、応永二十一（一四一四）年には十刹に列せられた。

在地の有力武将が禅僧を招き保護をあたえて禅寺を建立させた例としては、天田《あまた》郡の豪族金山（本姓大《おお》中臣《なかとみ》）宗泰《むねやす》が、貞治四（正平二十＝一三六五）年に愚中周及《ぐちゅうしゅうきゅう》を招じて開山とした天寧寺《てんねいじ》がある。愚中は夢窓疎石のもとで出家し、暦応三（興国四＝一三四〇）年に渡元して金山の即休契了《しっきゅうかいりょう》の法をついだ。帰国後は丹後の山間部にかくれて修行していたところを金山氏の知るところとなり、懇請されて天寧寺の開山となったが、応永二年には安芸《あき》国の土豪小早川《こばやかわ》氏に請われて仏通寺《ぶっつうじ》の開山となり、両寺の住持を兼ねた。その後、室町幕府将軍足利義持《よしもち》の帰依をうけ、応永十六年に義持の奏請により紫衣《しえ》を賜った。愚中は弟子の育成にも意を用いたため覚隠真知《かくいんしんち》・一笑禅慶《いっしょうぜんけい》・千畝周竹《せんみょうしゅうちく》などの俊英を輩出して愚中派を形成した。千畝周竹は丹後熊野郡に常喜庵《じょうきあん》を建立し、元哉符契《げんさいふけい》は与謝《よさ》郡加悦谷《かやだに》地方に愚中派寺院を複数開くなど教線を拡大していった。

丹後地方に禅宗が伝播するのは丹波より早く、文永年間（一二六四～七四）に臨済宗の無象静照《むぞうじょうしょう》が与謝郡の佐野何某を檀越《だんおつ》として宝林寺《ほうりんじ》を開いたとされ、鎌倉時代末期の元徳・元弘（一三二九～三一）のころに南禅寺の崇山居中《すうざんこちゅう》が天橋立《あまのはしだて》に一寺を開いたとされるが、これは智恩寺《ちおんじ》を再興し禅宗寺院としたものであろう。崇山につねに随侍した宝山浮玉《ほうざんふぎょく》が師のあとをうけて丹後府中近辺にあった幸泉寺・秋月寺を歴住し、暦応二年に秋月寺を改めて丹後安国寺とした。南北朝時代になって加佐郡では東福寺栗棘《りっきょく》門派の谷翁道空《こくおうどうくう》が青蓮寺《せいれんじ》を開き、その法嗣曇翁源仙《どんのうげんせん》が海臨寺を開き、丹波国何鹿郡から当地にかけて東福寺が教線を広げていくきっかけをつくった。

応安二（正平二十四＝一三六九）年に幕府の管領細川頼之《よりゆき》が延暦寺衆徒の強訴《ごうそ》に屈して、南禅寺三門を破却させるという事件がおこり、同四年、これに抗議して当時京都の臨済宗をリードしていた春屋妙葩《しゅんおくみょうは》は一門とともに丹後国加佐郡余部《あまるべのさと》里の雲門寺《うんもんじ》に退隠してしまった。康暦元（天授五＝一三七九）年に帰洛して以後、五山・十刹の禅院・人事を管掌する僧録に任じられたが、この間八年にわたり丹後各地に禅寺を建立し、また明の使者を丹後に迎えるなど隠棲といいながら積極的な活動をしている。

律宗と時宗の地方展開●

鎌倉時代になって、西大寺《さいだいじ》の叡尊《えいそん》やその弟子忍性《にんしょう》らは、律宗の革新につとめ戒律復興により人びとを救済することをめざし、各地で非人救済や殺生禁断、あるいは架橋などの慈善救済事業を積極的に行った。京都と奈良を結ぶ奈良街道の要衝にあって、宇治川の洪水のたびに流され、そのつど大規模な架橋工事が繰り返されてきた宇治橋の大修築もそのひとつであった。叡尊は弘安四（一二八一）年に、宇治橋東詰の橋寺の堂供養を行ってここを本拠として、宇治橋の大修築を発願した。それに先立つ同七年には朝廷に奏して宇治川の網代《あじろ》を停止する太政官符を得て宇治川流域一帯を殺生禁断の場としたが、そこには網人《あみびと》が殺生戒を犯す罪をやめさせたいという叡尊の強い意志があった。職を失った網人らには川で布をさらす仕事をあたえることも忘れなかった。同九年十一月に後深草・亀山両上皇や関白鷹司兼平《たかつかさかねひら》らを迎えて宇治川中州の浮島に十三重の石塔婆を建立し盛大な橋供養が行われた。

律宗の重要な活動のひとつに寺院の復興があった。鎌倉時代末期に律僧宣基亮明《せんきりょうめい》が旅の途中丹後国分《こくぶん》寺《じ》に至り荒廃のありさまをみて再興の大願を立て嘉暦元（一三二六）年に勧進《かんじん》を開始し、翌年四月に後醍醐天皇の再興綸旨《りんじ》を得て五月に建築着工し、摂津四天王寺《してんのうじ》の大工と丹後府中の大工と共同で建武元年四月七日上棟・本尊遷座式があり、八日に舞楽《ぶがく》・延年舞《えんねんのまい》、九日に西大寺をはじめとする南都律宗《なんとりっしゅう》僧や地元丹後の金剛心院《こんごうしんいん》をはじめとする律僧衆ら六七人によって盛大な金堂供養が修され、丹後国衙《こくが》の在庁官人らも列席している。丹後国では暦応四（興国二＝一三四一）年に足利尊氏によって加佐郡志楽荘《しらくのしょう》が西大寺に寄進された。西大寺では荘内に西大寺本尊と同じ形式の清凉寺《せいりょうじ》式釈迦如来像を本尊とする律宗の泉源寺《せんげんじ》をたて、また荘内鎮守の大森宮を一宮として荘民らに毎月晦日《みそか》に釈迦講を修させるなど、荘園を獲得してのち間もなく神仏両面において西大寺の荘園支配を正当化するための施策を導入している。

西大寺とならぶ律宗唐招提寺《とうしょうだいじ》出身の律僧である円覚上人《えんかくしょうにん》（道御《どうぎょ》）は勧進聖として融通大念仏《ゆうずうだいねんぶつ》によって

浮島十三重塔（重文）

募縁活動を行い、正嘉元（一二五七）年に焼亡した京都の壬生寺《みぶでら》を復興して正元元（一二五九）年に惣供養をとげ、また鎌倉時代に衰退していた花園法金剛院《はなぞのほうこんごういん》を弘安五（一二八二）年に再興、復興後は両寺ともに京都における唐招提寺派の律宗寺院となった。その後も上人は念仏勧進一〇万人をめざして活動し俗に「十万上人」と称され、壬生寺、法金剛院、嵯峨清涼寺《さがせいりょうじ》などで大念仏会《だいねんぶつえ》を開いて多くの信者を集めた。現在でも壬生寺や清涼寺では大念仏狂言が行われている。

時宗が京都以外へ伝播したのは丹後地方と南山城八幡で、いずれもかつて一遍が遊行のさいに立ち寄ったところである。丹後地方では弘安八（一二八五）年の前半に一遍が丹後一帯を遊行して歩いたあと、南北朝時代までに丹後国衙近くに橋立道場万福寺、与謝郡に漆原《うるしばら》道場、同郡海石寺《かいがんじ》（戒岩寺）、熊野郡久美《くみ》浜《はま》に浦明《うらけ》道場などが成立していた。貞和二（正平元＝一三四六）年に遊行第七世託何《たくか》が丹後府中に滞在し大谷寺往生院を道場としたさいには、山名時氏の守護代箕浦《みのうら》四郎左衛門入道俊阿《しゅんあ》が万福寺定五郎入道行《ぎょう》阿《あ》とはかって迎えている。法名から守護代箕浦氏も時衆であったことがわかる。文和四（正平十＝一三五五）年に浦明道場出身の臨阿弥陀仏《りんあみだぶつ》が万福寺住持に迎えられたが、この直後に万福寺が炎上すると臨阿は早速再建に取りかかった。さらに応安三（建徳元＝一三七〇）年には万福寺本尊阿弥陀如来像を修理し、同六年に海石寺本堂を再興するとともに永徳三（弘和三＝一三八三）年には本尊文殊菩薩《もんじゅぼさつ》像を修理するなど、南北朝時代の丹後の時宗の発展にあたって臨阿の行跡は大きなものがあった。一遍は丹後から但馬《たじま》・美作《みまさか》を経て摂津天王寺に参拝したあと、弘安九年に石清水八幡《いわしみずはちまん》宮に参詣し、淀《よど》の上野の里で踊屋をつくり念仏踊を行った。正応二（一二八八）年八月一遍没後の翌々年に、異母弟とされる弟子聖戒《しょうかい》は八幡の地で多くの人びとの帰依をうけ、八幡宮山下に善導寺を開いて綴喜《つづき》郡一帯の布教につとめた。

6章

近世京都の創出

「洛中洛外図屛風」

1　京都と統一権力

京都と信長・秀吉

永禄十一（一五六八）年九月、足利義昭《あしかがよしあき》を擁した尾張《おわり》の大名《だいみょう》織田信長《おだのぶなが》の上洛《じょうらく》によって、京都は戦国時代に終止符を打ち、近世へ第一歩をふみだした。上洛の翌年、信長ははやくも室町幕府《むろまちばくふ》第一五代将軍に就任した義昭のために、新御所を造営して権力の拠点作りを進め、また、同年、京都を始め大坂・奈良に対して粗悪銭の円滑な流通を命じた撰銭令《えりぜにれい》を発布して、経済の安定化にのりだすなど、新しい都市・流通政策に着手した。

将軍義昭のための新御所は、ほぼ現在の烏丸《からすま》通・新《しん》町通・丸太《まるた》町通・下立売《しもだちうり》通に囲まれた二町四方で、外側には二重の堀が掘られていたといわれている。この義昭御所は、元亀四（一五七三）年の義昭追放とともに破却され、短い歴史をとじてしまうが、上京《かみぎょう》と下京《しもぎょう》の中間地帯に武家権力の拠点をかまえるという手法は、足利尊氏にはじまり、また豊臣秀吉《とよとみひでよし》の聚楽第《じゅらくだい》や徳川家康《とくがわいえやす》の二条《にじょう》城にうけつがれる、京都支配の常道に則《のっと》ったものであった。

信長が都市政策を、京都町衆《ちょうしゅう》のつちかってきた自治能力に依存して進めたことは、撰銭令の運用に象徴的に示されている。この法令は、違反者に対して、各町内限り、ないしは惣町協力のもとに処罰するように命じ、手にあまる場合は信長が成敗するとした。戦国時代以来、町がつくりあげてきた自治的な警察・行刑権を容認しながら政策を推進しようとしたわけである。義昭との対立のなかで、上京を焼き討ち

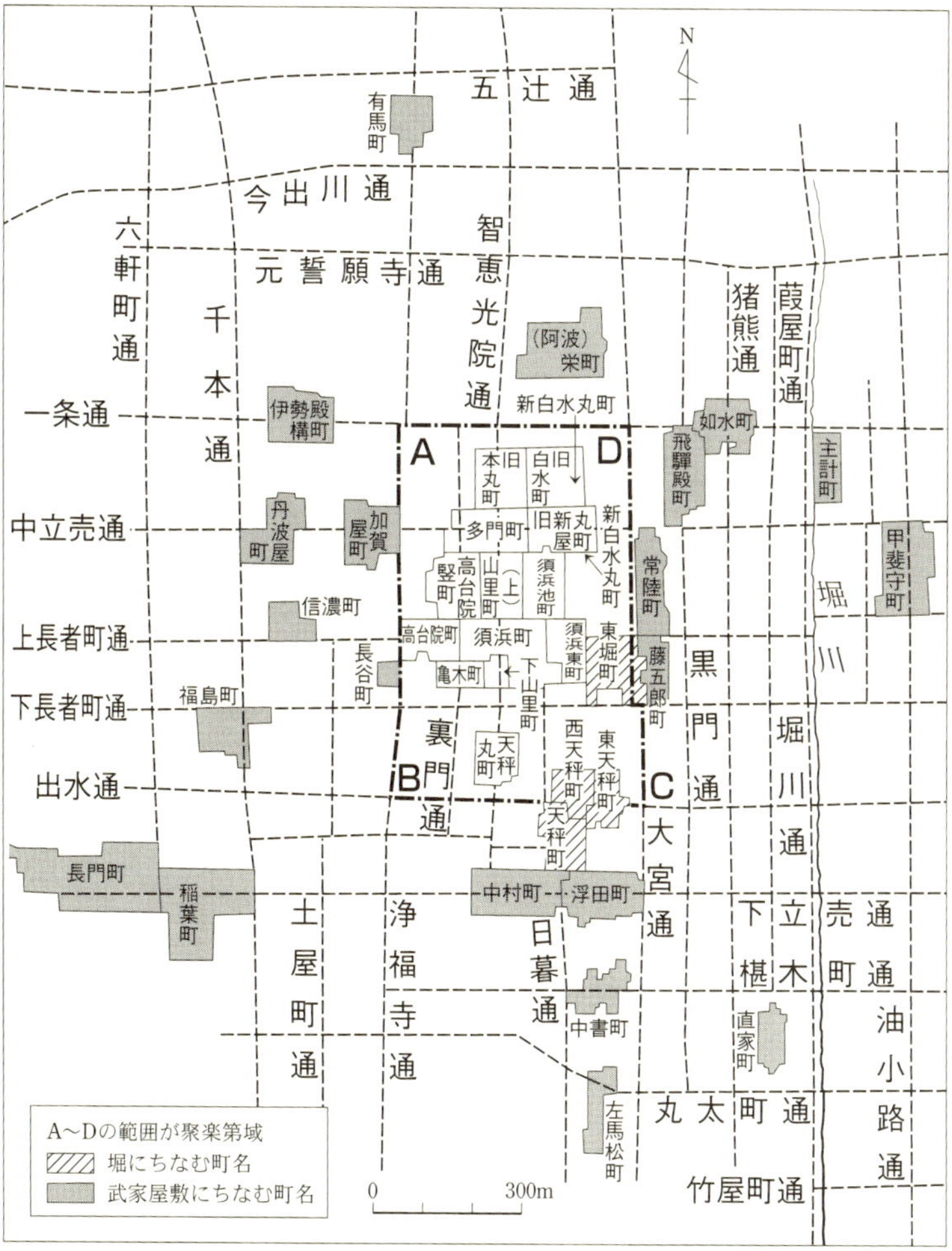

聚楽第ゆかりの町名　足利健亮『中近世都市の歴史地理』による。

するといったきびしい政策もとられたが、都市行政の基調は、京都住民のもった財力や自治能力を活用するところにおかれていた。

天正十（一五八二）年六月、明智光秀《あけちみつひで》の謀反《むほん》によって、当時小川六角下ル《おがわろっかく》にあった本能寺《ほんのうじ》で信長が死去したのち、政権は、信長の方針を継承した秀吉の手に移っていった。彼は、大坂を本拠地として城と城下町の建設に着手したが、他方、天皇・公家《くげ》の保護者として国家的次元での権威を維持・確保するため、京都の大改造も進めた。(1)禁裏《きんり》・院御所や聚楽第、方広寺《ほうこうじ》の建設、(2)洛中の検地《けんち》、(3)従来の一町四方の区画を縦に二分する町割り、(4)「京中屋敷替え」による寺町・公家町・町人町の区分など身分制的な都市空間の再編、(5)洛中を囲む「惣堀《そうぼり》」（＝御土居《おどい》）の建設などである。京都改造の中心となる聚楽第は、天正十四年から翌年にかけて平安京《へいあんきょう》の大内裏《だいだいり》跡に造営され、十六年には同所に後陽成《ごようぜい》天皇を招く国家的な儀式＝聚楽行幸《ぎょうこう》が執り行われた。

京都のその後の形に大きな影響をあたえた政策が、短冊状の町割り事業と、洛中全体を土塁《どるい》で囲む御土居の建設である。京都の町は本来平安京の町割りを継承して方一町（約一〇八メートル四方）の碁盤目状の形であったが、秀吉は、屋敷地としての有効利用をねらって、半町ごとに南北の小路（突抜《つきぬけ》）を通し、一町四方の街区を短冊状街区につくりかえた。また天正十九年には、「京中屋敷替え」を実施し、聚楽第と禁裏のあいだの町内への大名屋敷の集中、突抜町への町人たちの移転、寺院の鴨川《かもがわ》西縁への移転（寺町の形成）など、居住区域の身分別の棲み分けを進めた。

「屋敷替え」と同時に行われた御土居の築造は、秀吉による京都改造の総仕上げともいうべきものであった。北は紫竹《しちく》・鷹ケ峰《たかがみね》から、南は東寺《とうじ》まで、西は千本《せんぼん》通西部から東は鴨川右岸まで、総延長二三キロに

❖コラム

京都の大仏

京都にも巨大な大仏《だいぶつ》が鎮座していた。天正十六（一五八八）年に、豊臣秀吉《とよとみひでよし》が建立に着手した「天下泰平《てんかたいへい》」祈願の寺（＝方広寺《ほうこうじ》）の大仏である。文禄四（一五九五）年九月には大仏殿落慶供養《だいぶつでんらっけいくよう》が行われた。六丈三尺（約一九メートル）の木造大仏座像も安置される予定だったが、開眼供養《かいげん》直前の文禄五年閏七月十三日、大地震で大破してしまった。秀吉の遺志をついだ秀頼《ひでより》が復興を命じ、再建がはじまったが、慶長七（一六〇二）年十二月、鋳造中の金銅《こんどう》大仏から出火して焼失。慶長十三年から三度目のチャレンジとなった。慶長十九年には金銅大仏も大仏殿も梵鐘《ぼんしょう》も完成、いよいよ八月三日が開眼供養の日と決まった。その七月二十六日、家康が突然延期を命じた。棟札《むなふだ》と鐘《かね》の銘文のなかに不吉な文辞があるという。「国家安康、君臣豊楽」の鐘銘事件である。

その後、開眼供養を経ないままに、大仏と大仏殿は東山《ひがしやま》にとり残され、京都名所の一つとなった。つぎの災難は寛文二（一六六二）年にやってきた。この年五月一日の地震で大仏の肩の部分がさけてしまったのである。寛文七年、こわれた金銅仏はとかされて寛永通宝《かんえいつうほう》となり、代わりに木造仏がつくられた。寛政十（一七九八）年、今度は落雷である。七月一日夜の落雷で出火、大仏・大仏殿とも焼失。天保二（一八三一）年になって、尾張《おわり》国の有志が上半身のみの木像（高さ約一二メートル）をつくり、仮堂に安置した。しかし、昭和四十八（一九七三）年三月二十七日夜、またまた火事で焼失。四〇〇年のあいだに地震が二回、火災が二回、落雷一回。家康の横槍もあった。京都大仏の運命はまったく数奇《すうき》としかいいようがない。

およぶ長さで築造され、高さは三メートルから五メートルを超え、土居の底部は二〇～三〇メートル、また外側には三～二〇メートルの堀が掘られていた。古い構えに囲まれた上京・下京という枠組みの解体と、洛中全体を大きくつつむ御土居の築造によって、京都の町は新しく一つの都市としての形をもつことになった。その後、江戸時代を経て近代・現代に至る京都は、秀吉の京都を原型としている。

二条城と「徳川の京都」●

豊臣秀吉の死、関ヶ原《せきがはら》の戦いを経て、天下の実権は徳川家康によって掌握された。この時期、京都にとってもっとも大きな出来事は、二条堀川《ほりかわ》の地に、新しく徳川の城が築造されたことである。慶長五（一六〇〇）年関ヶ原の合戦に勝利した家康は、大坂城から伏見《ふしみ》城に移り、同六年に畿内《きない》の大名たちに造営費を課し、七年五月工事に取りかかった。醍醐寺座主《だいごじざす》の義演《ぎえん》は五月九日の日記に、「家康は京都屋敷（二条城）新造のために、敷地予定地内の町屋を四、五千軒も立退かせた」と記している。総指揮はのちの京都所司《しょし》代板倉勝重《だいいたくらかつしげ》がとり、平安京の庭園神泉苑《しんせんえん》の地をけずり、池泉を堀に転用させながら築城された。同八年二月、征夷大将軍《せいいたいしょうぐん》に任ぜられた家康は、拝賀の礼を挙行するために、完成した二条城に入城する。以後、二条城は公武《こうぶ》の儀礼の場、および西国《さいごく》大名に対する権威誇示の場としての役割をにない、将軍権力が確立する三代将軍家光《いえみつ》の代まで、将軍はたびたび上洛してこの城にはいった。

寛永元（一六二四）年から翌年にかけて、二条城は大規模な修築が行われた。将軍家光による後水尾《ごみずのお》天皇招待のための準備作業で、城域の拡大、本丸・二の丸の複郭《ふくかく》構造、天守閣《てんしゅかく》の西南部への再建などが行われた。障壁画《しょうへきが》の制作には狩野探幽《かのうたんゆう》が全力を投入した。現在の二条城の規模は、このとき拡張されたものである。寛永三年九月、行幸が盛大に挙行され、御所―中立売通《なかだちうり》―堀川通は、天皇をのせた鳳輦《ほうれん》を中心と

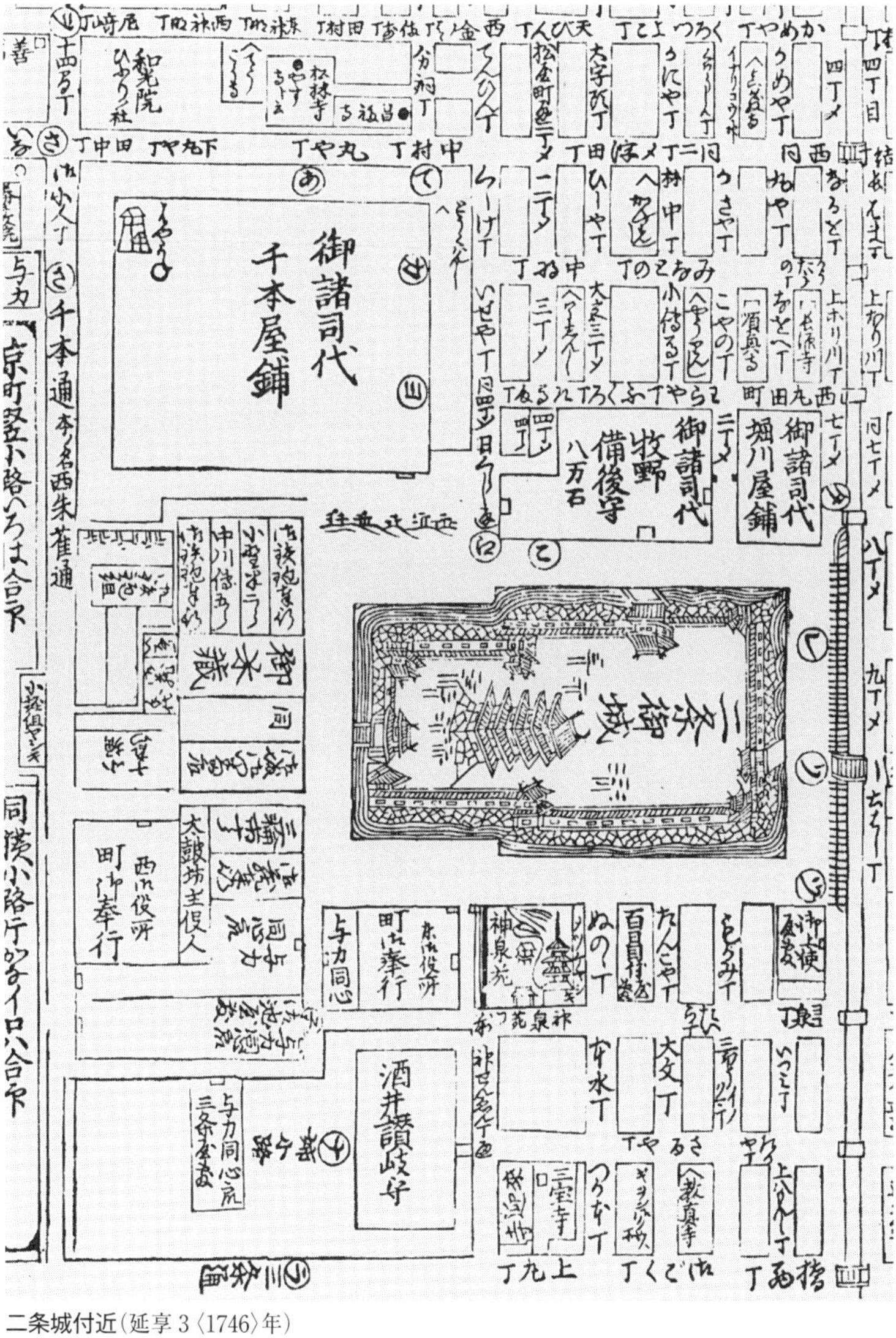

二条城付近(延享 3〈1746〉年)

した長い行列と、これをみようとする大勢の見物客でにぎわった。この行列の光景は、以後作成の「洛《らく》中《ちゅう》洛外図屏風《らくがいずびょうぶ》」の定番となった。家光はこののち寛永十一年にも上洛し、二条城において大名たちに将軍代替わりの朱印状《しゅいんじょう》を発行するなど、将軍の威光を示している。

二条城の周りには、京都所司代屋敷を始めとして、江戸幕府《えどばくふ》京都役人の役所が建てられ、江戸時代をつうじてこの一帯は、幕府官庁街の様相を呈していた。江戸時代中期の絵地図（前頁図参照）でたどってみよう。二条城の北部には京都所司代の上屋敷《かみやしき》を真ん中にして東側に堀川屋敷、西側に千本屋敷が配され、また、城西方には御鉄砲奉行《ぶぎょう》、御米蔵、御城御門番、京都代官、太鼓坊主役人、西町御奉行所が軒をならべる。南部には東町御奉行所、百日目付け屋敷、御上使屋敷などがならび、神泉苑も東町奉行所と目付け屋敷のあいだに、その残影をとどめている。これらの役所群の中心は京都所司代屋敷である。与力《よりき》五〇騎、同心《どうしん》一〇〇人をしたがえた京都所司代は、初代板倉勝重から三代牧野親成《まきのちかしげ》までは、西日本支配や畿内・近国八カ国の幕政の中心をなし、また京都市中や山城《やましろ》国内の民政をも担当したが、寛文八（一六六八）年の京都町奉行所設置以後は、もっぱら京都朝廷・公家・寺社の監察や、遠国《おんごく》奉行の支配を職務とした。

幕府から京都に派遣された役人の屋敷としては、ほかに寺町荒神口《こうじんぐち》付近および相国寺《しょうこくじ》門前に禁裏付《きんりつ》き役人の屋敷があった。寛永二十年にはじまる禁裏付き（定員二人）は、所司代の管轄下にあって、朝廷の警護・監督と財政管理を業務としていた。毎日参内して天皇のようすや公家の動向を記録し、また配下の与力・同心に御所の諸門を固めさせ、賄《まかな》い方《かた》、包丁頭《ほうちょうがしら》、買物使などを指揮して天皇の衣食住の管理をも行った。上皇《じょうこう》が存在する場合には、別途仙洞《せんとう》付き、新院付き、本院付きなどもおかれた。

御所の復興

室町末期から戦国の騒乱のなかで政治的にも経済的にも衰退していた朝廷の力は、天皇の権威を政権の重要な構成要素として位置づけた信長・秀吉によって回復がはかられた。徳川幕府もこの方針を継承して、天皇権威の維持と統制に力をそそいだ。これによって、御所一帯は、禁裏・公家町としてしだいに整備され、二条城に相対する京都の象徴として大きな位置を占めることとなった。

信長は上洛した二年後の永禄十三（一五七〇）年、そのみすぼらしいようすを「辺土の民屋」と描写された御所の修築に着手し、秀吉も、天正十七（一五八九）年から二年間かけて紫宸殿《ししんでん》・清涼殿《せいりょうでん》を建て替え、御所の大々的な修理を行った。秀吉による造営には、狩野永徳《えいとく》が一門を率いて参加し、絢爛《けんらん》たる障壁画を描いている。徳川家康も征夷大将軍に任ぜられると、天下人《てんかびと》の先例にならい内裏の整備に着手し、後陽成天皇のための院御所造営に続き、慶長十七（一六一二）年には後水尾天皇のための内裏新造に取りくんだ。以後、江戸時代をつうじて、内裏の造営はあわせて八回を数え、とくに宝永五（一七〇八）年の大火後の造営では、烏丸通以東、丸太町通以北にあった民家が鴨川東部ほかに移転を命じられ、現在の京都御苑《ぎょえん》の区画すべてが朝廷関係の敷地となった。なお、現在の御所は嘉永七（一八五四）年の失火後、安政二（一八五五）年に再建されたものである。

信長は、皇室財政の安定化を目的として、京都町民に米の貸付けを行い、その利息を朝廷の収入とする貸付米制度を実施したが、秀吉・家康も禁裏御料・公家領の保障を行い、財政基盤作りに尽力した。家康は関ヶ原の戦いのあと、公家・門跡《もんぜき》領を調査して、朝廷と公家の知行地を他国から山城国へ割り替え、加増を行っている。

このように、信長以降、朝廷に対する梃子《てこ》入れには著しいものがあったが、天皇権威を政権の威光として活用する範囲に押しとどめるため、統制・管理もまたきびしく行われた。大坂夏の陣のおわった慶長二十年七月に家康・秀忠・二条昭実《あきざね》の連名で公布された「禁中並公家諸法度《きんちゅうならびにくげしょはっと》」はその集大成であった。天皇・公家を始め親王・門跡をも対象とした一七カ条の法度によって、天皇の行動、親王と大臣との座次、武家と公家の官位、天皇以下の服装などが取り決められた。のちに、後水尾天皇の譲位のきっかけとなった寛永四（一六二七）年～六年の紫衣《しえ》事件は、幕府がこの法度に基づいて、天皇の紫衣勅許を問題にしたことからはじまっていた。

天皇の日常的な行動もきびしい統制下におかれ、後水尾天皇の二条城行幸を最後に、火災などのやむをえない場合をのぞき、天皇が御所から外にでることは禁止された。また朝廷の財政についても、幕府役人の管理下にあり、禁裏御料などの朝廷関係領についても、寛永十一年に上洛した家光の命で、京都郡代《ぐんだい》五味豊直《みとよなお》が年貢の受け払いをすることとなった。

貞享四（一六八七）年、東山《ひがしやま》天皇の即位に際しては、二二〇年余にわたって途絶えていた大嘗祭《だいじょうさい》が許可され、これにさきだつ延宝七（一六七九）年には、朝廷から勅使の派遣される石清水《いわしみず》八幡宮の放生会《ほうじょうえ》が二一四年ぶりに復興された。また元禄七（一六九四）年には、同じく賀茂の葵祭《あおいまつ》りも再興されるなど（一九二年ぶり）、江戸時代には朝廷儀式の再興がつぎつぎと進められる。しかし、こうした動きも、朝廷儀礼を重視して秩序維持をはかろうとした幕府の政策に合致する限りにおいてであった。のちに明和事件（一七六七年）で処罰された尊皇《そんのう》思想家の山県大弐《やまがただいに》は、天皇のようすを評して「禁裏行幸もこれなく囚《とら》われ同然」とのべている。これは江戸時代の天皇の状態を如実に示す言葉といえる。

2 京都支配と町・町組

絵図にみる京都●

秀吉による京都改造を大きな画期として、京都の町は急速に拡大し、以後、徳川の二条城築造や高瀬川《たかせ》の開通などの土木建設事業をつうじて、近世の京都ができあがっていった。寛永十一(一六三四)年に三代将軍家光が上洛したときには、洛中家数三万七三一三軒、人口四一万人とされ、以後、近世をつうじて町方《まちかた》家数三万七、八千から四万戸台、人口三五万人前後で推移した。これに公家・武家の人口を加えると、おおむね四〇万都市ということになろうか。ちなみに、大坂は元禄五(一六九二)年段階で三四万五〇〇〇人余、また江戸は享保年間(一七一六~三六)に町人人口五〇万前後であったというから、江戸中期、京都・大坂・江戸の町人人口はほぼ同程度であった。

寛永年間(一六二四~四四)に刊行された「平安城東西南北町並の図」(次頁)は、確立した京都の形を示した京絵図である。本図から、近世前期の姿を観察してみよう。

まず市街地からみてみると、北は上立売《かみだちうり》通、南は七条《しちじょう》通、東は鴨川、西は大宮《おおみや》通付近までを範囲とし、寺社や武家屋敷などは枠付きで、また町屋は黒色で記されている。内裏西北部や下京中心部にみえる正方形ブロックは、秀吉の天正地割《てんしょうちわ》りがほどこされず、平安京以来の条坊制《じょうぼうせい》地割りを継承した戦国期の「上京」「下京」地域であり、他方、縦長の黒枠箇所は天正地割り実施以後に発展した地区である。二条城にむかう二条通両側一帯や松原《まつばら》通以南、二条城の北部と南部などの縦長黒枠地区が町屋で埋めつくされて江戸時代の京都の町が確立した。各町名は通りに記されるが、これは、各町内が道路に面した両側の家並みで構成されていることに対応する。

　市街地東縁、および西縁二条城以南には、南北に寺院が密集している。これも秀吉の都市改造を契機につくられた町並みで、東部地区は寺町、西部地区は寺並とよばれた。ほかに、本図には示されていないが、

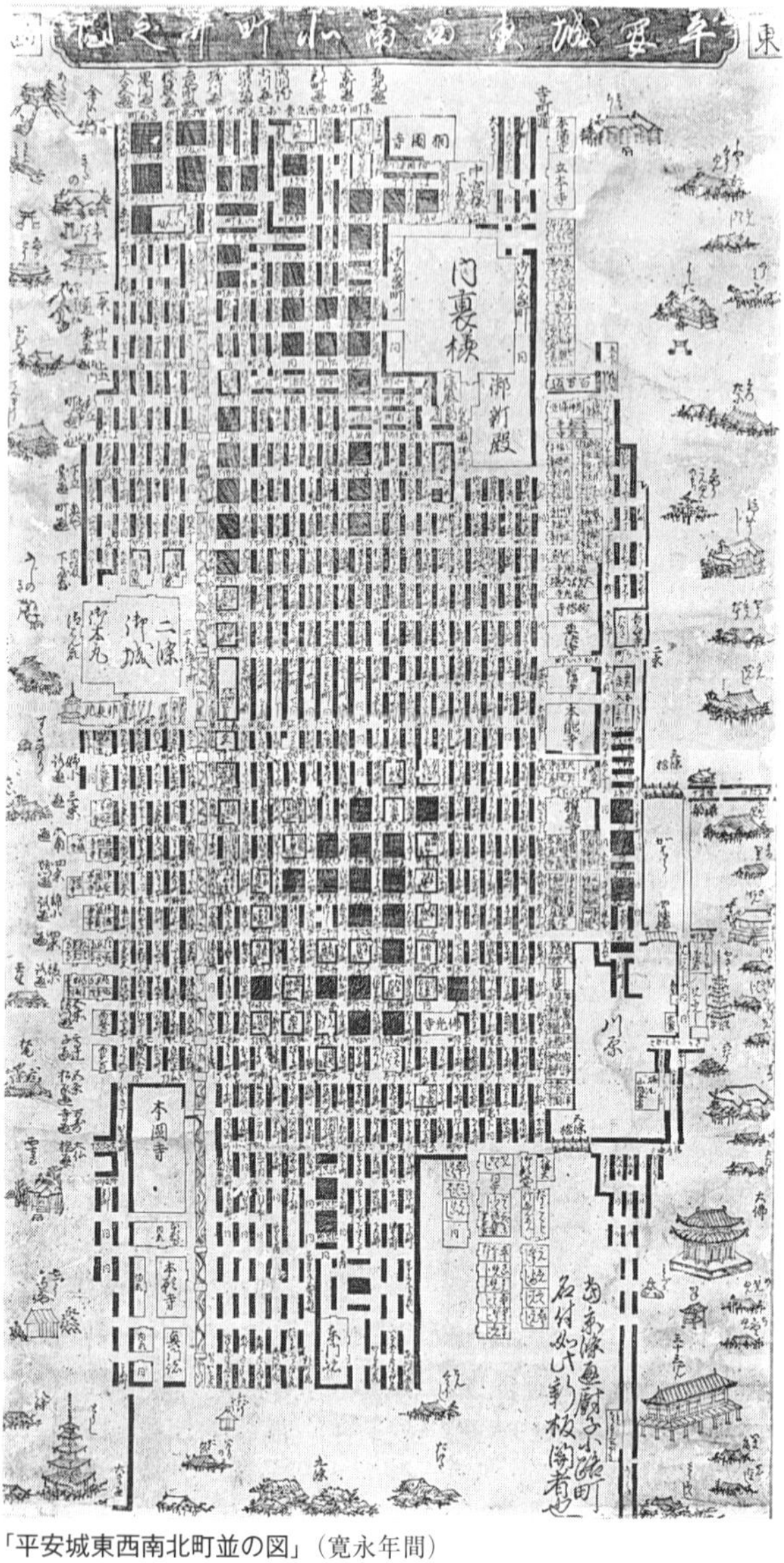

「平安城東西南北町並の図」（寛永年間）

同じく秀吉時代に、上立売通北部の寺之内《てらのうち》通一帯にも、妙覚寺《みょうかくじ》・妙顕寺《みょうけんじ》・本法寺《ほんぽうじ》などが集められ寺之内地区がつくられていた。また、市街地南部には、東西の本願寺《ほんがんじ》が建立され、その周辺には寺内の町々が展開した。本願寺と記された七条堀川の西本願寺、および南隣の興門跡《こうもんぜき》（興正寺《こうしょうじ》）は天正十九（一五九一）年に当地へ移転、また六条烏丸の東本願寺は慶長七（一六〇二）年の創建である。両本願寺を取りまく、六条～七条、大宮通～土手町の一帯は寺内とよばれ、正徳五（一七一五）年の調査では一二〇町二万人余を数えるが、本図の時点では町名未記入箇所がかなりあり、形成途上のようすを示している。

なお、京都の寺院・神社の復興は、秀吉による寺社領の回復を出発点として、豊臣秀頼による慶長年間（一五九六～一六一五）の堂舎造営、および後水尾天皇・東福門院和子《とうふくもんいんまさこ》による寛永年間の造営をつうじて推進された。寺町・寺之内・本願寺寺内を中心に、近世に京都とその周辺に存在した寺は二千数百カ寺（うち本山は一四〇カ寺以上）に達すると推定されている。幕府の本末《ほんまつ》制度・寺請《てらうけ》制度にも強く影響されて、江戸時代の京都は、以前にも増して寺社勢力が大きな比重を占める宗教都市でもあった。

東南部の三条～五条間に「かはら」「川原」と記された一角が鴨川の河川敷である。ここは中世以来の盛り場、興行地としてにぎわいをみせ、このころには四条川東にもあらたに町内が形成されつつあった。また、東本願寺北部には三筋にわたって「けいせい町」もみえる。天正十七年秀吉の許可を得て二条柳馬場付近に開設された遊廓は、慶長七年、江戸幕府による二条城造営を機に、この五条～魚棚、室町～西洞院間に移され、六条三筋町（六条柳町）とよばれていた。吉野太夫と灰屋紹益《はいやじょうえき》の恋物語も、ここが舞台だった。ただ、この遊廓は本願寺寺内の発展に伴って、再度移転を命じられ、本図作成後の寛永十七年に、丹波《たんば》街道沿いの朱雀野《すざくの》の地（島原《しまばら》）に移転を余儀なくされた。

二条通以南の堀川通・油小路《あぶらのこうじ》通一帯や、下京の方形地割り地帯を中心に大名屋敷が点在することも注目される。寛永十四年の「洛中絵図」には六八の大名屋敷がみえ、また貞享年間（一六八四〜八八）の京都案内書『京羽二重《きょうはぶたえ》』は、東国《とうごく》の二五大名、西国の五八大名が京屋敷をもっていると記している。大名たちは参勤交代《さんきんこうたい》のため江戸に藩邸をもち、物産購入や販売のために大坂や大津《おおつ》その他に蔵屋敷をかまえたが、京都にも同様の大名屋敷が多数存在したのである。ただ、京屋敷は、その多くが町人からの買得地で、また一般町人同様に町役を負担するなど、町人町にとけこむ形で存在するところに特徴があった。

所司代・町奉行の京都支配●

徳川氏による京都支配は、家康が関ヶ原の合戦に勝利した慶長五（一六〇〇）年にはじまるが、その中心となったのは、京都所司代の板倉勝重であった。三河《みかわ》出身の勝重は、その手腕と学識を買われて京都支配の責任者に抜擢され、慶長八年京都所司代に任ぜられた。勝重による京都支配は、時代を反映して浪人取締りや防火など軍事的・治安的性格が濃厚であったが、民政面でも、連帯責任制度など住民の自治活動を活用する手法の具体化に着手している。

こうした政策は二代目の板倉重宗、三代目牧野親成によって継承された。とくに板倉重宗によって発布されたあわせて二一カ条におよぶ市中法度は、京都における自由営業の保障、証文に基づく商取引の推進、浪人者の排除などをうたい、江戸幕府による対京都政策の基本法典として、幕末に至るまでもっとも重視された。また、三代目牧野時代は、住民がつくりあげていた町《ちょう》や町の連合組織（町組《ちょうぐみ》）の編成を企図し、町内年寄役・五人組役設置の義務化、住人の相続や養子縁組などに対する町中の承認保障の義務付けなど、町自治を行政の基礎におく政策を推進した。この間、町宛ての通達（町触《まちぶれ》）によって政策の周知徹底をはかる方式も定着した。所司代や町奉行所から通達された町触は、江戸時代をつうじて実に二万を超える件数となっている。

寛文八（一六六八）年、牧野親成の所司代辞任を画期として、あらたに京都町奉行所が設置され、宮崎重成《みやざきしげなり》（政泰《まさやす》）、雨宮正種《あめのみやまさたね》が任命された。この行政改革は、京都の都市的な発展の結果増大する訴訟や、さまざまな都市問題に対処するために断行されたものであった。京都所司代が三代にわたってになった京都支配は、以後、神泉苑西隣と千本通西口におかれた東西町奉行所を窓口として進められることになった。各奉行所には、与力二〇騎・同心五〇人が配備され、業務も番方《ばんがた》（訴訟の取次、市中警備）、欠所方《けっしょがた》（没収地関係）、証文方《しょうもんがた》（制札、宗門改《しゅうもんあらた》めなど）、目付《めつけ》・新家《しんけ》方（殺人犯の探索、新家改め、御土居関係、塵芥《じんかい》問題）、勘定方《かんじょうかた》（入札関係）、公事方《くじかた》（朝廷・武家関係、町人取締り）と分掌された。

下図は、町奉行所設置以後の京都支配の機構を示したものである。町代《ちょうだい》・雑色《ぞうしき》などの中間行政職が注目される。所司代や町奉行所の配下にあって、日常的に町や村を統轄する役割をになったのが、この町代・雑色であった。町代は、本来町組代表の年寄を補佐して用務をつとめる町組の使用人であったが、寛永十一（一

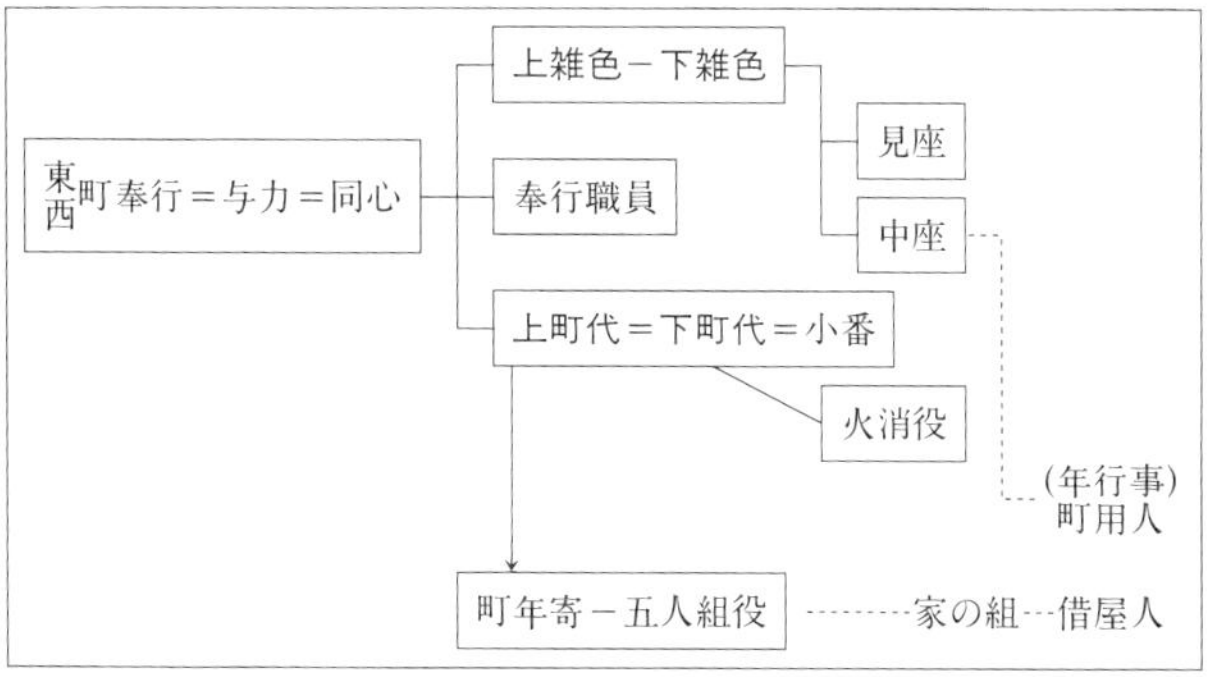

京都の支配機構　『京都の歴史』４による。

六三四）年の家光上洛などを画期に幕府の末端役人的性格を強めた。中心となる上町代の人数は、寛永年間（一六二四〜四四）には上京九人、下京三人であったが、町組の分割整理によって増加し、十八世紀初頭には上京に八人、下京に九人（寺内の四人を含む）のあわせて一七人で、それぞれに一、二人の下町代ないしは下役が配置されていた。

町代が洛中の町々を管轄したのに対して、洛中・洛外の治安警察や、洛外町続きの町々および山城の村々への触れ伝達を担当したのが雑色である。この役職は、もともと中世後期に京都の検察の末端をになった小舎人《こどねり》雑色に端を発する模様だが、江戸時代には、京都支配機構にくみこまれ、治安維持、公武の儀式の警護、法令伝達にあたった。中心の上雑色は、近世をつうじて荻野《おぎの》、松尾《まつお》、五十嵐《いがらし》、松村《まつむら》の四氏が世襲し、方角を区切って管轄区域を設定した。また町代と同様に、各上雑色のもとには下雑色が二人ずつしたがい、さらにその下に牢番や囚人護送を担当する見座《けんざ》や中座《なかざ》、賤民組織の統率者である「えた年寄」「非人年寄」が配置された。

町と町組●

近世の京都の町並みは、作業場・店舗を広げたせまい間口と長い奥行をもった町屋が、業種別に一定のまとまりをもちながら道路に面して立ちならぶという景観をみせていた。そうした町屋数十軒ごとの結合が町である。町は前代以来の歴史のなかで、町民の商工業活動や生活を保証しあう地縁的・職業的な共同体として育まれてきた自治組織の完成形態で、一〇〇メートル余の道路の両側の家々で一町内を構成する形を典型とした。正徳五（一七一五）年の統計によると、二条通以北の上京には八四三町、下京には六五二町があり、ほかに六条〜七条の本願寺内に一一〇町、東山など御土居外部の洛外町続きに二二八町、総計

洛中・洛外の町数と人口

年次	町数					戸口	
	上京	下京	寺内	洛外	合計	家数	人数
元亀3(1572)年	81～85	59	—	—	140～144		
天正19(1591)年	—	—	—	—	—	30,000	
慶長11(1606)年	—	—	—	—	—	32,000	
寛永11(1634)年	—	—	—	—	—	37,313	410,089
14(1637)年	762	624	120	194	1,700	43,901	
延宝2(1674)年	—	—	—	204	—	4,768	35,913
9(1681)年	—	—	—	—	—	47,000	507,548
天和3(1683)年	633.5	606	106	204	1,592	44,549	353,707
元禄3(1690)年	806	665	120	211	1,802	44,771	350,549
6(1693)年	804	667	120	211	1,802	40,789	359,714
13(1700)年	809	796	120	211	1,936	44,713	351,692
正徳4(1714)年	—	—	—	226	—	5,258	
5(1715)年	843	652	120	228	1,843	44,907	357,112
幕末(1859頃カ)	1,570		119	318	2,007	49,247	—

朝尾直弘「『洛中洛外町続』の成立」『京都町触の研究』による。

一八四三町があった。この時点で、洛中および寺内・洛外町続きの人口は三五万七一一二人、家数四万四九〇七軒であったから、平均して一町当り、一九四人・二四軒の構成となる。

各町は町運営の担い手として、年寄《としより》・月行事《がちぎょうじ》といった運営層を選出し、相互保証という目的のために町独自の掟《おきて》をつくり、違反者にはきびしい制裁を科した。町式目《ちょうしきもく》・町定《ちょうさだめ》などともよばれる掟は、寄合《よりあい》の議決方法、居住者の職種規制、家屋敷の売買税、各家の相続、金銭貸借の相互保証、番人雇用、消防などをおもな内容としていた。

町構成員の交替につながる家屋敷の売買は、町にとってもっとも重要な問題であり、各町内ともくわしい掟を取り決めている。購入に際しての手順をたどってみよう。まず家屋敷を買う場合には、当該町内に買主の身元を保証する推挙人が必要で、その推薦を得てはじめて町内の寄合の議題となる。各町ではさまざまな職種規制を設けていたから、それに抵触すれば失格で、また全員一致を原則としたため、一人の反対でも売買は不成立となった。売買が成立すると、契約書にあたる売券が作成され、買主は売買値段の二十分の一の金額を町におさめるほか、各種の祝儀《しゅうぎ》や振舞いを町内に行うことが義務づけられた。

町人となれば、町政に参加し、祝儀の配分にあずかるほか、身元保証や資金的保障を町から得られる制度であったから、構成員の審査や仲間入りにはいろいろな条件があったのである。

戦国期に形成された町々の連合体である町組組織も、急速な人口増大と町数増加に対応して、

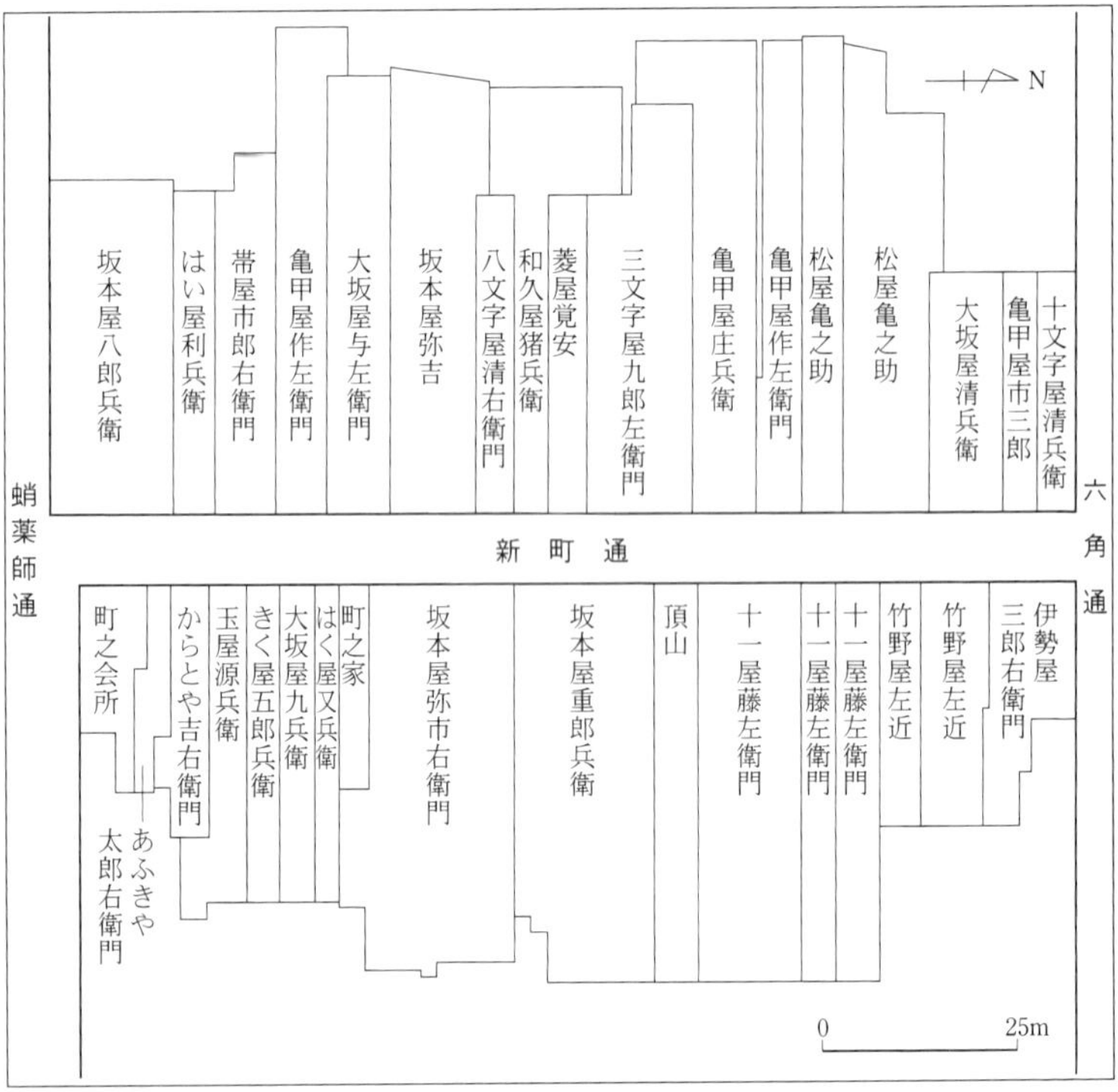

六角町の町並(延宝2〈1674〉年)　『日本都市史入門』Ⅰによる。

拡大、分割・再編され、江戸幕府による自治組織活用の方針も加わって、十七世紀中ごろには、上京一二組、下京八組の形ができあがっていた。また、このころには上京中心部にありながら上京組に属さない禁裏六丁組や、下京組に属さない東寺内町組、西寺内町組も整備された。おのおのの町組は、「親町」「古町」とよばれる町々を上位に、「枝町」「新《あたら》し町」とよばれる町々や、いくつかの離れ町を下位におく縦型の構造をとった。さらに、各町組内部には、親町同士数カ町、枝町同士数十カ町で構成される小組もあった。町組は、各町の年寄から互選された月行事、年行事によってになわれ、奉行所からの触れの伝達の単位となったほか、将軍家への年頭拝礼、所司代、町奉行への挨拶に代表を送った。給料、火消し人足などを費目とする大割は、間口三間を一軒役とした家ごとの軒役負担と、家屋敷購入に際して納付された分《ぶ》一銀《いちぎん》とによってまかなわれていた。

3 産業と物流

国際手工業都市●

古代以来、日本の商工業の中心であった京都は、近世にはいっても全国に隔絶した地位をほこっていた。

寛永十五(一六三八)年の序文をもった貞門派《ていもんは》の俳人松江重頼《まつえしげより》(京都の旅宿業大文字屋治右衛門《だいもんじやじえもん》)著『毛吹草《けふきぐさ》』は、十七世紀初期の諸国名産を書きあげた、鎖国《さこく》直前の全国的産業構造を知らせる貴重な史料であるが、同書からも、そうした京都の位置が明瞭に浮かびあがってくる。農産物・水産物から手工業製品におよぶ一八〇〇種類の名産のうち、その五分の一が洛中・洛外で産出され、全体の三分の一を五畿内が占めている。

洛中の特産品を具体的にみてみると、大別して衣料織物関係、武具・美術工芸品、日用雑貨品、食料品、医薬品に分類できる。衣料織物については絹の位置が高く、西陣《にしじん》撰糸、厚板物《あついたもの》、金襴《きんらん》、唐織《からおり》、紋紗《もんしゃ》、戻《もじ》、絹縮、色糸、絹糸などがあげられており、ほかに新在家羽二重、小川織帯《こかわおりおび》、三《さん》条袈裟《じょうけさ》、蚊帳《かや》、六条調緒《ろくじょうしらべのお》、綾小路《あやのこうじ》木綿足袋《もめんたび》などもある。これに対応した染色も発達していて、紺染、梅染、茶染、藍染、舟橋吉岡染、立売縊染物《たちうりくびれそめもの》、憲法《けんぽう》染など多数あった。

他地域に群を抜く手工業都市としての京都は、製品の原材料の多くを東南アジア諸地域からの輸入品に依存していた。この時期、奈良や堺《さかい》などの旧荘園《しょうえん》都市とともに、京都は、北九州を経由して東南アジア地域との分業関係をもった国際手工業都市として存在していたのである。鎖国直前における日本の年間生糸輸入量は約三、四十万斤にのぼり、鹿皮はシャムからだけでも二、三十万枚、鮫皮《さめがわ》は一〇万枚、蘇木《そぼく》・黒漆もそれぞれ数万ないし数十万斤が輸入されたというが、その多くが京都に流入してこの地の手工業

角倉船図絵馬

製品の原料となっていた。

東南アジアとの分業関係をもつ京都の商工業活動は、統一権力によってになわれた国際貿易事業とも連動して、多数の豪商を輩出した。彼らは新興領主たちの可能性に賭けて取引を行い、朱印船を仕立てて東南アジアへ進出するなど、冒険的・投機的商行為をつうじて富を蓄積していった。一〇〇〇トンに満たない和洋中の折衷船に、当時世界産出量の三分の一にもおよんだ日本産の銀、その他の鉱物や、美術工芸品を舶載してルソン、台湾、シャムなどにむかった彼らは、中国産生糸や絹織物、鹿皮・鮫皮・蘇木《そぼく》・香木・角・牙などを持ち帰って莫大な利益をあげた。

京都から朱印船で海外へ進出した商人の代表は、角倉了以《すみのくらりょうい》・素庵《そあん》（与一）父子と茶屋四郎次郎《ちゃやしろうじろう》である。なかでも嵯峨《さが》の土倉《どそう》として聞こえの高かった角倉は、了以の時代に家康との関係を強め、慶長八（一六〇三）年の安南への渡航を始めとして、鎖国に至るまでに一八回におよぶ朱印船派遣を行った。彼はまた、大堰川《おおいがわ》・富士川《ふじかわ》・天龍川《てんりゅうがわ》・高瀬川の開削や、禁裏造営・方広寺再建の材木輸送にもたずさわった。子の素庵も、朱印船貿易のほか、伊豆《いず》などの鉱山開発、淀川過書船《よどがわかしょせん》の支配、近畿幕領管理にかかわった。商業活動における手腕やすぐれた土木技術の能力が権力と結びついて増幅され、角倉父子は京都きっての豪商に成長したのであった。

内国産業都市へ

国際舞台で華々しく活躍した豪商たちの姿は、国際手工業都市京都の象徴であったが、幕府が鎖国政策を採用するにおよんで海外との直接的な交流は杜絶《とぜつ》することとなった。京都の商工業はそうした時代の流れのなかで、商工業活動の相手を国内に求める方向に大きく転換していった。

『毛吹草』が記された五一年後、元禄二（一六八九）年に刊行された『京《きょう》羽二重《はぶたえ》織留《おりどめ》』は、商工業の販路を国内各地と結んだ京都のようすをくわしく語る史料である。ここには京都と諸国とをつなぐ数多くの問屋商人たちが登場する。絹織物（呉服）や手工業品など京都の物資を北陸・東海・関東方面へ送り込む諸国買物問屋、生糸など関東・北陸・近江・丹後などの特産品を京で荷受けする諸国売物問屋などである。諸国買物問屋は三条通や室町通に多く集まり、諸国売物問屋は東洞院《ひがしのとういん》御池《おいけ》に集中して店をかまえていた。このほか大宮仏光寺《おおみやぶっこうじ》付近の丹波問屋を始め、近江並《ならびに》北国問屋、大坂呉服問屋などの国問屋・都市問屋もあり、紅花問屋・木綿問屋・塩魚問屋といった業種別専業問屋も多数輩出されていた。もちろん、幕府管理の長崎貿易にかかわる商人たちもいた。長崎問屋は新町二条付近に、糸割符《いとわっぷ》商人の多くは御所の西および南部に集住し、朝鮮問屋は新町中立売付近に店をかまえる。また、諸大名の呉服御用をつとめる呉服商人たちは、堀川通から室町通にかけての中立売、下立売通付近を集住地とした。十七世紀後半の時期、京都は高度な技術水準を維持・継承しながら、鎖国制度に対応した内国産業都市へと、大きく姿を変えていたのである。

　この間、商人たちには幾多の浮沈があった。国際貿易に系譜づけられる冒険的・投機的な商業活動は失敗し、勃興しつつある国内庶民経済に立脚し、節倹と勤勉をモットーにする商人たちが、京都商業の新しい担い手として登場しはじめていた。後年、三井《みつい》高房《たかふさ》は『町人考見録《ちょうにんこうけんろく》』をあらわして、十七世紀に没落した商家の事例を紹介している。大名貸しの失敗による没落三四家、奢《おご》りによるもの一七家、おろかなることでの失敗四家、幕命による取りつぶし四家、投機的事業二家など。このなかには京坂第一の両替商や、上京で一、二を争う大名貸しの問屋も含まれる。高房は、彼らを批判して、没落は労働しないで巨利を得ようとした商法や、子どもの教育と家制度をないがしろにした結果であるとしている。

筆者の三井高房の家自身が、新しい型の京都商人の代表だった。伊勢松坂《いせまつさか》出身の三井家は、高利の時代、延宝元（一六七三）年に京都新町六角下ル町に呉服仕入店を、また江戸に呉服店を設けて、現銀掛け値《げんぎんかけね》なしの薄利多売商法をはじめた。その後、天和三（一六八三）年、貞享三（一六八六）年にはそれぞれ江戸、京都に両替店を開業し、本拠を松坂より京都に移して江戸店持《えどだなも》ち京商人となった。他方で、同家は幕府の呉服御用達《ごようたし》や金銀為替《かわせ》御用達をつとめるなど、幕府や朝廷の権威を活用する術も心得ていた。この時期、京都に本拠をおいた近江商人の白木屋《しろきや》も、また京都屈指の小間物商柏原孫左衛門《かしわばらまござえもん》も、三井家同様に江戸店を設け、販路を広げながら発展していた。世の中は、海外を相手とした時代から、消費都市江戸や各地の城下町を相手とする内国産業の時代へと急速に転換していった。

舟運・陸運●

京都に集散する多量の物資の移動は、高瀬川・桂《かつら》川などの舟運や、多数の街道を利用した陸運によってになわれた。

近世京都の舟運として、もっとも盛況を極めたのは、高瀬川と保津《ほづ》川（大堰川・桂川）である。伏見〜京都を結ぶ舟運として大きな役割をはたした高瀬川は、豪商角倉了以・素庵父子の事業として慶長十九（一六一四）年ごろに完成をみた、川幅約七メートル、全長およそ一〇キロにおよぶ運河である。水路は、二条樵木《こりき》町付近で鴨川の流水を引き、いったん東九条付近で鴨川に合流したのち、竹田《たけだ》村を経て伏見南部で宇治《うじ》川に接続する。角倉が負担した総工費は七万五〇〇〇両にのぼったというが、この水路の開削によって、大坂・伏見方面からの物資の大量輸送が可能になり、二条〜七条の川筋には、それらをあつかう同業者町が形成された。伏見〜二条間に就航する舳先《へさき》が高く底の平らな川舟（高瀬舟）は、すべて角倉の支配下にあり、常時一六〇〜一八〇艘がゆきかっていた。

高瀬川が伏見・大坂方面と京都を結んだのに対して、丹波地方と京都を結ぶ河川が保津川である。丹波材を保津川の筏《いかだ》流しによって京都に運ぶ方法は、平安京造都以来の歴史をもっているが、その度合いは、都市京都の発展とともにいっそう増加した。山国郷《やまぐにごう》などの林業地帯で筏にくまれた丹波材は、世木《せき》・殿田《との だ》・保津・山本《やまもと》各村の問屋の中継ぎを経て、嵯峨・梅津《うめづ》・桂の筏浜（三カ所材木屋）に集荷され、市中に散在する一五カ所の材木屋に売りさばかれていった。その量は十七世紀後期には年間六〇〇〜八〇〇筏を数え、中・後期には一五〇〇から二五〇〇筏にのぼった。なお、角倉了以は、高瀬川開削にさきだつ慶長十一年に、この保津川の嵯峨・殿田間の開削工事を行って舟運を可能とした。ここでは常時七〇〜九〇艘の高瀬舟や猟舟が行き来し、薪《まき》などの輸送を行っている。

諸国から京都にはいる陸路に関しては、古来その入り口を「京の七口」とよびならわしてきたが、消費物資や手工業物資の移出入の増加に伴い、より多くの陸運ルートが展開した。たとえば、享保年間（一七一六〜三六）の史料は、七口として、東寺口（摂津《せっつ》道）、五条橋《ごじょうはし》口（伊賀《いが》・伊勢道）、四条大宮《しじょうおおみや》口（九州道）、竹田口（紀州《きしゅう》道）、三条橋《さんじょうはし》口（近江道）、大原《おおはら》口（若狭《わかさ》道）、清蔵《せいぞう》口（丹波道）をあげながらも、そのほかに鞍馬《くらま》口、荒神《こうじん》口、長坂《ながさか》口、若狭口、八瀬《やせ》口、粟田《あわた》口など多数の出入口を記している。

北陸・東海地方からの物資を運ぶ大動脈が大津と京都を結ぶ街道であった。物資の中心は、北陸諸藩から琵琶湖《びわこ》を経由して大津に集荷された米である。京都には、ほかに山城・大和《やまと》・丹波などの近郊農村からの移出米や大坂で販売された西国米も搬入されたが、全体の六〇％は大津経由の北陸米で、その量は年間

五、六十万俵（一俵六〇キロ）にのぼる。大津—逢坂《おうさか》—山科—日《ひ》の岡《おか》—粟田口—三条の路辺には、米穀輸送牛車のために車石が敷設され、京都車借《しゃしゃく》の牛車《うしぐるま》を始め、大津馬借《ばしゃく》配下の牛馬や一俵背負いの運搬人などが、頻繁にゆきかった。このほか大津からは、東海・北陸方面からの鮮魚・干魚も運び込まれた。錦小路《にしきこうじ》や椹木《さわらぎ》町の魚店には右のルートで、また五条の魚店には山科から渋谷《しぶたに》越えで搬入された。

南方から京都につうじる街道に、伏見・竹田・鳥羽の三街道があり、大坂・西国からの米穀類や瀬戸内からの魚介類などは、これらの街道を経て京都にはいってきた。伏見・竹田街道では伏見の車力《しゃりき》が活躍し、鳥羽《とば》街道では上《かみ》鳥羽・下《しも》鳥羽・東寺・横大路《よこおおじ》などの車力が活動していた。

京都と北部地域とを結ぶ街道としては、若狭～京都をつなぐ若狭街道、丹波と京都を結ぶ周山《しゅうざん》街道、山国・京都間の山国街道など、いくつかの街道があり、日本海の鮮魚を始め、絹糸・麻糸・蠟燭《ろうそく》・紙・箕《み》などの特産品や、檜皮《ひわだ》・薪炭などの林産品が運ばれていた。なかでも若狭街道は、若狭産の鯖《さば》を一昼夜で運ぶ鯖街道の異名をもち、小浜《おばま》・高浜《たかはま》～周山～京都をルートとする周山

米俵を運ぶ牛車（「花洛名勝図会」）　粟田神社付近。

街道は、日本海からの最短コースとして活用されていた。

4　花開く文化

桃山と寛永と●

永禄十一（一五六八）年の織田信長の登場から一七〇〇年初頭の元禄《げんろく》に至る一世紀半は、京都の文化史のなかでも、ひときわ輝かしい時代であった。南蛮《なんばん》文化の影響を大きくうけながら天下人に主導された桃山《ももやま》文化、後水尾院を主催者とした寛永《かんえい》の宮廷文化、新興町人の勃興を背景に展開した元禄文化と、京都を舞台にさまざまな文化が花開いた。

十六世紀の後半から、慶長二十（一六一五）年の大坂夏の陣前後にかけての半世紀、京都は、信長・秀吉らの絶対的専制権力者を牽引車とする、黄金と南蛮文物とを融合させた絢爛豪華な文化の中心舞台となった。新しくおこった権力者たちは、壮大な城郭や殿舎・寺院をあいついで造営し、その荘厳化のために絵画・工芸のあらゆる分野を動員した。なかでも、狩野永徳、長谷川等伯《はせがわとうはく》、海北友松《かいほうゆうしょう》といった天才画家を得た画壇は活況を極め、この文化の中心となった。上京の狩野辻子《づし》（元誓願寺新町西入ル）にあって、室町幕府御用絵師《ごようえし》の家系をついだ永徳は、その豪奢で華麗な画風が信長・秀吉に重用され、安土《あづち》城、大坂城、聚楽第などの障壁画を制作した。焼失した作品が多いが、大徳寺聚光院《だいとくじじゅこういん》の障壁画や、上杉本《うえすぎぼん》「洛中洛外図屛風」、「唐獅子図屛風《からじしずびょうぶ》」などが残存している。彼によって大成された狩野派は、その後、江戸狩野（探幽）・京狩野（山楽《さんらく》・山雪《さんせつ》）の二つの流れをもって継承されていく。

『等伯画説《とうはくがせつ》』で有名な長谷川等伯は、能登《のと》国七尾《ななお》の出身である。彼は、三〇代の後半、上京《かみぎょう》の本法《ほんぽう》寺をたよって上洛し、「松林《しょうりん》図《ず》屏風」のような雪舟《せっしゅう》風水墨画《すいぼくが》を描く一方、秀吉に近づいて祥雲《しょううん》寺の襖絵《ふすまえ》（現在智積院《ちしゃくいん》大書院）制作にあたり、また肥前《ひぜん》名《な》護屋《ごや》城の山里《やまざと》御座敷に「児童の色絵」を描くなどの活躍をした。近江浅井《あざい》氏の重臣の子としてうまれた海北友松は侍童《じどう》としてはやくから東福《とうふく》寺にはいり、狩野派を経由したのち、独自の作風をつくりあげた。とくに水墨画にすぐれ、その名は朝鮮にまで聞こえたという。建仁《けんにん》寺などに多数の作品がのこされている。

絢爛豪華な桃山文化が、江戸幕府の確立とともに終焉したのち、寛永期（一六二四～四四）にはいり、御所を中心として新しい文化活動が盛んとなった。後水尾天皇と二代将軍秀忠《ひでただ》の娘東福門院和子を中核にして、その周囲に集まった堂上《とうしょう》公家や上層町人、各層の知識人らがになった寛永文化である。政治から隔離された天皇として即位し、寛永六（一六二九）年の紫衣事件を契機に退位した後水尾院は、めぐまれた才能を学問・芸能の方面にむけていった。

後水尾天皇画像

朝幕の対立緩和に心をくだき、伝統文化の復興につとめた東福門院の尽力や、幕府からの財政的な援助も手伝って、五〇年に近い後水尾院の院政のもとで、洗練された宮廷文化が開花したのである。

彼らを取りまいたおもな文化人としては、工芸の本阿弥光悦《ほんあみこうえつ》、絵画の俵屋宗達《たわらやそうたつ》、陶芸の野々村仁清《ののむらにんせい》、立《りっ》花《か》の池坊専好《いけのぼうせんこう》、建築の小堀遠州《こぼりえんしゅう》、茶の千宗旦《せんのそうたん》など。禁裏関係では八条宮智仁《はちじょうのみやとしひと》・智忠《としただ》父子、公家の一《いち》条昭良《じょうあきよし》、近衛信尋《このえのぶひろ》。また鹿苑《ろくおん》寺の鳳林承章《ほうりんしょうしょう》、大徳寺の沢庵宗彭《たくあんそうほう》、黄檗《おうばく》の隠元《いんげん》、臨済《りんざい》僧の一糸文守《いっしもんしゅ》（仏《ぶっ》頂国師《ちょうこくし》）なども取りまきであった。彼らを構成員に、仙洞御所や近衛邸、一条邸、妙法院《みょうほういん》、曼殊院《まんしゅいん》、大《だい》覚《かく》寺などを会場として、和歌や立花の会が盛んに開催された。なかでも、秀吉の北野大茶会《きたのだいちゃかい》以来の一大壮観と評された大立花の会は、池坊専好が召され、僧侶や地下衆《じげしゅう》も参加した華道史上特筆される催しであった。また、公家衆や門跡法親王《もんぜきほっしんのう》らを集めてもよおされる仙洞御所での茶会は、和歌《わか》・連歌《れんが》の会とともに、仙洞生活五〇年の恒例行事となっていた。この間、八条宮（桂宮）の別荘桂離宮《かつらりきゅう》や、後水尾院の山荘修学《しゅがく》院離宮《いんりきゅう》の造営も進められている。

京学の形成●

近世初頭は、京都を舞台に、新しい学問思想である朱子学《しゅしがく》が登場した時期でもあった。時代は、すべてを神仏の意志に帰す中世から、人間の知恵や能力を強く意識する近世へと移ろうとしており、仏教にかかわる思想を求めていた人びとにとって、人倫こそが真であると主張する朱子学は、その期待にそう新鮮さをもっていた。

新しい思想を説き広めたのは、藤原惺窩《ふじわらせいか》であり、彼に続いた林羅山《はやしらざん》である。永禄四（一五六一）年、疎開先の播磨《はりま》国細川庄にうまれた下冷泉《しもれいぜい》家出身の惺窩は、相国《しょうこく》寺での修行、五山《ござん》の学問を経由するなかで純粋の朝鮮朱子学にであった。それは、公家のになう中世家学としての儒学《じゅがく》や五山の儒禅一致の学問とは異なった新しい儒学であった。慶長五（一六〇〇）年、関ヶ原の合戦で勝利したばかりの家康の面前で行われた西笑承兌《さいしょうしょうだ》や玄圃霊三《げんほれいさん》らとの論争は、新思想をになう惺窩のデビューにふさわしいものであった。黒衣の宰相承兌らが仏教の立場から惺窩を批判して、「真を捨てて俗に還った」と論難したのに対して、深衣道服の儒服をまとった惺窩は、「人間の世こそが真であり、出世間に真ありとする僧たちの論理は実生活をごまかす口実にすぎない」と激しく批判した。

惺窩を創始者として、京都ではじまった朱子学（京学《きょうがく》）は、藤門四天王《とうもんしてんのう》とよばれた林羅山、松永尺五《まつながせきご》、堀杏庵《ほりきょうあん》、那波活所《なわかっしょ》ほか、詩仙堂《しせんどう》の石川丈山《いしかわじょうざん》など多くの弟子たちによってうけつがれ、江戸（羅山）、安芸《あ き》や尾張（杏庵）、肥後《ひご》・紀伊《きい》（活所）と、全国各地へ広められていった。京都の地では、この学は松永尺五によって大きく継承された。戦国武将松永久秀《ひさひで》の曾孫にあたり、歌人松永貞徳《ていとく》の子として京都にうまれた尺五は、惺窩にしたがって儒学や詩文を学び、寛永五（一六二八）年には西洞院二条下ル町に春秋館《しゅんじゅうかん》を、同十四年には堀川二条下ル町に講習堂《こうしゅうどう》を設立して講説《こうせつ》を行った。

寛永年間（一六二四〜四四）の京学の隆盛をうけて、その後十七世紀後期から十八世紀の初頭の時期、京都では、おおむね三つの儒学の学派が台頭した。一つは、木下順庵《きのしたじゅんあん》によって継承された京学の流れ（木門学派《もくもんがく》）、他は土佐朱子学（南学《なんがく》）の系統をつぐ山崎闇斎《やまざきあんさい》の学統（崎門学派《きもんがく》）、そしてもう一つは朱子学を批判し、古義学《こぎがく》を提唱した伊藤仁斎《いとうじんさい》の学派（堀川学派《ほりかわがく》）である。

京都に牢人の子としてうまれ、松永尺五に学んだ順庵は、錦小路烏丸西入ル町に居をかまえながら加賀《かが》藩主前田綱紀《まえだつなのり》から禄《ろく》を得、加賀と江戸を往来して門弟の育成にあたった。学問の目的を徳性の陶冶《とうや》とその実践においた順庵の学は多数の人材を育てた。幕政に貢献した新井《あらい》白石《はくせき》や室鳩巣《むろきゅうそう》を始め、対馬藩につかえて朝鮮との外交に重きをなした雨森芳洲《あめのもりほうしゅう》、紀州藩につかえた祇園南海《ぎおんなんかい》・榊原篁州《さかきばらこうしゅう》などは、その代表である。

木下順庵とならぶ京都朱子学の大儒に山崎闇斎がいた。京都の鍼医《しんい》の子としてうまれた闇斎は、妙心寺で僧となり土佐《とさ》に移ったが、南村梅軒《みなみむらばいけん》を祖とする土佐朱子学（南学）を谷時中《たにじちゅう》に学んで儒者となり、京都に戻って葭屋《よしや》町出水《でみず》下ル町に講席を開いた。門人六〇〇〇人を数えたといわれる闇斎の学問は実践性に富み、京学のもつ寛容性を拒否する峻厳な学風で知られた。大義名分《たいぎめいぶん》に基づいた人倫社会秩序の重視は幕藩制的秩序の絶対化にも適合的であったから、門人たちは全国諸藩の教学に重用され、また彼の提唱した垂《すい》

史跡　古義堂跡

加神道《かしんとう》は、幕末に高唱される攘夷《じょうい》論や大義名分論の源流ともなった。著名な門人として、崎門《きもん》の三傑《さんけつ》と称された佐藤直方《さとうなおかた》、浅見絅斎《あさみけいさい》、三宅尚斎《みやけしょうさい》がいる。

崎門学派に反発し対抗しながら登場した学派に、伊藤仁斎の古義堂《こぎどう》があった。堀川出水下ル町の上層町人の子としてうまれた仁斎は、人間の多様性や自発性を重視して朱子学の画一的な人間観を批判し、人格的陶冶をもって徳を実現すべきことを主張した。彼は、注釈を排して直接『論語《ろんご》』『孟子《もうし》』を熟読する方法をとり、教育もゼミナール風の方式を採用して、師弟対等の切瑳琢磨をモットーとした。こうした古義堂に対する評価も高く、集まった門人は東北・関東から四国・九州におよび、門人帳に名を連ねた人数は三〇〇〇余人にのぼっている。

この時期、京都の国学者《こくがくしゃ》として荷田春満《かだのあずままろ》がでたことも注目される。伏見稲荷社神官の家にうまれた春満は、国学を儒仏とならぶ学に高めようと、江戸にでて、倭学《わがく》の学校を京都に創立すべきとした上書『創《そう》学校啓《がくこうけい》』を将軍吉宗《よしむね》に提出している。

元禄の文化

安土桃山文化が専制権力者のまわりに花開き、寛永文化が御所を中心的舞台としたのに対し、元禄時代（一六八八〜一七〇四）に展開した文化は、町人たちを作り手・受け手とするものであった。この文化は、古典的な貴族文化の雅《みや》びと、町人たちの俗《ぞく》の世界との融合を特色としているが、それは力をたくわえはじめた町人たちが、この地に蓄積されてきた貴族的雅びさを文化創造の大きな契機としたからである。

元禄文化の特色を端的に示した分野が美術工芸の世界である。この方面では、すでに寛永文化のなかで、本阿弥光悦の書画・茶碗や「舟橋蒔絵《ふなはしまきえ》硯箱《すずりばこ》」、俵屋宗達の「風神雷神図《ふうじんらいじんず》屏風」など、雅びの形がつくられていたが、この伝統のもとに、元禄時代の美術工芸世界をリードしたのが尾形光琳《おがたこうりん》であり、弟の乾山《けんざん》である。光琳は「八橋蒔絵螺鈿《やつはしまきえらでん》硯箱」や「紅白梅図《こうはくばいず》屏風」などの華麗な装飾を得意とし、他方、乾山は「色絵《いろえ》梅花文《ばいかもん》茶碗」など素朴な雅趣を得手とした。近江浅井家の家臣との由緒をもつ尾形家は、慶長年間（一五九六～一六一五）以来呉服師の雁金屋《かりがねや》として名を馳《は》せた特権的豪商であったが、光琳らの兄藤三郎《とうさぶろう》の代には、初期豪商の経営危機を脱して、町人相手の呉服商として活路を開きつつあった。光琳・乾山の芸術にみられる新鮮さは、光悦を姻戚関係にもち、東福門院の御用をつとめた伝統と、他方、新興町人的要素をあわせもった雁金屋という場が育《はぐく》んだとみることができる。

東山知恩院《ちおんいん》門前の扇絵師宮崎友禅《みやざきゆうぜん》が完成させた文様染めも、元禄時代がうみだした傑作である。伝統的な有職文様と、今様の繊細さとをミックスした意匠は、町人層への小袖の普及とあいまって染色界に一大旋風をまきおこし、世の女性たちの心を大きくつかんだ。

ところで、光琳が転々とすみかをかえたのちに新町二条下ル町に落ち着き、また、彼の後援者である銀

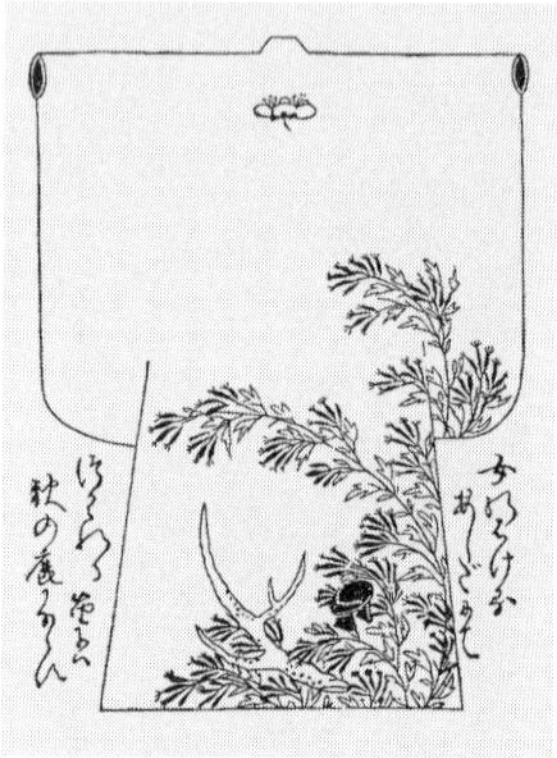
友禅ひいなかた

座役人中村内蔵助《なかむらくらのすけ》が下立売室町東入ル町に住んだことに象徴されるように、元禄文化は二条通をはさんだ中京世界を中心の一つとしていた。従来上京・下京のあいだの中間的空間地であったこの辺りは、徳川の二条城築城を契機として発展しはじめ、元禄期前後には「中京の分限者」という言葉もできるほどであった。とりわけ、慶長五（一六〇〇）年に金座がおかれ、同十三年に伏見から銀座が移転した両替町通はその中心で、丸太町〜三条、室町通と烏丸通のあいだに住む住人たちの、財にまかせた豪奢な生活は「両替町風」とまでよばれるようになった。光琳が演出した東山での豪商妻女の衣裳競《くら》べは、この風俗の代表例である。乾山も仁和《にんな》寺門前・鳴滝《なるたき》居住ののち、晩年に一時、二条寺町西入ル町に居を移している。

元禄文化が花開いた他の場所は、島原の遊里や四条の芝居小屋であった。寛永十七（一六四〇）年に六《ろく》条三筋《じょうみすじ》町から朱雀野の地に移転を命じられた遊郭（島原・西新屋敷）は、元禄期には家数二〇〇軒、総人口一七〇〇人をかかえて最盛期を迎えていた。美をつくした調度や装飾、流行の先端をいく豪奢な衣裳など、この町には、王朝の雅びを基調とした町人文化の粋が集められた。また、ここに遊ぶ町人たちの生態は浮世草子《うきよぞうし》や歌舞伎《かぶき》、浄瑠璃《じょうるり》といった町人文化の各分野の題材ともなっている。四条の芝居小屋もこのころには七軒を数え、庶民芸能の拠点としておおいににぎわいをみせていた。

他方、庶民のあいだでもっとも流行した文芸が俳諧《はいかい》である。元禄四（一六九一）年刊行『誹諧京羽二《はいかいきょうはぶた》重《え》』は、この当時、京都に六七人の俳諧点者と三五六人にのぼる俳諧師・俳諧作者のいたことを記している。その中心は松永貞徳の流れをくむ貞門俳諧と大坂西山宗因《にしやまそういん》によって広められた談林《だんりん》俳諧で、これに芭《ば》蕉《しょう》の蕉風《しょうふう》俳諧が参入する形をとった。西山宗因が、貞徳によって文学的に高められた俳諧に町人独特の軽妙・滑稽さを加味したのに対して、蕉風俳諧は雅俗の統一や情と景の融合を追求していた。京都談林派の中心は富小路錦小路上ル町に住んだ菅野谷高政《すがのやたかまさ》など。また、京都蕉門派の代表は、小川椹木町上ル町の医者野沢凡兆《のざわぼんちょう》と嵯峨落柿舎《らくししゃ》の浪人向井去来《むかいきょらい》であった。蕉門の一人は、元禄四年に京都俳諧書林井筒屋庄《いづつやしょう》兵衛《べえ》方から俳諧撰集『猿蓑《さるみの》』を刊行する。

印刷と出版●

近世の京都の文化や学問をささえ、これをリードした分野に出版事業があった。すでに鎌倉・室町の時代から五山版《ござんばん》を中心にこの地の出版活動は著名であったが、近世初頭にヨーロッパと朝鮮から到来した活字の刺激を得て、新しい段階にはいった。

日本における活字印刷の最初は、秀吉の朝鮮出兵のときにもたらされた朝鮮の活字と印刷器具を使用して、文禄二（一五九三）年に後陽成天皇が刊行させた『古文孝経《こぶんこうきょう》』である。その後、後陽成天皇は日本製の木製活字を用いて、慶長勅版とよばれる『日本書紀』などの活字本を作らせ、活字印刷の普及に貢献した。徳川家康も活字印刷に注目した一人である。家康は、新しい思想であり政治理念でもある朱子学の普及のために、伏見円光《えんこう》寺の閑室元佶《かんしつげんきつ》に木製活字一〇万個を新彫してあたえ、円光寺版（伏見版）とよばれる一連の書物を刊行させた（口絵参照）。

一方、京都市中でも、民間の開版事業（町版・坊刻本）がはじまり、文禄四年に出版された小瀬甫庵《おぜほあん》の『補注蒙求《ほちゅうもうぎゅう》』を先駆として、医学書や古典、謡本などがつぎつぎと出版されていく。町版にして古活字本の精粋ともいうべき美本も登場した。本阿弥光悦が指導し、豪商角倉素庵によって出版された嵯峨本（角倉本・光悦本）がそれで、光悦が版下を書き、料紙や装丁に王朝風のデザインを凝らした豪華本であった。慶長十三（一六〇八）年刊行の『伊勢物語《いせものがたり》』を始め、『徒然草《つれづれぐさ》』『方丈記《ほうじょうき》』『百人一首《ひゃくにんいっしゅ》』などあわせて一三種が知られている。

寛永期（一六二四〜四四）にはいると書物の出版は、仮名《かな》草子《ぞうし》の流行ともあいまって、いちだんと盛んになり、木活字本にかわって、二頁分を一枚の版木に彫る整版（木版）印刷本が、しだいに主流となりはじめた。のちに京都きっての出版書肆《しょし》となる風月堂《ふうげつどう》（二条高倉東入ル）や平楽寺《へいらくじ》（二条烏丸西入ル）、文昌堂《ぶんしょうどう》（錦小路新町西入ル）などの登場もこのころである。

こうした京都の出版業は、町人文化として花開いた元禄年間（一六八八〜一七〇四）にピークを迎えた。寺町通や二条通、五条東洞院付近には、あわせて七、八十軒にものぼる出版書肆が軒をならべた。出版点数もうなぎのぼりに増加し、万治二（一六五九）年に約一六〇〇点であった新刊書が、貞享二（一六八五）年には約六一〇〇点、元禄五（一六九二）年には七三〇〇点となっている。ちなみに、元禄五年の内訳は、伝統を反映して仏書が二八二〇点ともっとも多く、ついで俳諧書六五八点、歌書・狂歌四九三点、医書四四五点、儒書・経書三五四点、詩集・連句二六一点と続いている。この

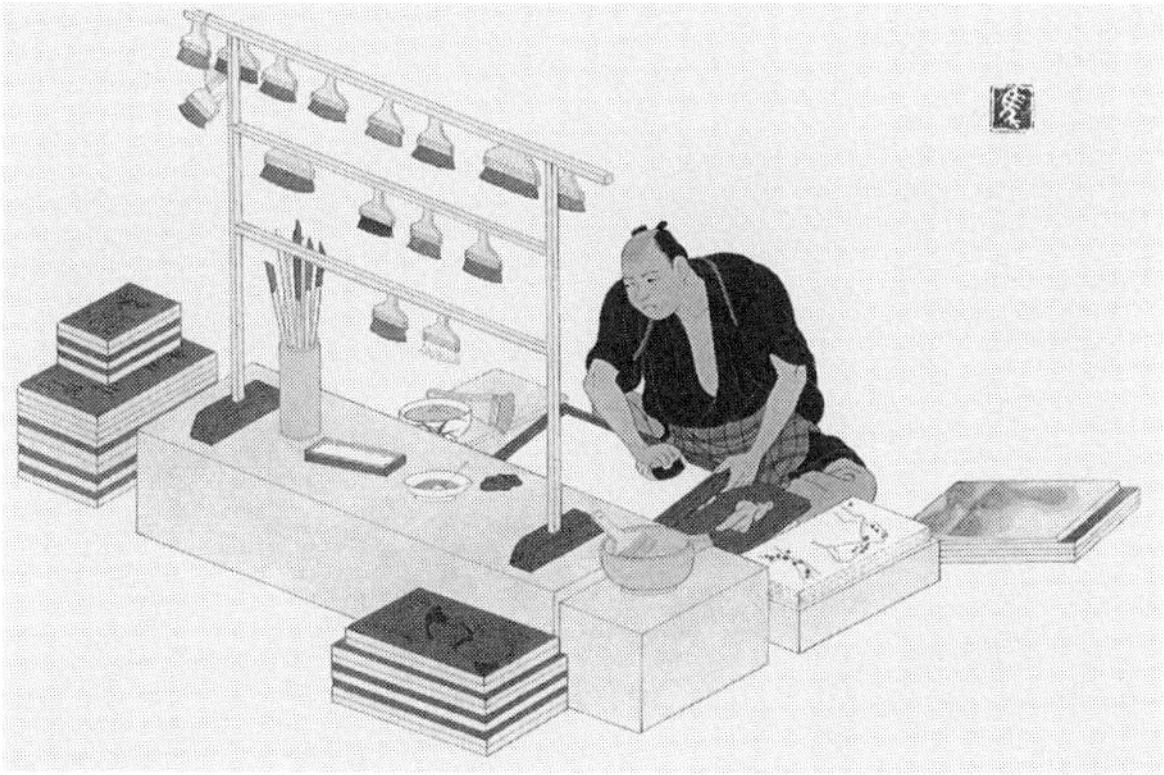
摺師（『江戸職人図聚』）

ほか、呉服業界の発展に伴って衣裳雛形とよばれるファッションブックの出版もはじまる。

　印刷部数も、多いものでは一〇〇〇部を上まわった模様である。すでに、寛永期の仮名草子『清水物《きよみずもの》語《がたり》』は「京や田舎の人々に二、三千通りも売り申せし」というし、京都の書肆和泉屋《いずみや》の主人は、元禄二年に、浮世草子《うきよぞうし》一点当りの出版部数を七、八百部から八、九千部と自慢していた。

　元禄の浮世草子隆盛の波にのりながら発展し、江戸時代中期の日本の小説界を席巻《せっけん》した書肆に八文字屋《はちもんじや》があった。慶安年間（一六四八〜五二）に六角麩屋《ろっかくふや》町西入ル町に店舗をかまえた八文字屋は、説教《せっきょう》本・浄瑠璃本や絵入狂言《えいりきょうげん》本・役者評判記《やくしゃひょうばんき》などの出版にたずさわっていたが、元禄十四年、江島其磧《えじまきせき》執筆のベストセラー『傾城色三味線《けいせいいろしゃみせん》』を刊行するにおよんで出版界の寵児となった。この八文字屋の繁栄によって、大坂井原西鶴《いはらさいかく》の浮世草子に押されはじめた京都の出版業界は、いっきにもりかえし、その勢いは明和・安永年間（一七六四〜八一）まで持続された。

　出版には、熟練した職人集団と資本をもった書肆、東西の知識につうじた著作者、水準の高い読者などが必要である。近世前期の京都には、そうした条件がそろっていた。

7章 在郷世界と藩体制

『拾遺 都名所図会』

1　山城の領主と在郷

山城の領主たち●

洛中から一歩外にでると、そこは辺り一面、村を単位に高度に発達した農業社会であった。村の形は、地理的・社会的条件によって多様だが、京都近郊でもっとも一般的なスタイルは、七、八十軒の集落を中核に、その外延に耕地と共有山を保有するものであった。各村には自村民を守護する鎮守《ちんじゅ》（村氏神《むらうじがみ》）があり、村民たちはみずからがつくった秩序を基本にしながら、生産に取り組み、日常の生活をいとなんでいた。天保五（一八三四）年の調査によれば、山城国《やましろ》にはあわせて四七七、丹波《たんば》国に八八〇、丹後《たんご》国に三八八の村があった。

近世の領主《りょうしゅ》たちは、こうした村を単位として幕藩の体制を組み立てた。とりわけ山城国の村々は、京都に隣接していることから、朝廷関係や京都の大寺社の領地となったところが多く、幕府の直轄領や旗本の飛び地なども多数あった。所領の配置が安定した享保十四（一七二九）年を例にとると、朝廷関係領が約一〇万石を占め、寺社領が四万石、幕府直轄領三万八〇〇〇石、大名《だいみょう》領三万石、旗本領一万三〇〇〇石という内訳となっている。以下、こうした山城の領主について概観してみよう。

朝廷関係領は、山城国石高《こくだか》の約半分を占め、禁裏《きんり》・院《いん》（仙洞《せんとう》）・女院《にょいん》・女御《にょうご》などの御料《ごりょう》を中心に、公《く》家《げ》・門跡《もんぜき》、御所関係役人領などがあった。禁裏御料は、関ヶ原《せきがはら》の合戦ののち、山科郷《やましな》（京都市山科区）、瓶原《みかのはら》郷（木津川市加茂《かも》町）などのうちに一万石分の村々が配分され、その後、徳川秀忠《とくがわひでただ》・綱吉《つなよし》によって山城

山城国の武家領と非武家領(享保14<1729>年)

郡　名	郡　高	武家領	非武家領	非武家領比率
	石	石	石	%
愛宕郡	26,034	2,192	23,841	91.6
葛野郡	35,020	3,557	31,463	89.8
乙訓郡	26,632	4,045	22,587	84.8
紀伊郡	25,721	11,014	14,707	57.2
宇治郡	15,408	2,030	13,378	86.8
久世郡	26,471	22,393	4,078	15.4
綴喜郡	29,380	13,361	16,019	54.5
相楽郡	37,131	22,801	14,330	38.6
山城国	221,801	81,397	140,404	63.3

各郡の教字は小数点以下を切り捨てた。

国内や丹波山国《やまぐに》郷（京都市右京区）の地が加増されて、あわせて三万石となった。院御料は、慶長十六（一六一一）年に後陽《ごよう》成上皇《ぜいじょうこう》に二〇〇〇石、寛永十一（一六三四）年後水尾《ごみずのお》上皇に一万石というように、当初は上皇在位期間中の進献を通例とした。その後、宝永三（一七〇六）年に一万石と定まり、享保二十年からは、新院並立の場合は新院にも七〇〇〇石分があたえられることになった。この院御料も、一部が丹波・摂津《せっつ》に配分されたほかは山城国内の村々が中心となっている。女院に対してあたえられる女院御料は、元禄八（一六九五）年に一〇〇〇石加増されて三〇〇〇石、女御御料は江戸時代をつうじて二〇〇〇石相当の村々が指定された。このほか、宮方や一〇〇軒におよぶ公家に対する領地が四万石、門跡・内侍所《ないしどころ》・御局《おつぼね》領や、外記《げき》・官務《かんむ》・出納《すいとう》などの禁裏役人関係領があわせて三万石あった。これもごく一部が摂津・河内《かわち》・和泉《いずみ》・近江《おうみ》・丹波に散在した以外は、山城国内に設定されている。

山城国内の大名領としては、淀《よど》に本拠をおいた淀藩領を中心に、相楽郡に一万石ほどの伊勢藤堂《いせとうどう》・同久居《ひさい》藩領、二〇〇〇石の大和柳生《やまとやぎゅう》藩領、四〇〇〇石余の大和小泉《こいずみ》藩領があった。淀藩領は立藩当時の三万五〇〇〇石から稲葉《いなば》氏一〇万二〇〇〇石までと振幅がある。たとえば稲葉時代の領地は、淀周辺の紀伊《きい》郡に一〇〇〇石のほか、久世《くせ》・綴喜《つづき》・相楽の木津川《きづがわ》両岸に二万石があり、残り八万石余は摂津・河内・近江・下総《しもうさ》・常陸《ひたち》・上野《こうずけ》などに分散していた。このほか初期には、一時伏見《ふしみ》、御牧《みまき》（久世郡久御山《くみやま》町）、勝竜寺《しょうりゅうじ》（長岡京《ながおかきょう》市）に藩がおかれ、一部の村々がこれらの藩領になったこともある。

山城地域で最大の寺社領は、八幡《やわた》八郷を守護《しゅご》不入の神領としてあたえられた石清水《いわしみず》八幡宮領であった。社務職の田中《たなか》・壇《だん》・善法寺《ぜんぽうじ》・新善法寺《しんぜんぽうじ》の四家を始めとして、山上・山下の神人《じにん》・寺院に対して、将軍から六〇〇〇石にのぼる領地朱印状《しゅいんじょう》が発行された。当社はほかに大名からの寄進地や、各坊に対する祈禱料奉納もあり、安定した経済運営がなされていた。

国内には幕府の直轄領（天領《てんりょう》）や江戸の旗本領も存在した。天領は初期には五万石前後にのぼったが、禁裏御料への配分などによって減少し、享保年間（一七一六～三六）には三万八〇〇〇石となった。これらの直轄領は、京都代官《だいかん》・宇治《うじ》代官・大和今井《いまい》代官・伏見奉行《ぶぎょう》が管轄した。

約三〇人におよぶ旗本領は、あわせて一万二〇〇〇石ほどであったが、そのほとんどは久世・綴喜・相楽の南部三郡に集中していた。これらの旗本領は、多くの場合、所司代《しょしだい》や禁裏付《きんりつき》、二条城番《にじょうじょうばん》など、京都で役職をつとめたものに対する在京賄《まかな》い料としてあたえられた領地で、その後子孫が継承したものである。一部この地に居住したものもいたが、中期以降は大半が江戸住まいとなり、領地管理は、地元出身の在地代官に任されることが多かった。

多数の領主の領地が錯綜した山城地域は、京都所司代のになう広域行政の傘下にあったことでも特徴的であった。元和～寛永期（一六一五～四四）には、所司代配下の上方郡代《かみがたぐんだい》（五味豊直《ごみとよなお》・小堀政一《こぼりまさかず》）が、山城を始めとする上方八カ国への幕令伝達や、天領・公家寺社領の裁判、木津川・宇治川・賀茂《かも》川など大川筋管理を担当し、天領・禁裏御料の支配も行った。寛文八（一六六八）年の町奉行所設置以降は、これらの業務は京都町奉行や京都代官・伏見奉行などへと分掌されていくが、幕府出先機関によるこうした広域行政は、錯綜した領主支配を大きく統合し、領主支配を貫徹するために重要な役割をはたした。また関連して、貞享元（一六八四）年からは、淀川・木津川などの山間部の土砂留め監督制度がはじまった。この制度は、京都町奉行所を管轄役所として、担当を命じられた近隣大名家臣《かしん》が郡単位に山々を管理・巡回するものである。山城地域住民にとって、自領主の侍《さむらい》とならんで、幕府の奉行所や、広域行政担当大名配下の侍たちとの接触も、また日常的な付き合いのうちであった。

伏見●

村を細胞とした農村世界のなかに、いくつかの町場が点在していた。豊臣秀吉《とよとみひでよし》・徳川家康《いえやす》時代に城下町《じょうかまち》として発達し、その後交通都市として展開した伏見、江戸時代をつうじて山城で唯一の城下町であった淀、石清水八幡宮や向日《むこう》神社前の門前《もんぜん》町など。六地蔵《ろくじぞう》・長池《ながいけ》・玉水《たまみず》・木津など大和街道の宿場《しゅくば》町《まち》もあった。これらの町々は、物流や人的交流のセンターとして機能し、また地域をつなぐ役割をはたしていた。以下、伏見、淀、八幡、宇治など、おもな町場のようすをのぞいてみたい。まず、山城南部にあって、政治的・経済的にもっとも重要な位置を占めた伏見から順番にみていこう。

伏見九郷とよばれた農村地帯は、天正二十（一五九二）年に開始された秀吉の都市建設によって大きく変貌した。当初、秀吉の隠居城とも称されたこの城は、翌年いったん完成したが、その直後から本格的な城郭へと造り替えがはじまり、城下町の建設も進められた。この造り替えの理由は、伏見が朝鮮出兵に伴う明使との交渉の場に予定されたことや、豊臣秀頼《ひでより》の誕生に伴う関白秀次《かんぱくひでつぐ》との確執など、いろいろとあった模様であるが、いずれにしても、文禄三（一五九四）年八月、秀吉が新しい城（指月《しげつ》城）にはいるにお

村の世界

左頁の図に示した山城《やましろ》国相楽《そうらく》郡植田《うえだ》村（精華《せいか》町）の姿は、山城地方にあって典型的なものである。絵図から村のようすをながめてみよう。

村域は、山麓に形成された集落を中心に、東部前面に広がる農地、および背後の村山という三つのエリアから構成されている。明治初年の調査によれば、同村の人口は三四四人で、家数は七一軒。この数値は江戸時代からさほど変わっていない。集落南部の字畑《あざはた》ノ前《のまえ》遺跡からは、六世紀後半〜七世紀前半築造の後期群集墳《ぐんしゅうふん》が発掘されているから、この地域での生活の歴史は、はるか古代にまでさかのぼる。集落背後の山腹には長禄年間（一四五七〜六〇）に勧請されたと伝える村氏神《うじがみ》の稲《いな》植《うえ》神社が神宮寺東福寺《とうふく》とともに鎮座し、村民生活の精神的中核となっていた。現在も大晦日・元旦の神楽《かぐら》奉納を始め、一月四日の注連縄《しめなわ》作り、同八日の御田植《おたうえ》祭り、七月十四日の夏祭り（祇園《ぎおん》さん）、十月十七日の「百芽《ひゃくめ》寄《よ》せ」などの年間神事がいとなまれている。土地の氏神は村民をまもる神であると同時に、村の生産活動や生活にリズムをあたえ、実りの喜びを共にする神でもある。

村域東北部には、融通念仏《ゆうづうねんぶつ》宗来迎《らいごう》寺がある。村民の宗旨寺である来迎寺は本尊に鎌倉《かまくら》時代作の阿《あ》弥陀如来《みだにょらい》立像をすえて、来世への道筋を示している。同寺は、近松門左衛門《ちかまつもんざえもん》の浄瑠璃《じょうるり》「心中宵庚《しんじゅうよいごう》申《しん》」の主人公お千世《ちよ》・半兵衛《はんべえ》の墓がある寺として名高い。浄瑠璃は、姑《しゅうとめ》と折り合いが悪く離縁さ

❖コラム

せられた大坂八百屋半兵衛・妻お千世が、享保六（一七二一）年四月五日（庚申の日）に心中した事件をもとにしているが、そのヒロインお千世の実家が、ここ植田村の大百姓の家だった。近松は、都市と交流し、都市生活をささえる農村世界の発展にも、しっかりと眼をむけ、そのようすを戯曲《ぎきょく》に取りいれていたのだ。

村と村の関係も多様な形で展開していた。近世植田村も近隣村々といろいろな関わりをもった。植田村氏神の稲植神社は実は北隣の南稲八妻《みなみいなやづま》村と共有であったし、在所の姿を水面にうつしだす「釈迦《しゃか》が池《いけ》」を始め、多くの溜め池は、東・南隣の菅井《すがい》村との入会《いりあい》だった。また、植田村内の「南のつら山」も、植田・菅井両村の入会山で、来迎寺近くの墓地は、植田・菅井・南稲八妻三カ村の共同墓地であった。木津《きづ》郷（木津川市）、普賢寺《ふげんじ》郷（京田辺《きょうたなべ》市）など、近隣には中世以来の郷のまとまりがより強く維持されているところもある。

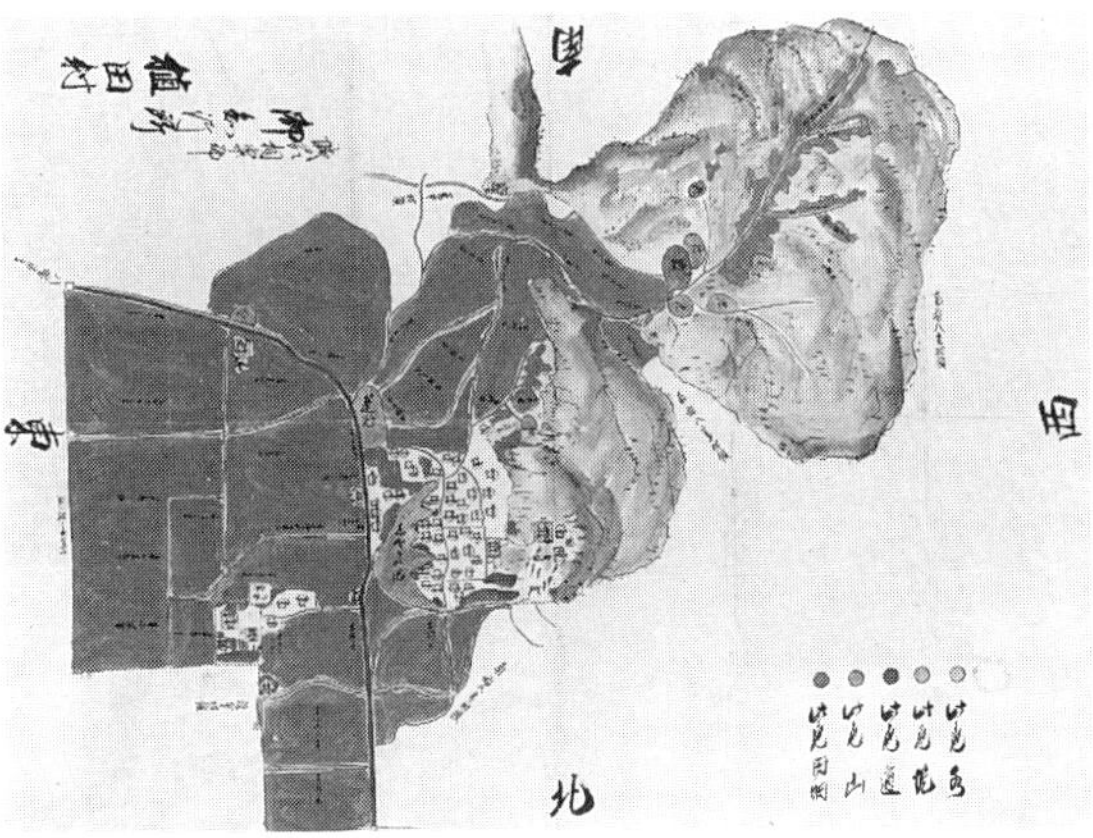

山城国相楽郡植田村絵図

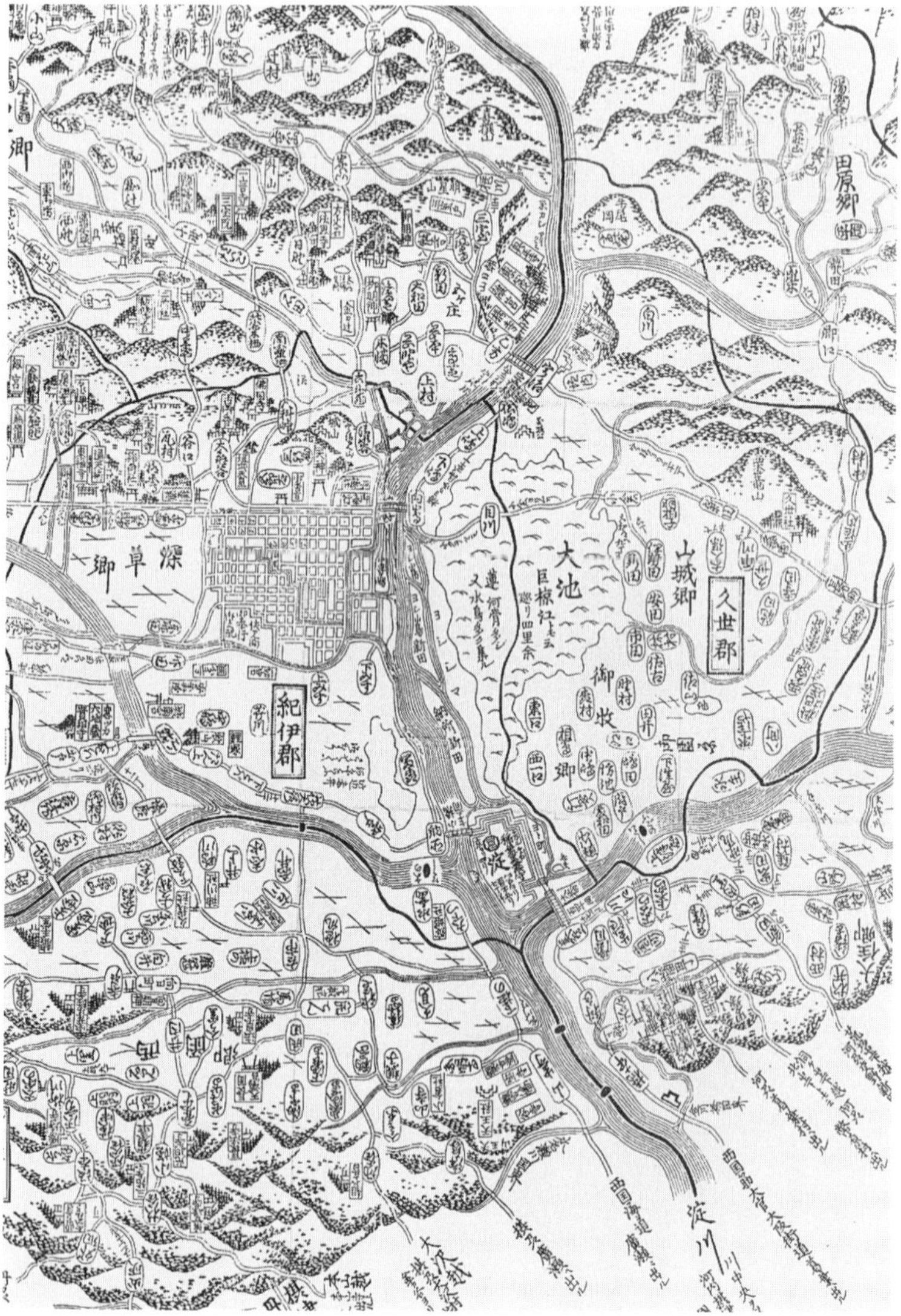

伏見・淀と在郷町村(安永7〈1778〉年)

よび、この地はいっきょに中央政治の表舞台となった。文禄五年閏七月の大地震で、城のほとんどが大破する被害をうけながらも、城下には全国の大名たちの武家屋敷が立ちならび、武士団の需要に応じるための商人・職人たちの集住も進んだ。城郭・城下町の建設に並行して、宇治川河道の付け替えなど、大規模な土木工事も進められた。それまで直接巨椋池《おぐらいけ》に流れこんでいた宇治川は、大きく北へ迂回して城下の南に導かれ、さらに、三栖《みす》・淀間に堤防がきずかれて伏見・大坂間の水運が開かれた。また、伏見から豊後橋を経て、巨椋池を縦断する新大和街道を始め、大津・宇治・大坂・京都にむかう道路も新設・整備され、水陸交通兼備の伏見の形ができあがった。

関ヶ原の合戦に際して焼失した伏見は、公武一和《こうぶいちわ》のために築城された二条城に対する、武家の棟梁《とうりょう》家康の本拠地として復興された。合戦後、伏見奉行もおかれ、元和九（一六二三）年の廃城までの間、各種の町発展策がとられた。足利学校《あしかががっこう》の閑室元佶《かんしつげんきつ》を円光寺《えんこう》に招いての修学・学術出版事業や伏見銀座の開設、傾城《けいせい》町撞木《しゅもく》町（京都市伏見区）の復興許可、角倉了以《すみのくらりょうい》による高瀬川《たかせがわ》開削の許可などである。

その後、大坂《おおさか》の陣《じん》によって徳川の天下が確定し、江戸が武家の中心となるにおよび、伏見は政治・軍事都市としての地位を失い、廃城後の城山は桃木の山となった。しかし、この町は、水陸交通上の利点をいかし、京都・大坂間の物資中継都市・交通都市としてみごとに転身をとげていった。正徳四（一七一四）年の調査によれば、町数二四八町、家数五九二〇軒を数え、人口は近隣の六地蔵をあわせ三万六五五人にのぼった。また、江戸後期の調査から、おもな職種を拾うと、米屋、質屋、両替屋、造酒屋、請酒屋、材木屋、生魚荷付、船大工、船宿、旅籠屋など。ちなみに伏見酒造酒屋は七四軒あった。

近世交通都市伏見では伏見街道や竹田《たけだ》街道を稼ぎ場とする車借《しゃしゃく》仲間が活躍していた。聚楽《じゅらく》組・京橋《きょうばし》組・六地蔵組の三組からなる仲間は、元和年間（一六一五～二四）以前から禁裏や公家、二条城城米などの運送にたずさわるという歴史をもち、延宝七（一六七九）年の時点で家数一一七軒が運送業に従事していた。車をひく牛数は二五七匹。元禄十七（一七〇四）年からは、大津《おおつ》・京都間の為登米《のぼせまい》の輸送にたずさわり、京津間の東海道《とうかいどう》でも活躍した。

伏見はまた、幕府から一〇〇人・一〇〇疋の人馬提供を命じられた東海道（大津街道）の宿場町でもあった。参勤交代《さんきんこうたい》の西国《さいごく》大名などの宿となる本陣《ほんじん》・脇本陣《わきほんじん》は、南浜《みなみはま》町、京橋町、山崎《やまざき》町に六軒あり、公務輸送を取りしきる問屋場は撞木町と六地蔵札の辻にあった。他方、伏見浜と総称される伏見城下町の外堀跡には多数の浜があり、こちらは過書《かしょ》船や淀船・淀上荷《うわに》船でにぎわっていた。正徳年間（一七一一～一六）には、伏見と大坂間の舟運に従事する過書船は七五〇艘にも達しており、元禄十二年からは、伏見船二〇〇艘の就航も認められて、伏見の港津機能はいちだんと高まりをみせていった。

淀・八幡・宇治●

中世淀津以来の歴史をもつ淀は、天正十六（一五八八）年から翌年にかけて、納所《のうそ》に築城された「淀殿の淀城」によって新しい時代を迎えた。この淀の城は伏見城との関係で、いったん文禄三（一五九四）年に廃城となる。しかし、徳川氏の淀重視政策によって、元和九（一六二三）年、伏見城の廃城、淀新城築城へとふたたび脚光を浴び、以後、淀は江戸時代をつうじて山城国ただ一つの城下町としての歴史をたどった。元和の新城築城時の城下町は、納所・水垂《みずたれ》・大下津《おおしもづ》の城外三町と、池上《いけがみ》・下津の城内二町の構成であった。その後、永井尚政《ながいなおまさ》の時代、寛永十四（一六三七）年から翌年にかけて、木津川流路を南西方向に付け替え、城下町を拡張する大工事が行われ、城内も三町に広がった。江戸中期の調査では、六町あわせて町人人口四三六六人、家数は一二七二軒にのぼる。

淀津以来、淀の水運業は淀船とよばれる小舟によっていとなまれてきたが、江戸時代にはいってからも淀の港湾機能は盛んであった。元禄十五（一七〇二）年の段階で五〇七艘を数えた納所・水垂所属の淀船は、木津川、宇治川、桂《かつら》川、淀川と広い範囲を仕事場として諸荷物・肥やしなどの運送に従事した。朝鮮から到来する通信使《つうしんし》も、納所の船着場（唐人雁木）で上陸し、陸路京都から江戸へむかった。また、納所町には淀宿の人馬継問屋場もあり、宿役人が宿駅業務を行っている。

平安時代以来の歴史をもつ八幡《やわた》町は、江戸時代にも石清水八幡宮の門前町としてにぎわいをみせた。慶長五（一六〇〇）年には、常盤《ときわ》町・科手《しなで》町・橋本《はしもと》町・志水《しみず》町など二五町の名前がみえ、寛政十（一七九八）年の記録では、侍神人・百姓町人の家数一三〇一軒、人口六八一四人で、山下寺庵は一四〇宇もあったという。延宝七（一六七九）年には、二〇〇年近く中絶していた放生会《ほうじょうえ》が復興され、神宮への参拝も増加した。八幡宮周辺の橋本町・柴座《しばのざ》町・平《びょう》

石清水八幡宮の放生会（『都名所図会』）

谷《だに》町・志水町の四カ町には、両替屋・菓子屋・宿屋・傘屋など参拝客相手の店が軒をならべた。また、この町は、江戸時代後期には、多数の綿打《わたうち》屋が営業をはじめ、山城中南部生産の木綿《もめん》加工センターとしての機能ももつようになった。安永七（一七七八）年には京都綿会所の出店も設けられる。なお、寛永《かんえい》の三筆《さんぴつ》として知られ、朝幕《ちょうばく》関係の円滑化にも貢献した松花堂昭乗《しょうかどうしょうじょう》は、石清水八幡宮の社僧で、泉坊《いずみぼう》のかたわらに小室をつくって松花堂と名づけていた。彼は画や茶道にもつうじ、小堀遠州《こぼりえんしゅう》とも縁戚関係にあった。

中世後期に上林《かんばやし》氏や森《もり》氏などの茶師を輩出した宇治も、京都南部の重要な町場であった。もっとも発展した十七世紀後半には、家数一一七六軒、人口五二六七人を数え、橋本町、新《しん》町、鷺橋《さぎのはし》町、桜《さくら》町など宇治橋西畔付近に町場が広がっていた。中心をなす茶師の家は、多くが七～一〇間間口に門構えのある邸宅で、母屋のほかに建てられた焙炉《ほいろ》部屋などの製茶用施設と背後の茶園とを特色とした。寛永九年からは、毎年初夏に将軍献上茶を運ぶ茶壺道中がやってきた。また、茶摘みのころには都《みやこ》からの見物客も多数訪れ、にぎわいをみせた。宇治川沿岸には宇治浜・平等院《びょうどういん》浜とよばれた河岸もあり、ここには舟問屋や舟宿もあった。

宇治町近くの大寺院として、寛文元（一六六一）年建立の黄檗《おうばく》宗万福《まんぷく》寺がある。開祖隠元《いんげん》は将軍家綱《いえつな》や幕閣《ばっかく》の崇敬をうけ、後水尾天皇生母の別邸九万坪を寺域としてあたえられたのである。歴代住持のほとんどは中国僧で、中国語と普茶《ふちゃ》料理の山内《さんない》は、異国情緒ただよう別世界であった。

向日《むこう》神社社前を南北に走る西国街道と愛宕《あたご》道《みち》・丹波道沿いには、在郷町の向日町があった。天正二十年に新町として公認され、元和二年にも商い渡世《とせい》を許されて、在郷町となった。このころ、町は上町《かみまち》・下町《しもまち》六町からなり、上町だけでも、宿屋、畳屋、造酒屋、弓矢屋、油屋、呉服屋、魚屋など多様な職種一七五軒が軒をならべていた。江戸時代にはいってからは、町の規模は七〇軒程度となったが、長崎屋・大和屋・茨木屋などの宿屋を中心に、町場の形を維持した。向日明神神主の六人部《むとべ》氏は平安時代以来の由緒を伝え、幕末の六人部是香《よしか》は平田《ひらた》派の国学者《こくがくしゃ》として有名であった。また、この町場の東方鶏冠井《かいで》村には、日蓮宗日祥《れんにっしょう》が承応二（一六五三）年に開校した北真経寺《きたしんきょうじ》学校（日蓮宗京都六檀林《ろくだんりん》の一つ）があり、全国から集まった宗門の学生たちが、寄宿生活を送りながら学んでいた。

西国街道に沿った山崎（大山崎町《おおやまざきちょう》）も、小規模ながら宿場の機能をそなえた町場であった。文化十（一八一三）年には旅籠屋《はたごや》・茶屋などが二九軒あり、山崎浜には淀船が寄港した。離宮《りきゅう》八幡宮では、正月十一日の神事のあとなどに京都から連歌師《れんがし》を招いての連歌会もあり、中世以来の文化的伝統は脈々と継承されていた。

木津川と浜●

南山城村から木津にむかって西流し、そこから北に向きを変えて淀川・桂川合流点にむかう木津川は、源を伊賀《いが》に発する全長七六キロの大河川である。『古事記《こじき》』『日本書紀《にほんしょき》』の時代から歴史に登場するこの川は、江戸時代には、年貢米や地域の特産品を積み下り、また、京都や伏見・大坂から肥料や塩・醤油などの必需品を運びあげる、南山城地域の物流の大動脈であった。川船の中心は淀の納所・水垂に本拠をおいた淀二十石船（淀過書船）と、木津川沿岸の諸浜に所属する淀上荷船で、ほかに淀や伏見で購入した屎尿《しにょう》を村に運ぶ屎舟や、対岸を行き来する渡し舟もあった。このうち、淀上荷船は、笠置《かさぎ》以下の六カ浜に所属する二十石積み以下の物資積みだし専業舟で、木津川・宇治川を稼業範囲とした。笠置に一七株（一七艘）、瓶原（木津川市）六株、加茂六株、木津二二株、吐師《はぜ》九株、一口《いもあらい》（久御山町）一八株が認可されていた。

川上から順に浜をたどってみよう。木津川の諸浜のうちもっとも上流に位置する浜が大河原浜《おおがわら》（南山城村）である。ここは、伊賀の上野盆地や大和北部山地から陸路運ばれてきた米・薪・木炭や、近江信楽《しがらき》の陶器を川舟に積みかえる中継地点であった。信楽の陶器の搬出ルートはいくつかあったが、大河原浜へは、多羅尾《たらお》―（荷車）―野殿《のどの》―（背負い）―大河原のコースで運びおろされた。集荷物資は、ここで底の浅い高瀬舟に積みこまれて笠置北浜にむかう。明治初年の調査には、南北大河原ともに五艘の荷舟を所有するとある。

大河原より六キロほど下流、南北笠置の浜は淀船の遡航終点であった。南浜には大和高原《こうげん》からの木柴・薪炭などが、また北浜には、大河原浜から運ばれた伊賀・近江の物産が集まり、ここで淀船に積みかえられた。文政八（一八二五）年ごろには、南浜九軒、北浜一六軒からなる木柴屋仲間が、浜の木柴輸送を独占的にあつかっていた。

笠置から川下には、右岸に和束《わづか》郷の木屋《こや》浜や瓶原浜などがならび、左岸には加茂浜があった。木屋浜は、木屋峠越えの和束郷農産物や、和束郷湯船《ゆぶね》村経由の信楽焼積出浜として利用され

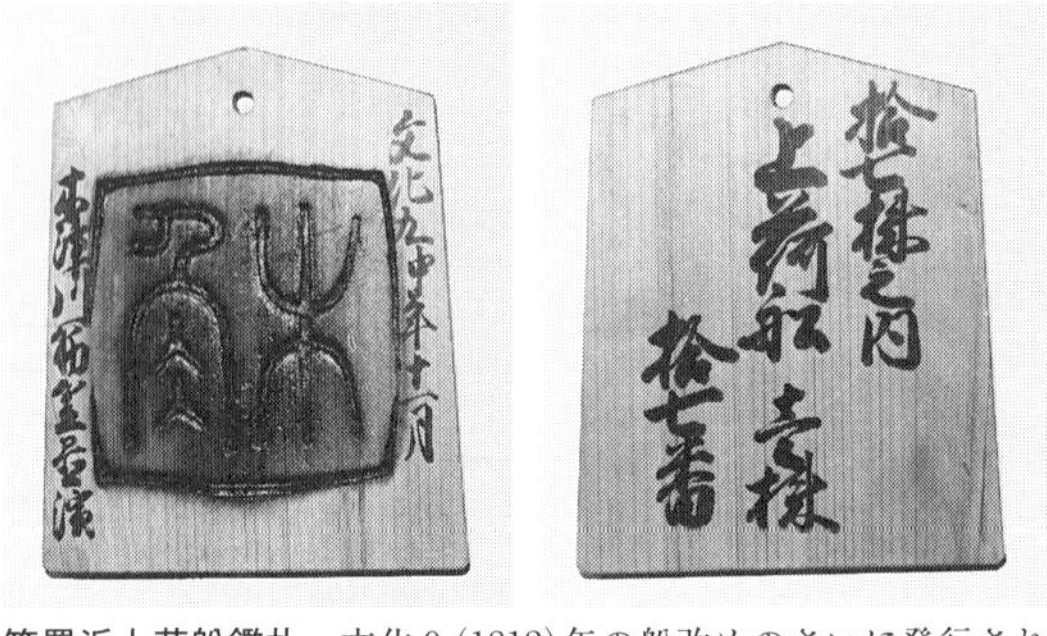

笠置浜上荷船鑑札　文化9（1812）年の船改めのさいに発行された。焼印は「木角」で（左），淀川・木津川の川船を奉行した木村氏と角倉氏の頭文字をとる。

たが、十九世紀にはいると、瓶原浜（井平尾《いびらお》浜）からの出荷が多くなった。また、対岸の加茂浜からは、当尾《とうのお》や大和方面からの木柴が積みだされた。この浜には、舟問屋や船頭が集住する河港集落（船屋）も形成されていた。

大坂城修築の石垣材を積みだした大野を過ぎ、木津で流路を北にむけた木津川両岸には、木津浜を始め、吐師浜（木津川市）、上狛《かみこま》浜（同市山城町）、多賀《たが》浜（井出《いで》町）、奈島《なしま》浜（城陽《じょうよう》市）など、多数の浜があり、いずれも地域の物流の窓口としてにぎわっていた。なかでも木津浜と吐師浜は、大和・京坂間の物流や春日社参詣客に利用される浜として活況を呈し、また多賀浜は、宇治田原《うじたわら》郷で産出する米穀や、煎茶《せんちゃ》の永谷《ながたに》宗円《そうえん》で著名な田原茶の積出浜としての役割をになっていた。多賀浜はまた、奈島の浜とともに、宇治田原経由の信楽焼の集荷浜でもあった。

木津川には、淀船や高瀬船のほか、屎尿を運搬する村持ちの肥舟も通行した。木津川流域は宇治川周辺とともに、木綿《もめん》・果樹・菜種・蔬菜《そさい》類の栽培が盛んで、元肥・追肥や冬の寒肥として大量の屎尿を必要としていた。肥舟はそうした屎尿を、京都や伏見・淀の屎尿問屋から購入して運搬したのである。肥舟で回漕された屎尿は、天秤棒に結ばれた肥桶で浜から果樹園や茶畑などに運ばれていった。

土砂川としても著名な木津川は、流入山川の天井川《てんじょうがわ》化に伴って年々川床が高くなり、江戸時代をつうじて三年に一度の割合で洪水を繰り返した。しかし、その流れは南山城の生産・生活にとって欠かせない交通・流通手段であった。

2　丹波・丹後の近世化

光秀と藤孝●

山城から丹波・丹後に目を転じてみよう。戦国時代の丹波・丹後は、在地の土豪《どごう》層が、守護や守護代につながりながら連合と対立を繰り返していたが、織田信長《おだのぶなが》軍の進攻によって、ここでも、時代は集権的な近世へと移り変わっていった。

まず丹波からみてみると、この地における新しい体制の確立は、(1)織田信長勢の丹波攻め、(2)豊臣秀吉時代、(3)関ヶ原の戦いの三段階を経て進行した。

織田信長が丹波平定に着手したのは天正三（一五七五）年であった。信長は京都代官の任にあった明智《あけち》光秀《みつひで》を山陰道《さんいんどう》の指揮官にすえ、丹波攻略を命じた。桑田郡北部の川勝《かわかつ》氏など多くの土豪たちは光秀軍に誼《よしみ》をつうじたものの、西丹波多紀《たき》郡（兵庫県）八上《やかみ》城に拠る波多野《はたの》氏を始めとして、複雑な地形を利用して反撃する小土豪の抵抗は根強かった。光秀は天正七年の秋に至って、ようやく平定を完了し、信長から丹波二九万石をあたえられて、土豪の居城（荒塚《あらつか》城）を改修した亀山《かめやま》城を丹波支配の拠点とした。天正九年には領国内に指出検地《さしだしけんち》を実施したほか、多紀郡宮田市場《みやたいちば》（兵庫県丹波篠山市《たんばささやまし》）に楽市《らくいち》令をだし、また石高相応の軍役負担を家臣団に命じるなど、近世的施策に着手している。

天正十年六月、信長を四条坊門西洞院《しじょうぼうもんにしのとういん》の本能寺《ほんのうじ》に襲撃した光秀が山崎《やまざき》の合戦で滅亡したのち、丹波は豊臣秀吉の領国《りょうごく》となり、配下の大名たちがつぎつぎと入封した。亀山城には、豊臣秀勝・小早川秀秋《こばやかわひであき》があいついではいり、文禄年間（一五九二〜九六）には前田玄以《まえだげんい》が五万石を得て城主となった。玄以は、西丹波の押さえとして多紀郡八上城の支配も命じられた。光秀の改修になる北丹波の要衝福知山《ふくちやま》城には杉原家次《すぎはらいえつぐ》、ついで小野木重勝《おのきしげかつ》が配され、何鹿《いかるが》郡山家《やまが》には谷衛友《たにもりとも》、同郡上林には高田治忠《たかたはるただ》などが所領を得て、丹波はいっきょに豊臣大名の支配するところとなった。太閤《たいこう》検地も天正十五年、文禄三（一五九四）年、同五年と実施され、石高制度の導入も進められた。

丹波の政治地図がさらに一変したのは、慶長五（一六〇〇）年の関ヶ原の戦いの戦後処理においてである。西軍の中心となった小野木重勝は自決させられ、高田治忠は改易《かいえき》となった。他方、西軍に属しながらたたかわなかった谷衛友は「谷の空鉄砲」ということで処罰をまぬがれた。慶長五年福知山には有馬豊氏《ありまとようじ》が入封し、同十三年八上に松平康重《まつだいらやすしげ》、十四年亀山に岡部長盛《おかべながもり》がはいって、丹波の徳川化は急速に進行した。さらに大坂の陣ののち、元和五（一六一九）年に外様《とざま》の小出吉親《こいでよしちか》が園部《そのべ》に、寛永十（一六三三）年、九鬼隆季《くきたかすえ》が綾部《あやべ》に配されて、ここに近世の藩体制が確立した。なお、この間、大坂の陣に至る慶長十三〜十五年には、藤堂高虎《とうどうたかとら》を奉行として西《さい》国《ごく》大名を動員した亀山・篠山両城の天下普請《てんかぶしん》が行われ、「山陰道要

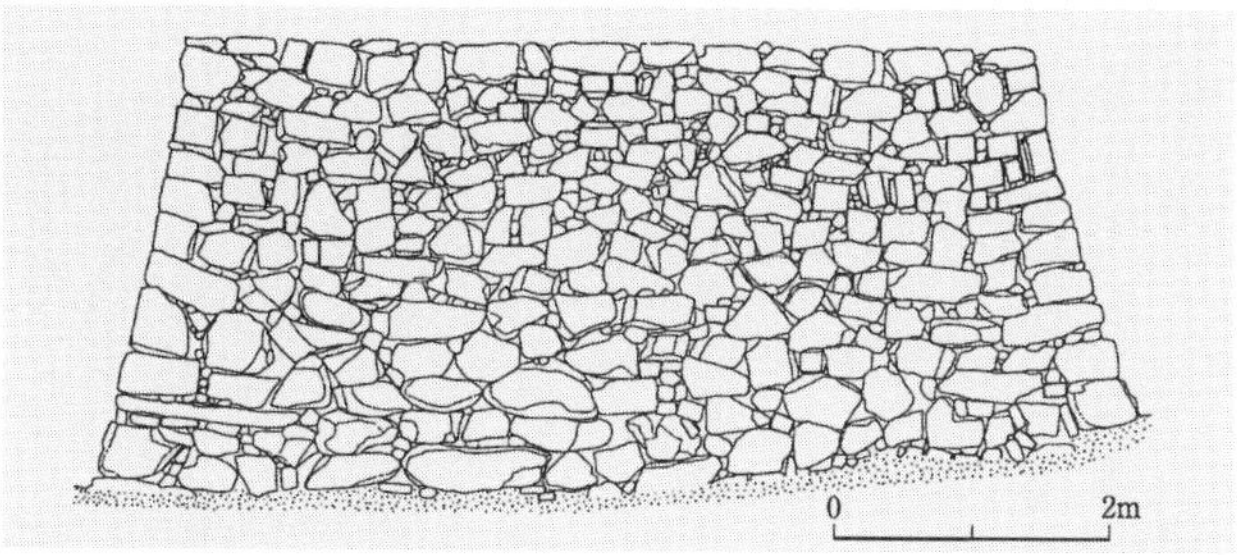

福知山城の石垣　自然石を用いた穴太積み。古墳石室や古城石垣からの転用石も含む(福知山市郷土資料館編『福知山城の歴史』による)。

害」化もはかられている。

一方、丹後の近世化は信長の丹後攻略の先鋒となった細川《ほそかわ》氏を軸に進められた。そして、関ヶ原の戦いによる細川氏の豊前中津《ぶぜんなかつ》への転封と京極《きょうごく》氏の入封を経て、近世の体制が確立する。

織田信長による丹後攻めの先鋒を命じられたのは、細川藤孝《ふじたか》とその子忠興《ただおき》・興元《おきもと》兄弟であった。天正六年、細川氏は、一色《いっしき》氏を頂点にゆるやかな領国を形成していた丹後攻略に着手し、翌天正七年にこれを降伏させて、おおむね丹後制圧に成功した。八年には信長から丹後一国をあたえられて改めて入国。宮津《みやづ》八幡山《わたやま》城にはいった細川氏は、この地を丹後支配の本拠地に、また田辺を藤孝の隠居所に定め、それぞれ新城を築城した。はやくも九年には領国内に指出検地を実施した模様である。天正十年には弓木《ゆみのき》城に余勢を保っていた一色義俊《よしとし》を暗殺して最終的に丹後平定を完了した。

藤孝の隠居城とされた田辺城は、関ヶ原の戦いにおいていちやく有名となった。慶長五年、細川忠興の出陣中に西軍からの攻撃をうけた藤孝は、宮津城を始め、すべての城をみずから焼きはらって、五〇〇人の手勢で田辺城に籠城したのである。七月から二カ月におよぶ攻撃にも城は落ちず西軍を釘づけにし、ようやく九月初めに至って、後陽成天皇の勅使《ちょくし》烏丸光広《からすまるみつひろ》のすすめで開城した。この勅使派遣には、古今伝《こきんでん》授《じゅ》継承者藤孝の戦死を恐れた皇弟八条宮智仁《はちじょうのみやとしひと》親王の助命運動があった。

関ヶ原の戦いの戦功によって細川氏は豊前中津へ転封、かわって信濃《しなの》の飯田《いいだ》から京極高知《たかとも》が移ってきた。慶長六年、田辺にはいった高知は、翌七年に丹後五郡二九二カ村に検地を実施し、丹後一二万三一七五石を掌握した。こののち、丹後の藩体制が最終的に確定したのは元和八年である。高知の死去によって、丹後は三子に分割され、長男高広《たかひろ》の宮津七万八〇〇〇石、次男高三《たかみつ》の田辺三万五〇〇〇石、養子高通《たかみち》の峰山《みねやま》一万三〇〇〇石となった。以後、この三藩鼎立の構造が丹波の藩体制の枠組みとなる。

諸藩と城下町●

江戸時代、近隣の但馬《たじま》および兵庫県に含まれる丹波も含めると、丹波・丹後・但馬の地域には譜代《ふだい》大名五氏（すべて城持ち）、外様大名七氏（城持ち三、陣屋四）のあわせて一二氏が本拠をもっており、ほかに久《く》美浜《みはま》に幕府代官所がおかれていた。次頁の図は、丹後・丹波・山城の大名の城や陣屋の位置と領地のようすを示したものである。大名配置に政治的な配慮がなされていたことは、同図からも一目瞭然である。綾部や山家・園部などの外様大名はおおむね山間部に配置され、その出口となる河川や街道・海岸部の要地には、徳川一門や譜代大名が配置されている。徳川氏との関係の濃淡によって、大名たちの空間的な位置取りも決定されたのである。各藩と城下町の概要を記してみよう。

〔亀山藩〕　京都と山陰地方を結ぶ京街道（篠山街道・山陰道）と丹後道の分岐点という要衝の地に設置された同藩は、慶長十四（一六〇九）年の岡部氏入封以来、代々譜代大名が城主をつとめた。在城期間は岡部長盛が一三年、松平成重《なりしげ》・忠昭一四年、菅沼《すがぬま》氏二代一四年、松平（藤井《ふじい》）氏三代三九年、久世《くせ》氏一四年、井上《いのうえ》氏六年、青山《あおやま》氏三代四七年と続き、寛延元（一七四八）年からは松平（形原《かたのはら》）氏が八代続いて領主となった。五万石の藩領は、松平（形原）時代には丹波桑田郡、船井《ふない》郡、氷上《ひがみ》郡、多紀郡および備中《びっちゅう》国浅口《あさぐち》郡にわたって散在し、領内村数はあわせて一三六カ村を数えた。亀山の由来は天守の地を亀山と称したことなど諸説がある。また、亀岡への改名は、明治二（一八六九）年の版籍奉還《はんせきほうかん》に際して、伊勢亀山との混同をさけるために行われた。

岡部氏時代に大改修の亀山城を南部から西北部にかけて囲むように、城下町は京街道を取りこみながら形成された。侍居住区域は城中・町東部・外堀の外側などに配置され、また町人居住区域は街道沿い・町西部一帯というように、身分別の棲《す》み分けも明瞭であった。元禄十（一六九七）年の調査では、城下町総家数は一五三三軒で、内訳は侍一六四軒、足軽《あしがる》二〇五軒、町人一一六四軒であった。明和二（一七六五）

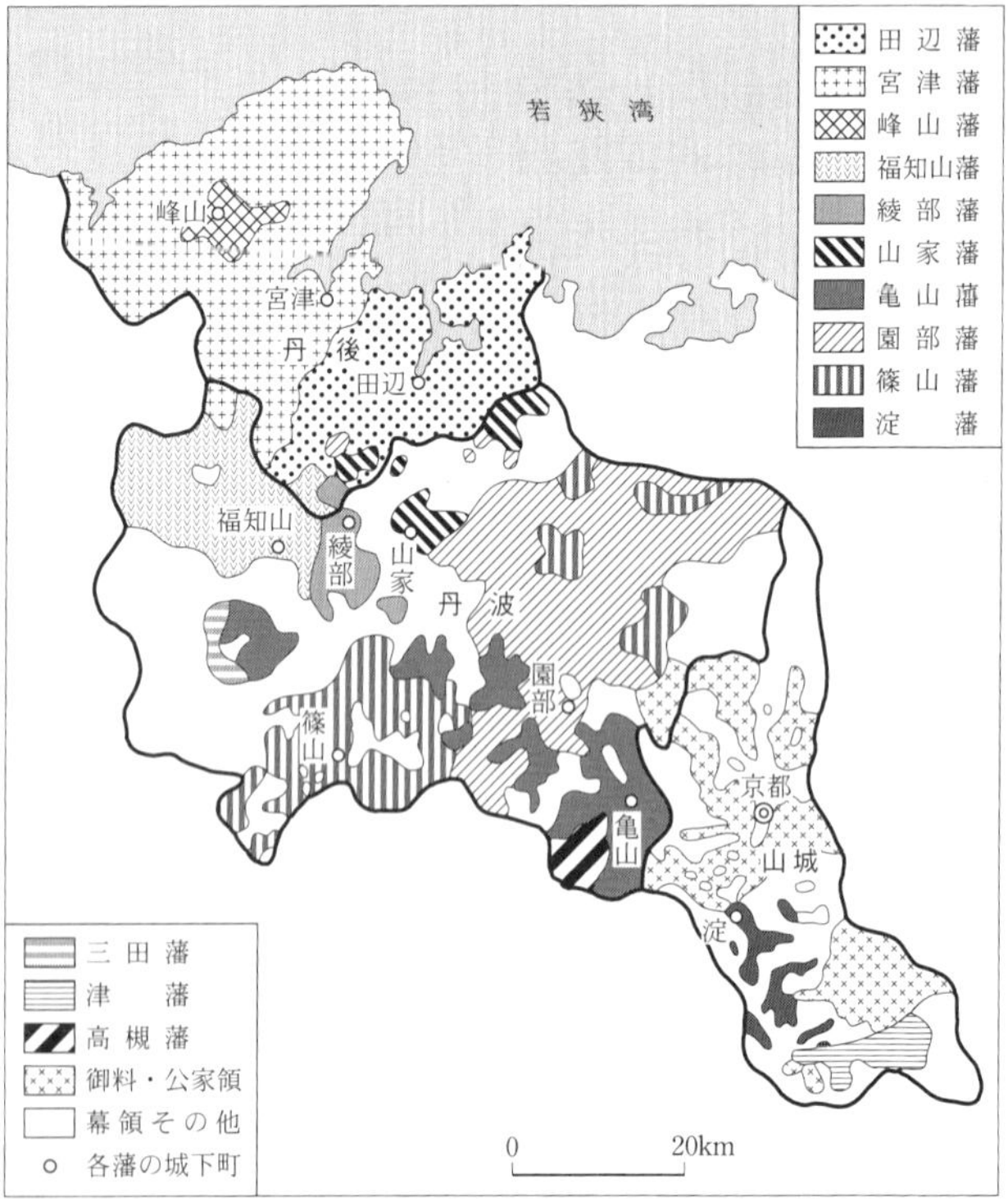

丹波・丹後・山城の所領分布（寛文４〈1664〉年）

年時点での侍総数は一〇七六人（知行《ちぎょう》一六五人、切米《きりまい》三〇九人、無格組付三四七人、中間《ちゅうげん》二五五人）。このうち知行一一人、切米五〇人の六一人は江戸屋敷詰めであった。

〔園部藩〕元和五（一六一九）年、但馬出石《いずし》から小出吉親が入封して成立した二万九〇〇〇余石の外様藩である。江戸時代をつうじて一〇代にわたり小出氏の支配が行われた。領地は園部城近辺を中心に、船井郡一三一カ村、桑田郡五二カ村、何鹿郡一〇カ村と、丹波各地に広がっていた。初代の吉親は、外様ながらも、西海道巡見使や上方《かみがた》郡奉行など幕府政治にたずさわり、また四代英貞《ふささだ》および五代英持《ふさよし》はいずれも奏者番《そうじゃばん》・寺社奉行《じしゃぶぎょう》・若年寄《わかどしより》、また六代英常《ふさつね》も奏者番をつとめるなど、幕府の要職を歴任した。

園部城および城下町は吉親によって建設された。吉親は西側を半田《はんだ》川、北側を園部川で囲まれた小向山《こむきやま》とその南東部一帯を城地とし、また園部川を大きく北側へ迂回させて町地を確保した。京街道沿いに展開した城下町は、元禄十三年の時点で四五四軒の家数があった。

〔山家藩〕天正十（一五八二）年に入封した谷衛友は、関ヶ原の戦い後も何鹿郡内に一万六〇〇〇石を安堵され、江戸時代をつうじて外様大名として存続した。この一万六〇〇〇石のなかには、郡内山々から山年貢を徴収できる山役高二四七石余も含まれていた。寛永五（一六二八）年二代衛政《もりまさ》の家督相続に際して、弟衛冬《もりふゆ》に梅迫《うめざこ》一五〇〇石、甥衛之《もりゆき》に上杉二五〇〇石、衛清《もりきよ》に十倉《とくら》二〇〇〇石を分封し、本藩は一万石となった。三代衛広《もりひろ》時代の貞享四（一六八七）年に領内総検地を行い、表高一万石に対して七三％増の一万七三〇〇石を打ちだしている。陣屋は衛友以来、由良《ゆら》川と上林川にはさまれた険しい台地上にきずかれ、陣屋町は小規模ながら上林川の対岸、京街道と若狭街道の分岐点付近に建設された。十八世紀後半には町屋数は九八軒ほどであった。

〔綾部藩〕 寛永十年に九鬼隆季が鳥羽《とば》から入封、寛文元（一六六一）年五〇〇石が弟隆重《たかしげ》に分知され、以後一万九五〇〇石で一〇代続いた。所領は何鹿郡西部八カ村一万二七〇〇石余と天田《あまた》郡南部一九カ村六七〇〇石余から構成されていた。当初、現在の川糸《かわいと》町付近を城地としたが、慶安三（一六五〇）年の火災を機に、上野台地の東部、本宮《ほんぐう》山の西麓に移転した。

城下町は城地の北部に六町規模で展開し、天保年間（一八三〇〜四四）には二七八軒を数えた。城下町の有力商人は本町を中心に店をかまえ、京屋・山崎屋などが金融・酒造・油絞り・醤油などの権利をもっていた。京屋は藩札《はんさつ》の取り扱い事務にもたずさわっている。由良川河畔という立地条件からたびたび洪水の被害をうけ、享保二十（一七三五）年には常水より六メートルも増水し、領内五七五軒が浸水した。

〔福知山藩〕 慶長五年、有馬豊氏が六万石で入封して以後、代々譜代の大名が継承した。岡部長盛四年、稲葉紀通《いなばのりみち》二五年、松平忠房《ただふさ》二一年と続き、寛文九年に朽木稙昌《くつきたねまさ》が常陸土浦《ひたちつちうら》から三万二〇〇〇石で入封して以降、朽木氏の統治が一三代二〇〇年にわたって続いた。朽木氏時代の所領は、天田郡中部・西部の六一カ村と、近江高島《たかしま》郡内の飛び地四カ村であった。

南方の丘陵を城郭の主体とし、城下町は北方と西方に展開している。城郭北麓の丸ノ内および南側の小《こ》姓谷《しょうだに》に重臣屋敷をおき、丸ノ内の西方から北方一帯に中下級士族屋敷を配した。町方は丸ノ内北方の枝分かれした京街道沿いに建設された。町の北入り口である丹後口付近には寺町《てらまち》もつくられた。城下の町人は幕末段階で九八〇軒にのぼり、内部は勝手判（町役人勤めの家筋）一二〇軒、立判（城内勤めの職人）一〇軒、平判（借家・借地人）八五〇軒という内訳であった。水陸の要衝に立地していることから、港町としての性格もあわせもったが、他方、由良川の洪水に常時悩まされもした。火災も頻繁に生じたため、文政二（一八一九）年の大火後には、藩が補助金をだして全町瓦葺《かわらぶ》きとする防火対策が講じられた。天明七（一七八七）年に就任した朽木昌綱《まさつな》は、前野良沢《まえのりょうたく》に学んだ蘭学者《らんがくしゃ》で、オランダ商館長チチングとの交友は有名である。

〔田辺藩〕　元和八年に京極高三が加佐《かさ》郡内に三万五〇〇〇石・一二一カ村を分知されて田辺城にはいり、田辺藩が成立した。京極田辺藩は、そののち高直《たかなお》、高盛《たかもり》と継承されたが、寛文八年に高盛が但馬豊岡《とよおか》へ転封となり、かわって河内国高安《たかやす》から牧野親成《まきのちかしげ》が入封。以後譜代藩として一〇代にわたって藩主をつとめた。初代の親成は田辺入封以前、板倉父子のあとをついで京都所司代として活躍していた。その後も、三代英成《ひでしげ》は寺社奉行・京都所司代、五代惟成《これしげ》は寺社奉行と、幕政にたずさわっている。明治元年、紀伊《きい》国に田辺藩が成立したことに伴って、翌年太政官《だじょうかん》から改名を命じられ、田辺城の別称であった舞鶴《まいづる》城の名をとり舞鶴藩と改めた。

城と城下町は、舞鶴湾に面する伊佐津《いさづ》川・高野《たかの》川間に建設され、藩の政治・経済の中心となった。幕末には町数は一七町で、町屋は一一〇〇軒にのぼる。城下町の中心をなす竹屋《たけや》町には、「宮津商い」「丹波通い」「丹波・若州産物売買」など、領外との交易にたずさわる商人たちも軒をならべた。

〔宮津藩〕　元和八年に京極高広が七万八二〇〇石を相続して宮津城にはいり、宮津藩が成立した。しかし、寛文六年、高広の子高国《たかくに》の代には、父子不和・治世の非をとがめられて改易となり、京極宮津藩はここに断絶してしまう。その後、寛文九年に山城淀から永井尚征《ながいなおゆき》が七万三六〇〇石をもって入封したが、その子尚長《ひさなが》は延宝八（一六八〇）年、四代将軍家綱《いえつな》の法要に際して鳥羽《とば》藩主内藤忠勝《ないとうただかつ》に殺害されて改易となる。以後、阿部《あべ》氏一代一七年、奥平《おくだいら》氏一代二一年、青山氏二代四二年と続き、宝暦八（一七五八）年に遠江浜松《とおとうみはままつ》から松平（本庄《ほんじょう》）資昌《すけまさ》が七万石で入封して以後安定し、松平氏の治世が七代にわたった。領地は、与謝《よさ》郡・竹野郡・中《なか》郡・加佐郡に加え、近江栗太《くりた》郡・野洲《やす》郡・蒲生《がもう》郡に広がる。松平氏は幕閣としての活躍が顕著で、宮津藩主三代資承《すけつぐ》＝奏者番・寺社奉行、五代宗発《むねあきら》＝奏者番・寺社奉行・大坂城代・京都所司代・老中、六代宗秀《むねひで》＝同前、と重職をつとめている。

宮津海岸に接して建設された宮津城下は、大手川で東西に二分され、東部は本丸・二の丸・三の丸および侍屋敷、西部は町屋と侍屋敷の入り組みである。天保年間には、町屋の家数一七六〇軒・人口六〇一六人、家中の家数八三三軒・人口三三四六人で、ほかに出家が一七軒・六七人、社家六軒・二五人であった。城下はほとんどが萱葺《かやぶ》き・平屋建てであったが、五〇石以上の侍屋敷は塀重《へいじゅう》門、一〇〇石以上は長屋《ながや》門をもち、また町屋は奥行が長く、侍屋敷は間口が広いという特徴があった。

〔峰山藩〕　元和八年に京極高通が一万三〇〇〇石を相続して峰山にはいり、峰山藩が成立した。二代高《たか》供《とも》の時代に弟二人に一五〇〇石を分知し、また四代高之《たかゆき》の時代に同じく弟に五〇〇石を分知して、一万一〇〇〇石となる。高通から数えて一二代が峰山藩主をつとめ、この間、六代高久《たかひさ》、七代高備《たかまさ》は外様ながら、幕府若年寄役を命じられた。藩主の居館は高通の時代、寛永十六年から十九年にかけて吉原《よしわら》山南麓に建設され、北谷《きただに》町・表《おもて》町の家中《かちゅう》町も整備された。貞享三年に六町あった町人町は、宝暦三年には一一町に増加しており、この時点で町屋家数は二九八軒、人口は一五四七人であった。

〔久美浜代官所〕　丹後国には、宮津京極氏の改易までは、幕府の直轄領は存在しなかった。しかし、京極氏改易の寛文六年から九年までのあいだや、永井氏横死後の延宝八〜九年のあいだなど、一時的に幕領がうまれ、やがて元禄十年、享保二年の宮津藩主の移動に伴う石高調整などから、大量に幕領が生じた。

このため、預り支配を命じられた近江の大津代官所は、元禄十年に、熊野《くまの》郡湊宮《みなとみや》（京丹後市久美浜町）の船見番所を出張所とし、享保二年には湊宮船見番所を拡張して湊宮陣屋とした。

その後享保二十年、久美浜代官所があらたに設置され、丹後幕領五万二〇〇〇石は久美浜代官所管轄となった。代官所は、北に久美浜湾が広がる城山の東山麓に総坪数一六〇〇坪余の規模で建設され、海岸に沿って郷蔵・夫食蔵も建てられた。代官は、海上弥兵衛《うながみやへえ》を初代として、以後慶応四（一八六八）年に至るまでに、兼任を含めて三三人が就任している。なお、当初、湊宮を出張所とする以前、加佐郡波美《はみ》村（福知山市大江《おおえ》町）、与謝郡日置《へき》村（宮津市）に仮陣屋がおかれたこともあった模様である。

〔その他の藩領など〕　以上のように、京都府下の丹波・丹後には、江戸時代八つの藩がおかれたが、丹後国がおおむね宮津以下三藩と幕領でおおわれたのに対して、丹波国内には、国外の大名や旗本、禁裏や公家の領地が多数存在した。丹波全体についてみてみると、正保四（一六四七）年段階では摂津三田《さんだ》藩・伊勢松坂《まつざか》藩の一万石余、二三人の旗本領二万八〇〇〇石余、禁裏・公家領一〇〇〇石余、幕府領二万二〇〇〇石余などがあり、とくに桑田・船井両郡に多く存在した。この後、福知山藩領の縮小に伴う幕領の増加や、それらの他国大名・旗本への分与が進み、元禄十三年になると、摂津三田藩のほか、あらたに同国高槻《たかつき》藩、近江山上《やまかみ》藩、三河刈谷《みかわかりや》藩、同奥殿《おくどの》藩、武蔵《むさし》岡部藩、上総勝浦《かずさかつうら》藩、同飯野《いいの》藩、陸奥湯長谷《むつゆながや》藩などの飛び地がはいりこみ、旗本領も正保段階に加えて新規に二〇人余の領地が設定されている。旗本のなかには、山家藩より分知した上杉・十倉・梅迫の谷氏や、綾部石橋村を本拠とした城下藤掛《しろしたふじかけ》氏、綾部小山《こやま》村を本拠とした小山藤掛氏のように、地元に陣屋をかまえたものもいた。

なお、こうした所領支配とは別に、とくに丹波の諸藩は、国絵図《くにえず》・郷帳《ごうちょう》の作成や、幕領検地、大名交替に際しての城受け取りなど、幕府政治の実働部隊として活用されることも多かった。亀山藩は、さらに山城淀藩や大和郡山藩《こおりやま》、近江膳所藩《ぜぜ》とともに禁裏御所方火消し役も命じられている。

3 丹後・丹波の産業と物流

丹後の漁業と縮緬業

城下町や陣屋町を地域社会の中心とした大名領の枠組みを前提としながら、丹後・丹波地方の産業も多方面で発展した。丹後では、とくに海岸部での漁業活動や、江戸中期から発展をみる縮緬《ちりめん》業が盛んであり、丹波では畑作物や林産品に特色がみられた。

丹後の産業の特色の一つは漁業である。長い海岸線をもつ入りくんだ湾岸付近には多数の漁場が開拓され、漁業活動がいきいきと展開していた。まず、漁村のようすを、丹後東部から順番に概観してみる。

(1)現在の舞鶴市域では、大浦《おおうら》半島の海岸部に位置する田井《たい》、成生《なりう》、野原《のはら》、小橋《おばせ》、三浜《みはま》、大丹生《おおにう》、千歳《ちとせ》、佐波賀《さばか》などの村々で盛んに漁業が行われた。なかでも半島先端部に位置する成生では、細川氏支配の天正(一五七三〜九二)のころに、すでに刺網《さしあみ》で鰤《ぶり》をとり、延縄《はえなわ》、鰹《かつお》網、鰺《あじ》網、鯔《あご》の洞《どう》(飛び魚の漁場)などの小定置網も行われていたという。漁場には立網大敷や鯔の洞などの共同漁場(惣分)と、鰤刺網、鰹網、鰺網などの個人漁場とがあった。田辺藩からは成生などの漁村に対して、海成米《うみなりまい》・肴《さかな》米などの小物成が賦課され、とくに鰤刺網に対しては生鰤・塩鰤の献上が義務づけられた。なお、この大浦半島では、蜜柑《みかん》や枇杷《びわ》・桃の栽培も盛んであった。

(2)由良川では、現在の大江町付近で北有路《きたありじ》、南有路、二箇《にか》三カ村による鮭《さけ》漁が盛んに行われた。三カ村は田辺藩から毎年六〇〇匹の運上《うんじょう》と引き替えに鮭漁の特権を得て、一年交替で漁を行った。川の流れを梁《やな》でさえぎり、八つ縄とよばれる網で鮭を捕獲する漁法を用いたため、川舟とのトラブルもしばしば生じている。

(3)栗田《くんだ》半島東部の中津、小田宿野《おだしくの》、島蔭《しまかげ》、田井村では、鰯《いわし》地曳網を始め、刺網、敷網などを行い、中津村では幕末に捕鯨にも取りくんだ。また宮津城下猟師町の漁師たちは、大網、手繰《たぐり》網、延縄のほか、享保年間（一七一六〜三六）から、宮津藩の保護のもとに鰍《いなだ》漬けを発展させた。

(4)古くからよい漁場にめぐまれた伊根《いね》湾では、日《ひ》出《で》・平田《ひらた》・亀島《かめしま》の伊根浦三カ村を中心に漁業活動が進み、はやくから鰤刺網、鮪《しび》台網、鰹刺網、柔魚《いか》締網、越中網、延縄、海豚《いるか》漁などが行われていた。湾内は、もともとは平田・亀島両村の漁場であったが、のちに日出が加わり、寛文年間（一六六一〜七三）には、共

伊根浦の鰤追網（『山海名産図会』）

同漁場・共同漁撈・共同漁獲の鰤株制度がつくられた。湾内ではときどき捕鯨も行われ、明暦二（一六五六）年から昭和二（一九二七）年までに約三五〇頭を捕獲している。この鯨漁は亀島村が独占権をもち、青島《あおしま》には鯨墓もある。

(5)経ケ岬《きょうがみさき》以西では、海女《あま》で有名な袖志《そでし》のほか、中浜《なかはま》・間人《たいざ》など丹後町の村々や、網野《あみの》町の三津《みつ》、浅茂川《あさもがわ》、塩江《しおえ》、浜詰《はまづめ》などで漁業活動が盛んであった。袖志村の海女は元禄年間（一六八八〜一七〇四）に嘉兵衛《かへえ》というものによってはじめられたといわれる。全盛期には西は因幡《いなば》から東は越前《えちぜん》にまで遠征出漁した。また丹後海岸でもっともはやくから漁業が発達したとされる間人では、延縄による鰈《かれい》漁や、烏賊《いか》の一本釣りが盛んであった。間人の魚は販女《ひさぎめ》によって内陸部の町村に運ばれ、その商圏は福知山盆地にまでおよんだ。

(6)このほか、由良川河口や網野近辺では製塩業も行われていた。由良川右岸の神崎《かんざき》村（舞鶴市）のうち西神崎では、住民のほとんどが製塩業に従事し、また左岸の由良村（宮津市）でも塩浜年貢や塩浜運上銀を宮津藩に上納している。網野町の塩江・磯《いそ》・浅茂川・小浜《こばま》村付近では揚げ浜式の製塩業が行われ、文化十四（一八一七）年、小浜村には四町歩ほどの塩田があったという。

ところで、こうした漁業活動とならび、丹後地方でもっとも著名な江戸時代の産業に縮緬業があった。生地に細かな縮み皺《ちぢしわ》をもった白縮緬の生産は、享保年間に京都西陣より持ち帰った技法によって開始された。峰山では絹屋佐平治《さへいじ》を創業者として享保四（一七一九）年から、また加悦谷《かやだに》では、後野《うしろの》村の木綿屋六《ろく》右衛門《えもん》や三河内《みごち》村山本屋佐兵衛《さへえ》、加悦町手米屋小右衛門《しょうえもん》などの努力によって享保七年からはじめられたとされる。奥州《おうしゅう》福島糸などを原料として、自家で操《くり》から撚《より》・織《おり》・練《ねり》までの工程を行い、その後飛脚《ひきゃく》で京問屋丹後組に送られ、染色・加工のうえ委託販売された。初めは農業の余業として行われたが、しだいに丹後各地に広まった。与謝郡にかぎっても、明和年間（一七六四～七二）機台数三一五機、文化年間（一八〇四～一八）五二四機、嘉永年間（一八四八～五四）七九四機、文久年間（一八六一～六四）八六九機と増加の一途をたどった。機屋の多くは、機台数二台前後、少数の奉公人をやとう農家が中心であったが、しだいに、富裕な機屋から機・原料一切を借りうける掛機や、前貸し支配をうける歩機も増加した。中心地となった宮津藩や峰山藩では、十八世紀後半ごろから統制・管理にのりだし、機株仲間の創設（宮津藩、峰山藩）、鑑札《かんさつ》に対する株銀徴収（峰山藩）、運上金の徴収（宮津藩・一機当り銀四〇匁）、産物会所の設置（宮津藩・文久元〈一八六一〉年、縮緬一疋に銀一匁徴収）など、各種の施策を講じている。

丹後の湊と由良川舟運●

江戸時代の日本海沿岸は、東北・北陸と瀬戸内・大坂を結ぶ日本海航路の舟がゆきかい、また丹波・丹後を貫流する由良川には、物資輸送に従事する川舟が頻繁に上下していた。まず、湊についてみてみると、

(1)舞鶴藩領には、城下の田辺湊をはじめ、黒地《くろち》湊、浦丹生《うらにう》湊、大波《おおば》湊などがあった。とくに、田辺城下高野川尻にある竹屋町には、廻船問屋や商家が立ちならび、藩内外の物産の集散地としてにぎわった。また、寛文二（一六六二）年に西廻り航路が開かれてからは、由良川河口の由良湊が、若狭湾航船の停泊地として重要視されるようになった。元禄十五（一七〇二）年、田辺藩では、由良川河口に米蔵を設けて川筋の年貢米を集め、ここを若狭や加賀《かが》、能登《のと》、越中との物流の窓口としている。

(2)宮津もまた天然の良港で、北は酒田《さかた》・松前《まつまえ》、西は九州・四国・大坂の舟が入港し、諸藩の江戸廻米船もここを寄港地としていた。また、宮津湾の内海阿蘇海《あそかい》にのぞむ岩滝《いわたき》村は、立地条件のよさから廻船業や

生糸・縮緬業が盛んで、加悦谷や中郡・竹野郡の村々からの年貢米や諸物資の搬出・搬入港として重視された。

(3)古来大陸との関係の深かった間人は、近世にも引き続き日本海航路の港津として、また丹後奥三郡の需要物資の集散地としての位置を占めた。弘化年間(一八四四~四八)には三〇〇石積み一隻、一〇〇石積み二隻など計一八隻を保有。但馬屋・加賀屋・因幡屋などの船荷問屋もあった。加賀屋には宝暦年間(一七五一~六四)からの客船帳が残っている。

(4)久美浜には、日本海に面する天然の良港として旭《あさひ》湊があった。この湊は室町末期から江戸時代において、湊宮の廻船業者の根拠地となり、年貢米もここで一〇〇〇石船に積みこまれて大坂・江戸へ運ばれた。

こうした湊の活況にまさるともおとらず盛んだったのが、日本海と丹波地方との物資輸送の幹線ルートとして栄えた由良川の舟運である。河口から大江町の三河《そうご》辺りまでは、河口の由良・神崎の舟のみならず、敦賀《つるが》・小浜・網野などの船も遡航行した。また、福知山を拠点とする二十石舟は、河口から綾部藩領の大島のあいだを上下していた。上り荷物は酒・塩・材木・油粕《あぶらかす》・干肴《ほしざかな》などの日常品や肥料を中心とし、下り荷物は綿・紙・茶・漆《うるし》実・油実・米・蚕糸など丹波の産物を運んで、由良湊経由で丹後諸地域や日本海舟運と連結した。

この由良川舟運は、享保年間(一七一六~三六)に田辺藩や福知山藩によって自由航行に制限が加えられ、大きな変化が生じた。田辺藩では享保期に至り、由良・有路間の登り荷は由良・神崎舟に独占権をあたえ、また有路より川上への登り荷と有路・由良間の下り荷は有路舟のみに独占権をあたえて他領舟を排

丹波の産物・諸稼ぎ

丹波の産物・諸稼ぎ
米，大麦，小麦，木綿(田方・畑方)，蔬菜，大豆，小豆，エンドマメ，空豆，煙草，黍，芥子，粟，稗，茶，菜種，ウルチキビ，麻，茄子，大根，甘藷，蚕(繭)，桑，漆，楮，棕櫚，薪，炭，唐竹，マグサ，茅，瓜，材木，トウナ，カブラ，蒟蒻玉，玉蜀黍，ササゲ豆，黒豆，フジマメ，眉児豆，ジウハチササゲ，サトイモ，石灰，柿，桃，リンゴ，蛍，綿打ち，糸とり，川猟，出稼ぎ，牛売替

佐藤信淵「(丹波)巡察記」による。

除した。また、福知山藩でも、元文二（一七三七）年から船屋株仲間一七人に対して舟運の権利をあたえ、運上銀の上納を命じている。さらに、綾部藩では、寛政十二（一八〇〇）年、味方《みかた》村（綾部市）に筏改め場を設け、川上からの筏流しに対して運上銀を徴収することにした。

丹波の畑作と林業●

丹後の漁業に対して、盆地と山地を中心とした丹波地方では、多様な畑作物の生産と林業の面において、その発展が顕著であった。

江戸時代後期、江戸の農学者佐藤信淵《さとうのぶひろ》によってあらわされた「(丹波) 巡察記《じゅんさつき》」という著作がある。これは天保十一（一八四〇）年、綾部藩主九鬼隆都《くきたかひろ》の招きで領内を巡察した佐藤がしたためた勧業意見書である。意見書自体は、いっそうの工夫によって農民の自立を促すべしという提言を本旨とするが、ここには、多様な畑作物や産物の栽培・生産という丹波農業の特色が、非常によく記録されている。

上表は、「(丹波) 巡察記」に書きあげられた丹波産出諸品・諸稼ぎの項目である。実にたくさんの作物名や産物の名があげられている。そして、その種類はとりわけ畑作物において著しい。稲作農業を主流とする江戸時代農業の影響をうけて、綾部藩領においても一五〇〇町歩余の六一％にあたる九〇九町歩が水田化されていた。しかし、この地の農業活動の特色は、むしろ残り三九％の畑方と水田裏作にみられた。ありとあらゆる畑作物が栽培されたのである。役牛も多数飼育されていた。領内六〇カ村、総数四〇〇〇軒余の農家に一七八〇疋が飼育されていた。平均して一村に三〇疋、二・二軒に一軒の割合で牛の鳴き声が聞こえる計算となる。

　このような畑作物生産や畜産業の満面開花のうえに、地域によって、さらに著名な特産品生産が行われた。

　落武者《おちむしゃ》伝説をもつ何鹿郡黒谷《くろたに》村（綾部市黒谷町）の和紙は、領主の国産奨励策ともあいまって発達した丹波屈指の特産品である。同村の紙漉《す》きの起源はあきらかではないが、文化年間（一八〇四～一八）には、村内二〇〇軒ほどのすべてが紙漉き業に従事している。幕末には京都越後屋の指導によって漉き方に工夫がこらされ、京都での販売に成功した。産業育成の観点から、領主の旗本梅迫谷《うめざこたに》氏からは手当て銀が支給された。

　桑田郡の山国郷を中心に生産された丹波材木や薪炭は、山がちな丹波にあって、もっとも知られた特産品である。前章でもふれた慶長十一（一六〇六）年の角倉了以による大堰《おおい》川

蚕棚の図　「蚕飼ふ女や古き身たしなミ　太祇」

開削工事や、京都の都市的発展に対応して、丹波の材木や薪炭の生産量は飛躍的に増加した。桑田郡山国・黒田《くろだ》（京都市右京区）や世木《せき》・五ケ庄《ごかしょう》（南丹《なんたん》市日吉《ひよし》町）を中心とした林業地帯で生産された丹波材や薪炭は、保津《ほづ》（亀岡市）などの中継ぎ筏問屋を経由して、嵯峨《さが》・梅津《うめづ》・桂《かつら》に着荷され、京都市中の材木屋・薪屋に販売されていた。なお、この大堰川は、舟運や筏流しのみならず、鮎《あゆ》漁も盛んであったが、同川での漁業権は、中世以来禁裏に鮎を献上する山国郷が特権として独占していた。

こうした多様な畑作物や林産品の生産、販売は、財政窮乏化をたどった領主層によって注目され、何種類かは藩の専売品として流通統制の対象となった。たとえば園部藩は、宝暦二（一七五二）年、財政難の救済策として、畑作物の一つであった煙草《たばこ》を藩の専売品に指定し、京都の藩邸で仲買に競買して手数料を収入とした。亀山藩でも、山本村などで栽培された煙草の領外への自由販売を禁じ、藩で買上げのうえ京都・大坂で売りさばいている。また同藩は天保二年からは、北町に藩営綿会所を設けて、綿生産者から直接に買いとる専売制を開始した。同藩ではすでに丹波材の筏に対する課税を目的として、寛文四（一六六六）年に、保津に筏運上所を設けていた。

幕末になると、これら以外の諸藩でも、特産品の販売統制を目的とする産物会所の設立に着手する。綾部藩では、弘化四（一八四七）年ごろに木綿会所を設立して木綿・糸・茶の他所売りを禁じた。また福知山藩でも、嘉永三（一八五〇）年からの藩政改革のなかで専売制度を進め、糸・真綿・諸材木・板類・杉皮・砂糖・川魚・蠟燭《ろうそく》・種物など多くの種類の自由販売を禁じている。

8章

継承と革新の諸相

『伊勢参宮名所図会』

1　伝統の形成と継承

西陣織と京焼●

平安京以来の歴史を背景に、他に隔絶した技術水準をほこった工芸・文化都市京都は、十八世紀にはいると、その展開に陰《かげ》りがみえはじめた。首都として成長をとげつつある江戸や、「天下の台所」としての地位を占めるに至った大坂に押されて、三都のなかでの地位がさがり、また、全国市場のルートにのって大量に出回りはじめた地方産の絹織物、陶磁器、紙などの流通によって京都の特産品は圧迫されはじめたのである。こうしたライバル都市やライバル業者の成長のなかで、京都は、それまでにつちかってきた伝統を維持・革新しながら、活路を切り開いていった。本項では、そうした努力の諸相を、京都の高い技術水準を示す産業の典型であった西陣織《にしじんおり》や京焼《きょうやき》にみてみたい。

十六、七世紀をつうじて隆盛をほこっていた西陣機業に陰りがではじめたのは、直接的には享保十五(一七三〇)年の大火災(西陣焼け)である。この火災で西陣は一六〇余町の過半一〇八町、三千数百軒が焼失、三〇〇〇余の機《はた》を失った。しかし、西陣機業いきづまりの根本的な原因は、西陣の技術を持ち帰った丹後《たんご》、美濃《みの》岐阜、上野桐生《こうずけきりゅう》や、丹後経由で技術伝播が行われた近江長浜《おうみながはま》などに輩出した全国各地ライバル業者の成長にあった。西陣にくらべて安価な新興機業地の産品は、しだいに西陣の販売市場を侵食するに至り、なかでも、北関東の桐生や足利《あしかが》の成長と、これらの製品の江戸市場への参入は、西陣機業と京都呉服商人に深刻な打撃をあたえた。

こうしたマイナス条件に対して、西陣機業は、得意とする分野の伸張と、大衆品・流行織物の製作という両面作戦で対抗しようとした。たとえば、十八世紀末期の段階でみてみると、僧衣、仏具用品、能装束《のうしょうぞく》などの分野や、諸大名・富裕町人層が好む打掛《うちか》けなどの高級衣料品の分野では、西陣製品は相変わらずの独壇場である。他方、当時流行となりつつあった綾《あや》・紋織《もんおり》・竜紋《りゅうもん》・精好《せいごう》・平《ひら》については、桐生・足利にさきだっててがけ、武蔵川越《むさしかわごえ》や上州安中《じょうしゅうあんなか》などに対抗して、新天地の開拓につとめている。染色の部門においても、国内各地への染色加工技術の伝播という不利な条件のもとで、京都では、高度な模様染め部門を重視し強化するといった新しい方向が追求された。

技術面でも努力がはらわれた。安永年間（一七七二〜八一）には井筒屋瀬平《いづつやせへい》が綴《つづ》れ錦《にしき》を製作して大奥《おおおく》にも賞され、彼の下に、紋屋次郎兵衛《もんやじろうべえ》、長岡常之進《ながおかつねのしん》、天野房義《あまのふさよし》、生駒兵部《いこまひょうぶ》らの門人がつぎつぎと輩出された。紋屋次郎兵衛は、綴れ錦を発展させて、祇園会《ぎおんえ》占手山《うらでやま》の日本三景の胴巻《どうまき》や菊水鉾《きくすいほこ》の水引《みずひき》、西本願寺《にしほんがんじ》

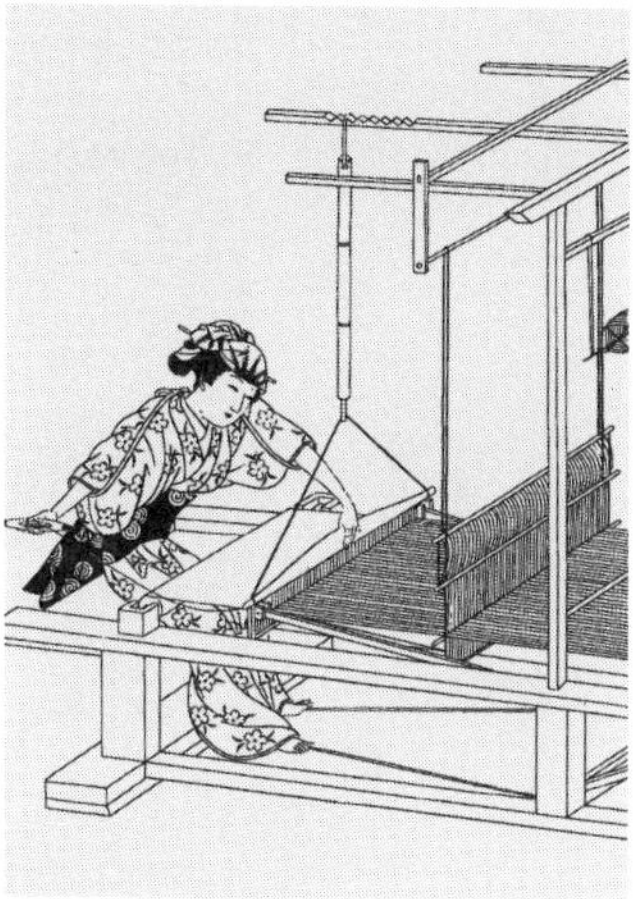

高機（『江戸職人図聚』）

兆殿司《ちょうでんす》筆の五帝図《ごていず》を織りだした。房義門下の天野弥助《やすけ》と妻もんは、藤森《ふじのもり》神社の鎧直垂《よろいひたたれ》をつくり、また仁《にん》和寺《なじ》からの注文も多く御室《おむろ》織りとよばれた。こうした努力もあって、元治元（一八六四）年の調査では、高機織屋一九七八軒を筆頭に、一九の織屋仲間三八一九軒の水準にまで回復し、近代における発展の基礎となった。

それまでの技術を継承しながら、むしろ新しい伝統を創出した分野に京焼があった。三条粟田口《さんじょうあわたぐち》の粟田焼にはじまるといわれる京焼は、登り釜によって高温で焼かれた焼物で、江戸時代初めには、ほかにも御室焼、音羽《おとわ》焼、清水《きよみず》焼、御菩薩《みぞろ》焼などが知られている。内釜・低温焼成の楽《らく》焼とならび、御所《ごしょ》を舞台とした寛永《かんえい》文化にも重用されて、茶・花・香道具といった高級焼物を生産していた。

こうした京焼は、町民の消費生活の向上を背景に、十八世紀にはいると新しい産業として、伝統をもつ粟田口と新興の五条坂・清水坂の三窯を中心に急速に発展し、製品は五条焼物問屋を経由して京中や各地に販売された。文政五（一八二二）年の売上げ金額は、地売りの四九〇〇両を筆頭に、江戸売り四〇五〇両、大坂売り一五〇〇両、五畿内一〇〇〇両と続き、以下西国《さいごく》、因幡《いなば》・伯耆《ほうき》、北国《ほっこく》、四国、三丹《さんたん》、東国《とうごく》などにも販売されている。この間、磁器制作に成功した東山《ひがしやま》の質屋主人奥田頴川《おくだえいせん》、祇園茶屋出身の文人陶工青木木米《あおきもくべい》なども出て、日常生活にとけこんだ中国風磁器「清水焼」を完成させ、新しい伝統の創出となった。

商家の家訓と仲間組織●

鎖国《さこく》制の枠組みを前提に、十七世紀後半の経済成長期に経営を拡大した京都の新興商人たちは、十八世紀にはいると、みずからの日常生活や商業行為を点検し、あらたな商家制度や経営哲学をつくりはじめた。

家内では家訓《かくん》・店則《てんそく》の制定や、奉公人・分家制度などの整備を行い、外においては講や仲間を組織して同業者の権益確保と統制をめざした。伝統の定着・継承とその改善とが、十八世紀の基本テーマであった。

十八世紀にはいって盛んにつくられるようになる家譜や由緒書は、商人たちが祖先の歩みを確認し、家業の伝統を点検しようとする試みの象徴である。たとえば、三条衣棚《ころものたな》で法衣商をいとなむ千切屋《ちきりや》が安永五（一七七六）年に作成した「西村一門祈誓巻物」では、「その昔は百余の軒に及びたれども、守り薄きは亡び行きて、今わずかに六十余軒となれり」と、千切屋一族の興亡のさまを記しながら、結束の強化を誓いあっている。

商家が家業繁栄のための同族団的な共同体であったことから、共同体構成員の教育問題を記す家訓もあった。たとえば虎屋黒川《とらやくろかわ》家の掟《おきて》書《がき》は、「すべて手代子供まで、常々手跡（手習い）・算術稽古など、あい励み申すべきこと」、「右の稽古これなくては、支配人・番頭に進み候こと成りがたし」と記して、商人に読み書き算盤《そろばん》の学習が不可欠であることを説く。また、領主が命じる各種の御用に対する処し方を記したものもある。享保七（一七二二）年の三井家家憲《かけん》では、「手前は商人なり、御用は商いの余情と心得るべし」として、領主御用に埋没

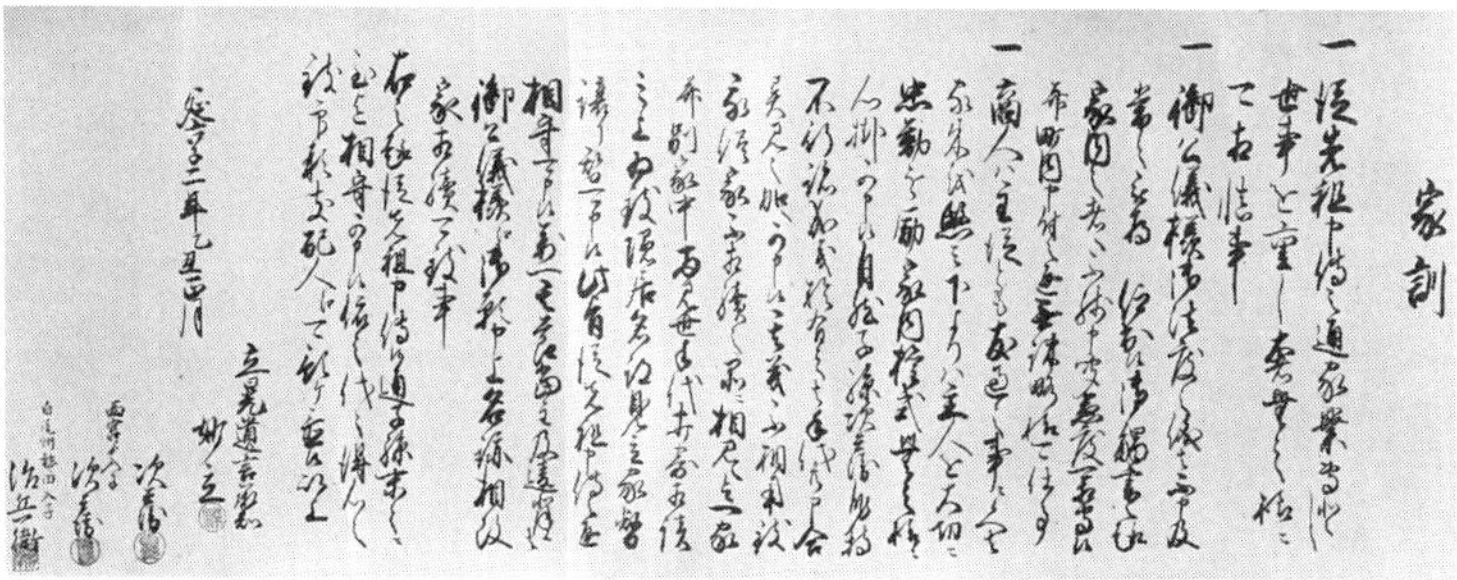
家訓

千切屋の家訓　千切屋は法衣を中心に呉服商をいとなみ繁栄した。

しないように戒《いさ》める。これらの家訓は、先祖祭祀や同族会宴など家のハレの日などに繰り返し読み聞かされたり、壁書きとして掲げられて、家の規範・倫理綱領とされた。

同業者による仲間の結成もまた十八世紀の特色であった。仲間組織には、一般に同業者仲間内の内々の仲間（内分仲間）と、領主や幕府に公認された表分仲間・株仲間があったが、京都の商人・職人たちは、十八世紀中ごろ以降、盛んに各種の仲間を組織して、伝統や権益・信用の共同防衛や相互保障に取りくんだ。さきの西陣の織屋でみてみると、すでに元禄五（一六九二）年、御寮織物司たちが仲間をつくり、禁《きん》裏《り》や幕府《ばくふ》の御用は仲間全員に配分することや、責任と信用の保持、相互扶助と団結による家名の維持などを誓約しあっている。また、宝永三（一七〇六）年には、高機織屋が五組からなる内分仲間を結成し、延享二（一七四五）年には株仲間として公認された。明和年間（一七六四～七二）には、織屋仲間にかぎっても、このほかに、小帯・紗綾《さや》・綸子《りんず》三組・丹後縞・綟子《もじ》・縮緬《ちりめん》・縮ミ縮緬《ちぢ》・茶宇《ちゃう》島・天鵞絨《びろうど》などの仲間があり、天保年間（一八三〇～四四）には、さらに九種の織屋仲間が確認される。

仲間組織には、構成員が一〇人未満のものから一〇〇人を超える大規模なものまで、いろいろであったが、それぞれに掟をつくり、役員を選んで組織の運営や統制にあたった。延宝年間（一六七三～八一）に仲間を編成した撰糸《よりいと》仲買仲間は、享保二年に制定した「撰糸仲買中定書」（全一八カ条）で、つぎのような内容の取り決めをしている。公儀法度《こうぎはっと》の遵守、絹の尺幅の厳守、廃業・移転者の扱い、仲間会費、仲間間の養子手続き、手代《てだい》・丁稚《でっち》雇用、金銀受け払い相場、直売買者との取引禁止、など。

十八世紀の京都の町人社会は、従来の「町」組織に加えて、「同族の家」や「同業の仲間」のネットワークをつくりながら、再編成・再構成されていく。

家元制度●

中世以来の伝統的な文化環境もまた、十八世紀にはいると大きく変化するに至った。大衆文化の開花のなかで多数の新参の師匠たちが輩出され、系列や力量のうえで少なからぬ混乱情況が生じはじめたのである。正徳四（一七一四）年ごろの京都町奉行所の調査によると、たとえば連歌師《れんがし》一五人（うち幕府・大名お抱えは三人）、俳諧師《はいかいし》七人、碁打ち四人、将棋さし四人、茶の湯三人、立花《りっか》一一人、蹴鞠《けまり》五人、手跡《しゅせき》五人、能太夫《だゆう》一八人（うち幕府お抱えは二人、大名お抱えは七人）、小鼓《しょうこ》一九人（うち大名お抱えは五人）、大鼓《たいこ》二〇人（うち大名お抱えは九人）、絵師一七人（うち幕府お抱えは三人、禁裏お抱えは二人）など、市中に多数の芸能師匠のいたことがわかる。そして、その主流は町人相手の一般営業であった。

芸能愛好町人の増加や大量の芸能師匠の登場に伴う混乱は、それまで諸芸をになってきた専門家に対して大きな影響をおよぼさずにはおかなかった。「芸を極めるよりは、大衆教育に重きをおかなければならない」、「急増する受講生に対する教育方法はどのようにすべきか」、「町師匠たちの統制はどうしたらよいか」など。従来「○○道」とよばれる諸芸を家業としてきた専門家たちは、大衆文化の広がりのなかで、さまざまな面において自己革新の課題に直面することになった。こうしたなかで、伝統芸の維持・継承・発展システムとして考案されたのが家元《いえもと》制度である。

家元という言葉が最初に使われたのは、享保三（一七一八）年に、茶道藪《さどうやぶのうち》内流の関竹泉《せきちくせん》が「千家《せんけ》および藪内を茶の家本《いえもと》と唱《とな》う」（『茶道真向翁』）と記したときであるという。家元制度は、血脈によってうけつがれる家元を頂点に、広汎にうまれつつあった町師匠群を中間教授層として編成し、基底部に教育要求を高めている弟子層を配置する芸能教育・経営組織である。この家元制度は、伝授者である中間教授層（名取）には教授権をあたえるが、免許発行権は家元がにぎるというピラミッド型の相伝形態をとっていた。他方、この制度は、家元と門人、孫弟子が完全な契約関係で結ばれ、免許状も貨幣に換算されるなど、近代的組織に似た性格もあわせもっていた。文化要求の高かった京都で形づくられたこの組織は、政治・経済都市として急速に発展しつつあった江戸で広まり、そこからまた各地に伝播して、全国的な広がりをもつものとなっていった。

　家元制度がとりわけ発達したのは、型の文化を伝授する茶道と花道《かどう》においてであった。茶の湯の世界では、千《せんの》利休《りきゅう》没後一五〇年を経た享保十五年に、表《おもて》千家第七代をついだ如心斎宗左《じょしんさいそうさ》や藪内流五代目不住斎竹心、如心斎の弟で裏《うら》千家をついだ又玄斎一燈《ゆうげんさいいっとう》、弟子の川上不白《かわかみふはく》などを中心として家元制度の確立がはかられた。そこでは習《ならい》事《ごと》から皆伝《かいでん》に至る免許の諸段階が規定され、また七事式《しちじしき》とよばれ、多人数参加を可能とする画期的な茶法も考案された。このころ、片桐石州《かたぎりせきしゅう》の流れをくむ大坂在住の大口樵翁《おおぐちしょうおう》が、女性向けの茶の湯のテキスト『刀自袂《とじのたもと》』

池坊の立花（『都林泉名勝図会』）

(享保六年執筆)をあらわしたことも、自己革新の一例として注目される。

立花も十七世紀後半から爆発的に流行しはじめた分野であった。寛文元(一六六一)年から享保二年の五〇年間に六〇種以上の生花書が刊行された。また延宝六(一六七八)年から寛延三(一七五〇)年に至る七三年間の池坊門弟帳《いけのぼうもんていちょう》には、一二〇〇人にのぼる入門者が記録されている。こうした繁栄を前提として、ここでも門人帳をもとにした新しい組織化が行われた。元禄年間(一六八八〜一七〇四)から天明年間(一七八一〜八九)にかけて、会頭《えとう》・花頭《かとう》—会行司《えぎょうじ》—会中《えちゅう》—入門といった職役が定められ、大巻物—小巻物—生花巻物—二十四カ条巻物—十三カ条巻物など、相伝の階梯もこのころに固まった模様である。

十九世紀にはいると『諸流家元鑑』と題した家元一覧が刊行されるまでに至った。ここに掲載された家元は、宗教から、学問、風俗、室内芸、舞台の分野にわたって三一種にもおよぶ。なかには、単に家元という言葉をあてはめただけの分野もあるが、同書の刊行は社会における家元制度の定着を語るものであろう。伝統を維持・継承するために考案された新しい制度それ自体が、一つの伝統になろうとしていた。十八世紀から十九世紀に至る京都は、現在に連なる新しい伝統創出の揺籃期でもあった。

本山参りと名所図会●

京都の地位を相対的に引きさげる全国的な生産・流通活動の活況は、他方で、京都の新しい生き方を指し示す力ともなった。庶民の生活条件の向上と、物流の展開に伴う交通路の整備などが、庶民の本山詣《ほんざんもうで》や名所見物など、旅への要求を実現可能にしたのである。そして、そうした旅行の対象地として京都は最適であった。

十八世紀にはいって増加する京都観光の契機は、各地の檀家《だんか》の本山詣であった。江戸時代初頭の寺社の復興や本末《ほんまつ》制度・寺請《てらうけ》制度の実施以来、京都は本山都市としての性格をもったが、宗祖《しゅうそ》や開山《かいざん》を追慕する遠忌《おんき》の開催を契機として、檀家の上洛参詣が多くなりはじめた。浄土《じょうど》真《しん》宗の報恩講《ほうおんこう》（親鸞上人《しんらんしょうにん》の年忌《ねんき》）など、伝統的な毎年の忌日の法要に加えて、五〇年・一〇〇年を単位とした遠忌の大法要が執行されるようになった。

　本山詣に関連して、平安《へいあん》時代後期に起源をもつ西国三十三カ所の霊場巡《れいじょうめぐ》りも、年を追って盛んになった。紀伊那智山青岸渡寺《きいなちざんせいがんとじ》を一番札所《ふだしょ》に、和泉《いずみ》・河内《かわち》・大和《やまと》・近江をめぐり京都にはいってくる札所巡りのルートからみて、これは主として伊勢参宮を行ったあとの東国人の近畿巡りコースであったことがうかがわれる。十八世紀後半には、巡礼に関する手引書も出版された。また、巡礼ブームと並行して京都の住民自身が日帰りで巡拝する洛陽《らくよう》三十三カ所観音《かんのん》巡りも定着し、四十八願寺《しじゅうはちがんじ》参り、二十九番弁財天《べんざいてん》参りなども広まった。

　さまざまな寺巡りやその外の観光地巡りと結びついて、京都はあらたなにぎわいと経済的潤いを得ることになった。諸本山の近辺には旅籠《はたご》屋や、仏具屋、書肆《しょし》、法衣屋、料理茶屋、水茶屋などが立ちならび、新しい特産品の開発も進んだ。なかでも京仏具は十八世紀から十九世紀にかけて、急速に発展した特産品の一つである。天保十三（一八四二）年刊行の『商人買物独案内《しょうにんかいものひとりあんない》』は、三条《さんじょう》通、寺町《てらまち》通、東西本願寺付近に、三一軒の仏具所、仏具仕入問屋が集中していると記す。このほか、「京」を売り物にした京袋物や京人形、京扇子なども、新しい産業として急成長をとげていった。

　庶民の旅行ブームにのって出版され、大好評を博した京都案内に『都名所図会《みやこめいしょずえ》』があった。安永九（一七八〇）年に、文は秋里籬島《あきさとりとう》、画は竹原信繁《たけはらのぶしげ》（大坂の絵師）で、寺町五条の書林吉野屋《よしのや》から刊行された。

巻一・二では内裏《だいり》を中心に洛中の寺社・名所旧跡を取りあげ、巻三～六では洛外を東西南北に分けて紹介している。挿絵《さしえ》を中心に京都の伝統的価値を強調した編集が時代情況にマッチして、またたく間に数千部を売りつくし、各地の名所図会ブームの先駆けともなった。

もっとも、京都案内自体は、十七世紀中ごろから出版されはじめていた。『京童《きょうわらんべ》』（一六五八年・中川《なかがわ》喜雲《きうん》）、『京雀《きょうすずめ》』（一六六五年・浅井了意《あさいりょうい》）、『京羽二重《きょうはぶたえ》』（一六八五年・水雲堂孤松子《すいうんどうこしょうし》）、『雍州府志《ようしゅうふし》』（一六八六年・黒川道祐《くろかわどうゆう》）などである。ただ、こうした名所案内記は、文学作品的性格を強くもつ『京童』、町鑑《まちかがみ》の内容をもつ『京雀』、商工業の繁栄と製品への関心を中心とする『京羽二重』、地誌の『雍州府志』というように、各時期の京都の特色に対応したものであった。そうした点からしても、図版を多用し、観光案内に力点をおいた『都名所図会』は、京都という歴史的ブランドに着目しながら庶民社会の活力を取りこもうとする十八世紀の京都にふさわしいガイドブックだったのである。

2　学文の展開

石田梅岩と心学

十八世紀から十九世紀に至る江戸時代中期・後期の京都では、学問や文芸の世界においても新しい展開がみられた。十六、七世紀の伝統を確認し、その維持・革新をはかろうとする社会の内省的風潮は、学文の分野にも影響をおよぼし、新しい学派の形成や、既存の学問の深化を促すとともに、新種の文化人の登場の要因ともなったのである。

享保年間（一七一六〜三六）に石田梅岩《ばいがん》によって提唱され、その後、手島堵庵《てしまとあん》（近江屋嘉左衛門《おうみやかざえもん》）・中沢道二《なかざわどうに》（亀屋久兵衛《かめやきゅうべえ》）・柴田鳩翁《きゅうおう》（飛脚屋出身）らによって継承された学問に心学《しんがく》がある。主唱者の梅岩自身を始め、後継者の多くが京都の町人たちであったことが示すように、この学問は、十八世紀の京都町人社会がうみだした新しいものであった。

石田梅岩は、現在の亀岡《かめおか》市南部、当時高槻《たかつき》藩領であった丹波《たんば》国桑田《くわだ》郡東掛《とうげ》村の百姓石田権右衛門《ごんえもん》の次男としてうまれ、一一歳から京都の商家に奉公にでた。主家の没落でいったん帰郷したものの、二三歳でふたたび上洛《じょうらく》。上京《かみぎょう》の呉服商で二〇年間にわたる奉公人生活をすごしながら「人の人たる道」を求めて読書・思索を重ねた。四五歳の享保十五（一七三〇）年、車屋《くるまや》町御池《おいけ》上ル町の自宅に教室を開いて、教化活動を開始する。門前には「何月何日開講、席銭入り申さず候。無縁にてもお望みのかたがたは、遠慮なくお聞きなさるべく候」と張りだされ、「女中かたがたは奥へ」と指示されていた。

梅岩講釈の図（享和２〈1802〉年板『石田勘平一代記』）

謝礼もとらず、紹介者も不必要で、また年齢・性別を問わない、新しい講釈のスタイルであった。

梅岩の思想は、儒教《じゅきょう》・仏教《ぶっきょう》・神道《しんとう》の影響をうけながらも、それにこだわることなく、人の「性」を知るために心をつくすことに集約される。ここにいう「性」とは、道とも理とも本心ともいわれる、自然界と人間界の両方に共通する基本原理であり、この「性」を知り、それに基づいて生きることこそが真の人たる生き方だ、と主張した。そして、「商人の道といえども、士農工の道に異ならない」と、商業活動のなかにも「性」の普遍性が貫徹するとして、商人が商人としてほこりをもって活動するよりどころを示したのである。一見したところ身分制度の肯定とみえる「松は緑に、花は紅、侍は侍、農人は農人、商売は商売人」といった言説も、本意はそこにあった。

車屋町御池上ル町から、その後堺《さかい》町六角《ろっかく》下ル町に居宅を移して続けられた梅岩の講席は、延享元（一七四四）年の彼の死後は、門弟によって継承され、山城《やましろ》国内はもちろん、丹波・丹後から全国へと広まった。なかでも手島堵庵の活動はめざましく、明和二（一七六五）年、富小路《とみのこうじ》三条《さんじょう》下ル町に五楽舎《ごらくしゃ》を設けて講学にのりだして以降、修正舎《しゅうしょう》・時習舎《じしゅう》・明倫舎《めいりん》・恭敬舎《きょうけい》（伏見《ふしみ》）・明誠舎《めいせい》（大坂）・参前舎《さんぜん》（江戸）と、つぎつぎ講舎を開設し、道話《どうわ》や道歌をつうじて、全国的な普及活動を進めた。

丹波地方では、梅岩や高弟杉浦止斎《すぎうらしさい》の出身地であった亀岡がその中心で、藩主松平信道《まつだいらのぶみち》の保護のもと、城下紺屋《こうや》町に持養《じよう》舎が設立された。また、丹後田辺《たなべ》城下でも、文化年間（一八〇四〜一八）に、藩主牧野《まきの》以成《もちしげ》、節成《ときしげ》の保護を得て、求心舎《きゅうしん》、立敬舎《りっけい》の二講舎が設けられた。入門者は武士も含めて四〇〇人にのぼったという。

平凡な日常的な実践を、内省的な思索とわかりやすい道話によって説く心学は、一面で京学《きょうがく》との共通性をもち、主体性と実践性を重視する思想は、町人世界を越えて広く十八、九世紀の社会に浸透していく。

京都医学の伝統●

京都医学の進展もめざましかった。平安京の昔から、京都は医学の先進地であったが、その地位は江戸時代にはいっても変わらず、医学を志す学生たちがたえず上洛し、学んでいた。

京都医学は十八世紀前期に人体解剖を行った山脇東洋《やまわきとうよう》と、臨床に専念した吉益東洞《よしますとうどう》がでて、いちだんと活気を増すが、彼らの登場に至るまでの近世の京都医学の歴史には大きく二つの画期があった。まず、さかのぼって安土《あづち》・桃山《ももやま》時代からの流れを、簡単にたどっておこう。

最初の画期は、安土・桃山時代に活躍した曲直瀬道三《まなせどうさん》の登場である。京都上京出身の僧侶であった道三は、中国元代の李朱《りしゅ》医学（後世方《こうせいほう》）を学んだ田代三喜《たしろさんき》に師事して医学に志し、還俗して医業の道をあゆんだ。彼の功績は、医療精神や疾病観の基礎を仏教におく中世的な医学を批判し、実証的医学の基礎をつくったところにあった。ちょうど藤原惺窩《ふじわらせいか》や林羅山《はやしらざん》がそうであったように、道三の医学も朱子学に基づくもので、陰陽《おんみょう》・運気《うんき》の論によって病因を身体内にさぐり、元気を養うことを主眼とした。

第二の画期は、十七世紀後期〜十八世紀初頭、李朱医学を批判した名古屋玄医《なごやげんい》や後藤艮山《ごとうこんざん》によってもたらされた。京都出身の名古屋玄医は延宝七（一六七九）年に『医方問余《いほうとうよ》』をあらわして、観念的な李朱医学から漢代の実証的臨床医学（傷寒論《しょうかんろん》）に復古すべきことを提唱した。また江戸から上洛して一家をなした後藤艮山は、川獺《かわうそ》の解剖実験を行うなど、名古屋の実験主義的な方向をうけついで古医方《こいほう》を完成させた。ちょうどこのころ、本草学では淀《よど》藩儒医《じゅい》出身の稲生若水《いのうじゃくすい》が『庶物類纂《しょぶつるいさん》』を編纂し、松岡恕庵《じょあん》、小野蘭山《らんざん》、山本亡羊《ぼうよう》と続く京都本草学《ほんぞうがく》の基礎をきずいている。

こうした伝統と革新の流れのなかで登場したのが、さきの山脇東洋と吉益東洞である。宮廷医山脇玄《げん》修《しゅう》の養子として堀川丸太《ほりかわまるた》町上ル町に居をかまえた山脇東洋は、宝暦四（一七五四）年に六角獄舎《ろっかくごくしゃ》囚人の人体解剖観察の機会を得、それをもとに『蔵志《ぞうし》』をあらわした。同書は日本医学に科学的方法を導入し、古医方が西洋医学と結合する基礎をきずいた画期的な書であった。他方、臨床に専念したのが吉益東洞である。広島の医家出身の吉益は上洛して古医方を学び、東洋の援助をうけながら徹底した臨床治療医学の立場を確立した。号名のもとになった東洞院竹屋《ひがしのとういんたけや》町下ル町には多数の門下生が集まった。明和元（一七六四）年には、症状と処方を記したベストセラー『類聚方《るいじゅほう》』もあらわしている。

安永三（一七七四）年に江戸で出版された『解体新書《かいたいしんしょ》』にはじまる蘭学の隆盛は、京都にも大きな影響をあたえた。このの ち京都では、従来の古医方の成果のうえに西洋医学を取りいれようとする漢蘭折衷の医家たちが主流となり、また純然たる蘭方医もしだいにうまれはじめた。漢蘭折衷派の著名医としては、近江大津《おおつ》の医家出身の中神琴渓《なかがみきんけい》、名古屋出身の宇津木昆台《うつきこんだい》、賀川《かがわ》流の産科賀川玄悦《げんえつ》、八幡《やわた》出身の奥劣斎《おくれっさい》（産科）、柚木太淳《ゆのきたいじゅん》（眼科）などがあげられる。

京都に蘭方医学をはじめてもちこんだのは、葛野《かどの》郡出身の古医方医小石元俊《こいしげんしゅん》であった。江戸で杉田玄《げん》白《ぱく》や大槻玄沢《おおつきげんたく》に師事して蘭医学を吸収した小石は、京都・大坂でその紹介・普及につとめた。その後、京都では辻蘭室《つじらんしつ》が烏丸《からすま》中立売《なかだちうり》上ル町に開塾して蘭学が本格化した。長崎通詞《つうじ》出身の吉雄元吉《よしおげんきつ》、江戸より到来して蘭学を講じた海上随鷗《うながみずいおう》（稲村三伯《いなむらさんぱく》）、小石元俊の子元瑞《げんずい》、豊後《ぶんご》出身で京都に種痘《しゅとう》をもたらした日野鼎《てい》哉《さい》、丹後由良出身でオランダ商館医に学んだ新宮凉庭《しんぐうりょうてい》などが、つぎつぎと登場する。医学の先進地としての歴史をもつ京都は、十九世紀にはいると、西洋医学においても、江戸や長崎にひけをとらない力をもつようになった。

文人たちの登場●江戸時代中期・後期の京都には、中国趣味を横溢《おういつ》させた文芸に傾斜した文人《ぶんじん》とよばれる知識人が多数うまれた。彼らの中心は漢詩文に重点を移した京学の儒学者たちであったが、この傾向は画家・書家・小説家など文芸の諸分野にも広がった。文人の登場は、身分制度が固定化し、社会全体が停滞期にはいったなか

応挙と呉春

十八世紀後半の絵画界では、狩野派《かのう》がしだいに衰え、宗達光琳派《そうたつこうりん》（琳派《りんぱ》）も後継者にめぐまれず、新しい潮流にとってかわられていく。江戸では浮世絵《うきよえ》界に錦絵《にしき》が出現したが、京都では円山応挙《まるやまおうきょ》の写生派や、池大雅や与謝蕪村《よさぶそん》の南画、曽我蕭白《そがしょうはく》・伊藤若冲《じゃくちゅう》などの奇想《きそう》派町絵師たちが活躍した。なかでも応挙・呉春《ごしゅん》の流れは、現在にまでうけつがれる京都画壇の本流となった。

応挙は、享保十八（一七三三）年、亀山《かめやま》城下にほど近い丹波桑田郡穴太《あなお》村にうまれた。一七歳のとき狩野派の石田幽汀《ゆうてい》に師事してたちまち頭角をあらわし、やがて眼鏡絵をてがかりに写生画という新しい作風を開拓した。背景に、医学や本草学《ほんぞうがく》に代表される京都の学文の写実的・実証的態度がみえかくれする。明和五（一七六八）年ごろには四条麩屋《ふや》町東入ル奈良物《ならもの》町近辺に住み、その後四条柳《やなぎのばんば》馬場西入ル立売仲之町《たちうりなかのちょう》に居をかまえた。天明《てんめい》の大火ののち、寛政二（一七九〇）年の御所造営に際しては、門人を率いて障壁画を描いている。上田秋成は、門人一〇〇〇人といわれた円山派風靡《ふうび》のようすを「絵は応挙がでて写生ということのはやりでて、京中の絵がみな、一手になったこ

❖コラム

とじゃ」と、記している。長沢蘆雪《ろせつ》を始め応門十哲《おうもんじってつ》によって、呉春登場までの京都画壇の主流となった。

頼山陽によって「京都の画、円翁に一変し、呉叟に再変す」と評された松村呉春は、応挙に遅れること二〇年、宝暦二（一七五二）年に京都金座役人の家にうまれ、家業をつぎながら絵を学んだ。蕪村に師事し、応挙にも学びながら、両者を融合させ、俳諧にもつうじる軽妙洒脱《けいみょうしゃだつ》な画風を創出した。晩年には四条東洞院《ひがしのとういん》東入ル町に住み、また門人の多くも四条通に面して画室をかまえた。呉春の流派が四条派の名でよばれるのは、ここからきている。尾形《おがた》光琳らの元禄《げんろく》文化が二条通に花開いたのに対して、応挙・呉春たちの住んだ四条通は、江戸後期の京都文化をになうメイン・ストリートだった。こののち四条派は、幕末には呉春の弟景文《けいぶん》と弟子岡本豊彦《とよひこ》（備中《びっちゅう》出身）がでて、花《か》鳥《ちょう》画の景文・山水《さんすい》画の豊彦と高い評価を得ていく。

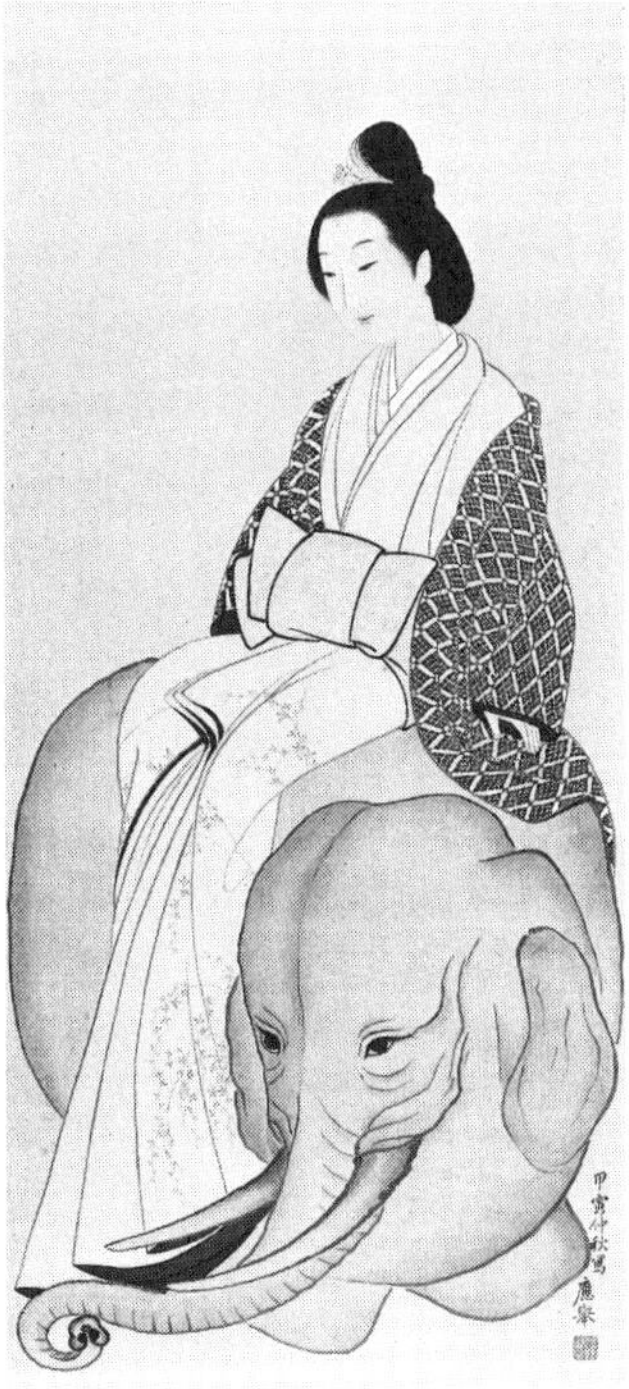

江口君図（円山応挙画）

で生じた三都に共通する動向であるが、この傾向は、政治・経済の中枢からはなれ、かつ学芸面に伝統のある京都においてとりわけ顕著であった。彼らのなかには、伊藤仁斎《じんさい》や松永尺五《まつながせきご》の子孫のように代々学問を家職とした人びとがいる一方、山紫水明処《さんしすいめいしょ》（東三本木《ひがしさんぼんぎ》丸太町上ル）の頼山陽《らいさんよう》のように文筆一本で渡り歩く自由人など、出自や経歴はいろいろであった。しかし、いずれも立身出世と切りはなされたところでグループを組織しながら、漢詩文をつくり、文人画を描き、煎茶・文人花を楽しむ点で共通していた。聖護《しょうご》院《いん》村や岡崎《おかざき》村など鴨東《おうとう》の地が居所として好まれたことも、彼らの特色を示している。新開の地鴨東には、洛中《らくちゅう》にない新しさがあり、他方、この地は橋を渡ればすぐに洛中という位置にあった。

文人文化の中心は漢詩文であった。京都の漢詩文は、享保期（一七一六〜三六）に活躍した古義堂《こぎどう》の伊藤東涯《とうがい》や、江戸の徂徠学《そらいがく》を京都で講じた宇野明霞《めいか》によってはじめられ、その後宇野に学んだ龍草廬《りゅうそうろ》が結成した詩社幽蘭社《ゆうらんしゃ》や、天台《てんだい》宗の僧侶慈周《じしゅう》をつうじて普及した。

寛政年間（一七八九〜一八〇一）前後に活躍した皆川淇園《みながわきえん》と村瀬栲亭《こうてい》は、京都の文人の代表格である。中立売室町《むろまち》西入ル町に住んだ淇園は、独学で折衷考証学を編みだした。彼の私塾弘道館《こうどうかん》には門弟三〇〇〇人が集まったという。彼はまた、柴野栗山《しばのりつざん》や赤松滄州《そうしゅう》とともに三白社《さんぱくしゃ》という詩社を結成し、南画《なんが》・写生《しゃせい》画系統の画家としても知られた。村瀬栲亭は、考証学に基づいて一二巻におよぶ百科全書的随筆をあらわした儒学者であるが、彼もまた詩文や書画にすぐれていた。晩年には、かつて池大雅《いけのたいが》もすごした知恩院《ちおんいん》門前袋《ふくろ》町に住んで、上田秋成《あきなり》などとも交流があった。

こうした京都文人の世界は、村瀬門下の中島棕隠《そういん》や梅辻春樵《うめつじしゅんしょう》によってうけつがれ、十九世紀にはいると貫名海屋《ぬきなかいおく》や浦上玉堂《うらがみぎょくどう》などがでて、京都詩文界の活動はいちだんと活発になった。やがて、幕末には、こうしたなかから、梅田雲浜《うめだうんぴん》、梁川星巌《やながわせいがん》、頼三樹三郎《らいみきさぶろう》など政治に傾斜する文人たちも輩出されていく。

京都に学び京都で名声を確立しながらも、この地の学問風土に反発し、朱子学正学派《しゅしがく》を形成した学者も少なくなかった。幕府に登用され寛政異学《かんせいいがく》の禁《きん》の立役者となった讃岐《さぬき》出身の柴野栗山や肥前《ひぜん》出身の古賀精里《こがせいり》、柴野に異学の禁を建言した備中《びっちゅう》出身の西山拙斎《せっさい》などである。彼らは詩文にもすぐれた第一級の文人であったが、京都文人の享楽的生活になじまず、政治理論としての朱子学を再発見しながら政治の世界にむかっていった。

京都をはなれた彼らの思想は、むしろ幕府の寛政の改革を画期とする藩校の急増のなかで、諸藩の武士教育に継承された。丹波亀山藩では、文政七(一八二四)年文武を総合した藩校を完成させ、両角王渓《もろずみおうけい》や富松万山《とみまつばんざん》などの朱子学者を教授に迎えた。また福知山藩《ふくちやま》では、十一代藩主朽木綱条《くつきつなえだ》が、藩校惇明館《じゅんめいかん》の充実につとめ、昌平坂《しょうへいざか》学問所に遊学させた藩士近藤善蔵《ぜんぞう》を学館の管理にあたらせている。綾部《あやべ》藩でも天保年間(一八三〇〜四四)より、九代藩主隆都《たかひろ》や十代隆備《たかとも》が朱子学を奉じ、藩士近藤寡斎《かさい》を総督として学制刷新を行っている。都市の文人層への反発のなかで生じた朱子学正学派は、江戸を経由して丹波・丹後の城下町に、その影響をおよぼしていった。

3 動乱のきざし

天皇権威の浮上●

十八世紀の中ごろを画期として、にわかに天皇近辺のようすがあわただしくなり、京都にふたたび政治の渦《うず》がまきはじめた。十八世紀後半に生じたいくつかの事件から、ながめてみよう。

事件の第一は、宝暦八（一七五八）年、京都所司代《しょしだい》が神道家《しんとうか》・朱子学者《しゅしがくしゃ》の竹内式部《たけのうちしきぶ》を逮捕して京都から追放した、いわゆる宝暦事件である。越後新潟の医家出身の式部は、十七、八歳のころに上洛して公家《くげ》徳大寺《とくだいじ》家につかえながら、山崎闇斎《やまざきあんさい》流の儒学《じゅがく》と垂加《すいか》神道を学んだ。やがて彼は、公家を門人として儒学を講じるようになる。その思想は、天照大神《あまてらすおおみかみ》の末である天皇は神であり、天皇・公家が学問にはげめば、天下がその徳をしたい、将軍も政権を朝廷に返上するという熱烈な尊王《そんのう》思想であった。当時十代の後半であった桃園《ももぞの》天皇も、式部門人の徳大寺公城《きみき》らから『日本書紀《にほんしょき》』の進講をうけて君主意識にめざめ、ことのほか講義をよろこんでいた。この天皇および中小公家グループと、幕府の意向を気づかう摂関家《せっかんけ》との対立が宝暦事件を招いたのである。関白《かんぱく》近衛《このえ》内前《うちさき》らは天皇の抗議をしりぞけて講義を中止させ、徳大寺グループの代表正親町三条公積《おおぎまちさんじょうきんつむ》ら二〇人を処分、竹内式部を所司代に告発した。

竹内式部「松の書」「冬春無気色為万有清風」。

第二は、天明七（一七八七）年におこった御所《ごしょ》への千度参りである。この年は、天明の飢饉《ききん》のなかで全国に打ちこわしが激発した年だが、京都では、六月から九月にかけて、御所の築地を回る千度参りが流行した。これは、米価引下げ、飢え人救済を天皇に祈願する運動で、有効な対策をとれない幕府に対する批判を含むものであった。六月七日を初日として、参加者は日を追ってふえ、一時は一日に七万人にまで膨れあがった。群衆は、ぞろぞろと御所の築地塀の周りをめぐり、南門の前では銭を投げいれ、紫宸殿《ししんでん》にむかって手をあわせた。仙洞御所《せんとうごしょ》（後桜町上皇《ごさくらまちじょうこう》）ではりんごや赤飯が振るまわれ、有栖川宮家《ありすがわのみや》や一条《いちじょう》・九条《くじょう》・鷹司《たかつかさ》などの公家門前でも茶や握り飯の接待があったという。大飢饉という深刻な社会不安に直面して、民衆のなかからも天皇・朝廷に対する期待感がつのりはじめていた。

天明の大火で焼失した御所の再建問題や、寛政四（一七九二）～五年の尊号《そんごう》一件も、京都の朝廷と幕府との対立関係を強めた事件だった。コラム（二六〇～二六一頁）で紹介するように天明八年の大火は京都最大の火災だったが、このとき丸焼けとなった御所の再建をめぐって、朝廷と幕府のあいだで対立が生じた。光格天皇《こうかく》を始めとする朝廷側は平安時代の内裏《だいり》の形への復古を希望し、他方、財政危機をかかえる幕府側は、老中松平定信《ろうじゅうまつだいらさだのぶ》を代表者として質素な御所を提案したのである。しかし復古ムードが高まりつつあった朝廷側の強い要求で、幕府は二〇万両を超える復古的御所の造営を押しつけられてしまった。

これに対して、光格天皇が希望した父典仁《すけひと》親王に対する太上天皇《だいじょうてんのう》尊号宣下《せんげ》の一件では、幕府側ががんばった。これは、閑院宮家《かんいんのみやけ》出身の天皇実父の席次昇格を企図したものだったが、幕府の承諾なしに宣下を強行したことや、広範囲の公家への先例のない勅問といった天皇側の異例な動きに対して、幕府は、武家伝奏《ぶけてんそう》正親町公明《きんあき》や議奏中山愛親《ぎそうなかやまなるちか》ほか、関係公家七人の処分を断行した。

幕府側の中心にいた松平定信は、威光に陰《かげ》りのみえてきた将軍権力補強のために、「将軍政治は天皇から委任されたもの」という大政委任論《たいせいいにんろん》をいいだした政治家である。尊号一件に際しての公家処分も、朝廷から委任された職分のうちという理屈で断行した。しかし、この委任論は、朝廷側が自意識にめざめて委任拒否にむかうとき、幕府政治を否定する論理ともなる。そして、その危険性は十八世紀後半を出発点として、幕末にかけてしだいに現実のものとなっていった。

伏見と京都の都市騒動●

侍たちを担い手とする政治がしだいにいきづまりをみせていくなかで、伏見《ふしみ》と京都で町民による大きな騒動が展開した。天明五（一七八五）年の伏見騒動、文化十四（一八一七）〜十五年の京都町代改義《ちょうだいかいぎ》一件である。前者は伏見奉行の悪政を訴えた事件、後者は、都市行政の末端をになう町代を攻撃した運動と、性格を異にする。しかし、いずれもが江戸時代後期の社会情勢を反映した騒動だった。

京都御所への千度参りがおきる二年前の天明五年九月、伏見の町人が江戸の寺社奉行《じしゃぶぎょう》松平伯耆守《ほうきのかみ》に越《おっ》訴《そ》を決行した。伏見下板橋《しもいたばし》二丁目の元年寄文殊九助《もととしよりもんじゅくすけ》と京町《きょうまち》北七丁目丸屋九兵衛《まるやくへえ》の二人である。ほかに、麴屋伝兵衛《こうじやでんべえ》、伏見屋清左衛門《ふしみやせいざえもん》、柴屋伊兵衛《しばやいへえ》、板屋市右衛門《いたやいちえもん》、焼塩屋権兵衛《やきしおやごんべえ》の計七人が同志であった。差しだされた訴状には、時の伏見奉行小堀和泉守政方《こぼりいずみのかみまさみち》や、奉行所役人と結託した町人たちの不正が縷々《るる》書きあげられていた。富裕町人への御用金賦課、軒別の御用金調達、運上金《うんじょうきん》上納者への苗字御免・問屋株認可、入札に際しての不正や賄賂《わいろ》要求、目明《めあ》かしの横暴などなどである。老中田沼意次《たぬまおきつぐ》が後楯《うしろだて》といわれたことからもうかがわれるように、小堀の政治は、都市や流通過程に吸着する田沼政治の伏見版だった。この間、田沼政治に対しては、関東の伝馬《てんま》騒動（明和元年、一七六四）、飛騨大原《ひだおおはら》騒動（明和八年）、上州絹《じょうしゅうきぬ》一揆《いっき》（天明元年）など、全国の町村で反対運動がおこっていたが、伏見騒動も、そのうちの一つとみてよいだろう。

幸い文殊九助らの訴えは効を奏し、小堀政方はこの年十二月に御役御免となった。しかし、越訴を企てた伏見町民に対するきびしい裁判も京都町奉行所・幕府評定所《ひょうじょうしょ》で進められた。田沼の失脚もあって、天明八年の最終判決では、小堀家（近江小室《こむろ》藩一万石）は改易《かいえき》、九助以下七人はお構《かま》いなしとなった。だが、あとのまつり、足かけ四年におよぶ裁判のなかで同志七人はすべて死去していた。判決は、まさしく彼らの死によってあがなわれたものとなった。明治十九（一八八六）年、彼らを顕彰する一〇〇年祭がもよおされ、御香宮《ごこうぐう》南門近くに「伏見義民の碑」（勝海舟《かつかいしゅう》選、三条実美《さんじょうさねとみ》書）が建てられた。

伏見騒動が奉行の悪政を訴えた騒動だったのに対して、文化十四年から翌年にかけて京都で生じた騒動は、上京《かみぎょう》・下京《しもぎょう》の町民が町代を批判した行政改革運動だった。町奉行所と町組のあいだで都市行政の末端業務をになう町代を相手どって、上・下京の町民が町代らの「増長」「横暴」「格式違反」を町奉行所に訴えたのである。論点は、町代の由緒・苗字《みょうじ》帯刀《たいとう》・跡目相続から、町入用の割り方・触書《ふれがき》の伝達方法・町

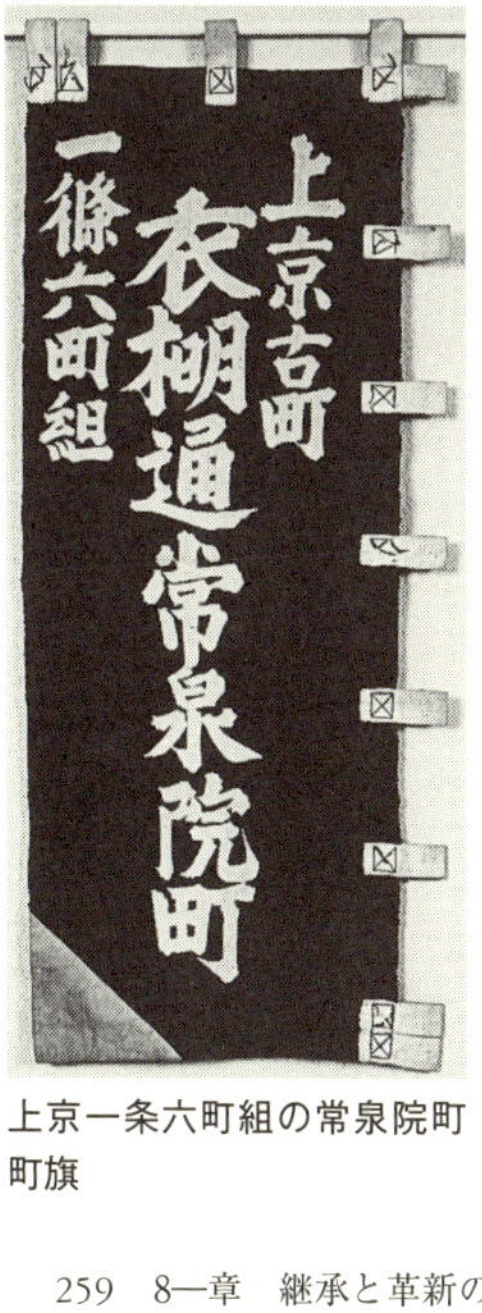

上京一条六町組の常泉院町町旗

代給銀支給方法に至るまで、多岐にわたったが、要は、町代の権限増加や町組を無視した行政手法に対する批判であった。町民側は、秀吉・家康の朱印状《しゅいんじょう》や所司代関係の証拠書類を集め、「町代改義一件」として長く記憶されることになる大訴訟を展開した。町代側も由緒を示して反論したが、多勢に無勢、町民側の勝訴となり、町代が詫《わ》び状をいれて落着した。

町民から「増長」「格式違反」などと批判された町代たちの行動は、実は、江戸時代中ごろから顕著となった。

大火と大地震

江戸時代の京都では、洛中の半分以上が焼失した火災が三回あった。宝永五（一七〇八）年、天明八（一七八八）年、元治元（一八六四）年の火災である。なかでも、天明の大火がもっとも大きかった。

天明八年一月三十日、四条大橋《しじょうおおはし》東南の団栗辻子《どんぐりのずし》から出火した火事は、二昼夜にわたって洛中のほとんどを焼きつくし、京都最大の大火災となった。御所や二条城《にじょうじょう》を始め、三七社、二〇〇カ寺、町屋三万七〇〇〇軒が焼失、罹災世帯は六万五〇〇〇軒におよんだ。惨状の一端は童歌に「再び遭《あ》うまい京焼けに、花の都が野になった」、「夜も河原にみな野宿、色の悪さはすなべ色」とうたいつがれている。幕政担当者であった松平定信は、「今こそ関東のご威光を輝かす時」と素早い対応で救済策を講じ、類焼者への施行、米銀貸与、死者の法要などを指示している。このとき光格天皇は御所から仮御所の聖護院《しょうごいん》に避難し、即位以来九年ぶりに外界の空気を吸うことになった。なお、焼失した御所再興をめぐり、朝幕《ちょうばく》関係が対立したことは、さきにふれたところである。

❖コラム

他方、京都は、地震の被害の多い都市でもあった。安土・桃山から江戸時代、京都は三回の大地震に見舞われている。文禄五（一五九六）年閏七月十三日の大地震（マグニチュード七・〇、震源地は宇治《うじ》市南部）、寛文二（一六六二）年五月一日の大地震（マグニチュード七・六、震源地は滋賀県高島市今津《いまづ》町西方）、文政十三（一八三〇）年七月二日の大地震（マグニチュード六・四、震源地は京都愛宕山《あたごやま》付近）。このうち、文政地震の被害がもっとも甚大であった。二条城天守台《てんしゅだい》の石垣破損のほか、御所・仙洞御所の築《つい》地《じ》や諸門も破損。洛中・洛外の土蔵の被害は約二万といわれた。町民のあいだでは、「出雲《いずも》から光格上皇が取り寄せた琵琶《びわ》の祟《たた》り」とか、「御所内侍所《ないしどころ》の工事で入れ替えた土の祟り」と、地震の原因を禁裏《きんり》に求める流言がとびかい、また「祇園《ぎおん》祭りの長刀鉾《なぎなたぼこ》破損」と地震とを結びつける噂《うわさ》もあった。この年、大流行した伊勢へのお蔭《かげ》参りともあいまって、人心の動揺はひとかたではなかった。

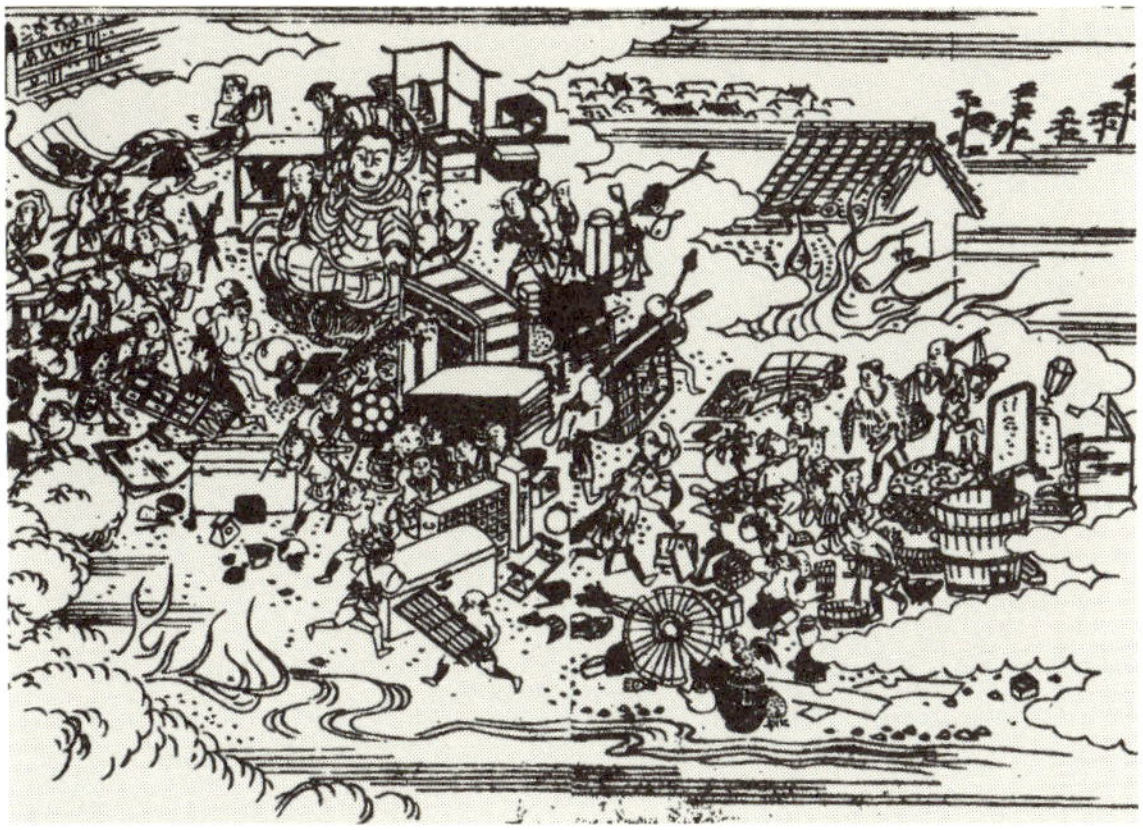

天明の大火（『花紅葉都噺』）

なる都市社会の変化に関係していた。すなわち、十八世紀をつうじて、京都では、従来の町や町組の枠を越えた広域的な都市問題が山積みしはじめていた。町の枠を越えた仲間組織の形成に伴う諸問題の発生、借家人層の増加による中下層社会の肥大化、商取引や金銭貸借をめぐるトラブルの頻発、人口の流動化、捨て子やゴミ処理問題など。そして、これらの問題こそが、町代たちの「増長」の大きな原因となった。奉行所行政と町々とのパイプ役である町代たちは、「先例」や「格式」では対応できない問題に対処するなかで、否応《いやおう》なしに裁量範囲を広げ、革新的になったからである。しかし、こうした「増長」は町民側には我慢できないことだった。

奉行所にとっても、町代の位置づけはむずかしかった。機能的であるとはいえ、都市行政の実質を町人身分の町代にになわせることは、身分制度の根幹にかかわる大きな問題だったからである。実務能力を高めながら、裁量権を拡大する町代の統制は、早晩奉行所にとっても不可欠な課題だった。

文化十四〜十五年の町代改義一件は、こうした町民側と奉行所の思惑が合致したところで進み、落着した事件であった。しかし、町代の統制によって、都市問題が解決したわけではない。むしろ課題は拡大した。以後、町民側では、町組全体の自治機関＝大仲《おおなか》を組織して問題に対処しようとし、また奉行所は奉行所役人による業務直轄体制を指向するなど、それぞれに都市問題への対応を模索し続けることになる。

丹波・丹後の百姓一揆●

幕府と藩の体制がその基礎をおいた農村部では、支配をめぐる対立は、より過激な形をとり、江戸時代中後期になると、丹波・丹後の大名領ではしばしば一揆や打ちこわしが発生した。

丹波では、すでに享保十九（一七三四）年に福知山藩で、また宝暦二（一七五二）年に綾部藩で年貢の減額などをめぐって一揆が生じていたが、天明七（一七八七）年になると米価騰貴を原因として、口丹波《くちたんば》地方で大規模な一揆が発生した。この一揆は、十一月十九日に旗本能勢《のせ》氏知行地《ちぎょうち》の桑田郡北庄《きたのしょう》村付近からはじまり、主力は八木《やぎ》を経て園部《そのべ》城下になだれこみ、他の一隊は馬堀《うまほり》・保津《ほづ》から大堰《おおい》川を越えて、桑田郡内村々の酒屋・米屋・豪農・庄屋などを打ちこわした。

幕末の万延元（一八六〇）年には、八月に福知山藩で、また十一月には天田《あまた》郡内の上総飯野《かずさいいの》藩保科《ほしな》氏領地域で村役人や豪商農、会所などが襲撃される打ちこわしが発生した。市川《いちかわ》騒動とよばれる福知山藩の一揆は、嘉永三（一八五〇）年にはじまる専売制を中心とした藩財政再建策に対する真っ向からの反対運動であり、保科領一揆は銀納年貢の相場問題を主要な論点としていた。福知山一揆の場合をみてみると、八月二十一日早朝、夜久《やく》郷広瀬川原《ひろせがわら》に結集した農民たちは、二隊に分かれて福知山にむかい、一隊は金谷《かなや》郷を経て丹後口《たんごぐち》門から、また他の一隊は千原《ちはら》・豊富《とよとみ》郷を経て京口《きょうぐち》門から城下になだれこみ、打ちこわしを行った。参加者は領内六三カ村のほか、他領のものも含み、あわせて三万人にのぼったという。対象となったのは、藩政改革の中心人物の市川儀右衛門《ぎえもん》、関三蔵《さんぞう》屋敷を始め、手先とみられた町家九三軒、銀札座、産物統制関係施設、そのほか藩の出先とみなされた在方の家多数であった。翌二十二日、一揆勢は産物統制撤廃、関係役人罷免などを盛りこんだ一三カ条の要求を提出。騒動の長期化を恐れた藩当局側は、役人罷免以外のすべてを呑み、二十七日、一揆勢は帰村している。

丹後では田辺《たなべ》藩や宮津《みやづ》藩で大小いくつかの一揆が生じていた。田辺藩では享保十八年と宝暦六年に大規模な一揆がおきた。享保一揆は前年の凶作救済をスローガンに、農料米・銀札の拝借、定免《じょうめん》引下げ、年賦返済銀と中間《ちゅうげん》奉公人給米の免除を要求したものであった。三月五日に大内橋《おおうちばし》下の安久《あぐ》河原に集まった百姓数は九三カ村三〇〇〇余人。庄屋・大庄屋をつうじての交渉で、おおむね要求を貫徹したが、その後、南有路組百姓一六人が検挙され、うち三人は死罪となっている。また宝暦一揆も、定免引下げ、農料米の拝借、大庄屋数削減などを要求して二〇〇〇人余が決起したもので、この場合も要求を藩側に呑ませたものの、打首三人、獄門《ごくもん》五人、追放二四人などの犠牲者をだした。なお、この一揆では、蜂起にさきだって乞食風体《こつじきふうてい》のものが村々を組織してまわったことが特記される。

他方、宮津藩でも近世初頭から訴願運動や騒動が数多く生じていたが、文政五（一八二二）年に至り、丹後最大の文政一揆が発生した。

文政一揆の中心的要求は、藩経済立て直しのために採用された「万人講《まんにんこう》」と称する人頭税と、一万五〇〇〇俵にのぼる先納米の廃止である。年末の十二月十三日、加悦谷石川村《かやだにいしかわ》（与謝野町《よさの》）のかぐや橋にあがった狼煙《のろし》を合図に全藩的一揆となり、一揆勢は打ちこわしを行いながら城下にはいり、騒ぎは十八日まで続いた。藩の手先として打ちこわされた大小の庄屋、出役庄屋などの数は五〇軒を超えた。藩側は一揆の勢いに押されていったんは要求を呑んだものの、一揆解散後反撃にでて、若干の要求応諾と、首謀者の検挙・処分をもって一揆にむくいている。発頭人の石川村為治郎《ためじろう》は獄門、同村新兵衛《しんべえ》は打首、ほか永牢《えいろう》一、国追放《くについほう》六という苛酷な処分であった。当初百姓の要求をうけいれた家老栗原理右衛門《くりはらりえもん》父子も座敷牢《ざしきろう》監禁となった。幕末に近づくにつれて、農民側の要求は、専売制度の廃止や藩役人の罷免など藩政そのものを批判する世直し一揆の性格を強く帯びるに至り、これに対する領主側の弾圧もまた、きびしさを増していったのである。

文政一揆から一〇〇年余を経た大正十五（一九二六）年、宮津市文殊《もんじゅ》に新兵衛らの功績をたたえた「義士義民追頌碑《ついしょうひ》」が建立されている。

4　幕末の京都

京都と開港

嘉永六（一八五三）年六月に浦賀《うらが》に到来した黒船《くろふね》は、幕府を始め日本国中に大きな衝撃をあたえたが、京都も強くその影響をこうむり、各方面で大きな混乱にまきこまれることになった。

経済面では、安政五（一八五八）年の通商条約の締結によって、京都を代表する西陣機業が大きな打撃をうけた。国内産の良質な生糸が外国貿易の主要な輸出品として海外へ流出し、京都への集荷が著しく減少したのである。神奈川・長崎・箱館が開港された翌年の万延元（一八六〇）年に九〇万斤余の輸出量であった生糸は、文久二（一八六二）～三年には二〇〇万斤にはねあがった。これに伴い、糸価も急激に高騰し、文久元年には約二倍、同三年には三倍、慶応三（一八六七）年には五倍となった。とりわけ影響は、零細な織屋に強くあらわれ、織屋から問屋・仲買に対して織物価格値上げの嘆願が繰り返しなされる事態となった。安政六年十一月十九日には、大宮寺之内《おおみやてらのうち》の辻門に「西陣手間取り職人のもの糸高値につき難儀いたし、今十九日に御所様へ御千度申したく候あいだ、おいで下さるべく候」という案内が張りだされた。同様の張り紙は十二月三日にもあった。

生糸仲買商人や外国貿易にかかわる商人に対する反感もしだいにつのり、とりわけ、文久三年には、外国貿易関係者に対する殺人事件があいついだ。四条大宮で質屋・米屋をいとなんでいた鍵屋長次郎《かぎやちょうじろう》（高木《たかぎ》在中《ありなか》）の日記によれば、七月二十四日には仏光寺《ぶっこうじ》高倉《たかくら》西入ル町の油屋八幡屋宇兵衛《やわたやうへえ》が殺害され、八月十日には中筋河内屋栄助《かわちやえいすけ》、同十二日油小路《あぶらこうじ》四条井筒屋万助《いづつやまんすけ》と、たてつづけに殺害された。また、同十二〜十三日には葭屋《よしや》丁の大庄《だいしょう》（糸屋糸蔵）の蔵が焼かれ、居宅が打ちこわされている。八幡屋殺害の十日ほど前の七月十四日には、蛸薬師《たこやくし》の辻子に張り紙があり、「夷国交易致しおり候者名前、三十軒ばかり」が書きあげられていて、交易をやめなければ早々に打ちとると記されていたという。開港による経済変動は、京都社会にも重くのしかかっていた。

　京都における幕末の政争を、京都の町空間への影響という点からみてみると、御所と二条城は別として、重要ポイントとして、木屋《きや》町筋、京都守護職屋敷、増大する大名屋敷などがあげられる。

　江戸時代初期に高瀬川の開削によって開かれた木屋町界隈《かいわい》は、水陸両様の入り口として、また遊興の巷《ちまた》となってにぎわっていたが、幕末期には、諸国からのぼってきた他国者の志士たちの絶好の隠れ場となり、また、そのゆえに血なまぐさい暗殺・襲撃が多発する場所ともなった。この界隈で発生したおもな事件だけでも、九条家島田左近《しまださこん》暗殺（文久二年）、草莽《そうもう》志士本間精一郎《ほんませいいちろう》暗殺（文久二年）、池田屋《いけだや》事件（文久四年）、松代《まつしろ》藩士佐久間象山《さくましょうざん》暗殺（元治元年）、坂本竜馬《さかもとりょうま》・中岡慎太郎《なかおかしんたろう》襲撃（慶応三年）、長州《ちょうしゅう》藩士大村益次郎《おおむらますじろう》襲撃（明治二年）などがあげられる。また、この付近には大名の京都屋敷も多く、一之舟入《いちのふないり》町には尊攘《そんじょう》運動の拠点となった長州藩屋敷、河原《かわら》町三条下ルには井伊《いい》家の彦根《ひこね》藩屋敷があり、蛸薬師河原町東入ル町には土佐《とさ》藩屋敷もあって、各派の拠点としての役割をになっていた。

　幕末京都の都市景観上の変化の一つに、大名屋敷の増築や複数化があげられる。近世初頭以来、京都には数多くの大名屋敷が点在していたが、幕末になると、各藩は盛んに手狭になった屋敷の拡張や、新屋敷の購入にのりだした。たとえば彦根藩は烏丸丸太町上ル町に京屋敷をおいていたが、嘉永七年に井伊直弼《なおすけ》の指示であらたに河原町三条下ル町に新屋敷を買い求めた。また、薩摩《さつま》藩は、文久二年の島津久光《しまづひさみつ》の上洛を機に、錦小路高倉西入ル町の藩邸に加えて、相国寺《しょうこくじ》門前と上岡崎《かみおかざき》に新屋敷を確保している。

文久二年に京都守護職に任命された会津《あいづ》藩松平容保《まつだいらかたもり》の御用屋敷も、幕末に出現した新しい建物である。上洛した容保は、当初黒谷《くろだに》の金戒光明寺《こんかいこうみょうじ》およびその門前を拠点として京都守護にあたったが、文久三年末には、所司代千本《せんぼん》屋敷の北側と、釜座《かまんざ》下立売《しもだちうり》上ル（南北二町東西一町）の二カ所に大きな御用屋敷を建設した。釜座屋敷建設に際しては、九町が移転を命じられて消滅し、さらに元治元年には、釜座下立売下ルの地に御用御添《おそえ》屋敷もつくられている。幕末京都は、侍《さむらい》人口と侍関係施設の密度をいっきに増しながら、終焉へとむかっていく。

孝明天皇と政局●

開港を契機に展開した幕末の紛争は、京都に大きな影響・被害をもたらしたが、その紛争の震源の一つは、実は京都にあった。弘化三（一八四六）年に一六歳で天皇となった孝明《こうめい》天皇（統仁《おさひと》）その人である。祖父光格天皇以来育《はぐく》まれてきた強烈な君主意識と天照大神・神武《じんむ》天皇につらなる皇統意識を背景に、孝明天皇は朝廷の先頭に立って幕末の政争に立ちむかい、主役となった。

孝明天皇の立場は、鎖国《さこく》攘夷《じょうい》・公武合体《こうぶがったい》・大政委任の三本柱から構成され、最終段階で鎖国攘夷が緩和される以外は、終始一貫したものであった。そして、「鎖国攘夷か開国か」、「公武合体か幕府専制か、あるいは討幕か」、「大政委任か王政復古《おうせいふっこ》か」など、この三点こそが、幕末の紛争を構成する主要論点であったから、孝明天皇はすべての局面において主役たらざるをえず、そのゆえに京都は、幕末政治の中心舞台になった。以下、かりに孝明天皇を中心にすえ、右翼に幕府を、左翼に反幕尊攘派を配する構図で、幕末政治史を略述してみよう。

孝明天皇の鎖国攘夷思想が、右翼の幕府政治に大きな波紋を投げかけたのは、彼が日米通商条約の勅許を拒否したことにはじまる。対外問題について幕府が朝廷に報告するという慣行は、文化四（一八〇七）年以来定着していた。しかし、安政五（一八五八）年、上洛した老中堀田正睦《ほったまさよし》に対する天皇の勅許拒否回答は、雄藩・朝幕協調路線をとる幕府主流派に対して大打撃をあたえ、他方、盛りあがりつつある朝廷内外の左翼尊王攘夷運動に対しては大きな支援となった。堀田が勅許獲得に手間どるあいだに、幕府内では最右翼に位置する井伊直弼が大老《たいろう》に就任した。そして、条約調印、井伊らの推す家茂《いえもち》による将軍継承と事態は展開し、翌安政六年の安政の大獄《たいごく》（右からの左翼尊攘派の大弾圧）、安政七年の桜田門外《さくらだもんがい》の変《へん》（左からの直弼暗殺）へと進んでいく。

天皇の公武合体路線も一貫したものであった。条約調印の二カ月後に水戸《みと》藩に直接送付された「御趣意《ごしゅい》書《しょ》」（戊午《ぼご》の密勅《みっちょく》、安政五年八月）は、井伊ら幕閣を刺激し安政の大獄の引き金となったものであるが、ここに示されている枠組みは、右翼の幕府と中央の朝廷とが協調する公武合体路線である。「皇国重大の義」であるから「公武御実情をつくされ、御合体永久安全のように」というわけである。桜田門外の変で大老井伊が暗殺されたのち、老中安藤信正《のぶまさ》らによって推進された右からの和融政策は、天皇の公武合体路線に合致していた。このなかで、天皇の妹 和宮《かずのみや》の将軍家茂への降嫁問題も提案された。文久元（一八六一）年十月、和宮は有栖川宮熾仁《たるひと》親王との婚約を解消させられて江戸へくだっていく。

しかし、天皇自身に併存していた左翼と結ぶ尊攘思想と、右翼と結ぶ公武合体路線は、両者の対立激化に伴ってしだいに股裂《さ》き状態となり、矛盾を深めていく。文久二年一月には坂下門外《さかしたもんがい》の変《へん》（左翼水戸浪士らによる安藤信正襲撃）、四月には伏見寺田屋《てらだや》事件（薩摩藩主流派による左翼尊攘派弾圧）と両者の対立を象徴する大事件が発生し、また七月には長州藩が左翼尊攘路線で藩論を統一。他方、同月、開国・公武合体派の島津久光は、勅使とともに江戸にはいり、幕府人事の刷新を強要した。また、この年暮れには会津の松平容保が京都守護職に任命され、幕府側の京都管理体制が強化されている。

幕末政治史にとって、文久三年は大きな別れ道の年であった。この年三月、高揚する左翼尊攘運動に圧されて将軍家茂が奉勅攘夷のために上洛した。家光以来二三〇年ぶりの上洛である。上洛した家茂は、これまた後水尾《ごみずのお》天皇以来二三七年ぶりという天皇行幸《ぎょうこう》に随行して賀茂《かも》社で攘夷祈願を行い、また五月十日を期して攘夷期限と約束するなど、このあたりは天皇を取りまく左翼尊攘公家グループのペースで事は進んでいる。

尊攘派の公家と長州藩兵が朝廷から追放された八月十八日の政変は、天皇と公武合体派の公家、京都守護職および薩摩藩がしくんだ右からのクーデターであった。左翼尊攘派の志士と公

「下上加茂行幸図下絵」　天皇に随行して賀茂社にむかう徳川家茂ら。

家に占拠された朝廷の現状に危機感をいだいた天皇は、左派を切り公武合体派とくむことで朝廷内の統制回復を企図したのである。以後、この路線が左翼長州藩と対峙する形で、池田屋事件（元治元〈一八六四〉年六月）、蛤御門《はまぐりごもん》の変《へん》（同年七月）、第一次幕長戦争《ばくちょう》（同年十一月）、第二次幕長戦争（慶応二〈一八六六〉年）と展開していく。この期に至って、天皇の攘夷鎖国思想は、「無謀の征夷は実に朕《ちん》が好むところに非ず」と大きく右寄りに旋回し、慶応元年十月には通商条約を勅許するなど、この点でも天皇と幕府首脳とのズレはほとんどなくなっていた。

しかし、そうした朝幕関係の強化、大政委任論に基づく朝廷の幕府への依存化は、新しい政治セクトをうみだすことになった。王政復古・倒幕をスローガンとしたあらたな左翼戦線の形成である。この流れは元治元年の第一次幕長戦争ごろより水面下ではじまり、慶応二年正月に薩長同盟として姿をあらわした。朝廷内でも岩倉具視《いわくらともみ》を黒幕とする極左グループの王政復古構想が具体化しはじめていた。右傾化し幕府と一体化した天皇の居場所は、もはやなくなりつつあったのである。

慶応二年十二月、三六歳の若さで死去した孝明天皇のはやすぎる死は、朝幕融和・大政委任という枠組みのなかで生きながらえてきた「江戸時代の天皇」の死でもあった。掌中の玉として新左翼倒幕派にかつがれた新しい天皇は、やがて京都をはなれ江戸（東京）へむかうことになる。

在郷の幕末●

京都を中心とした幕末の騒乱は、京都町中のみならず、周辺各地にもさまざまの影響をおよぼした。以下、いくつかの事例をあげて、幕末在郷社会のようすをかいまみておきたい。

嘉永六（一八五三）年六月のペリー来航、および翌七年一月の再来航の情報は、山城の村々にも伝わり、対外危機の情勢は、在郷世界にも深刻にうけとめられた。そうしたなかで企画された大きな催しに、南《みなみ》山城《やましろ》三郡神主による異国降伏祈禱があった。この催しは、危機意識を強くもった久世《くせ》郡寺田《てらだ》村（城陽《じょうよう》市）水度《みと》神社の神主中島主殿《なかじまとのも》と綴喜《つづき》郡多賀《たが》村（井手《いで》町）高《たか》神社の神主宮部織部《みやべおりべ》が、京都吉田家に働きかけて開催の指示を取りつけたものである。七年二月に、異国降伏の御祈禱を七日間つとめるようにとの触れ状が、吉田家鈴鹿修理《すずかしゅり》の名で南山城の久世・綴喜・相楽《そうらく》三郡の神主二六人に宛てて通達され、三月にはいると各社でつぎつぎと祈禱の会がもよおされた。発起人の一人中島主殿は、父親の右京《うきょう》の時代から、向日《むこう》町向日神社社司で平田《ひらた》派の国学者《こくがくしゃ》であった六人部是香《むとべよしか》の弟子として活躍しており、今回の催しも彼のリーダーシップによるところが大きかった。中島が神主をつとめる寺田村水度神社では、三月二十一日から一週間にわたって祈禱が行われ、近村の神主たちも烏帽子《えぼし》・狩衣《かりぎぬ》姿で参列した。また、村役人や氏子総代から酒飯のお供えもあった。

ところで、すでにみたように、文久二（一八六二）年になると京都防衛のために会津藩主松平容保が京都守護職に任命され入京してきた。彼に対しては京都守護職領として五万石の領地（役知）があたえられたが、その過半が京都近辺の幕府直轄領の切替えであったため（ほかに河内・近江の幕領の一部）、山城の村々の多くは、京都を舞台とする政争に直接まきこまれることになった。元治元（一八六四）年八月にし

異国降伏祈禱札（嘉永7〈1854〉年3月4日）

たためられた領地村々総代の願書は、そうしたようすをつぎのように記している。

一昨年十一月に松平肥後守《ひごのかみ》殿の役知になってから、一五歳より六〇歳までのものは非常の節は上洛して御用をつとめるよう命じられた。すでに、昨年七月の馬揃えや八月の御所警護に際して多数の人足《にんそく》出勤が命じられ、また今年六月から現在までおびただしい人足の駆り出しが続いている。負担過重の旨を嘆願しても、人夫《にんぷ》徴発の便宜のために京都近辺に領地をあたえられたのだ、といわれて取りあってくれない。

「昨年七月の馬揃え」とは、文久三年七月晦日に御所で行われた軍事調練、「八月の御所警護」は過激派尊攘公家を追放した八月十八日の政変、また「今年六月から現在まで」は、元治元年七月十九日の蛤御門の変にかかわるものであろう。元治元年八月に村々総代が計算したところでは、この年六、七月に山城・河内の領地村々から徴発された人足数は、延べ三万人にものぼっていた。京都を舞台とした政争は、近隣農村の住民を多数紛争現場にまきこみながら進行したのであった。

甲子兵燹図

9章

伝統と近代の相克

大正初期の郡是製糸繰糸工場(綾部市)

1　文明開化の光と影

王政復古のクーデター●

幕末の政局も切迫の度を増した慶応三（一八六七）年十月十三日、山城《やましろ》国上山田《かみやまだ》・石倉《いしくら》・井《い》ノ《の》内《うち》三カ村の村役人は、領主である討幕《とうばく》派の公家中山忠能《なかやまただやす》邸に参上し、「非常人足」の差出しを申し渡された。大久保利通《おおくぼとしみち》・広沢真臣《ひろさわさねおみ》らが、明治天皇の外祖父中山忠能に御所《ごしょ》の軍事的制圧計画を打ち明けたのは十月八日であり、中山は早速その日にむけて手を打ったのである。三カ村の農民が実際に中山邸の警護についたのは二カ月後の十二月八日である（『長岡京市史』）。翌九日、鹿児島・名古屋・福井・高知・広島各藩兵が御所を取り囲むなか、王政復古《おうせいふっこ》のクーデターが決行された。その夜小御所《こごしょ》会議が開かれ、徳川慶喜《よしのぶ》に対する辞官納地《じかんのうち》の処分がくだされた。

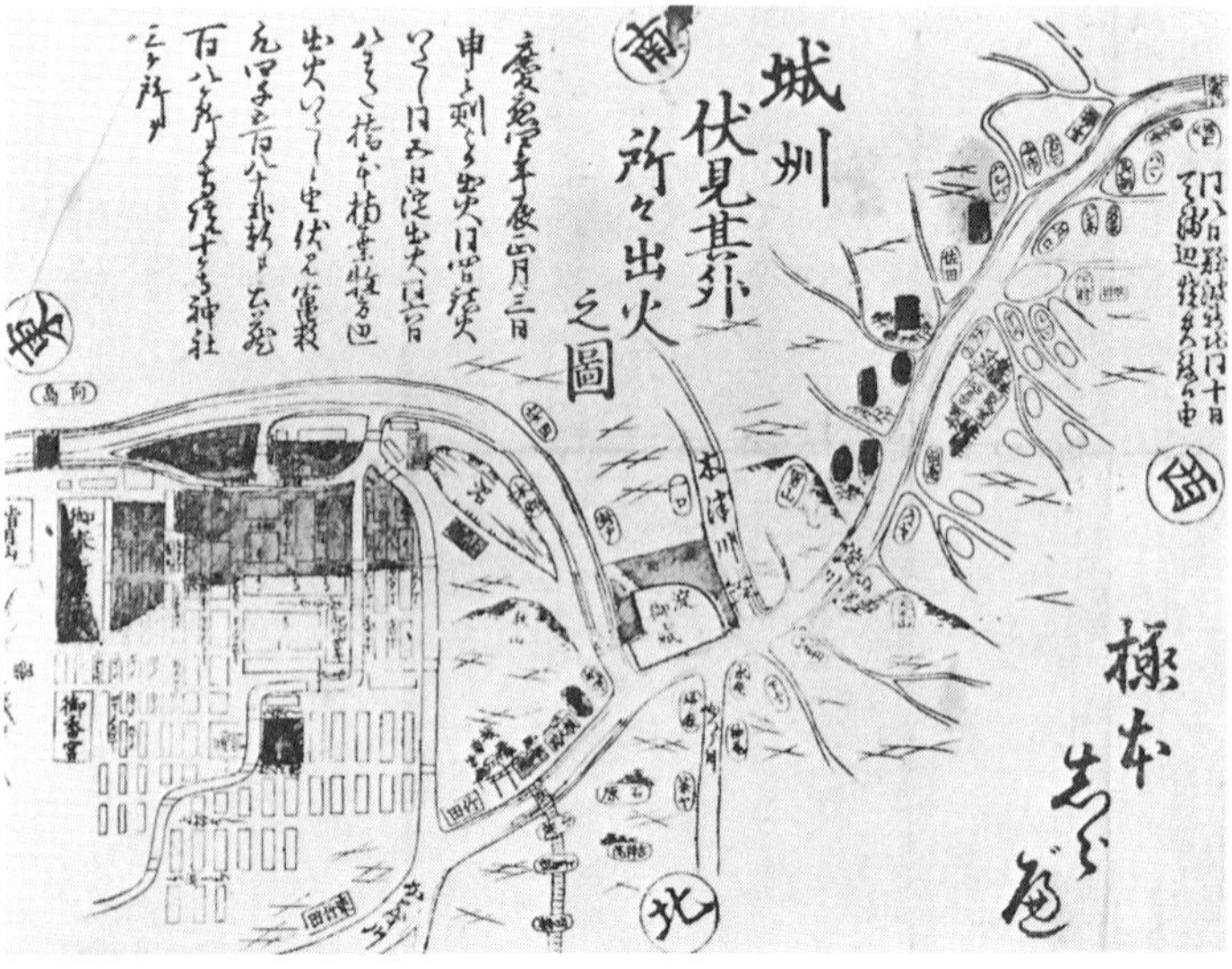

鳥羽・伏見の戦いの出火図

二六〇年余にわたった幕府の支配は瓦解した。

慶応四年一月三日午後四時過ぎ、鳥羽《とば》において薩摩《さつま》藩兵の発した大砲の音が戊辰《ぼしん》戦争の始まりを告げた。薩摩藩兵と幕府軍との戦いは、伏見《ふしみ》奉行所をめぐって激戦となったが、敗北した幕府軍は老中《ろうじゅう》稲葉正邦《いなばまさくに》の居城淀《よど》へと退却する。ところが淀藩は、城門を閉ざして官軍側についたため大勢は決し、幕府軍は大坂へと壊走していった。戊辰戦争の緒戦となった鳥羽・伏見の戦いである。この戦闘では、鳥羽・伏見に加え横大路《よこおおじ》・淀・八幡橋本《やわたはしもと》も戦禍をうけ多くの建物が焼失しただけでなく、周辺村々から非常人足が動員された。

東京奠都●

江戸を占領し東京と改称した維新政府は、東京遷都《せんと》を計画した。明治元（一八六八）年九月二十日、京都で即位式を挙行した明治天皇は東京へむけ出発したが、年末にはいったん京都へ戻った。ところが翌年三月七日、明治天皇は再度東幸の旅にで、二十八日東京に到着した。遷都に反対する尊攘《そんじょう》主義者や京都に残留していた公家らの反対運動を考慮して、正式に遷都を告げることなく京都をはなれたのである。

九月二十四日、皇后の東行反対と明治天皇の京都還幸《かんこう》を求め御所を市民が取り囲み、石薬師《いしやくし》門に数千人が屯集する騒ぎがおきた。二十九日には京都留守長官や府知事らが市民を諭《さと》し、来年春には京都に還り大《だい》嘗祭《じょうさい》を施行すると約束して事態は収束、十月五日に皇后も東京へと出発した。しかし約束の春を迎えた三月十四日、京都留守官は、東北地方の政治的不安定や凶作を理由に還幸延期を告諭、大嘗祭も明治四年十一月に東京で行われた（『明治天皇紀』第二）。この間、明治四年二月から三月にかけて、武力による天皇京都還御計画が発覚し、公卿外山光輔《とやまみつすけ》・愛宕通旭《おたぎみちてる》らが捕縛される事件がおこった。三月二十二日には、京都での大嘗祭を主張していた矢野玄道《やのはるみち》・角田忠行《つのだただゆき》ら平田《ひらた》派《は》国学者が、諸藩預けとなっている。

東京奠都《てんと》により、政府官員に加え公家の多くも東京へと居を移した。幕末七万戸といわれた洛中《らくちゅう》の戸数も六万戸を切るほどに減少した。京都の伝統産業は多大な打撃をうけた。高級手工芸品を消費する人びとが姿を消し、京都の伝統産業は多大な打撃をうけた。大名や有力武士と深く結びついていた千家《せんけ》を始めとした各家元も保護者を失い、伝統芸能はきびしい試練の時代を迎える。政府や京都府も、京都の治安維持や経済復興をはかる目的で特別の施策を講じた。明治二年四月、会計官から京都府に勧業基立金一〇万両、さらに商法司からも五万両、計一五万両が貸しあたえられた。翌年二月には、還幸延期と引き替えに京都市中の地子《ちし》免除と産業基立金の下賜《かし》が伝えられている（ただし地子免除は地租改正《ちそかいせい》で取り消された）。

東京奠都で影響をうけたのは市中ばかりではない。近世の天皇家は畿内《きない》の地域社会や諸寺院と特別の関係を結んでいた。奠都はこうした関係を否定する。たとえば明治四年の大嘗祭では地方献上物の禁止が達せられた。宇治《うじ》郡山科《やましな》

明治10(1877)年2月5日，明治天皇臨席のもとに行われた七条ステンショ(京都駅)開業式(「西京神戸之間鉄道開業式諸氏拝見之図」)

郷・愛宕郡八瀬村《おたぎ やせ》・葛野郡小野郷《かどの おの》といった禁裏御料《きんり ごりょう》や仙洞御料《せんとう ごりょう》との特別な関係は、ここで断ち切られていくのである。

その後明治天皇は、明治五・十・十一・十三年と立て続けに京都に行幸《ぎょうこう》し、京都への深い関心を示した。十年の行幸では大内裏《だいだいり》の荒廃を憂い、一〇年間毎年四〇〇〇円を支出することとし、十一年には大礼《たいれい》施行のため京都御所を保存する意向を示して御所が宮内省《くない》に移管された。岩倉具視《ともみ》も京都復興には意を用い、死の直前に京都御所の整備とそこでの大礼施行を主張している。こうした経緯から明治二十二年、皇《こう》室典範《しつてんぱん》中に即位式と大嘗祭は京都で行う旨が明記されたのである（高木博志『近代天皇制の文化史的研究』）。天皇家とのつながりを京都の発展に役立てようとの考えは、明治初年のこうしたいきさつのなかで育まれ、以後の京都振興策の柱となっていく。

京都府の成立●

慶応四（一八六八）年閏四月、長谷信篤《ながたにのぶあつ》が京都府知事に任命され、山城国のうち皇室領・公家領・寺社領・旗本《はたもと》領を支配地として京都府が成立した。他方丹波《たんば》・丹後《たんご》方面には、同年一月四日に一八歳の青年公卿西園寺公望《さいおんじきんもち》が山陰道鎮撫総督《さんいんどうちんぶそうとく》に任じられ、翌日薩摩・長州《ちょうしゅう》二藩の兵士を率いて出発した。途中馬路《うまじ》村の丹波弓箭組《きゅうせん》・山国《やまぐに》村の山国隊などの郷士を幕下《ばっか》に加え、二十一日には藩主本庄宗秀《ほんじょうむねひで》が老中として長州征討に加わった宮津《みやづ》藩を制圧した。さらに参謀黒田清綱《きよつな》率いる分遣《ぶんけん》隊は一月二十日に久美浜《くみはま》にはいり、周辺地域を鎮定した。閏四月には政体書《せいたいしょ》の制定によって、丹波・丹後・但馬《たじま》・播磨《はりま》・美作《みまさか》五カ国、支配石高二三万石余におよぶ久美浜《くみはま》県が誕生した。

くだって明治四（一八七一）年七月、廃藩置県《はいはんちけん》が断行され旧藩がほぼそのまま県となった。十一月には

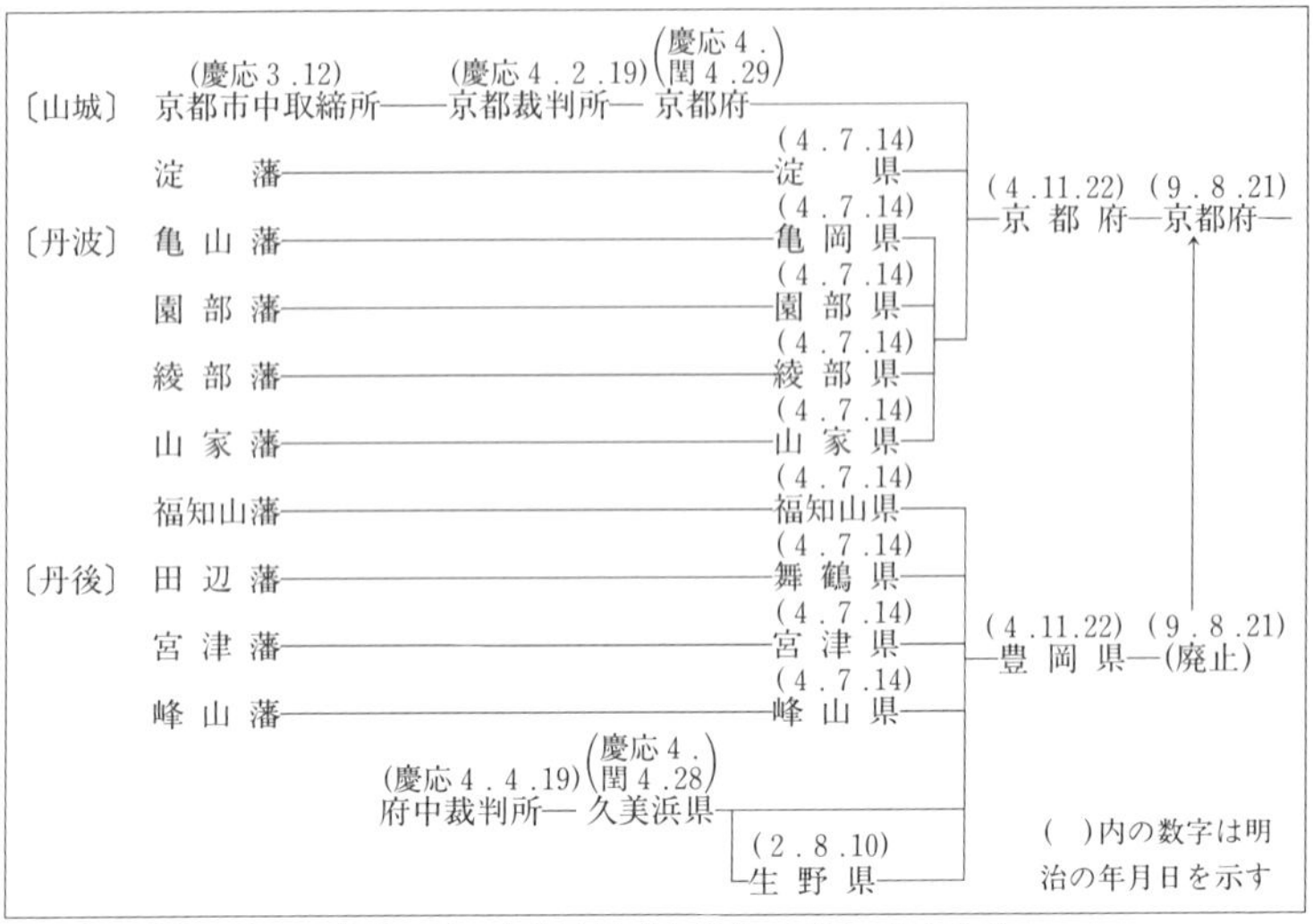

京都府の成立　井ヶ田良治・原田久美子編『京都府の百年』より作成。

府県統廃合が行われ、山城国全郡および丹波国船《ふな》井《い》郡・桑田《くわだ》郡・何鹿《いかるが》郡は京都府、丹後国と丹波国天田《あまだ》郡は豊岡《とよおか》県の管轄となった。京都府は、知事長谷信篤・大参事槇村正直《まきむらまさなお》という陣容であったが、長州藩出身で木戸孝允《きどたかよし》に近かった槇村が実権をにぎった。府の幹部の多くは、長州藩もしくは同藩に近い尊攘派出身者が占めていたが、実務にたずさわる判任官には、京都所司代《しょしだい》や町奉行所の旧幕臣、京都府域にはいった淀・篠山《ささやま》・綾部《あやべ》・園部《そのべ》各藩出身者が多かった。一方、豊岡県では、初代権令小松彰《こまつあきら》の在任期間は短く、以後も県政担当者がたびたび交代した。京都府と同じく中下級官吏には、久美浜代官所や生野《いくの》銀山の旧幕臣、豊岡県にくみこまれた諸藩出身者が多く任じられている。

明治九年、内務卿大久保利通の主導で、難治《なんち》県の一掃を目的とする大規模な府県合併が実施された。この結果、八月豊岡県は廃止となり、丹後国五郡と丹波国天田郡は京都府に移管されて、現在の京都府の管轄領域が定まった。府知事には引き続き槇村が任命された。京都府の場合、豊岡県の一部を吸収することで総地価額をふやし、地方財政の主要財源である地価割収入を確保して、沈滞する京都の復興資金にあてようとしたものとみられている。都市の富を農村部に再配分するのとは逆のことが行われたのである。

槇村府政の展開●

京都府政を掌握した槇村正直は、意欲的な殖産興業《しょくさんこうぎょう》政策を実行していった。その槇村府政のブレーンとなったのが明石博高《あかしひろあきら》と山本覚馬《かくま》である。明石は、天保十（一八三九）年中京《なかぎょう》の医師の家にうまれ、錦小路《にしきこうじ》家家臣となっていたが、明治三（一八七〇）年閏十月槇村の要請で京都府に出仕した。その後舎密《せいみ》局・医学校・療病院など諸施設の設立にかかわった。一方、山本は、文政十一（一八二九）年会津《あいづ》藩砲術家の家にうまれ、佐久間象山《さくましょうざん》に学んだ盲目の洋学者である。戊辰戦争で囚われの身となり、烏丸《からすま》通今出川《いまでがわ》の薩摩藩邸に幽閉されたが、明治三年四月、河田景与《かわだかげとも》の引きで京都府勧業御用掛に登用されるという数奇《すうき》な運命をたどった。以後、明治十年に京都府顧問を辞任するまで、博識と人脈をいかし槇村府政の知恵袋として活躍した。

つぎに殖産興業の具体相をみてみよう。まず明治三年十一月、舎密局仮局を河原《かわら》町二条《にじょう》下ル旧長州藩邸西北に設置、薬物検査を開始した。翌年一月には製革場を高瀬《たかせ》川七条坊に仮設、洋式製革に着手している。明治五年にはいると一月、賀茂《かも》川西岸二条上ルに舎密局分局を新設し、石鹼《せっけん》・氷砂糖・リモナーデを製作、四月には、上京土手《かみぎょうどて》町丸太《まるた》町に女子の職業教育を目的に女紅場《にょこうば》新英学校を開設、十月に至って葛野郡梅津《うめづ》村桂《かつら》川東岸に製紙場の建設をはじめている。欧米の技術移転を目的に外国人の招聘《しょうへい》も積極的に進めた。織物・染色のフランス人レオン＝ジュリー、陶磁器業の技術革新に功績を残したドイツ人ゴットフリート＝ワグネル、山本覚馬と旧知の間柄であったドイツ人ルードルフ＝レーマン、建築学のイギリス人イルスコット＝ウエットン夫妻、製紙方法を教授したドイツ人オースタイン＝エキスネルなど、多彩な人材が槇村府政をいろどった。また明治五年に西陣《にしじん》の織工佐倉常七《さくらつねしち》・井上伊兵衛《いへえ》・吉田忠七《ただしち》をフランスへ派遣するなど、技術伝習による産業の近代化をはかった点も見逃せない。

施設の建設とならんで新機軸を打ちだしたのが博覧会で、明治四年十月十日、三井八郎右衛門《はちろうえもん》・小野善助《ぜんすけ》・熊谷久右衛門《くまがいきゅうえもん》主催により西本願寺《にしほんがんじ》書院で開いた京都博覧会が最初である。その閉幕直後、京都府の支援も得て京都博覧会社が設立され、翌年第一回京都博覧会を開催した。会期は三月十日から五月三十日までで、外国人にも入京を許したためにワーグマンら多数が入場した。このとき祇園新地《ぎおんしんち》新橋の松の屋で祇園芸妓《げいこ》の踊りを公演したのが都踊《みやこおどり》の起源である。勧業と娯楽をくみあわせた博覧会の嚆矢《こうし》であった。

全国にさきがけた小学校の建設も注目すべき事業である。学制が発布されたのは明治五年八月であるが、京都では明治二年末までに各町組を単位として六四校が開校していた。禁門《きんもん》の変《へん》による「どんどん焼け」からの復興にとりくんでいた最中、いちはやく小学校の設置に手をつけたことは、市民の教育に対する熱意のほどをうかがわせる。京都の場合、遷都で旧公家屋敷や藩邸が空き地となったことや社寺地の上知《あげち》で土地に余裕ができ、小学校の建設に幸いしたことは皮肉であった。なおこの時期、社寺地の上知によって寺院が軒を連ねていた新京極《しんきょうごく》通周辺に空き地ができ、そこに劇場や寄席・商店が建ちならんで、京都一の繁華街が形成される起点となったことも忘れることができない。

こうした殖産興業政策の財源として活用されたのが産業基立金である。しかし明治十三年十二月、上・

❖コラム

久保田米僊と槇村正直

明治十二（一八七九）年一月、京都日報社は久保田米僊《くぼたべいせん》の政治漫画を看板とする週刊の滑稽《こっけい》絵入雑誌『我楽多珍報《がらくたちんぽう》』を創刊した。米僊は嘉永五（一八五二）年、京都の料理屋山城屋《やましろや》にうまれ、明治前期の京都画壇をいろどった画家の一人である。

その後『我楽多珍報』は、第四九号から発行所を浮西京絵社《ふざけえしゃ》に変更、米僊を局長にすえ府政批判のトーンをいちだんとあげる。たとえば第五四号付録には、国会開設請願に出発する沢辺正修《さわべせいしゅう》とそれをとめようとする知事槇村正直《まきむらまさなお》を皮肉った狂画が掲載されている。当時槇村は、開会中の府会に諮《はか》ることなく五万八〇〇〇円余にのぼる地方税追徴を布達し、盟友山本覚馬《かくま》を議長とする府会と対立するなど、独善的性格を強めていた。

米僊は三度の筆禍《ひっか》事件にあいながらも敢然と権力に立ちむかった。明治十四年一月、ついに槇村は知事をやめ元老院《げんろういん》議官へと転出したが、同誌も二月十五日、内務省により発行停止処分をうけ、四月二十九日に再刊した誌面からは米僊の名が消えていた（福井純子「明治のコミック・ペーパー『我楽多珍報』」西川長夫・松宮秀治編『幕末・明治期の国民国家形成と文化変容』）。

明治二十三年、米僊は徳富蘇峰《とくとみそほう》の国民新聞社にはいり、京都画壇をはなれ東京へと移る。その直前、米僊も尽力して発足した京都美術協会は『京都美術雑誌』の刊行を計画し、担当の一人に米僊を選んだ。画家でありながら雑誌編集にも才をみせる米僊への期待の大きさを物語る。まさに米僊は京都画壇中の異才であった。

下京区長より産業基立金を上下京連合区会の運営に移したい旨の願がだされ、槇村もこれをうけいれたことから勧業政策の元資が消滅、殖産興業政策は資金面でゆきづまった。また明治十二年に府会が発足すると、議会の意向と関係なく府政を進める槇村の専制的運営がいっそう露《あらわ》となり、府民の批判が強まっていく。

北垣府政と琵琶湖疎水●

槇村正直の更迭後、明治十四（一八八一）年一月十九日、新知事に就任したのが北垣国道《きたがきくにみち》である。北垣は、天保六（一八三五）年、但馬国の庄屋の家系にうまれ、生野《いくの》の変でやぶれて潜行、のち鳥取藩士として戊辰戦争に従軍した。北垣赴任にあたって京都疑々堂《しんしんどう》から出版された『京都府知事　北垣国道君略伝』は、北垣が開拓使権判官《かいたくしごんのはんがん》辞任後、東京神保小路《じんぼうこうじ》に隠遁して民権自由の説をとなえた点に注目、「其閑地《そのかんち》に在ませし時の如く民権自由の説を唱へらるれば自から全府下に其説の行なはれ其論の盛んなれば我々人民の幸中の幸ならんや」と記している。北垣は期待の念をもって迎えられたのである。実際北垣は着任早々、槇村時代、府会との対立点であった組戸長《くみこちょう》制の廃止にふみきる。また産業施設の直営による殖産興業政策を見直し、一方で京都商工会議所を創設したり同業組合や会社の設立を促し、他方で社会資本の整備を進めるという、間接的な産業育成策へと転換していく。

その社会資本整備の第一の柱は京都・宮津間の車道開鑿《かいさく》である。同事業は明治十四年五月、京都府会が行った建議に発する。同年十一月には、十四年度からの五カ年継続事業として着手され、結局、明治二十二年八月に竣工した。二年後には車道を使用した乗合馬車の営業が宮津町の沢田和平《さわだわへい》によってはじめられ、京都・宮津間が三〇時間半で結ばれた。

第二の柱はいうまでもなく京都復興策であり、その核にすえたのが、工事主任田辺朔郎《たなべさくろう》・測量主任島田道生《どうせい》の名とともに著名な、琵琶湖疏水《びわこそすい》の建設である。琵琶湖疏水は、京都・大津《おおつ》間の運輸・交通の便をはかることを主目的とし、飲料水の確保や衛生上の利便、動力としての活用などを加えた、多目的な地域総合開発計画である点に特徴をもつ（『京都の歴史』８）。北垣は、着任三カ月後には第一疏水工事の測量をはじめており、綿密な工事計画を練っていたものと思われる。その後、農商務省一等属南一郎平《みなみいちろべい》の巡視と水路位置の選定、島田道生による疏水線路の測量を経て、明治十六年四月には農商務省とのあいだで疏水計画が決定した。そして五月二十二日に、工部大学校（現東京大学）を卒業したばかりの田辺朔郎を京都府御用掛に任じたのである。

疏水工費約一二五万円の財源は、例の産業基立金・勧業基立金を起源とする府からの下渡金《さげわたしきん》・国庫下渡金・市債・寄付金・地価割・戸数割・営業割でまかなわれた。北垣は、巨額の負担をおう京都市民の了解を得るため、周到な根回《ねまわ》しをしたあとで上・下京の名望家五〇人を招集して合意を取りつけ、そのうえ

第３代知事北垣国道

で上下京連合区会の可決を経るという慎重な手続きをとった。途中滋賀県・大阪府から異議申し立てもあったが、明治二十二年四月二十八日に疎水インクラインが完成、翌年四月九日、天皇・皇后臨席《りんせき》のもとに竣工式を挙行した。また渡米した高木文平《ぶんぺい》と田辺朔郎がコロラド州アスペンの水力発電所を見学して強い印象をうけたことから、水車による工業動力を水力発電に切り替えた。明治二十四年五月に送電を開始したこの蹴上《けあげ》発電所は、わが国初の水力発電所である。

疎水関連事業は、明治二十五年七月に北垣が内務次官へと栄転したのちも行われた。明治二十七年には鴨《かも》川運河が伏見まで開通して琵琶湖と淀川が直結し、京都・伏見間の動脈となった。二十九年には、蹴上発電所に三相《さんそう》交流発電機が設置され供給区域が拡大、三十一年五月には、懸案の二〇〇〇馬力発電工事が完成して、市内のアーク灯や電気鉄道・電話などの動力として広く利用されるようになった。琵琶湖疎水事業では電気事業収入が圧倒的比重を占めており、水力発電の採用は画期的意義をもつこととなった（松浦茂樹『明治の国土開発史』）。他方で、伝統文化の保存により「文化都市」として京都を再生させることを説く福沢諭吉らから、産業都市京都をめざす近代化政策への批判が行われていた点も見逃せない（小林丈広『明治維新と京都』）。京都の将来像をめぐっては、当時から根深い対立が存在したのである。

天橋義塾と立憲政党●

全国と同じく京都府でも、明治十（一八七七）年前後から各種の結社が続々と誕生した。宮津の天橋義塾《てんきょうぎじゅく》、綴喜《つづき》郡の南山《なんざん》義塾・愛民《あいみん》義塾、南桑田《みなみくわだ》郡の盈科《えいか》義塾、船井郡の以文会《いぶんかい》・惜陰《せきいん》会、乙訓《おとくに》郡の西岡《にしおか》学会、竹《たけ》野《の》郡の城島《しろしま》義塾・漸進舎《ぜんしんしゃ》などである（井ヶ田良治・原田久美子編『京都府の百年』）。

なかでも天橋義塾は京都府を代表する民権結社である。その創設に中心的役割をはたしたのは粟飯原《あわいばら》曦《ぎ》光《こう》ら旧宮津藩有志であった。明治八年七月一日、天橋義塾開業式が社員五四人、生徒九〇余人の出席のもと、宮津小学校内で挙行された。義塾成立の背景としては、不本意にも維新の敗者となった宮津藩士族有志の人材育成に対する熱意、民撰議院設立建白書に与謝《よさ》郡岩滝《いわたき》村（現与謝野町）出身の小室信夫《こむろしのぶ》が名を連ねたこと、明治七年末に大阪北州舎《ほくしゅうしゃ》の代言人菊池侃二《かんじ》・木村恕平《じょへい》が宮津に法律事務所を開いて代言活動をはじめたことなどが考えられる。明治八年八月には、綴喜郡井手《いで》村小学校で教員をしていた小室信介《しんすけ》が郷里宮津に帰り結社人となった。信介は小室信夫の養子である。

　明治十年の西南《せいなん》戦争に際し、小室信介・小笠原長孝《おがさわらながたか》・鳥居《とりい》誨《かい》・沢辺《さわべ》正修《せいしゅう》ら天橋義塾幹部は、国事犯の嫌疑により京都府に拘留《こうりゅう》された。この事件は、義塾が士族結社から農民や商人を含む在地結社へと成長する転機となった。義塾は地域を単位とする七組に分けられ、各組に委員をおく仕組みへと衣替えする。天橋義塾の財政は、彼ら社員の出資する資本講に依拠していた。最初の資本

天橋義塾校舎（明治17〈1884〉年7月8日撮影）　明治9年9月に建築講を起こし，10年11月に竣工。

講は明治九年のものである。籤《くじ》を村で割っているケースもあり、村内上層のかなりの人びとが出金したものと推測される。このことも天橋義塾に豪農商層が参加するきっかけとなった。明治十五年には、資本維持講を創設して義塾の財源にあてた。このときの加入者は丹後全郡におよんでいる。天橋義塾が自立した組織に発展したことについては、義塾創立委員の一人である旧藩主本荘宗武《ほんじょうむねたけ》の動向も影響をあたえている。その後、彼は義塾の出金要請にこたえず、宮津で中庸斯会《ちゅうようしかい》を組織して民権派と対抗する神官らの運動に加わった。このことが旧藩主からの財政的独立を促し、他県でみられた弊をまぬがれる一因ともなった。

天橋義塾の活動の中心は終始人材育成であった。地域での中等教育機関の役割をはたしたのである。そして義塾のもう一つの側面が民権結社としての顔である。天橋義塾の人びとが国会開設運動に組織的に関わりはじめたのは、明治十二年十一月の愛国社第三回大会後に開かれた天橋懇話会《こんわかい》からである。翌年十一月の国会期成同盟第二回大会には、沢辺が府下有志人民二七五〇人の代表として参加し、幹事に選出されている。そのさい沢辺は、「国会開設の件」と「国約憲法制定懇願書」を政府に提出したが、背後には「大日本国憲法」を起草して、地域での討論の積み重ねで国約憲法見込案を得ようとした地道な運動があった（原田久美子「沢辺正修評伝」『資料館紀要』3）。

明治十四年九月、大阪で近畿自由党が結成され、十一月には立憲政党《りっけんせいとう》と改称した。党首は自由党副総理中島信行《のぶゆき》であった。天橋義塾社長沢辺正修は同党創立とともに大阪に移り、立憲政党新聞社の会計監督などとして同党の活動をささえた。小室信介も結党直後の幹事として地方遊説に活躍した。さらに沢辺・小室に縁故の深かった宮津や福知山《ふくちやま》の青年たちも立憲政党新聞社で働いている。警察に届けでた立憲政党の党員数のうち、京都府が五割強を占め、とくに船井郡と与謝郡、ついで何鹿郡・綴喜郡が多かった（原田久美子「関西における民権政党の軌跡」『歴史評論』四一五）。また丹後・丹波の村々は、入会《いりあい》争論や漁場争論の裁判の代言人を、菊池侃二ら立憲政党幹部に依頼した。謝金などにより、資金面でも都市民権家の政治活動をささえていたのである。

しかし明治十六年三月十五日、集会条例の改正を機に、立憲政党は弾圧の回避を理由として解党にふみきった。京都府でも北垣知事が、郡部に三中学校を設立して天橋義塾・盈科義塾・南山義塾を引きつぎ、民権運動の拠点を解体する構想を立てた。天橋義塾の場合、明治十七年九月、社員総会を開催して、事実上、府の構想をうけいれ、翌年一月末、京都府立宮津中学校が開校するに至る。ところが明治十九年四月の中学校令により府県立中学校は一府県一中学とされたため、三中学校は廃校に処された。郡部から中等教育機関が消滅したのである。京都府の民権派に痛手であったのは、明治十八年には小室信介、十九年には沢辺正修と、あいついで指導者を失ったことであった。

2　平安建都千百年祭のころ

京都政界の構図●

京都市で名望家《めいぼうか》といえば、西陣の織物業者を支配する室町《むろまち》の問屋である。小林丈広氏によると、京都有数の資産家であった彼らは、明治にはいり東京・大阪・横浜・名古屋といった他都市へ経営拠点を移したり、金融業などの他業種へ事業を拡大していったことから、公職や公共事業への関心は薄かった。京都商工会議所設立のころを回想した中村栄助《えいすけ》のつぎの話は、その辺の事情を伝えておもしろい。

私が会議所創立に関ふる有志金の勧誘に出掛けた時、ある立派な中京の商人の家へ参りましたところ、主人は机に向ひ一生懸命何かやって居りました。そして、私の言ふことを一々書き留めながら、傍《かたわ》ら自分の用向にも筆を運《ころ》がして居る様でしたから、私は何心なくフトそれを見ますと、何ぞ知らん謡曲本に符点《ふてん》を加へて居る有様で、私は呆れて了《しま》ひました。（小林丈広「都市名望家の形成とその条件」『ヒストリア』一四五）

北垣国道は、近代化政策の担い手となる名望家を、室町の問屋層以外に求めざるを得なかったのである。このとき北垣と結んだのが、山本覚馬門下の浜岡光哲《はまおかこうてつ》・田中源太郎《げんたろう》・大沢善助《ぜんすけ》・中村栄助らであった。浜岡は、代々大覚寺《だいかくじ》内外の事務をあずかる坊官の出、田中は桑田郡亀山北町《かめやまきた》（現亀岡《かめおか》市北町《きた》）の運送業者出身、大沢は俠客《きょうかく》として知られた大垣屋清八《おおがきやせいはち》の養子と、京都では異色の経歴であり、当時いずれも三〇歳前後の気鋭の人士であった。彼らは、明治十五（一八八二）年十月の京都商工会議所設立（会長高木文平）

田中源太郎

の中心となり、その後『日出新聞《ひのでしんぶん》』を発刊、京都商工銀行・京都織物会社・関西貿易会社・京都倉庫会社・京都電灯会社など、京都財界の中核をになう企業をつぎつぎと創設していった。

この新興名望家層が中心となり、憲法発布の当日北垣知事与党として旗揚げしたのが京都公民会である。創立総会の出席者三六〇人、会員一〇五〇人という、府下最大の政治組織の誕生である。明治二十三年に行われた第一回総選挙は、市部だけでなく郡部でも公民会の圧勝におわり、公友会など民権派は敗北した。しかし、北垣知事による一部新興名望家層への露骨な保護政策は強い反発を招き、公民会対反公民会の政治対立へと発展する。反公民会派には、一敗地にまみれた民権派のほか、「三人改進党」とよばれた富田《とみた》半兵衛《はんべえ》・畑道名《はたみちな》・中安信三郎《なかやすしんざぶろう》、琵琶湖疎水以来の鴨東《おうとう》に偏した開発に危機感をもった西陣機業家など、多彩な勢力が結集していた。結局、明治二十五年三月、公民会は解散し、七月には北垣知事も転出する。

京都市では、以後「市政団体」とよばれる学区を基盤とする地域代表が市政を動かすようになる。公民会に結集していた新興名望家層は平安茶話会《さわかい》を組織して「市政団体」のなかで優位を保ったが、府政を壟《ろう》断《だん》する勢威はもはやなかった。他方、郡部では政党化の進展がはやく、山城国に勢力を張る自由党系と丹波・丹後に強かった進歩党系および「対外硬」派の領袖《りょうしゅう》神鞭知常《こうむちともつね》に連なる人びとが、京都府会でほぼ拮《きっ》抗《こう》する状態であった。ところが明治三十二年の府会議員選挙で旧自由党の系譜を引く憲政党が勝利したのち、憲政本党系から憲政党への鞍替《くらが》えがあいつぎ、府政界は憲政党—政友会の支配するところとなる。

平安神宮造営と内国勧業博覧会●

京都市の三大問題である、桓武《かんむ》天皇遷都千百年記念祭、第四回内国勧業博覧会、京都・舞鶴《まいづる》間鉄道敷設《ふせつ》をめざして商工同盟会が組織されたのは、北垣知事が退任した明治二十五（一八九二）年七月であった。博覧会開催をめぐっては、大阪とのあいだで激しい誘致合戦が繰り広げられたが、結局、第四回は京都、第五回が大阪ということで妥協が成立した。博覧会は明治二十八年四月一日から四カ月間開かれ、日清《にっしん》戦争での勝利とも重なって盛会となり、入場者は一一三万人に達した。

博覧会については、日本初の路面《ろめん》電車も忘れることができない。これも高木文平と田辺朔郎が渡米したさい、高木が水力発電による路面電気軌道《きどう》に強く魅《ひ》かれたことにさかのぼる。明治二十七年二月、高木を代表として京都電気鉄道（株）が設立され、まず博覧会場の岡崎と京都駅を結ぶ木屋町《きやまち》線と工事の容易な伏見《ふしみ》線から着手した。翌年二月には、塩小路東《しおこうじひがしの》洞院《とういん》・伏見町下油掛《しもあぶらかけ》間が営業をはじめ、伏見で淀川の汽船と連絡するようになった。三月には木屋町線七条・博覧会場間が開業したが、高瀬川の舟運で問屋街として栄えていた木屋町は、電車の営業を機に旅館や料亭街としてにぎわう街へと変貌をとげていく。

一方、建都千百年祭記念事業の柱となる平安神宮の創建は、日清戦争の勃発にもかかわらず順調に進み、明治二十

第４回内国勧業博覧会（「西京ニ於テ開催大博覧会真景之図」）

八年三月十五日に平安神宮鎮座式が挙行された。社域は二万二〇〇〇坪に達し、社殿は平安京《へいあんきょう》の大内裏を約八分の五に縮小して模造された。以後、平安神宮は、京都でもっとも人気のある神前結婚式場として市民のあいだに定着していく。ついで同年十月二十二日からは、三国干渉《さんごくかんしょう》のために延期されていた平安奠都千百年祭が開催され、二十五日には、最初の時代祭《じだいまつり》が執り行われた。

博覧会終了後、美術館は京都市にはらいさげられ市美術館となる。また工業館は京都博覧協会へ無償譲渡となり、現在の岡崎グランドへ岡崎町博覧会館として移築された。明治三十六年には皇太子の成婚を機に京都市紀念動物園が開園、岡崎公園が成立した。以前の岡崎は野菜畑と雑木林が広がる地であった。ところが琵琶湖疏水竣工以後、評価を高め、隣接する南禅寺《なんぜんじ》界隈《かいわい》には山県有朋《やまがたありとも》の無鄰庵《むりんあん》や細川邸・稲畑《いなはた》邸などの邸宅や庭園がつぎつぎと建造されつつあった。さらに南側の円山《まるやま》公園は明治二十三年に京都市に移管され、「名勝地の盛衰は即ち京都市の盛衰に大関係あり」との方針で、拡張と整備が行われていた（丸山宏『近代日本公園史の研究』）。建都千百年祭を前後して京都市東部はその面目を一新するのである。

日本海への道●

京都府内で鉄道が営業したのは、明治九（一八七六）年七月、大阪・向日町《むこうまち》間が最初である。翌年の二月には京都・大阪・神戸間の鉄道開業式が行われた。これに対し、京都から海軍鎮守府の設置が決まった舞鶴への鉄道敷設をめざして京都鉄道（株）が設立されたのは、明治二十六年七月である。当時「日本海への道」をめぐっては、京鶴《けいかく》線のほか、大阪・舞鶴間の阪鶴《はんかく》線、兵庫県土山《つちやま》との土鶴《どかく》線が鼎立《ていりつ》し、激しくきそっていた。

京都鉄道（株）の初代社長小室信夫は、京鶴線が最適である理由として、⑴丹後縮緬《ちりめん》の販路は京都である、⑵国家危急のとき紀淡《きたん》海峡を失い神戸港が封鎖されると大阪・舞鶴間は途絶する、⑶帝都が東京に移った今、古都京都の衰微をふせぐには「日本海への道」が必要である、と三点を列挙している。同社株主の多くは縮緬関係商人であり、京鶴線は縮緬輸送路の役割をもっとも期待されていた。そのために舞鶴から宮津への延伸も計画していた。

丹後の人びとにとっても鉄道敷設は悲願であった。縮緬輸送路の確保だけでなく、背景には、明治二十年代にはいってはっきりしてきた「裏日本」化の進行に対するあせりがあった。また明治二十五年に起工されたシベリア鉄道への期待もあった。当時の史料には、「シベリア鉄道が竣工すれば欧人が東洋を来訪するときは印度洋《いんどよう》をとらずこの鉄道による。これがために中国・朝鮮・日本は大きな影響をうけるだろう。この機を利用して日本の幸福となるようはかるべきである」と述べられている。シベリア鉄道は軍事的脅威としてのみでなく、日本海経済圏をつくる好機と考えられたのである。

京鶴・阪鶴・土鶴三線の競争は、明治二十七年に京鶴線の勝利で決着した。ところが日清戦後の恐慌のため建設は思うにまかせず、明治三十二年、京都・園部間の営業を開始して以降、園部以北の路線延長は頓挫《とんざ》してしまった。結局「日本海への道」は、日露戦争中の明治三十七年十一月、福知山・舞鶴間が官設鉄道として開通、まず大阪・舞鶴間がつうじたのである。園部・綾部間が開通し京都・新舞鶴間を直通列車が走ったのは、鉄道国有法公布後の明治四十三年のことであり、所要時間は三時間四〇分であった。

なお明治二十九年に京都・奈良間を結ぶ奈良鉄道が開通して、府南部の鉄道網の形成が緒につく。翌年には、滋賀・三重・京都の実業家が共同で設立した関西鉄道が加茂《かも》まで達し名古屋と結ばれ、さらに一年後には加茂・新木津間も竣工して大阪・名古屋間が全通した。その後関西鉄道は、明治四十年には国有化されている（京都府立山城郷土資料館『南山城の鉄道100年』）。

軍都の成立●

舞鶴湾に第四鎮守府《ちんじゅふ》の設置が公布されたのは、明治二十二（一八八九）年五月二十九日である。実際の開庁は、日露関係が緊迫の度を増しはじめた明治三十四年十月一日であり、その二年後には海軍工廠《こうしょう》も設置された。鎮守府防衛のため、湾周辺には砲台や弾薬庫が建設され、陸軍舞鶴要塞司令部と重砲兵連隊が西舞鶴に設けられた。

この間、加佐《かさ》郡余部《あまるべ》下村・北吸《きたすい》村・長浜《ながはま》村などでは、民有地の買収で多くの家々が立ち退《の》きを余儀なくされ、また大規模な埋立工事も実施されるなど、舞鶴湾周辺は大きく変貌した。日露戦争に際しては、戦艦三笠《みかさ》を始め二〇隻余の艦船が舞鶴港に所属し、海軍の軍事拠点として重要な役割をになった。東舞鶴市街の通りには、今でもこのときの艦船名がつけられており、日露戦争の記憶の強さを物語っている。その後舞鶴鎮守府は、ワシントン体制下の軍備縮小によって大正十二（一九二三）年廃止され、要港部となったが、日中《にっちゅう》戦争の長期化に伴い、昭和十四（一九三

第十六師団司令部本館（現在は聖母女学院の建物）

九）年十二月には鎮守府として復活した。

明治二十九年三月、日清戦後の軍備拡張により、従来第四師団下にあった京都府は、丹後・丹波が新設の第十師団（姫路《ひめじ》）に、京都市・山城八郡が第四師団にと分割された。このとき、紀伊《きい》郡深草《ふかくさ》村に第四師団第三十八連隊が、天田郡曽我井《そがい》村（現福知山市）に第十師団第二十連隊が設置された。歩兵第三十八連隊の大津からの移転は翌年に行われたが、同連隊は早速下関《しものせき》条約で日本の植民地《しょくみんち》となった台湾の征服戦争に出動している。その後日露戦争では、第二軍に編入され遼東《りょうとう》半島から満州《まんしゅう》（中国東北部）各地に転戦、一方、後備第三十八連隊は後備第四旅団に編制されて旅順《りょじゅん》の激戦に参加した。日露戦後の明治四十年四月、新設の第十六師団の設置場所が深草と決定、師団司令部・騎兵第二十連隊・野砲兵第二十二連隊・輜重兵《しちょうへい》第十六大隊などがおかれた。これにより伏見稲荷《いなり》から黄檗《おうばく》にかけての広大な一帯が、一大軍事拠点へと様変わりした。

他方、歩兵第二十連隊の福知山移駐は明治三十一年八月に実施された。あわせて旅団司令部・工兵第十大隊・福知山衛戍《えいじゅ》病院（現福知山市立福知山市民病院）がおかれた。日露戦争において同連隊は、当初独立第十師団として、中途からは第四軍に属し、遼陽《りょうよう》・沙河《さが》・奉天《ほうてん》などの戦闘に加わった。竹野郡網野《あみの》町出身の野村利喜蔵《りきぞう》もこの第二十連隊に所属していたが、奉天会戦後郊外にある清国《しんこく》帝室の陵墓《りょうぼ》を見学している。そして日露両軍の激戦により紅塀はくずれ黄瓦がこわれる惨状を目《ま》のあたりにして、「地下の霊目下清国の非運を見如何《みいか》に痛嘆《つうたん》悲憤せられ居らん。転《うた》た吾に比べ思ふと一入《ひとしお》の感に打たれた。松吹く風も何となく鬼哭啾々《きこくしゅうしゅう》の声かある」と郷里へ書き送った。異国の地での戦闘は、出征兵士、そして銃後の国民のなかに、素朴な国家意識を芽生えさせていったのである。

生糸と茶

開港後、日本からのおもな輸出品となったのは生糸《きいと》と茶である。このうち茶は、近世以来、山城地方の特産物であったが、著名な宇治《うじ》茶は国内向けの玉露《ぎょくろ》が中心であり、久世《くせ》郡小倉《おぐら》・宇治、宇治郡木幡《こはた》、紀伊郡桃山《ももやま》地方が主産地であった。他方、輸出用の煎茶《せんちゃ》は、開港によって打撃をうけた棉作から転じた地域で作付け面積が増加していった。たとえば和束《わづか》地方を中心とする相楽《そうらく》郡では明治初年、田原《たわら》地方が代表的産地であった綴喜郡では明治十年代に煎茶生産が急増している。それに伴って、従来から国内向けの茶を取りあつかう茶商の拠点であった宇治に加えて、相楽郡上狛《かみこま》村が煎茶の集散地として発展していく。

ただし輸出用煎茶生産の増加は粗製乱造の弊害を生じ、明治十六（一八八三）年には、輸出先のアメリカ議会で不正茶輸入禁止条例が制定されるに至っている。これに対し農商務省は茶業組合準則を公布、京都府でもそれに基づき茶業組合が設けられ、茶をつめた壺・櫃《はこ》・袋に製造・販売人の姓名を記した証票を貼るなどの対応策を講じた。

宇治橋西詰から運び出される初荷の茶（明治34〈1901〉年）

その後、山城茶の輸出量は、アメリカ市場で静岡茶との競争にやぶれ、明治二十六年を境に減少に転じる。この趨勢《すうせい》を機械製茶の導入によってのりきろうという動きもあり、第一次世界大戦時の大戦景気で一定普及したが、その程度は先進地静岡県とくらべるとかなり劣っており、状況を変えるには至らなかった（武田晴人「上狛村の階層構成と茶業の担い手たち」石井寛治・林玲子編『近世・近代の南山城』）。

つぎに生糸であるが、明治十二年、宮津に養蚕伝習所を設けたり、与謝《よさ》郡の真名井《まない》純一《じゅんいち》が座繰器械を創案するなど、官民双方が努力したにもかかわらず十分な成果をあげられなかった。明治初年、桑園としてみるべきものは由良《ゆら》川沿岸のみという状況であり、明治十八年に開かれた全国五品共進会では、出品した繭《まゆ》について「品質粗悪保存不良」とのきびしい評価を得ている。その後、京都府では各郡を単位に蚕糸業組合を設置、明治二十六年には綾部町に高等養蚕伝習所を開設するなど改良につとめ、養蚕業は急速に発展する。大正二（一九一三）年の飼育戸数は二万九二九九戸、丹波では農家戸数の四一・七％、丹後では四七・九％に達している（『京都府誌』）。

このように養蚕業が普及するなかで、明治二十九年六月、綾部に設立されたのが郡是《ぐんぜ》製糸（株）である。郡是製糸（株）は創業者波多野鶴吉《はたのつるきち》の主導のもとに、高性能の繰糸器械を用いた大規模な製糸場として出発、何鹿郡の養蚕農家を株主に組織して優良繭を確保しつつ、綾部および周辺の農村出身の工女を寄宿舎に住まわせ近代的労働者として育成していった。こうした経営基盤のうえに、当初から欧米絹織物業の経《たて》糸《いと》として使用し得る輸出向け「優等糸」を生産して軌道にのった。日露戦後には近在の円山製糸（資）・雲原製糸（株）・共進製糸（株）などをつぎつぎに吸収、明治四十三年には和知《わち》・園部に進出、四十五年には宮津と城崎《きのさき》に分工場を設置して経営を拡大していった。

以後、第一次世界大戦にいっきに工場を西日本を中心とする全国に展開して、日本を代表する製糸会社へと飛躍する。綾部は郡是製糸（株）の本社所在地として、「蚕都《さんと》」にふさわしい地位を確立していくのである。

3　デモクラシーの息吹き

明治から大正へ●

明治四十五（一九一二）年七月三十日、明治天皇が死去した（六一歳）。九月十四日、皇室典範《てんぱん》では陵墓の設置場所は東京付近と定められていたが、明治天皇の強い意向で桃山に埋葬された（桃山御陵）。

しばらくして時の第二次西園寺公望内閣は、二個師団増設要求を拒否された陸軍により総辞職に追いこまれ、後継首相に桂太郎《かつらたろう》が就任した。これを陸軍とその背後にある長州閥《ばつ》の横暴とみた民衆は、閥族打破《ばつぞくだは》・憲政擁護《けんせいようご》を掲げて政府批判を展開する。京都でも大正二（一九一三）年二月十七日、三条青年会館で演説会がもよおされ、群衆は同夜、社主浜岡光哲が桂太郎と近かった日出新聞社・代議士邸・巡査派出所などを襲撃、騒擾《そうじょう》は十九日夜にまでおよんだ。結局第一次護憲運動は、桂内閣の総辞職、薩摩閥の山本権兵衛《ごんべえ》内閣の成立という形で決着し、政友会は与党として入閣した（大正政変）。

この政変劇と並行して、京都府会は政友会が中心となり大正《たいしょう》天皇の大礼記念大博覧会を下鴨村《しもがも》（現京都市）で開催する旨を決議、五月には大礼奉祝会発起人会を都《みやこ》ホテルで開いた。ところが八月にはいり記念大博覧会の起債が不許可となり、計画は中止に追いこまれる。起債の償還財源としての増税に反対する府民の意識は強く、博覧会用として下鴨村に購入した土地は植物園に転用することとなったのである。

このように、大礼関連事業は強い批判の前に当初の予定どおりには行われなかったが、即位礼そのものは大正四年十一月十日、つつがなく挙行された。明治四十一年生まれの松田道雄《みちお》は、そのときの記憶をつぎのように綴《つづ》っている。

十一月十日におこなわれる大正天皇の即位の大典のパレードが七日に烏丸通を通るので、私の家は沿道にあたった。東側の車道は御幸通になるが、西側は車道も拝観席になるので、西側の家に拝観申込みがおおかった。茨城県の親戚、父の大学の友人、患家などが早くから予約した。たくさんの人を泊めねばならぬので家のあちこちを修理し、家の前の鉄柵の内側に桟敷《さじき》をつくったりした。(『明治大正京都追憶』)

三大事業と市域の拡張●

市制町村制が施行される直前の明治二十二(一八八九)年三月、東京・京都・大阪の三都は、府知事が市長を兼任する特別市制がしかれ、事実上内務省の直轄都市となった。この特別市制が撤廃され、初代公選市長として京都の呉服問屋内貴甚三郎《ないきじんざぶろう》が選出されたのは明治三十一年である。内貴は、京都市の発展策として道路網の整備と下水改良を提案して市政運営を行ったが、彼の在任中には十分な成果を得られず、後任の西郷菊次郎《さいごうきくじろう》(西郷隆盛《たかもり》の子息)にその課題が引きつがれることとなった。

西郷市長は、道路を拡幅してあらたに市電をとおし交通網を整備、その市電と電灯事業に電気を供給し水量の一部を利用して上水道を整備するために、第二疏水を建設する構想を提示した。第二疏水・道路拡築・市電敷設という三大事業の形がととのったのである。事業は一時資金面でゆきづまるが、フランスでの外債契約が成立して以後、順調に進展した。第二疏水は明治四十五年六月に竣工し、新蹴上《しんけあげ》・夷川《えびすがわ》・伏見各発電所の設置によって発電力は飛躍的に高まった。同時に市電の運転も開始された。道路も、大正二（一九一三）年までに東山《ひがしやま》・烏丸・千本大宮《せんぼんおおみや》・今出川・丸太町・四条・七条の七線が拡幅された。

ところで三大事業が軌道にのりはじめた明治四十二年九月、京都市勧業委員会は市長に宛て、伏見町など近隣一六町村を合併する市域拡張建議書を提出した。この構想は、大正五年、知事木内重四郎《きうちじゅうしろう》が就任するにおよんでいっきに具体化する。第一次世界大戦による大戦景気がはじまったころで、木内知事は周

市電開業のさいの花電車（明治45〈1912〉年６月11日）　市電の開通に伴い，従前から営業していた京都電気鉄道（株）と市電が並立する事態となった。同社が京都市に買収されて姿を消すのは大正７（1918）年のことである。

辺部の都市化にさきがけた市域拡張をめざしたのである。そのために戸別割をとっていた京都市と、家屋税によって借家人への課税をさけていた郡部との税制上の相違を解消するため、大正六年十二月、京都市会で家屋税条例をとおした。

大正七年四月一日、白川《しらかわ》・田中《たなか》・下鴨・鞍馬口《くらまぐち》・野口《のぐち》・衣笠《きぬがさ》・朱雀野《すじゃくの》・大内・七条各村と柳原町の全部および上賀茂・大宮・西院《さいいん》・上鳥羽《かみとば》・東九条・深草《ふかくさ》各村の一部が京都市へ編入された。市域は三一・二八平方キロから六〇・四三平方キロへと倍加し、人口も一〇万余増加して約六六万九〇〇〇人となった。合併した地域は、その後、大正末年まではまだ田畑や荒地の多い田園地帯であったが、昭和にはいると急速に市街化していく。

学都京都と大学の自治●

京都は学生の街である。その京都に官立の高等教育機関がおかれたのは、明治十九（一八八六）年十月、大阪にあった第三高等中学校を京都に移転すると決定したことを端緒とする。吉田山麓に校舎を新築した同校は、明治二十七年の高等学校令公布により第三高等学校と改称された。いわゆる三高の誕生である。

一方、京都帝国大学は、日清戦後の明治三十年六月十八日、初代総長木下広次《ひろじ》・事務局長中川小十郎《こじゅうろう》という体制で、まず理工科大学が設置され、スタートした。二年後には法科大学・医科大学が、日露戦後の明治三十九年には文科大学哲学科が開学、さらに同史学科、同文学科と増設されていった。なお、法科大学発足にあたり、中川小十郎が木下総長の承諾を得て、法科大学の教授陣を夜学「京都法政学校」に借りうけ、これが立命館《りつめいかん》大学の前身となった点も忘れることができない。

京大の学風を左右したものとして重要なのが、創立当初の大学の自治をめぐる諸事件である。それは、東京帝国大学教授戸水寛人《とみずひろんど》が、教授会の議を経ず政府により休職処分に付されたのに対し、法科大学が文相久保田譲《ゆずる》の辞職勧告を行った事件（明治三十八年）にはじまり、法科大学長織田万《おだよろず》辞職後の後任を教授会で選出、これを支持した木下総長が政府と対立して辞職した事件（明治四十年）、第二次桂太郎内閣成立に伴って、岡田良平《りょうへい》が京大総長在職のまま文部次官に任命されたことから、岡田総長退任と後任総長を教授から選出するよう主張して、大学と文部省が対立した事件（明治四十一年）と続いた。

　このように懸案であった教授会自治の確立へむけて、一定の決着をつけたのが沢柳《さわやなぎ》事件である。事件は大正二（一九一三）年、新総長沢柳政太郎《まさたろう》が、就任直後、文科大学谷本富《とめり》など計七人の教授に辞表提出を求めたのに対し、法科大学協議会が、教授の任免にはあらかじめ教授会の同意が必要との決議を行ったことに端を発する。これに学生が敏感に反応し、学生大会で主張がうけいれられない場合には総退学と決定するなど、活発に運動を展開した。結局、東京帝国大学教授穂積陳重《ほづみのぶしげ》・富井政章《まさあきら》が調停を行い、人事権は教授会が掌

明治40(1907)年ごろの京都帝国大学

握し、総長公選が事実上実現するという大きな成果を得て、紛争は決着した。

一連の事件は、大正デモクラシーとよばれる時代の雰囲気ともあわせ、京大の独特な自由主義的学風をつちかう契機ともなった点で、重要な意味をもった。

他方、私学の雄同志社《どうししゃ》と大学の自治・学問の自由の関係も見逃せない。アメリカから帰国した新島襄《にいじまじょう》により、山本覚馬の所有に帰していた旧薩摩藩邸を校舎用地として同志社英学校が開校したのは、明治八年十一月である。その後、神学校・予備校・女学校・病院などを併設し、規模を拡大していった。しかし同志社は、学校での聖書教育・神学教育が禁じられており、つねに監視の対象とされ、教育内容にしばしば干渉をうけることとなった。

明治二十九年、同志社は中学校令に基づく中学校を設立した。当時、私立学校でも、官公立の中学校と同等と認められれば徴兵猶予《ちょうへいゆうよ》の特典が付与される規定であった。しかしキリスト教主義の学校は適用外とされ、学校経営に大きな影響をおよぼしていた。明治三十年、同志社社長となった横井時雄《ときお》(横井小楠《しょうなん》の長男)は、同志社通則を一部削除して特典を得ようと試みたが、この行為は校友や教会から反発を招き、同志社内部は大きく混乱した(『同志社百年史』通史編一)。ついで改正条約の発効により内地雑居となった明治三十二年、キリスト教教育の普及を恐れた文部省は、学校は課外においても宗教上の教育・儀式を行ってはならないと定めた。この訓令は徴兵猶予の特典付与とも密接にかかわるものであり、西原清東《さいばらせいとう》社長率いる同志社は訓令に反対する一方、文部省との交渉を進めた。結局、明治三十三年三月、同志社中学校は廃止され、四月からあらたに普通学校を開校することで、徴兵猶予の特典を得ることができた。同志社の校風も、国家との軋轢《あつれき》のなかで形成されていったのである(間宮圀男『西原清東研究』)。

このほかにも、明治三十三年に真宗仏教大学《しんしゅうぶっきょう》（龍谷大学《りゅうこく》）、四十年に真言宗連合京都大学《しんごんしゅうれんごう》（種智院大《しゅちいん》学）、四十四年に真宗大谷大学《おおたに》と臨済宗大学《りんざいしゅう》（花園大学）、大正二年に仏教専門学校（佛教大学）など、仏教系大学が数多く設けられ、京都の町は学都としての性格を急速に強めていく。

労働運動・水平運動・学生運動●

大正七（一九一八）年八月十日、東七条柳原《やなぎはら》で勃発した米騒動は、翌日になって京都市全体に拡大した。その夜、知事馬淵鋭太郎《まぶちえいたろう》は全国ではじめて軍隊の出動を要請し、第三十八連隊が十二日午前零時過ぎに到着、約二時間で暴動を鎮圧し四〇人余が逮捕された。ところが軍隊の警戒する十二日夜も暴動は続き、結局、十四日になって鎮静化した。米騒動に示された民衆の力は、第一次世界大戦によって世界的に広がった民主主義的思潮に影響されはじめていた労働者に、みずからの政治的力量を自覚させることとなった。全国組織友愛会《ゆうあいかい》は労資協調的性格をしだいに払拭《ふっしょく》して、大正十年十月、日本労働総同盟と改称する。

第一次世界大戦以前の京都市周辺における近代的工場は、京都紡績・平安紡績・日本絹糸・鐘紡《かねぼう》分工場など繊維関係が圧倒的で、労働者も女工が中心であった。ところが大戦景気によって、大正六年から八年にかけて日本電池（株）が島津製作所から独立、日新電機（株）・第一工業製薬（株）・日本新薬（株）が成立するなど、京都でも重化学工業が飛躍的に発展した。当初、京都における労働運動は、舞鶴の海軍工廠や京都の奥村電機（株）といった大工場に友愛会支部が結成され、はじまった。しかし大正八年の奥村電機での大争議以後は、西陣織物労働組合・陶磁器従業員組合といった、西陣織・清水焼《きよみずやき》などの伝統産業の労働者が中心となっていく。その指導者辻井民之助《つじいたみのすけ》・国領伍一郎《こくりょうごいちろう》・谷口善太郎《ぜんたろう》らは、大正十一年に共産党が結成されるとただちに入党するなど、京都の労働運動は左派が優勢であった。

また京都の労働運動は水平《すいへい》運動とのつながりを特色としていた。全国水平社《すいへいしゃ》創立大会が岡崎《おかざき》公会堂で開かれたのは、大正十一年三月三日である。初代中央委員長には京都楽只《らくし》の南梅吉《うめきち》が就任した。そのときの模様を水平社機関誌『水平』は、「開会を促す拍手は会堂に強く響く、開会の刻《とき》迫るとともに各地方の参加団体一時に殺到し来り、無慮《むりょ》三千人を容るに足る公会堂も満場立錐《りっすい》の余地なきに到」ると伝えている。四月二日には京都府水平社も創立された。ただし初期の京都府水平運動は、「解放令」を発布した明治天皇が葬られた桃山御陵へ率先して参拝を行うなど、さまざまな思想的立場の人びとから成り立っていた。

丹後伊根浦の大正デモクラシー

丹後《たんご》半島の東端に「舟屋」で有名な伊根浦《いねうら》がある。江戸時代以来、名産寒鰤《ぶり》を始めとした漁業が盛んで、近代にはいっても京都府漁業の中心的存在である。

その伊根浦には、かつて漁株制度が存在した。漁株には、鰤刺網《さしあみ》漁業を始め、鯨《くじら》・海豚《いるか》・烏賊《いか》・鰮《いわし》などの漁業権が付属し、また一定面積の土地所有や村政への参加権なども伴っていた。そのために漁株を所有する有株者と無株者とのあいだには、歴然たる差別があった。ただし伊根の場合、無株者は純粋な漁夫ではなく、毎戸少なくとも一隻の漁船を所有する小漁業者であったところに特徴がある。無株者は、危険ではあるが沖漁には自由に従事でき、また網の種類によっては、磯漁でも漁業権を所有するものであったのである。

ところが明治三十八（一九〇五）年、伊根浦にあらたな漁法として鰤大敷網《おおしきあみ》が導入されるにおよんで、漁株制度は大きく動揺する。鰤大敷網は、一日九八人の網持人夫を必要とする大規模な共同

❖コラム

労働を特徴とする漁具であった。そのために網持人夫として多くの無株者が動員されたのである。にもかかわらず有株者が鰤大敷網漁業権を独占しようと動いたことから、明治四十年、無株者は漁株制度への全面的な批判をはじめることとなる。無株者側には、のちに犬養《いぬかい》毅《つよし》の側近として神戸から代議士に当選し、戦後は自由民主党の幹部となる弁護士砂田《すなだ》重政《しげまさ》がついた。一方、有株者側は、のちに丹後選出の代議士となる津《つ》原《はら》武《たけし》を顧問弁護士としてやとう。このように両者間の争論には政争の意味合いもあったが、無株者の運動は、あきらかに漁村における大正デモクラシーの現れであった。

漁株をめぐる紛争は、その後無株者側が京都府知事を相手どった行政裁判をおこしたり、あるいは知事による裁定をあおいだりというように、府の政治問題にまで発展し長期化する。伊根浦漁業組合が漁株を総額一三万円、五カ年賦償還で買収することで最終的に決着したのは、昭和十五（一九四〇）年のことであった。

大正期(1912～26)ごろの舟屋

水平社内部の路線対立を経て、京都府水平社が菱野貞次《ひしのていじ》・朝田善之助《あさだぜんのすけ》・川口時次郎《ときじろう》らを中心に京都の労働運動と共闘するようになるのは、大正十五年ごろからである。その結果、洛北友仙《らくほくゆうぜん》ストや市バス争議では、京都市田中《たなか》の田中水平社が拠点となったのである。

ところで大正七年の米騒動は学生運動にも強い刺激をあたえ、その年の十一月、高山義三《ぎぞう》ら京都大学弁論部員を中心に社会問題の研究会、労学会が結成された。同会の事実上の指導者は京都大学教授河上肇《かわかみはじめ》であった。当時、河上は米騒動に触発されて『社会問題研究』を発刊、しだいにマルクス主義へと傾倒しはじめていた。一方、同志社でも、河上門下の櫛田民蔵《くしだたみぞう》を指導者として、堀田康一《こういち》や東忠続《あずまただつぐ》らが白労会《はくろうかい》を結成していた。

大正十一年十一月には、大学・高校のマルクス主義を研究する団体が集まり、学生連合会を結成する。大正十四年七月に京都大学で開かれた全国大会で、同会は名称を日本学生社会科学連合会と改めた。この

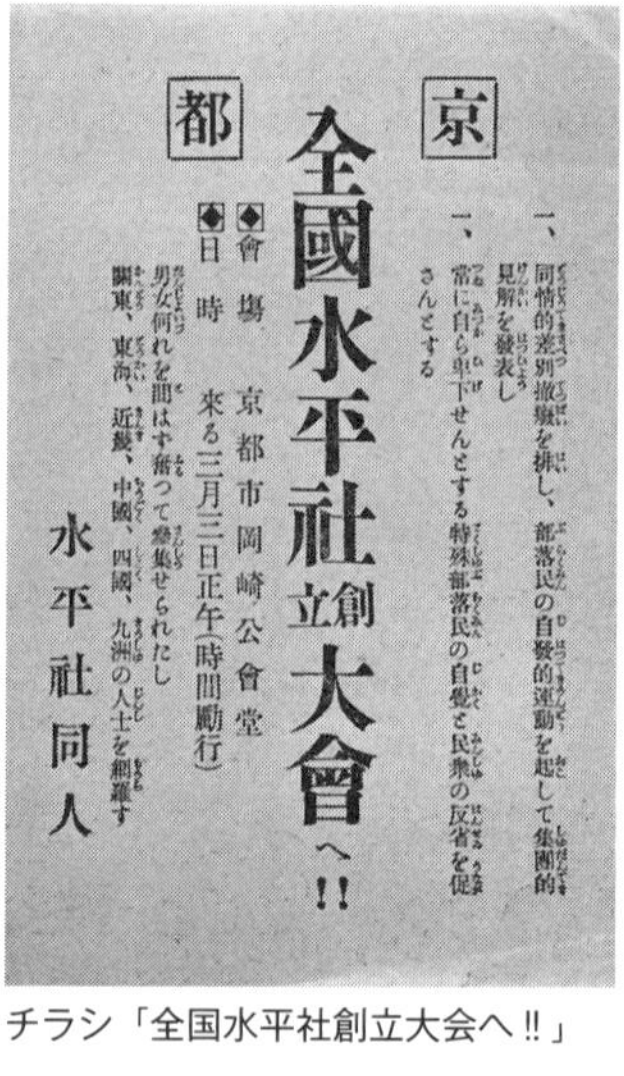
京都

全國水平社創立大會へ!!

一、同情的差別撤廢を排し、部落民の自發的運動を起して集團的見解を發表し

一、常に自ら卑下せんとする特殊部落民の自覺と民衆の反省を促さんとする

◆會場　京都市岡崎公會堂

◆日時　來る三月三日正午（時間勵行）

男女何れを問はず奮つて參集せられたし

關東、東海、近畿、中國、四國、九州の人士を網羅す

水平社同人

チラシ「全国水平社創立大会へ!!」

ころ配属将校による軍事教練に反対する学生運動が全国に広がっていた。京都府警は、同志社構内に貼られた軍事教練反対のビラを口実に、同年十二月、社会科学連合会に加入する京大・同志社大の学生三四人を、治安維持法《ちあんいじほう》違反容疑で検挙した。しかし検挙学生を公訴にもちこめなかったため、府警は翌年一月、学連の活動家の一斉逮捕を行う。この一連の事件を京都学連事件とよび、このとき河上の自宅も捜索をうけた。大正デモクラシーの時代はおわりつつあった。

日本映画百年と京都●

明治三十（一八九七）年二月、烏丸御池《おいけ》の菓子舗亀屋《かめや》正重《まさしげ》家にうまれた稲畑勝太郎《いなはたかつたろう》は、留学先のフランスからもち帰った映写機の試写会を四条河原で行った。映写は失敗におわったが、これが日本最初の映写機の試写である。映画と京都の縁は第一幕からきわめて深かった。しかしその後、技術的にもゆきづまり、また興行界の因習にも疲れた稲畑は、一切の事業を横田永之助《えいのすけ》にゆずる。

横田商会は、フランスのパテー会社から日露戦争映画「ナポレオン一代記」を入手して成功、以後、経営が軌道にのった。明治四十一年には、京都市内に常設の映画興行館として、電気館・日本館・西陣電気館が設立され、映画はしだいに見世物《みせもの》小屋や芝居小屋を駆逐しつつ浸透していった。こうした状況下、横田商会は輸入映画の巡回興行から自社制作へと事業を拡大する。このとき映画制作を依頼されたのが芝居小屋千本座《せんぼんざ》の経営者牧野省三《まきのしょうぞう》で、横田＝牧野コンビが誕生する。牧野は小屋に出演していた一座を使って撮影、そのなかにいた尾上松之助《おのえまつのすけ》がいちやく「目玉《めだま》の松《まつ》ちゃん」としてスターにのしあがっていく。

大正と改元された年の九月、吉沢商会・横田商会・エム＝パテー商会・福宝堂四社が合併して日本活動写真（株）（日活）が発足、横田が実権をにぎる。日活の京都での撮影は、御前通一条下ルにあった法華堂撮影所で行われ、経営をささえていたのは依然として松之助映画であった。横田の経営方針は、「手回しで撮るカメラの回転を遅くしてフィルムを節約させたり」、旧作に「新しく撮った部分をつけ加えて新作として出」（佐藤忠男『日本映画史』第一巻）すという、きわめて粗雑な制作方法によって経費を削減するやり方に特徴があるといわれている。

こうした松之助映画のマンネリと横田の制作姿勢に不満を強めた牧野は、大正十（一九二一）年、日活から独立し、等持院《とうじいん》境内に撮影所を設け、牧野教育映画製作所を発足させた。二年後にはマキノ映画製作所に発展、内田吐夢《とむ》、衣笠貞之助《きぬがさていのすけ》ら有為な青年が集まり、「マキノ映画」は時代劇に新境地を切り開いていった。新しいスターも、阪東妻三郎《ばんどうつまさぶろう》を始め、月形竜之介《つきがたりゅうのすけ》・市川右太衛門《うたえもん》・嵐寛寿郎《あらしかんじゅうろう》・片岡千恵蔵《ちえぞう》とつぎつぎにうまれた。彼らは、スターとしての地位が確立すると独立し、みずからプロダクションを設立していった。同じころ、関東大震災で被災した東京の映画関係者が京都に避難してきたため、大正十二年十一月、下加茂に松竹《しょうちく》京都撮影所が設立されるなど、京都の映画界はいちだんと活況を呈した。しかし昭和にはいり、金融恐慌《きんゆうきょうこう》から昭和恐慌と続く不況のあおりで、多くの映画会社で争議が頻発、しかも日本映画のトーキー化と重なったために、資金面で弱体であったマキノプロや独立プロは時代の波に対応できず、つぎつぎに大手の松竹と日活に吸収されていった。

敗戦後、日本映画は黄金時代を迎え国際的に高い評価を得たが、そのころの名作、黒沢明《くろさわあきら》の『羅生門《らしょうもん》』（昭和二十五年）、衣笠貞之助の『地獄門《じごく》』（昭和二十八年）、溝口健二《みぞぐちけんじ》の『雨月《うげつ》物語』（昭和二十八年）・『山椒太夫《さんしょうだゆう》』（昭和二十九年）は、いずれも太秦の大映京都撮影所で制作された作品である。京都は、日本映画発祥の地であると同時に映画制作の拠点として、日本映画百年の歴史をささえ続けてきたのである。

10章

戦争と平和のはざまで

舞鶴港で肉親を探し求める家族(昭和28〈1953〉年)

1　恐慌から戦争へ

丹後震災と昭和恐慌●

昭和二（一九二七）年三月七日午後六時二七分、京都府北西部を震源とするマグニチュード七・三の地震が発生し、死者二九九二人をだす大被害をもたらした。被害はとくに網野《あみの》・峰山《みねやま》など丹後《たんご》半島頸部《けいぶ》でひどく、地震に伴う火災で焼け野原となった集落が続出した。おりから宮《みや》津《づ》湾で水雷演習中であった海軍駆逐艦《くちくかん》から水兵が上陸、福知山《ふくちやま》の第二十連隊からも部隊が急派されるなど、軍隊が出動して当座の救援活動にあたった（『奥丹後震災誌《おくたんごしんさいし》』）。その後宮津・舞鶴《まいづる》・福知山などの周辺町村や近隣各府県から、日本赤十字社《せきじゅうじしゃ》・在郷軍人会・消防組・青年団・婦人会などの救護団が到着して、復旧作業に従事した。

　丹後震災は地場《じば》産業である丹後縮緬《ちりめん》にも大きな損害をあたえた。丹後縮緬では、明治末年から力織機《りきしょくき》化が進みはじめ、大正九（一九二〇）年には全織機の約四割を

焼け野原となった中郡峰山町（現，京丹後市。昭和2〈1927〉年3月13日のようす）

占めるに至っていた。その生産額は、震災直前の大正十五年には、全国の縮緬総生産額七〇〇〇万円の三分の二にあたる四五〇〇万円近くに達するまでになっていた。しかし丹後縮緬の多くは生縮緬として京都に運ばれ、仕上工程の精練加工が行われており、京都の問屋からの自立性は弱かった。丹後の機業家もこの点の改善をめざし、大正十年に丹後縮緬同業組合を結成して、組合長津原武を先頭に「国練《くにね》り」と「検査制」の導入にむけた運動を開始していた。丹後震災はこうした時期におこり、甚大な被害をあたえたのである。

丹後震災直後の京都府では、金融恐慌《きんゆうきょうこう》の嵐が吹き荒れていた。三月二十二日に村井銀行が休業、四月にはいると近江《おうみ》銀行、ついで第十五銀行京都支店も休業に追い込まれ、日本銀行による巨額の貸出しによってようやく鎮静化するありさまであった。金融恐慌はとりわけ西陣《にしじん》の機業家や室町《むろまち》の呉服問屋に打撃をあたえた。京都府は、こうしたきびしい経済状況のなかではあったが、震災復旧費として一二二五万円余の府債を発行、国の復興資金一五〇〇万円とあわせて、当時としてはかなりの資金が被災地に投じられた。この結果、丹後機業はめざましい復興をとげ、昭和二年の生産額は三四〇〇万円を確保した。しかも復興のなかで懸案だった国練検査制度も実現にむけて前進し、昭和三年六月に精練工場が完成、九月一日から実施の運びとなったのである。

ところが昭和四年十月二十四日ニューヨーク株式市場でおきた大暴落をきっかけに、今度は昭和恐慌の激震が日本経済をおそった。京都市でも失業者が激増し、昭和七年には一万人を突破、とりわけ朝鮮人には苛烈《かれつ》で、『昭和七年統計年報』によると、同年末の失業者中朝鮮人はほぼ半数を占めている（『京都の歴史』9）。経済状況の悪化に伴い争議も頻発し、温情主義的労務管理で知られた鐘紡《かねぼう》でも昭和五年四月、実質四割にのぼる減給を発表したことからストライキへと発展している。西陣では昭和八年十二月、京都絹織物輸出組合を創立したが、これは恐慌からの脱却を輸出の拡大に求める動きであった。満州事変《まんしゅうじへん》以来の国民の排外主義的風潮をささえる基盤が、こうしたところにもあったのである。

「大京都市」から「防空都市」へ●

田中義一《ぎいち》内閣が昭和大礼の挙行を決定すると、京都府では大礼準備委員会を設置した。京都市でも金融恐慌の最中ではあったが、烏丸《からすま》通・丸太町《まるたまち》通・河原町《かわらまち》通などの舗装工事、三条大橋・五条大橋・七条大橋の修築工事、市内主要道路の電飾《でんしょく》に予算を投入して、儀式にあわせた社会資本の整備がはかられた。また昭和三（一九二八）年九月二十日から三カ月余、岡崎《おかざき》公園を本会場として大礼記念京都博覧会が開催され、多くの見物客を集めた。その一方で、警察だけでなく青年団などの民間人も動員して、社会主義者の予防拘束《こうそく》が全国で実施され、徹底した警備体制がしかれていった。こうして一種緊迫した奉祝《ほうしゅく》ムードの高まるなか、十一月十日に即位式、十六日に大嘗祭《だいじょうさい》を行ったのち、昭和天皇一行は伊勢《いせ》神宮や桃山《ももやま》御陵に参拝して、三十日に東京に帰着した。

　大礼の準備が行われていた時期、京都市域の拡張が府の政治問題となっていた。昭和二年初めには、伏見《ふしみ》町・深草《ふかくさ》町など二六町村の合併案が成立していたが、京都市側が編入をのぞんでいた伏見町・深草町が消極的だったことに加え、三部経済制の撤廃《てっぱい》問題がからんで、合併の動きは頓挫《とんざ》していたのである。このうち三部経済制とは、京都市が人口や経済力の点で突出していたために、明治十四（一八八一）年から府の予算を市部・郡部および市郡連帯の三つに分かち、それに伴って議決機関も府会のほかに市部会・郡部会を設置していたことをさす。この制度は、京都市の財政資金が郡部に流れることをふせぐもので、丹後震災の復興資金が議論となるなか、いっそうその問題点が明瞭となっていた。結局、京都市は反対したものの、昭和二年七月七日、三部経済制廃止が決定された。

しかし、その後も合併問題は紛糾を重ねた。当初の合併計画になかった山科《やましな》町と醍醐《だいご》村を含めて、二七市町村の京都市編入が実現したのは、昭和六年四月一日である。同時に決定済みであった三部経済制の廃止が実施に移された。また昭和四年四月、上《かみ》・下京《しもぎょう》区の一部を割いて左京《さきょう》・中京《なかぎょう》・東山《ひがしやま》の三区が新設されていたが、さらに合併に伴って右京《うきょう》区・伏見区を新しく設置した。この結果、京都市は面積で四・八倍、人口でも合併の翌年に一〇〇万人を突破する。いわゆる「大京都市」の出現である。

昭和九年九月二十一日、室戸《むろと》台風が京都府をおそった。強風による建物の倒壊があいつぎ、府下の死者は一八五五人にものぼった。とくに校舎の下敷きとなった児童が犠牲者の大半を占めた。さらに翌年の六月二十八日から二十九日にかけて、京都市を猛烈な集中豪雨がおそい、各河川が氾濫して大水害となった。八月十一日にも再度京都市で洪水となり、洛西《らくせい》を

昭和大礼時の京都市民の奉祝踊

中心に大きな被害をこうむった。あいつぐ水害は、新京都市に「千年の治水」という言葉をうみ、高野川《たかの》や鴨川《かも》などの改修が急ピッチで進められた。鴨川左岸の京阪《けいはん》電鉄軌道の地下化もこのときに計画された。また都市構造の計画的再編を視野にいれて、「大京都振興計画」立案のための審議会が設置され、より本格的な都市改造もめざされた。しかし、時あたかも日中全面戦争へと突入し戦時体制に移行するのと重なり、「大京都」の実現は夢となった。

かわって浮上したのが「防空都市」の建設である。京都市では、昭和九年七月二十六日から二十八日にかけて行われた近畿地方一円防空演習がきっかけとなり、京都市連合防護団・区防護団・学区防護分団・班・係・組の縦組織が整備された。こうした動きは昭和十二年十月の防空法制定、十三年三月の市街地建築物法改正でさらに加速した。当時、京都市中心部は丸物《まるぶつ》百貨店・野村生命・丸紅《まるべに》商店・住友銀行・高島屋・藤井大丸《だいまる》などの大型ビル建築ブームであったが、「都市の不燃化」のために空地地区制が定められたことから、建物疎開《そかい》が現実性をおびていく。戦火の拡大とともに、都市計画が防空行政に従属していったのである（鈴木栄樹「防空動員と戦時国内体制の再編」『立命館大学人文科学研究所紀要』五二号）。

巨椋池干拓事業●

巨椋池《おぐらいけ》は、現在の宇治《うじ》市と久御山《くみやま》町および伏見区向島《むかいじま》にまたがる、水面面積約七九〇ヘクタールの池沼である。淀《よど》川改修工事の結果独立の池沼となって以降、水位が低下して漁獲が減少し、沿岸地域はマラリアの流行に苦しむなど、弊害が顕著となっていた。この巨椋池を干拓《かんたく》で耕地化しようという構想は第一次世界大戦以前からあり、大正二（一九一三）年十二月には、巨椋池干拓期成同盟会が設立されている。しかし干拓の動きが本格化するのは、大正七年の米騒動により米の増産が国家的課題とされて以降である。

大正九年、京都府は三カ年継続事業として干拓に着手したが、湧水《わきみず》のために干拓は不可能との意見や漁業権補償問題の難航のため、二年後にはいったん打ち切りとなった。ところが昭和四（一九二九）年、帝国議会で用排水工事費として一一五万円の予算が可決され、干拓事業再開へむけて動きはじめる。その後昭和七年三月十二日、国営工事を中心とし、京都府と地元の巨椋池耕地整理組合が分担して行う旨の協定が調印され、わが国初の国営干拓事業が実施される運びとなったのである。

干拓事業は着工後も、漁民の生活補償問題や昭和九・十・十三年とあいついだ水害などの困難に直面したが、太平洋戦争の開戦が目前にせまった昭和十六年十一月九日に竣工となり、新田六三四・八ヘクタールが誕生した。この間、昭和十三年には府土木部によって、宇治川から取水して干拓地に総面積一二〇〇坪におよぶ一大工業地帯（洛南工業地帯）を造成しようという構想が示されたこともあった。しかし、この構想も戦争の拡大で消滅していくこととなったのである。

山本宣治

護憲三派《ごけんさんぱ》内閣により普通選挙法が成立すると、普選実施にむけた合法無産政党設立の動きが具体化し、大正十五（一九二六）年三月、労働農民党が結成される。しかし同党は、社会主義運動の左右対立からたちまち分裂し、十二月、左派は改めて労働農民党を組織した。左派の拠点であった京都では、ただちにその支部創立大会が開かれ、委員長に水谷長三郎《みずたにちょうざぶろう》、執行委員に山本宣治《せんじ》ほか四人を選出した。その後第一回普通選挙にむけて、京都市を選挙区とする一区では水谷を、山城《やましろ》を選挙区とする二区では山本を、それぞれ候補者に選んだ。水谷は伏見の船宿にうまれ、京都大学時代労学会《ろうがくかい》に参加した新進気鋭の弁護士であった。一方、山本は宇治の生まれ、有名な旅館花屋敷《はなやしき》（現宇治市）は幼時虚弱であった宣治のために建てられた別荘を茶寮としたものである。明治末年カナダにわたって社会主義思想にふれ、帰国後、東京帝国大学動物学科を卒業、産児制限運動の活動家として知られていた。

最初の普通選挙による衆議院議員選挙は、昭和三（一九二八）年二月二十日に投票が行われた。水谷は四位で、山本は三位で共に当選した。とくに二区では、久世《くせ》郡佐山《さやま》村・御牧《みまき》村（現久御山町）、綴喜《つづき》郡美豆《みず》村（現京都市）にまたがる城南小作争議などで日本農民組合支部の活躍がみられ、労働農民党の勢力が広がりはじめてはいたが、山本が政友会の京都支部長長田桃蔵《おさだももぞう》を破って当選したことは、予想外とうけとめられた。田中義一内閣は、この総選挙で共産党が「君主制の廃止、帝国主義戦争廃止」などを掲げて公然と活動したことに衝撃をうけ、三月十五日、共産党員や支持者の大検挙にふみきった（三・一五事件）。京都でも一〇〇人余が検挙され三一人が起訴された。宇治町の菟道《とどう》小学校で山本宣治のために熱弁をふるった河上肇《かわかみはじめ》も、文部大臣水野錬太郎《みずのれんたろう》の圧力によって河上の辞職を決議した経済学部教授会の決定をうけいれて、四月十八日依願免官と

労働農民党解散後に組織された労働者農民党の結成大会（昭和3〈1928〉年）
右から山本宣治，奥村甚之助，河上肇，大山郁夫。

なった。このとき河上肇が新聞記者団に発表した文章には、つぎの一節があった。

元来、私の考によれば、学者は常識によって裁判さるべきでない。もし常識そのままが真理であるならば、別に科学的研究の必要はない。（中略）ただ如何《いかん》せん、大学の一員として大学の自治を極力擁護せねばならぬと考え来った私としては、自らの属する学部教授会の決議を無視し得ざる立場にあり、私が辞意を決するに至ったには、一にこの点からである。（河上肇『自叙伝』）

社会主義運動への弾圧を強化する田中内閣は六月二十九日、さらに最高刑を死刑とする改正治安維持法《ちあんいじほう》を緊急勅令として公布した。その事後承認を衆議院で得た昭和四年三月五日、唯一承認に反対した山本宣治は東京市神田神保町《かんだじんぼうちょう》の旅館栄光館《えいこうかん》に帰ったところを、右翼団体七生《しちしょう》義団の団員黒田保久二《ほくじ》に刺殺された。四一歳であった。三月八日、東京本郷《ほんごう》の仏教青年会館で告別式を執り行ったのち、遺骨は郷里宇治に送られ、三月十五日三条青年会館で労農葬を行った。この告別式と労農葬の模様は、結成されたばかりの日本プロレタリア映画同盟（プロキノ）によって撮影され、後世に記録として残された。

学問への弾圧と抵抗●

五・一五事件で政党政治に終止符が打たれると、軍部・右翼勢力の政治的発言力はいちだんと増した。そうしたなかの昭和八（一九三三）年三月、貴族院議員菊池武夫《たけお》は帝国議会の壇上から「帝大赤化《せっか》教授」を攻撃する演説を行った。たしかに前年十二月、京大総長新城新蔵《しんじょうしんぞう》は文部省から、法学部教授滝川幸辰《たきがわゆきとき》が中央大学で行った講演の内容が危険思想であるとの注意をあたえられていた。しかしこの演説以後、姦通《かんつう》罪や尊属親殺人罪を批判する滝川の自由主義的刑法理論はいっきに政治の場に引きずりだされ、弾圧の対象となっていく。

四月十日、文部省は滝川の著書『刑法読本』と『刑法講義』を発禁処分とし、二十二日には文相鳩山《はとやま》一郎が滝川辞職を新総長小西重直《しげなお》に要求する。これに対し法学部教授会は、学問上の見解を理由とする文部省の人事介入は認められないとして、「要望書」を提出した。学生も大学の自治擁護《じちようご》・教授会支持を表明してこれに応じ、学生の動きは東京大・東北大・九州大などへと広がっていく。ところが斎藤実《まこと》内閣は五月二十五日、滝川の休職処分を決定したため、翌日、法学部教官は全員辞表を提出した。その後、いったんは文部省と小西総長とのあいだで交渉がまとまったが、大学の自治・研究の自由と滝川の復職を分離する内容に法学部教官は納得せず、小西総長は辞任した。後任には理学部教授松井元興《もとおき》が選出され、七月二十日に今回の措置を前例としないこと、教授の進退は教授会の議を経ることなどを確認して収拾《しゅうしゅう》がはかられた。結局、教授七人、助教授六人などが辞任し、教授七人ほかは残留した。そして、この残留教授会が法学部の再建に着手するとともに、特別高等警察（特高《とっこう》）が学内にはいって学生運動を弾圧したこと、夏休みを迎えたことなどから、滝川事件（京大事件）は大学側の敗北をもって終息した。

滝川幸辰（京都大学総長時代）

戦後、鳩山一郎は事件を回顧して、滝川処分を軍部・右翼の圧力の責に帰した。しかし滝川復職への言及をあくまで拒否した文部省の態度の固さは、事件により大学自治の破壊を進めようとした文部当局の意図があったからではないかとみられている（松尾尊兊「瀧川事件の一問題点―小西解決案と佐々木惣一―」『史林』第六九巻第二号）。

一方同志社《どうししゃ》も、昭和十年二月、自由主義者湯浅《ゆあさ》八郎が総長に就任後、深刻な弾圧に遭遇する。まず同年五月、岩倉《いわくら》の同志社高等商業武道場にあった新島襄《にいじまじょう》の肖像が引きおろされ、柔剣道部の学生が三宅八幡《みやけはちまん》の武神の神符を張りつける騒ぎがおこる。これに配属将校の三浦《みうら》中佐が介入し、配属将校引き揚げをちらつかせ脅迫を重ねたため、徴兵猶予《ちょうへいゆうよ》の特典を失うことを恐れた湯浅総長は、神棚の武道場への設置や御《ご》真影奉戴《しんえいほうたい》を認めるところまで追い込まれた。

翌年には、『同志社論叢《ろんそう》』の編集委員会が、法学部助教授野村重臣《しげおみ》の論文掲載を拒否したことから、野村が編集委員を「マルキスト及びそのシンパ」と攻撃する事件が発生した。湯浅総長は、右翼の抗議をうけながらも野村と彼を支持した古屋美貞《ふるやよしさだ》教授を解職に処してこれをのりきった。ところがその後も混乱が続き、予科の配属将校草川中佐が将校引き揚げをほのめかして脅迫、学生団体の国防研究会員を煽《あお》り前期試験を実施できなくし、ついにはチャペルに籠城《ろうじょう》する事態に発展する。湯浅総長はこれら学生を退学などの処分に付したあと、同年末に同志社を去った（『同志社百年史』）。

こうした学問・思想への弾圧は、その後大学の外にも広がり、『世界文化』など反ファシズムの姿勢を示した雑誌は、つぎつぎに発行不能に追い込まれていったのである。

❖コラム

大本教事件

思想弾圧は宗教へも拡大した。とりわけ京都府では、大本教《おおもときょう》への弾圧が熾烈《しれつ》をきわめた。大本教は、明治二十五（一八九二）年、出口《でぐち》なおにより開かれた、神道系新興宗教である。なおの没後は娘のすみが教主となったが、それ以前からすみの夫王仁三郎《おにさぶろう》が教団を実質的にとりしきっていた（安丸良夫『出口なお』）。大本教は大正十（一九二一）年、王仁三郎ほかの幹部が不敬《ふけい》罪・新聞紙法違反などの容疑で検挙され、神殿などが破壊された経験をもっていた。このときは大正《たいしょう》天皇大葬に伴う大赦《たいしゃ》によって免訴となっている。ところが昭和十（一九三五）年十二月八日未明、五〇〇人にのぼる武装警官が綾部《あやべ》・亀岡《かめおか》の大本教本部を急襲して、治安維持《ちあんいじ》法および不敬罪違反を理由に幹部を逮捕、王仁三郎も松江《まつえ》でつかまり、大本教への弾圧が再開されたのである。

翌年の三月十三日には、内務大臣潮《うしお》恵之輔《しげのすけ》が、治安警察法第八条第二項に基づいて、皇道大本および関係七団体の解散を命令した。五日後には、京都府知事鈴木信太郎《しんたろう》が大本本部の建造物破却を命じ、開祖出口なおの墓と納骨堂に至るまで破壊しつくした。大本教は、「共謀ノ上万世一系ノ天皇ヲ奉戴スル大日本帝国ノ立憲君主制ヲ廃止シテ日本ニ出口王仁三郎ヲ独裁者トスル至仁至愛《じじんしあい》ノ国家ヲ建設スルコトヲ目的トスル」結社と断定されたのである（『予審終結決定書』）。結局、王仁三郎に対する大審院判決は、敗戦直後の昭和二十年九月八日にずれこみ、治安維持法違反については無罪、出版法・新聞紙法違反は有罪の決着をみた。十月十七日には大赦令によって有罪判決が消滅、その直後に没収されていた土地も返還され、大本教は宗教活動を再開するのである。

戦時体制下の京都府

盧溝橋《ろこうきょう》事件をきっかけに日中戦争が全面対決へと発展すると、京都府出身の兵士たちもつぎつぎと中国戦線に投入されていった。ワシントン体制下の軍縮により、京都府は全体が第十六師団管下にはいっていた。その第十六師団が動員されたのは、昭和十二(一九三七)年八月である。当初は天津《テンシン》周辺を転戦していたが、十一月には上海《シャンハイ》に転出、十二月以降は中華民国の首都であった南京《ナンキン》攻略戦の主力部隊として戦闘に従事した。近年京都府出身の元兵士たちが、日本軍によって南京の軍民多数が殺害された南京事件について重い口を開き証言をはじめているが、それはこのためである。その後、昭和十四年八月に第十六師団はいったん京都に凱旋《がいせん》した。しかし太平洋戦争開戦直後に今度はフィリピンに送られ、米軍の反攻が本格化した昭和十九年に、レイテ島で全滅した。また京都府出身兵士の一部は、日本軍のインド侵攻作戦であるインパール作戦に従軍して多数の死者をだしている。このため京都府の場合、フィリピン・ビルマ(ミャンマー)での戦没者が圧倒的に多い。

一方、国内でも、日中戦争の長期化により戦時統制色が強まっていった。とりわけ京都経済に影響をあたえたのが、昭和十五年七月六日にだされた「奢侈《しゃし》品等製造販売制限規則」(翌七日施行、いわゆる七・七禁令)である。この結果、西陣の織屋や室町の問屋、そして丹後縮緬の産地は壊滅的な打撃をうけ、廃業者の多くは軍需関係の労働者へと転出していった。こうした繊維産業の企業整備はしだいに広がり、郡是《ぐんぜ》工業(株)も航空機用特殊電機計器の製作を行うなど、軍需への転換を進めていった。

府民の日常生活もしだいに規制されていった。昭和十五年には内務省訓令によって町内会・隣組の組織化が進み、配給事務などさまざまな領域で行政の下請け機能をになった。翌年の一月十五日には京都市全

加茂町内の戦没者一覧

年次	中国	仏印	太平洋諸島・洋上	フィリピン	ボルネオ・ニューギニア	タイ・ビルマ・インド	沖縄	内地	ソ連	その他・不明	計
	人	人	人	人	人	人	人	人	人	人	人
昭和13年	6							1			7
14年	5							1			6
15年	3							1			4
16年				1				1			2
17年	3		1	8	1			3		1	17
18年	3		2	3				1			9
19年	14		16	37	15	28		4		3	117
20年	21	1		46	9	6	17	12	1	2	115
21年以降	6					1		8	3		18
計	61	1	19	95	25	35	17	32	4	6	295

『加茂町史』第３巻より作成。

町内会結成式が開かれ、これにより半世紀近く続いた公同組合が消滅した。戦局の悪化が進むと、市民生活への影響も拡大した。昭和十八年には大文字《だいもんじ》の送り火が中止され、かわって八月十六日の朝、錦林《きんりん》学区国民学校生などが白い上着を着て大文字山にのぼりラジオ体操を実施、「白い大文字」が行われた（久津間保治『学童疎開』）。翌年七月からは京都市内での建物疎開がはじまり、敗戦までに二万戸近い建物が十分な補償もないまま強制的に取りこわされた。

京都市と舞鶴市では、昭和二十年にはいって学童疎開が行われた。その数は、縁故疎開が京都市二万三三七九人、舞鶴市三七九九人、集団疎開が京都市一万三八二九人、舞鶴市一三三一人にのぼり、集団疎開の受入れ先は府内一三四町村におよんだ（井口和起「『学童疎開』の時代」久津間保治『学童疎開』）。この学童疎開を促したのは本土空襲の本格化である。京都府でも、昭和二十年七月二十九・三十の両日、舞鶴市がB29による空襲をうけ、三十日には宮津・峰山も被害にあい、さらに同日伊根沖《いねおき》に停泊していた艦船も爆撃されている。長岡京市でも七月十九日、軍需工場が建ちならんでいた神足《こうたり》駅周辺に機銃掃射《きじゅうそうしゃ》が加えられた。これに対し京都市の場合、一月十六日の東山区馬町《うままち》、六月二十六日の上京区出水《でみず》など、いくつかの空襲があったが、他の大都市とくらべるとその規模は小さい。しかし京都の空襲被害が小さかったのは、アメリカが日本の文化財を保護するために爆撃をひかえたからではなく、京都が原子爆弾の有力な投下目標の一つだったからである。こうした事実があきらかにされたのは最近であり（吉田守男「京都小空襲論」『日本史研究』第二五一号）、歴史的事実の重さをわれわれに訴えている。

2　戦後京都の半世紀

占領下の京都府●

昭和二十（一九四五）年九月二十五日、約三〇〇〇人にのぼる連合軍第六軍のアメリカ兵が和歌山から久世郡大久保《おおくぼ》村に到着し、京都府内へはいった。二十七日には四条烏丸《しじょうからすま》の大建ビルに司令部を設置し、占領行政を開始した。京都市におかれた第六軍の司令部は、西日本全体の占領行政を管轄する役割をおっており、二十九日、司令官クルーガー大将が入洛した。その後、ステーションホテル・京都大学楽友《らくゆう》会館などが追加接収されていく。京都御苑も翌年七月一日に占領軍の宿舎敷地として接収する旨の通告をうけたが、これは日本側の陳情によって取止めとなり、かわって植物園が接収された。一方、二十年十月下旬、姫路《ひめじ》駐屯の連合軍第六軍が宮津《みやづ》に進駐して岩滝《いわたき》製錬所を宿舎とし、ついで舞鶴《まいづる》に進出して各軍事施設を接収した。京都府下に進駐したアメリカ軍の総数は約五五〇〇人に達した。以後、連合軍による占領は、対日講和条約《たいにちこうわじょうやく》の発効する昭和二十七年四月まで続き、この間に地主的土地所有を解体した農地改革や、国家主義的教育の排除、六・三制の学校教育制度、男女共学を柱とする教育改革など、地域の末端にまでおよぶ民主化政策が強力に実施されていった。

これより先の二十年九月四日、内務省保安課長は「米兵慰安所ヲ急設スルコト」を指示した通牒《つうちょう》を発した。これをうけて京都府の警察も、九月十一日に連合軍用慰安施設としてキャバレー「鴨川」を開設したのを手始めに、祇園歌舞練場跡地《ぎおんかぶれんじょうあとち》などにキャバレー・専用酒場・ビヤホールを設定し、芸妓もダンサーとして動員した。十二月十五日、GHQは連合軍将兵に対し慰安所への立入りを禁止したため、慰安施設は三カ月で閉鎖となったが、以後しだいに米兵を相手とする街娼が増加していった。また悪化した食糧事情のもとで、京都市内の河原町蛸薬《たこやく》師《し》・東七条《ひがししちじょう》・新京極《しんきょうごく》・五条橋や、東舞鶴駅前・西舞鶴駅前な

連合軍の京都進駐（昭和20〈1945〉年）　9月25日，京都駅前を進駐する連合軍。

どには、闇市《やみいち》も出現した。敗戦後の物不足にもかかわらず、闇市には政府による配給制のルートをとおらない商品があふれていたが、昭和二十一年八月、政府から閉鎖命令がでたあと、警察との交渉の末、同年秋には姿を消した。さらに宇治《うじ》火薬製造所軍用物資隠匿《いんとく》事件や京都師団軍用砂糖ヤミ流し事件、舞鶴での旧海軍関係者による軍需物資横流し事件など、軍保有物資をめぐる事件が頻発して、社会は大きく混乱した。府民の生活難がしだいに解消するのは、昭和二十五年にはじまった朝鮮戦争の特需《とくじゅ》によって、経済復興が本格化してからであった。

敗戦時、中国を始めとした海外には、日本軍人・軍属と日本人居留民約六六〇万人が残留していた。彼らの復員は、敗戦直後の大きな政治・社会問題であった。昭和二十年九月二十八日、舞鶴ほか一〇港が引揚港《ひきあげこう》に指定され、十月七日には、はやくも朝鮮からの復員兵をのせた第一雲仙丸《うんぜんまる》が舞鶴に入港している。十一月二十四日には、厚生省舞鶴引揚援護局が設置された。引揚げは翌年から本格化し、昭和二十一年の舞鶴港への入港は五五隻、中国からの引揚者を中心として一三万人に達した。一方、ソ連からは、同年十二月ナホトカからの引揚げが最初で、昭和三十三年九月七日入港の白山丸《はくさんまる》まで続いた。昭和二十九年には、平 桟橋《たいらさんばし》で帰らぬ子を待つ端野《はしの》いせの話を題材に「岸壁の母」がつくられ、菊池章子《きくちあきこ》がうたって大ヒットした。舞鶴市は、昭和五十三年十一月、「岸壁の母」と「異国の丘」の歌碑を引揚げ記念公園に建て、六十三年四月には、同公園内に「舞鶴引揚記念館」を開館するなど、歴史の風化をさける努力を続けている。

他方、敗戦を機に日本から朝鮮や中国へ帰国する人びとも多数にのぼったが、そうしたなかでおきた悲劇に浮島丸《うきしままる》事件がある。事件は、昭和二十年八月二十一日、青森県大湊《おおみなと》海軍施設部で働かされていた朝鮮人とその家族ら三七〇〇人以上をのせた海軍特設運送船浮島丸（四七三〇トン）が、朝鮮半島への航海の途中立ち寄った舞鶴湾内の下佐波賀《しもさばか》沖で大爆発をおこして沈没、五〇〇人以上の死者をだしたというもので、多くの謎が未解明のまま今日に至っている。

憲法を暮らしのなかにいかす●

敗戦直後の昭和二十（一九四五）年十一月十二日、日本社会党京都支部が結成されたのを皮切りに、同月十八日には日本自由党京都支部、翌月二日には日本進歩党京都支部が組織され、政党の復活が急速に進んだ。一方、共産党も、十月二十一日に徳田球一《とくだきゅういち》を迎えて解放運動出獄同志歓迎大会を開いて、公然と活動を開始した。

　京都府の場合、はやくから統一戦線結成への動きが生じたことが特徴で、昭和二十一年一月十八日には、社共両党に加え自由党高山義三《たかやまぎぞう》派など一八団体が加わって、人民戦線協議会《じんみんせんせんきょうぎかい》（のち京都民主戦線）が成立している。この統一戦線運動は、昭和二十二年の新憲法公布を前にした府知事選・京都市長選の候補者選定をめぐる混乱や、片山哲《かたやまてつ》内閣の成立によって、いったん休止状態に追い込まれた。しかし昭和二十五年にはいって京都市長選が近づくと、一月二十五日に全京都民主戦線統一会議（民統会議）が結成されて運動は息をふき返し、自由党をはなれ社会党に入党した高山義三を京都市長選の統一候補者に選んだ。二月八日の投票では高山が当選し、初の革新京都市長が誕生した。さらに、この選挙で京都府知事木村惇《あつし》が選挙違反に問われ辞任したために、続いて知事選が行われることとなった。民統会議は、元京都帝国大学経済学部長で、経済政策での考えの違いから吉田茂《しげる》内閣の中小企業庁長官を辞したばかりの蜷川虎三《にながわとらぞう》を推薦して選挙をたたかい、四月二十日の投票では保守派の推す前副知事井上清一《せいいち》を破って当選した。

　昭和二十八年八月、綴喜《つづき》郡・相楽《そうらく》郡を中心に死者・行方不明者三三六人をだした南山城《みなみやましろ》水害が発生、九月には、府下全域に被害総額五五六億円を超える大災害をもたらした台風一三号が来襲した。この未曾《みぞ》有《う》の大水害は一期目の蜷川府政をも直撃し、脆弱《ぜいじゃく》だった府財政は急激に悪化した。その結果、京都府は、昭和三十年十二月に公布された地方財政再建促進特別措置法による財政再建団体に転落した。こうして蜷川府政は大きな困難に直面したが、この危機を府職員の協力などでのりきると、財政再建の目途がついた三期目以降革新府政独自の施策をつぎつぎとうちだしていった。

　高度経済成長が本格化するなか、昭和三十八年七月には名神《めいしん》高速道路の尼崎《あまがさき》・滋賀県栗東《りっとう》間が開通、翌年十月には東海道新幹線が営業を開始して、京都府でも高速交通網が形成されはじめたが、その一方で日本海沿岸地域の過疎《かそ》化が進んだ。こうした事態に対し蜷川府政は「タテの開発」構想を掲げ、舞鶴湾整備計画や、福知山《ふくちやま》市の長田野《おさだの》工業団地の造成、丹後《たんご》半島一周道路の建設などを行い、日本海側を「裏日本」ではなく京都の表玄関として位置づけた施策として注目をあびた。ほかにも、政府の減反政策に応じ

昭和25(1950)年のメーデー行進(5月1日)　デモの先頭に立つ左より２番目，京都市長高山義三，府知事蜷川虎三，大山郁夫。

ずに生じた超過米への流通費助成と野菜経営安定資金制度を組み合わせ農家経営の安定をはかる京都食管制度、丹後縮緬《ちりめん》などの地場産業の振興策、無担保無保証人融資制度など、先駆的な施策をつぎつぎと実施していった。昭和四十四年十一月三日には、府庁前面に「憲法を暮らしの中に生かそう」と書かれた垂れ幕が掲げられ、蜷川府政の信条を示すスローガンとして普及していった。

一方、高山京都市長は、レッド＝パージの進行や朝鮮戦争の勃発という事態のなかで、二十五年十月に共産党と絶縁、二十七年には社会党を離党して保守へと回帰し、二十九年の選挙からは保守系候補として連続当選していった。ところが昭和四十二年一月、高山義三をついで京都市長となった井上清一が在任わずか一年で死亡したことから選挙となり、京都市にも富井清《きよし》革新市長が誕生した。そのころ、都市の生活環境の悪化に反対する住民運動が登場し、ドーナツ化現象により周辺部で人口増が生じるなど、高度経済成長が大きな政治的・社会的変動をもたらしつつあった。中小企業や零細商店、府医師会などの各職能団体が政治的に活性化して、昭和四十一年、蜷川当選のために府市民団体協議会を結成するという動きもあった。こうした点が京都市政の転換を促したのである（三宅一郎・村松岐夫編『京都市政治の動態』）。その後京都府下には急速に革新自治体が広がっていった。

政党のなかで、蜷川府政をはじめとした革新自治体をささえたのは社共両党であった。このうち戦後初期から府政界で大きな勢力をほこった社会党は、昭和四十一年の知事選以降、蜷川支持をめぐり京都府本部が分裂するなど動揺を繰り返し、昭和四十年代から選挙のたびごとに府会議員を減らしてその勢力を減退させていった。これに対し共産党は、蜷川府政のもとで急速に政治的影響力を増し、府会での勢力を維持し続けた自民党と府会第二党に躍進した共産党が正面から対峙《たいじ》するという京都府政界独特の構図が、蜷川府政末期にはできあがっていった。

「町づくり」「地域づくり」●

七期二八年知事をつとめた蜷川虎三の引退をうけて行われた昭和五十三（一九七八）年四月九日の知事選挙では、京都経済の地盤沈下を中央との太いパイプによって打開しようと訴えて、自民党の推す林田《はやしだ》悠紀夫《ゆきお》が当選し、久方ぶりに保守府政が誕生した。すでに選挙戦中に関西財界と通産省は、関西学術研究都市構想や府北部のエネルギー基地化などをもりこんだ「近畿地域産業構造ビジョン」を公表していたが、これはのちに林田府政のもとで第三次京都府総合開発計画（三府総）として具体化されていった。それは、府南部は関西文化学術研究都市の建設、府北部は丹後リゾート開発、京都市は平安建都一二〇〇年記念事業という大規模プロジェクトを起爆剤として、先端産業の育成をはかりつつ一気に社会資本の整備を進めることをめざした構想であった。こうした考え方は、林田府政をついだ荒巻禎一《あらまきていいち》知事のも

北桑田郡美山町（現，南丹市）の茅葺集落　平成５（1993）年12月に国から重要伝統的建造物群保存地区に選定され，茅葺屋根の家々をいかした地域づくりが進められている。

とで立案された、第四次京都府総合開発計画（四府総）にも引きつがれたが、バブル経済崩壊後の長期にわたる不況の深刻化によって、丹後リゾート構想などの開発計画は停滞することとなった。そのなかで関西文化学術研究都市は、昭和六十年十月に建設がはじまり、翌年四月には同志社大学・同志社女子大学田辺《たなべ》校が開校するなど、ゆっくりとではあるが、その姿をあらわしつつある。

ところでバブル経済期から現在にかけて、京都市の都心部や丹後の海岸部では、五年間で人口の五％以上が減少するという事態が進行した（自治体問題研究所府政研究会編『京都府政研究 97』）。これは西陣織《にしじんおり》や丹後縮緬などの繊維を中心とする伝統産業の衰退が、その背景にある。なかでも京都市の場合、伝統産業の衰退に加えて、金融緩和・バブル経済に伴う高層マンションの乱立といった開発行為によって、居住環境の破壊が進んだために、各所でマンション建設反対などの住民運動が生じることとなった。そしてこうした住民運動は、「景観」や「環境」の保全を掲げることで、一つのマンション建設に反対する運動が京都市の「町づくり」のあり方を問う運動へととらえ返され、住民運動相互のネットワークづくりが進んでいった（佛教大学総合研究所編『成熟都市の研究』）。

景観論争の焦点であった京都ホテルとJR京都駅の高層化は実現した。平成六（一九九四）年には、古都京都の文化財が世界文化遺産に登録された。しかし、京都市の「町づくり」のあり方をめぐる対立は、依然としてきびしいものがある。二十一世紀にはいろうとする現在、京都府全体にわたって従来からの地域コミュニティが大きく変容するなかで、どのような方策によって地域づくりを進めていくのか、その構想力が問われている。

あとがき

山川出版社の旧県史シリーズ『京都府の歴史』（赤松俊秀・山本四郎編著）が世に出たのは昭和四十四（一九六九）年のことであるから、すでに約三〇年経過したことになる。その後、府下でも自治体史の編纂が進み、京都市の『京都の歴史』をはじめ、綾部市・宇治市・亀岡市・城陽市・長岡京市・福知山市・舞鶴市・宮津市・向日市など各市、井手町・大山崎町・木津町・園部町・山城町などの各町、その他多くの市町村史の刊行がなされ、また現に刊行中である。研究の進展と深化はさまざまな面におよび、三〇年以前とは面目を一新しているといってよい。

こうした状況をふまえ、あらたな『京都府の歴史』を記述しようとすれば、文字どおり京都をフィールドにしている専門家を選ぶ必要がある。地域の史料、歴史ととりくみ、現役で新しい感覚をもち、世代もひとまわり若返らせたい。そういう基準で四人の執筆者をお願いした。さいわい、四氏とも快諾して下さり、チームが成立した。

平成七（一九九五）年五月に第一回の編集会議を開き、およその時代割りを決め、以後、数回の会議でそれぞれの分担と主要な内容の調整、相互確認を行った。それは以下の通りである。

原始・古代（第一章～第二章）　平氏政権の前まで　吉川真司
中世（第三章～第五章）　織田信長の入京の前まで　石川登志雄
近世（第六章～第八章）　鳥羽伏見の戦いの前まで　水本邦彦

近代・現代（第九章〜第十章）については、同じ山川出版社から「県民百年史」シリーズの一冊として、井ケ田良治・原田久美子両氏編の『京都府の百年』（平成五年刊行）があるので、詳細はそれによっていただくこととし、大きな流れをとらえるよう、飯塚一幸氏にお願いし、ご苦労を願った。なお、付録のうち「祭礼・行事」については、原田三壽氏に格別のご尽力を頂戴した。厚く御礼を申し上げる。

私自身は古い世代に属し、せっかくの企画意図をみだすといけないので、序章にあたる「風土と人間」を担当し、ぜんたいの議論のまとめ役を務めることとした。

執筆まではこのように何度か打ち合わせを行ったが、原稿はそれをふまえ、各人が責任を持って、独立に執筆した。章ごとに多少文体に相違があるかも知れないが、それよりも各人の個性を重視した編集方針によるものである。読者のご了解を得たい。

最後の段階になって、成稿が遅れ、読者と出版社にご迷惑をおかけした。読者にはお詫びを、お世話になった編集部には、お詫びとお礼を申し述べたい。

一九九九年七月

朝尾　直弘

京都府全図

(記号)	都道府県界
(記号)	市郡界
(記号)	町村界
(記号)	JR線
(記号)	高速道路
(記号)	有料道路
(記号)	国道
(記号)	都道府県庁

京都府《きょうとふ》の歴史《れきし》　　県史　26

1999年8月10日　第1版第1刷発行　　2020年9月10日　第2版第3刷発行

著　者　朝尾直弘《あさおなおひろ》・吉川真司《よしかわしんじ》・石川登志雄《いしかわとしお》・水本邦彦《みずもとくにひこ》・飯塚一幸《いいづかかずゆき》

発行者　野澤伸平

発行所　株式会社　山川出版社　〒101-0047　東京都千代田区内神田1-13-13
電話　03(3293)8131(営業)　03(3293)8134(編集)
https://www.yamakawa.co.jp/　振替　00120-9-43993

印刷所　明和印刷株式会社　製本所　株式会社ブロケード

装　幀　菊地信義

 ISBN 978-4-634-32261-5

朝尾　直弘　あさおなおひろ

1931年，大阪府に生まれる
1959年，京都大学大学院文学研究科博士課程単位取得
現在　京都大学名誉教授
主要著書　『近世封建社会の基礎構造』（御茶の水書房，1967年），『将軍権力の創出』（岩波書店，1994年）

吉川　真司　よしかわしんじ

1960年，奈良県に生まれる
1989年，京都大学大学院文学研究科博士後期課程修了
現在　京都大学大学院文学研究科教授
主要著書　『律令官僚制の研究』（塙書房，1998年）

石川登志雄　いしかわとしお

1955年，茨城県に生まれる
1980年，京都大学文学部卒業
現在　京都産業大学文化学部教授
主要著書　『舞鶴市史』通史編（上，共著，1993年），『日本農書全集』第40巻（共著，農山漁村文化協会，1999年）

水本　邦彦　みずもとくにひこ

1946年，群馬県に生まれる
1975年，京都大学大学院文学研究科博士課程単位取得退学
現在　京都府立大学・長浜バイオ大学名誉教授
主要著書・論文　『近世の村社会と国家』（東京大学出版会，1987年），『徳川の国家デザイン』（小学館，2008年）

飯塚　一幸　いいづかかずゆき

1958年，長野県に生まれる
1988年，京都大学大学院文学研究科博士後期課程単位取得退学
現在　大阪大学大学院文学研究科教授
主要著書　『日本近代の歴史３　日清・日露戦争と帝国日本』（吉川弘文館，2016年），『明治期の地方制度と名望家』（吉川弘文館，2017年）

付　　録

■ 索　　引

●あ 行

● さ　行

● た　行

●な　行

●は　行

● ま　行

● や　行

● ら・わ行

■ 年　表

年　代	事　項
30000年前頃	後期旧石器時代はじまる。山城盆地周辺を中心に遺跡が分布。
12000年前頃	縄文時代はじまる。
10000年前頃	府下最古の土器がつくられる(武者ヶ谷遺跡)。
8500年前頃	北白川・一乗寺周辺に縄文のムラができる(比叡山西南麓遺跡群)。
B.C. 300頃	弥生時代はじまる。各地に水田が開かれる(雲宮遺跡・蔵ヶ崎遺跡)。
B.C. 2 世紀頃	巨大な環濠集落がつくられる(神足遺跡・扇谷遺跡)。
1 ～ 2 世紀	弥生社会が大変動をむかえる。山城盆地に高地性集落がうまれ(北山遺跡)，丹後半島に独特の墓制がひろがる(三坂神社 3 号墓)。
2 世紀末葉	邪馬台国の女王卑弥呼を盟主とする政治連合うまれる。
239年	卑弥呼が魏に使者を派遣し，親魏倭王の称号をうける。三角縁神獣鏡はこれに伴い製作・下賜され，まもなく有力首長に配布されたか。
3 世紀中葉	卑弥呼死ぬ。このころから前方後円(方)墳が各地に築かれる(椿井大塚山古墳・元稲荷古墳)。
4 世紀中葉	丹後半島で巨大な前方後円墳が築かれる(蛭子山古墳・網野銚子山古墳・神明山古墳)。
4 世紀後葉	栗隈で前方後円墳が築かれはじめる(平川古墳群)。
5 世紀前葉	栗隈大溝が掘られたか。
5 世紀後葉	王権が専制化を強める。各地に国造がおかれ，古墳群も変動する(平川古墳群)。このころ秦氏・鴨氏が葛野に移住したか。
6 世紀	秦氏が葛野大堰や太秦古墳群をつくる。

西暦	年　号	事　項
507	(継体)元	オホド大王(継体天皇)即位。その後，筒城宮・弟国宮で執政。
535	(安閑) 2	丹波国に蘇斯岐屯倉をおくという。
570	(欽明)31	*4-* 相楽館(高麗館)を建てる。*7-* 相楽館で高麗使をもてなす。
603	(推古)11	*11-1* 秦河勝が聖徳太子から仏像をもらい，蜂岡寺を建てたという。
646	大化　2	*1-1* 難波で大化改新詔だされるという。この年，道登が宇治橋をかける。
649	5	この年，全国に評がおかれる。初期の評家がつくられる(正道遺跡)。
653	白雉　4	この年，中大兄皇子ら飛鳥に戻る。孝徳天皇は山崎宮を造営させる。
670	(天智) 9	閏 *9-6* 山科精舎で藤原鎌足の葬礼をおえるという。
672	(天武)元	*5-* 近江朝，天智の山科山陵造営のために人夫を徴発。宇治橋守に命じて大海人の私粮運送を妨害するという。*6-24* ～*7-* 大海人皇子，吉野を脱出して反乱をおこす(壬申の乱)。山背小林・黄文大伴ら南山城の豪族は大海人方についてたたかい，勝利する。
701	大宝　元	この年，国号を日本とし，評を郡と改める。
713	和銅　6	*4-3* 丹波国の加佐・与佐・丹波・竹野・熊野郡を割いて，丹後国をおく。
740	天平　12	*12-15* 聖武天皇，恭仁宮に行幸(恭仁遷都)。恭仁京の造営を開始。

741	天平	13	*2-14* 国分寺建立詔。*8-28* 平城京の東西市を恭仁京に移す。
744		16	*2-26* 恭仁から難波に都を移す。
745		17	*5-10* 恭仁京の市人が平城に移る。*5-11* 聖武天皇，平城に行幸。都が平城京に戻る。
746		18	*9-29* 恭仁宮大極殿を山背国分寺に施入する。
784	延暦	3	*5-16* 藤原種継ら新京建設のため乙訓郡長岡村を視察する。*6-10* 造長岡宮使任命。長岡宮前期造営をはじめる。*7-4* 山崎橋の用材を進上させる。*11-11* 桓武天皇，長岡宮に移る(長岡遷都)。
785		4	*9-23* 造長岡宮使藤原種継が暗殺される。*9-24* 事件関与者の取調べと処刑がはじまる。*9-28* 皇太子早良親王を乙訓寺に幽閉。*10-8* 早良親王廃太子。この直後，絶食中の早良は淡路配流の途上で死亡。
786		5	*7-15* 長岡宮太政官院(朝堂院)が完成する。
788		7	この年から平城宮を解体し，長岡宮後期造営をはじめる。
792		11	*6-10* 皇太子安殿親王の病が崇道天皇(早良)の祟りのためと判明。*8-4* 深草山西面への埋葬を禁止。*8-9〜10* 洪水。桓武，赤目崎でこれをみる。
793		12	*1-15* 藤原小黒麻呂ら遷都のために葛野郡宇太村を視察。*1-21* 内裏を移建するため桓武が東院に移る。*3-1* 桓武，新京を巡覧。*6-23* 諸国に命じて新宮の諸門をつくらせる。*9-2* 新京の宅地を班給。
794		13	*7-1* 東西市を新京に移す。*10-22* 桓武，新京に移る。*10-28* 遷都詔。*11-8* 山背国を山城国に改称し，新京を平安京と名付ける。
796		15	*1-1* はじめて大極殿で朝賀を行う。この年，造営第二段階にはいる。
797		16	*8-25* 山城国府を葛野郡から長岡京南に移す。
805		24	*12-7* 徳政相論。藤原緒嗣は征夷と造都が天下の苦しみの原因だと主張。桓武はこれに賛同する。*12-10* 造宮職を廃止。
809	大同	4	*11-12* 藤原仲成らに平城宮をつくらせる。*12-4* 平城太上天皇，平城に移る。*12-27* 畿内諸国で工夫を雇役し，平城宮造営に用いる。
810	弘仁	元	*9-6* 平城太上天皇，平城遷都を命じる。*9-10* 嵯峨天皇，藤原仲成を捕縛。*9-11* 平城太上天皇，東国にむかう。仲成殺される。*9-12* 坂上田村麻呂の迎撃で平城は降伏，出家する。藤原薬子自殺。
812		3	*11-15* 空海，高雄山寺で最澄らに金剛界結縁灌頂。*12-14* 同胎蔵界灌頂。
818		9	*4-27* 平安宮の殿舎・諸門の名を改める。*5-9* 賀茂斎院司をおく。
819		10	*3-16* 上下賀茂社の祭を中祀とする(公祭のはじまりか)。
821		12	*1-30*『内裏式』撰進。
822		13	*6-4* 最澄，比叡山で死去。*6-11* 比叡山大乗戒壇の設立を認める。
823		14	*1-19* 空海に東寺をあたえる。*10-10* 真言宗僧のみを東寺に止住させる。
842	承和	9	*10-14* 左右京職と東西悲田院に命じて島田・鴨河原の髑髏5500余頭を焼かせる。*10-20* 左京に移る百姓多く，西市の専売品を定める。
859	貞観	元	*2-11* 藤原良相，藤原氏の無宅者・病者のため崇親院と延命院を建立。
861		3	*6-7* 山崎の河陽離宮を山城国府とする。
863		5	*5-20* 神泉苑で御霊会を行う。
866		8	閏 *3-10* 応天門焼亡する。*9-22* 伴善男らを遠流に処す。同日，山城

			国愛宕郡神楽岡近辺への埋葬を禁ずる。
871	貞観	13	閏 ***8-14*** 鴨河堤周辺での田畠耕作を禁止する。閏 ***8-28*** 桂河原に葬地を定める。
876		18	***4-10*** 大極殿焼亡。
879	元慶	3	***12-4*** 畿内に官田4000町をおく。山城国は800町。
887	仁和	3	***3-*** 仁和寺創建。
902	延喜	2	***3-13*** 勅旨田と院宮王臣家の荘園を停止する(延喜の荘園整理令)。このほかにも院宮王臣家と上層農民の結託を断つ諸法令をだす。
930	延長	8	***6-26*** 清涼殿に落雷し，藤原清貫ら死傷。道真怨霊の恐怖高まる。
935	承平	5	***2-16*** 紀貫之，土佐守の任をおえて平安京に戻る。
938	天慶	元	この年，空也が平安京にはいり，念仏をすすめる。
940		3	***1-12*** 兵乱により宮城門に兵士をおく。***2-25*** 山崎・川尻を警固。
945		8	***7-29*** 志多羅神，山崎に至る。***8-1*** 石清水八幡宮に遷座。
959	天徳	3	***2-25*** 藤原師輔，北野社を増築する。
960		4	***9-23*** 内裏焼亡。***9-28*** 内裏造営を修理職・木工寮と諸国に割りあてる。山城国は春興殿，丹波国は校書殿の建設を担当する。
963	応和	3	***9-22*** 左右京の保長・刀祢に夜行を命じる。
966	康保	3	***10-28*** 延暦寺の諸院・諸堂焼亡する。
969	安和	2	***3-26*** 左大臣源高明を大宰権帥に左遷。***4-1*** 高明の西宮家焼亡。
970	天禄	元	***7-16*** 天台座主良源，比叡山山内に26カ条の制式をだす。この年，はじめて祇園御霊会を行う。
976	貞元	元	***6-18*** 大地震。大内裏の殿舎，京内の寺院・邸宅の被害甚大。
980	天元	3	***7-9*** 台風で大内裏諸門・羅城門など倒壊。
982		5	***10-*** 慶滋保胤『池亭記』なる。
984	永観	2	***11-28*** 丹波康頼『医心方』を撰進する。
985	寛和	元	***4-8*** 源信『往生要集』なる。
987	永延	元	***2-11*** 入宋僧奝然，釈迦像・経典をもって入京する。***8-5*** はじめて北野祭を行う。
994	正暦	5	***4-24*** 疫病流行，京中の病者を収養する。***6-27*** 船岡山御霊会を行う。
1001	長保	3	***5-9*** 疫病流行，紫野今宮で御霊会を行う。
1004	寛弘	元	***12-11*** 皮聖行円，一条北辺堂(行願寺・革堂)を創建供養する。このころ，紫式部『源氏物語』を執筆。
1005		2	***10-19*** 藤原道長，木幡の浄妙寺三昧堂を創建供養する。
1019	寛仁	3	***6-19*** 丹波国百姓，守藤原頼任の苛政を訴える。***9-22*** 同じく善政を申す。
1020		4	***3-22*** 藤原道長，無量寿院(のちの法成寺)を創建供養する。この年，丹後守藤原保昌，妻の和泉式部を伴い任国に赴くか。
1023	治安	3	***12-23*** 丹波守藤原資業，京宅を襲撃される。
1030	長元	3	***4-23*** 受領および六位以下の京宅に制限を設ける。
1052	永承	7	***3-28*** 藤原頼通，宇治平等院を創建供養する。
1054	天喜	2	***2-23*** 東大寺の訴えにより，山城国玉井荘の臨時雑役を免除する。
1058	康平	元	***2-23*** 法成寺焼亡。
1069	延久	元	***2-23*** 延久の荘園整理令。閏 ***10-11*** 記録荘園券契所をおく。

1072	延久	4	*10-25* 後三条天皇，円宗寺に赴き法華会・最勝会を修する。
1077	承暦	元	*12-18* 白河天皇，法勝寺を創建供養する。
1086	応徳	3	*7-* 白河天皇，鳥羽離宮の造営をはじめる。*11-26* 堀河天皇に譲位。
1093	寛治	7	*8-26* 興福寺僧，はじめて春日神木を奉じて嗷訴。
1095	嘉保	2	*10-24* 延暦寺僧，はじめて日吉神輿を奉じて嗷訴。武士に命じて防御する。
1096	永長	元	*5〜7* 平安京で田楽がおおいに行われる。
1102	康和	4	*7-21* 堀河天皇，尊勝寺を創建供養する。
1107	嘉承	2	*7-19* 堀河天皇没。以後，白河法皇の院政が本格化する。
1113	永久	元	*4-1* 白河法皇，延暦寺僧の嗷訴を平正盛・源為義らに防がせる。
1119	元永	2	*5-6* 京中の強盗を平正盛に逮捕させる。
1129	大治	4	*7-7* 白河法皇没。鳥羽院政はじまる。
1137	保延	3	*10-15* 鳥羽上皇，鳥羽安楽寿院を創建供養する。
1140		6	*7-23* 山城国玉井荘司ら，石垣荘の押妨三カ条を東大寺に訴える。
1149	久安	5	*3-20* 近衛天皇御願の延勝寺を創建供養する(最後の六勝寺)。
1156	保元	元	*6-1* 鳥羽法皇，源義朝らに内裏をまもらせる。*7-2* 法皇没。*7-10* 崇徳上皇，白河北殿に兵を集める。*7-11* 後白河天皇，平清盛・源義朝らに攻撃させる(保元の乱)。*7-23* 崇徳上皇，讃岐に流される。*7-30* 源為義ら斬刑。閏 *9-18* 荘園整理などの新制7カ条をくだす。
1157		2	*2-18* 大内裏造営をはじめる。*10-8* 新制35カ条をくだす。
1159	平治	元	*12-9* 藤原信頼・源義朝ら後白河上皇をおそい，幽閉。*12-13* 信西自殺。*12-26* 平清盛，大内裏を攻撃，六条河原で義朝軍を破る(平治の乱)。
1174	承安	4	この年，丹波国吉富荘が立券され，荘園絵図が作成される。
1179	治承	3	*11-14* 平清盛，摂津福原より入京し後白河院政廃止のクーデタをおこす。
1180		4	*4-* 以仁王，源頼政のすすめで平清盛打倒の令旨を全国の源氏にくだし挙兵。*5-* 以仁王，流れ矢に当り死去。頼政，宇治平等院の戦いで戦死。*8-* 源頼朝，伊豆国石橋山に挙兵する。
1183	寿永	2	*7-* 源義仲，入京をはたし平家を瀬戸内海に追う。
1185	文治	元	*11-* 頼朝，弟義経と叔父行家を召進めるため北条時政を上洛させる。*12-6* 頼朝，後白河法皇にせまり文治の守護地頭設置の勅許を得る。
1191	建久	2	*10-* 長講堂領注文ができる。
1198		9	*3-* 源空，『選択本願念仏集』をあらわす。
1200	正治	2	*12-* 藤原定家，後鳥羽上皇の水無瀬殿行幸に伺候し大山崎油売の屋敷に宿泊する。
1202	建仁	2	この年，栄西，建仁寺を創建し，天台・真言・禅の三宗兼学道場とする。
1207	建永	2	*2-18* 上皇，専修念仏を禁止し，源空を土佐，親鸞を越後に配流とし，弟子を死罪とする(建永の法難)。
1210	承元	4	この年，乙訓郡楊谷寺の本尊千手観音立像の修理にあたり結縁勧進が行われる。
1221	承久	3	*5-14* 後鳥羽上皇，伏見城南寺に流鏑馬揃えと称し幕府打倒の兵をあげる(承久の乱)。幕府，北条時房・泰時を京都に攻めのぼらせ，乱後

		も六波羅館に駐屯させる(六波羅探題のはじまり)。
1222	承久　4	*3-4* 武蔵国御家人片山広忠，承久の乱の恩賞として丹波国和知荘地頭職を新補される。
1223	貞応　2	*6-* 賀茂別雷神社領丹波国私市荘公文職に清久胤行が任じられ，新補地頭と称して社家とのあいだで争論する。
1224	3	この年，乙訓郡光臨寺の本尊阿弥陀如来立像が結縁勧進によって造立される。
1230	寛喜　2	*7-* このころから京中で盂蘭盆会が盛んとなる。
1233	天福　元	この年，藤原教家，宇治深草に興聖寺を建立し，道元を開山とする。
1235	嘉禎　元	*5-* 石清水八幡宮領薪荘と興福寺領大住荘とで用水争論がおこる。
1243	寛元　元	*8-* 九条道家，東福寺を創建し円爾弁円を開山とする。
1259	正元　元	*2-28* 円覚上人，壬生寺を再興し地蔵堂の供養が修せられる。
1262	弘長　2	*11-28* 親鸞没。90歳。
1271	文永　8	この年，綴喜郡多賀郷の高神社の遷宮行事に宇治・紀州の猿楽が参勤する。
1264～75	文永年間	臨済僧無象静照，丹後国与謝郡の檀越に招かれ宝林寺を開く。
1279	弘安　2	この年，一遍，上京し因幡堂に逗留する。
1282	5	*8-* 和知荘領家預所と地頭片山盛親とのあいだで下地中分が行われる。
1284	7	閏 *4-* 一遍，ふたたび上京し四条京極釈迦堂で踊念仏を催し，市屋道場をたて，この後桂川から丹波国穴太寺を経て丹後国久美浜に行く。
1286	9	この年，時衆作阿弥，市屋道場金光寺を開く。*11-19* 叡尊，宇治橋大改修の供養を修し，亀山・後深草上皇臨幸する。また浮島に十三重石塔婆を建立。
1288	正応　元	*8-* 丹後国衙，国内の領地と田数を調査し「丹後国諸荘郷保惣田数帳」を作成する。
1290	3	*8-* 一遍の異母弟聖戒，綴喜郡八幡山下に善導寺を開いて教化する。
1293	永仁　元	このころ，丹後国守護に大江氏一族の長井貞秀が任じられる。
1301	正安　3	この年，時衆七条道場金光寺ができる。
1304	嘉元　2	*7-* 後深草院の葬送の七僧法会に非人施行が行われる。
1310	延慶　3	この年，覚如，大谷廟を本願寺に改める。
1311	応長　元	この年，時衆浄阿真観，四条道場金蓮寺を開く。
1320	元応　2	この年，了源，山科に興正寺を建立する(のちの仏光寺)。
1321	元亨　元	*11-8* 日像，京都最初の日蓮宗弘法の勅許を得て妙顕寺を開く。
1322	2	*8-16* 虎関師錬，『元亨釈書』をあらわす。
1324	正中　元	*9-* 後醍醐天皇，幕府打倒の計画をするが，密告により露顕する(正中の変)。
1331	元弘　元	*5-* 後醍醐天皇，再度幕府打倒の計画をするが，吉田定房の密告により天皇は隠岐に配流される(元弘の変)。
1333	正慶　2 (元弘３)	閏 *2-* 後醍醐天皇，隠岐を脱出して伯耆の名和長年に迎えられる。*4-27* 足利高氏(尊氏)，後醍醐天皇の綸旨にもとづき諸国の武士に軍勢催促状を発する。*4-29* 高氏，丹波国篠村八幡宮に源家再興の願文を捧げる。*6-4* 後醍醐天皇，入京をはたす。
1334	建武　元	*4-* 西大寺律僧宣基亮明，丹後国分寺を再興する。*8-* 四条河原に落書

		があり，建武新政を風刺する。
1336	建武　3（延元元）	***5-28*** 尊氏，入京をはたし後醍醐天皇を比叡山に追う。***7-1*** 尊氏，上久世荘地頭職を東寺鎮守八幡宮に寄進する。***12-*** 後醍醐天皇，神器を奉じて吉野にのがれる(南北朝の分裂)。
1338	暦応　元（　3）	この年，足利直義，一国一塔の塔婆建立を奏請する。
1339	2（　4）	***8-16*** 後醍醐天皇没す(52歳)。***10-5*** 足利尊氏・直義，後醍醐天皇追善のため暦応寺(のちの天竜寺)を建立する。この年，丹後秋月寺を改めて安国寺とする。
1340	3（興国元）	***10-*** バサラ大名佐々木導誉，妙法院に乱暴を働き延暦寺衆徒の訴えにより配流される。
1341	4（　2）	***10-4*** 足利尊氏，丹後国志楽荘春日部村地頭職を西大寺に寄進する。
1342	康永　元（　3）	***4-23*** 幕府，五山・十刹の制を定める。
1344	3（　5）	この年，乙訓郡海印寺寂照院の金剛力士像が，広範な人びとの結縁勧進によって造立される。
1345	4（　6）	***2-*** 国ごとに設置した寺塔を，安国寺・利生塔と名付ける。
1346	貞和　2（正平元）	***6-*** 時衆第七託何，丹後府中を遊行する。***9-*** 大原勝林院で迎講が修され，本願寺3世覚如が見物する。
1353	文和　2（　8）	この年，山城国守護職を侍所の兼帯とする。
1365	貞治　4（　20）	この年，金山宗泰，愚中周及を招請し丹波天寧寺の開山とする。
1369	応安　2（　24）	***2-27*** 侍所土岐義行，京都市中の俗人の僧装・博奕を禁止する。***7-28*** 幕府，比叡山衆徒の圧力に屈し南禅寺山門を破却させる。
1370	3（建徳元）	***12-5*** 時衆臨阿弥，丹後橋立道場万福寺を再興し，本尊阿弥陀如来像を修復する。***12-16*** 幕府，延暦寺公人が借物取立てと称して公家の邸宅に乱入悪行を禁止する。
1371	4（　2）	***11-21*** 春屋妙葩，南禅寺山門破却に抗議して一門とともに丹後雲門寺に退隠する。***12-27*** 丹波安国寺，諸山となり，ついで応永21年11月18日に十刹に列する。
1374	7（文中3）	この年，将軍足利義満，東山今熊野神社で猿楽勧進能を観覧し，観阿弥・世阿弥を賞翫する。
1377	永和　3（天授3）	この年，義満，烏丸今出川から北小路室町一帯に大規模な邸宅の造営を開始する。
1379	康暦　元（天授5）	閏 ***4-14*** 義満，管領細川頼之の勢力を幕府から一掃する(康暦の政変)。***10-10*** 幕府，丹後から帰洛した春屋妙葩を僧録司に任じ，五山を統括させる。
1381	永徳　元（弘和元）	***3-11*** 義満，後円融天皇，関白後二条師嗣らを邸宅(花の御所)に迎えて盛大な落慶式を挙行する。
1382	2（　2）	***11-26*** 相国寺仏殿・法堂が建立される。

1383	永徳　3 (弘和3)	時衆国阿，霊山道場正法寺を開く。
1385	至徳　2 (元中2)	***9-*** 侍所と山城国守護職を分離し，山名満幸が侍所頭人，山名氏清が守護に任じられる。南山城国人，守護の入部に抵抗して鎮圧される。
1386	3 (　3)	この年，義満，丹後の天橋立智恩寺に参詣し，以後たびたび訪れる。
1390	明徳　元 (　7)	***3-*** 義満，山名氏内部の家督争いに乗じて一族を分断する。
1391	2 (　8)	***12-30*** 丹波・丹後ほかの守護山名満幸一族を挑発して満幸を内野の戦いに破り山陰に敗走させる(明徳の乱)。
1392	3 (　9)	閏 ***10-5*** 義満，南朝の後亀山天皇を大覚寺に迎え，北朝の後小松天皇に神器を渡す(南北朝の合一)。
1393	4	***11-16*** 幕府，「洛中辺土散在土倉幷酒屋役条々」を定め土倉・酒屋から役銭徴収を政所に認める。
1394	応永　元	***12-17*** 義満，将軍職を嫡子義持にゆずり太政大臣につく。
1395	2	***6-20*** 義満，太政大臣を辞して出家し，法名道義と名乗る。
1398	5	この年，義満，北山第に移り，政務の中心とする。
1404	11	この年，義満，中国明王から「日本国王」に冊封される。
1408	15	***3-8*** 後小松天皇，義満の招きにより北山第に行幸し，20日あまり滞在する。***5-6*** 義満没す(51歳)。
1419	26	***9-12*** 幕府，北野麴座の洛中洛外における独占権を認める。
1420	27	***6-27*** 京都に大地震。この年，大干魃で餓死者多数。
1421	28	この年，ふたたび飢饉により疫病が流行し死者多数。
1422	29	***9-*** 幕府，諸大名に命じて，昨年来の飢饉のため五条河原で大施餓鬼を行う。
1425	32	***2-27*** 5代将軍足利義量没(19歳)。
1426	33	この年，丹波猿楽の矢田座，伏見御香宮の楽頭職を獲得する。
1428	正長　元	***1-18*** 4代将軍足利義持没(43歳)。***1-*** 義持の遺志により後継将軍を籤引きで決し，義教が6代将軍となる。***8-*** 近江国の馬借，徳政を求めて蜂起する(正長の土一揆)。***9-*** 一揆が京都醍醐に波及し，酒屋・土倉・寺院を襲撃する。
1429	2	***2-5*** 正長の土一揆の影響をうけて丹波に土一揆蜂起し，守護代香西元資の罷免を要求する。
1440	永享　12	***5-14*** 義教，丹後守護一色義貫を大和陣中に謀殺し，「万人恐怖」の専制政治を行う。
1441	嘉吉　元	***6-24*** 播磨守護赤松満祐，将軍義教を私邸に誘殺する。***9-10*** 細川・山名氏による追討軍に赤松一族播磨木山城に滅ぼされる(嘉吉の変)。***9-*** 近江坂本で徳政要求の一揆が蜂起し，京都近郊の鳥羽・竹田・伏見・嵯峨・仁和寺・賀茂から洛中に押し寄せる。***9-12*** 幕府，一揆勢の要求に屈し，京六口に一国平均徳政の制札を掲げる。
1444	文安　元	***4-*** 洛中の酒屋，比叡山を頼んで幕府に訴え，北野麴座の独占権を停止させる。
1447	4	***7-19*** 京都西郊西岡の土一揆，七条の土倉を襲撃し，土岐持益に鎮圧される。

1449	宝徳	元	***5-*** 中原康富，天田郡今安保預所となり，半済分を回復するために現地に赴く。この年，丹波国奥郡で土一揆が蜂起する。
1458	長禄	2	この年，西岡11カ郷と松尾神社とで用水争論がおこる。
1459		3	この年，丹後守護所，国内反銭賦課のため「丹後国諸荘郷保惣田数帳」をもとに領有状況を調査する。***8-21*** 幕府，京七口に新関設置。
1462	寛正	3	***9-11*** 京都郊外で徳政一揆が蜂起し，赤松政則によって鎮圧される。
1464		5	***12-*** 将軍足利義政，弟義視を後継に定め，みずからは東山山荘(銀閣)に優雅三昧の生活を送る。
1465		6	***11-23*** 義政の正妻日野富子に男子義尚生まれる。
1466	文正	元	***9-5*** 義政，弟義視の殺害をはかり，以後両者で将軍家の家督争いが激化する。
1467	応仁	元	***1-18*** 山名持豊方の畠山義就，上御霊神社に細川勝元方の畠山政長を破る。***5-26*** 細川勝元(東軍)，山名持豊(西軍)を攻撃する(応仁・文明の乱のはじまり)。***6-*** 祇園会の山鉾巡行に58基がでる，応仁の乱で以後30年にわたり巡行が中断される。
1469	文明	元	***4-*** 若狭国守護武田信賢，一時丹後国守護を奪う。
1478		10	***7-*** 山城国人，幕府新関撤廃を求め土一揆をおこす。
1480		12	***9-*** 幕府の新関撤廃を求めて東寺に土一揆おこる。
1485		17	***12-*** 畠山政長・義就一族が両派に分裂して，宇治川で激戦を繰り広げる。***12-12*** 南山城の久世・相楽・綴喜3郡を中心とする国人36人集会して畠山両派に撤兵など3カ条を要求する(山城国一揆のはじまり)。
1486		18	***2-13*** 国人ら宇治平等院に集会し国中掟法を定める。
1487	長享	元	この年，乙訓郡の鶏冠井雅盛・物集女光重・神足友善・小野景行ら西岡・中筋衆が中心となって国一揆を結成し，向日宮で集会する。
1489	延徳	元	***9-*** 丹波守護代上原元秀の失政に対して船井郡を中心とする土豪や牢人衆が蜂起する(丹波の国一揆)。
1490		2	***9-*** 細川政勢，荻野九郎左衛門尉のたてこもる丹波氷上郡八上城を攻める。
1493	明応	2	***4-*** 細川政元，畠山政長を自殺させ，将軍足利義材を廃して11代将軍義澄を擁立する(明応の政変)。***9-11*** 山城守護代古市澄胤の侵攻に稲屋妻城にこもった国人らやぶれる(山城国一揆の終焉)。
1498		7	***5-29*** 丹後国に国人一揆が勃発し，守護一色義秀普甲山城に攻められ自害する。
1499		8	この年，丹波国人らふたたび蜂起する。
1500		9	***6-7*** 祇園会が復興する。
1503	文亀	3	***3-*** 前関白九条政基，荘務を回復するために和泉国日根荘に下向する。
1504	永正	元	***9-4*** 薬師寺元一，細川政元を廃して養子澄元の擁立をはかり淀城に挙兵，敗死する。
1516		13	***8-*** 丹後国守護一色義清と同九郎とで家督争いがおこる。
1536	天文	5	***2-11*** 京都一条の法論で，日蓮宗が天台宗を論破する。***7-27*** 延暦寺衆徒，上・下京に放火，日蓮宗21箇本山を焼き払う(天文法華一揆)。
1549		18	***7-*** 三好慶長，入京する。
1550		19	***11-21*** 三好慶長，将軍足利義輝を近江堅田に追放する。

1558	永禄	元	*11-27* 義輝，六角義賢の仲介により入京する。
1564		7	*7-4* 三好長慶没(43歳)。松永久秀・三好三人衆実権を握る。
1568		11	*9-22* 朝廷，山科などの郷民に警備を命じる。*9-26* 織田信長，足利義昭を擁して入京，東寺に陣取る。*10-18* 義昭，征夷大将軍に就任。
1569		12	*2-2* 信長，将軍義昭の新第の造営に着手。*2-28* 撰銭令発布。
1570	元亀	元	*6-28* 姉川の戦い。*10-4* 西岡の土一揆が洛中にはいる。
1571		2	*7-11* 京都で風流踊り流行。*9-12* 信長，比叡山を焼き討ち。
1573	天正	元	*4-4* 信長，上京焼き討ち。*7-18* 信長，義昭の槙島城をおとす。
1574		2	*6-1* 信長，「洛中洛外図屏風(上杉本)」を上杉謙信に贈呈。
1575		3	*6-17* 信長，明智光秀に命じ丹波攻略開始。
1576		4	*2-23* 信長，安土城にはいる。*7-21* 南蛮堂竣工し，信者参集。
1578		6	*4-* 細川藤孝，丹後攻略開始。*10-3* 信長，禁裏で相撲興行。
1579		7	*5-27* 安土で法華宗と浄土宗の宗論。*7-* 光秀，丹波平定。
1580		8	*8-2* 信長，丹後を藤孝に，丹波を光秀にあてがう。
1582		10	*6-2* 本能寺の変。*6-13* 山崎の合戦。*10-9* 京都諸口率分廃止。
1583		11	*4-21* 賤ヶ岳の戦い。この年，細川藤孝，田辺城築城に着手。
1584		12	*10-4* 秀吉，正親町天皇譲位により，仙洞御所の造営開始。
1585		13	*5-14* 秀吉，寺社・公家に指出を命じる。*7-11* 秀吉，関白就任。
1586		14	*2-21* 秀吉，聚楽第の造営に着手。*11-7* 後陽成天皇即位。
1587		15	*6-19* 秀吉，キリスト教を禁じる。*10-1* 北野の大茶会。
1588		16	*4-14* 後陽成天皇，聚楽行幸。*5-15* 東山大仏殿居礎の儀。*7-8* 刀狩令・海賊停止令。*9-9* これ以前に秀吉，座を禁じる。
1589		17	*3-17* 秀吉，禁裏造営を開始。*11-22* 秀吉，洛中検地開始。
1590		18	*1-* 秀吉，三条大橋をつくる。この年，秀吉洛中の町割り実施。
1591		19	閏 *1-5* 秀吉，本願寺光佐に六条堀川の地をあたえる。閏 *1-* 御土居の築造開始。*2-28* 千利休，自刃。*9-22* 秀吉，洛中地子銭を永代免除。
1592	文禄	元	*3-26* 秀吉，名護屋の陣に出発。*8-20* 伏見新城の造営開始。
1595		4	*7-8* 秀吉，関白秀次を高野山に追う。*7-28* 聚楽第破却。
1596	慶長	元	*1-29* 秀吉，大仏殿で千僧供をいとなむ。閏 *7-13* 京都・伏見に大地震。
1597		2	*1-* 再征のため，日本軍朝鮮に上陸。*5-4* 伏見城天守閣完成。
1598		3	*3-15* 秀吉，醍醐の花見。*8-18* 秀吉，伏見城で没する。
1600		5	*9-15* 関ヶ原の戦い。この年，京極高知，丹後を賜わる。
1601		6	*5-15* 徳川家康，禁裏御料1万石を献上。*5-* 伏見に銀座設置。*8-* 板倉勝重，京都所司代。*9-* 家康，伏見に円光寺を建立。
1602		7	*2-* 東本願寺建立。*5-2* 家康，二条城の造営に着手。
1603		8	*2-12* 家康，伏見城で将軍宣下。この年春より，お国かぶき踊り開始。
1604		9	*5-3* 糸割符制度開始。*8-14* 秀吉7回忌の豊国社祭礼。閏 *8-12* 家康，伏見でルソン使者と会見。*11-1* 円光寺元佶，活字版印刷開始。
1605		10	*4-16* 徳川秀忠，伏見城で将軍宣下。*4-* 淀君上洛勧告拒否。
1606		11	*7-2* 幕府，仙洞御所の造営に着手。*7-27* 幕府，角倉氏らに外国渡航

			の朱印を発行。*8-* 角倉了以，大堰川の舟運を開く。
1607	慶長	12	*12-13* 豊臣秀頼，北野社を造営。*12-21* 幕府，禁裏拡張工事を開始。
1608		13	*1-11* 幕府，角倉了以に安南渡航朱印発行。この年，京都に銀座移転。
1611		16	*3-27* 後水尾天皇即位，後陽成上皇，院政を復活。*6-* 山城諸河川堤防修築。*11-* このころ，角倉了以，高瀬川を開鑿。
1612		17	*3-21* 幕府，キリシタン宗を禁じ，京都南蛮寺の破却を命じる。
1614		19	*7-21* 方広寺大仏開眼供養延期。*11-15* 大坂冬の陣はじまる。
1615	元和	元	*5-6* 大坂夏の陣戦闘激化。*5-8* 大坂城落城。*5-* 淀川過書舟支配を木村，角倉氏に命じる。*7-7* 武家諸法度制定。*7-17* 禁中並公家諸法度制定。*7-24* 諸宗本山本寺法度制定。この年，本阿弥光悦，鷹ヶ峰の地を給される。藤原惺窩，洛北市原に隠棲。
1617		3	*1-13* 幕府，山城・河内辺の堤防をきずく。*8-21* 朝鮮使節，上洛。この年，狩野探幽，召されて幕府御用絵師となる。
1620		6	*1-* 改宗者ハビアン『破提宇子』を執筆。*6-18* 和子入内の儀。
1622		8	*8-12* 京極高知死去，遺領3子に分与(宮津・田辺・峰山藩の成立)。*8-20* 板倉重宗，9カ条市中法度。*11-13* 重宗，7カ条市中法度。
1623		9	*7-27* 徳川家光，伏見城で将軍宣下。伏見城を廃する。閏 *8-11* 秀忠，新御料1万石を献上。閏 *8-20* 松平定綱，新淀城造営に着手。
1624	寛永	元	*5-28* 二条城修築の石引き。*9-6* 高台院(秀吉妻)没。
1626		3	*9-6* 後水尾天皇，二条城行幸。この年，狩野探幽，二条城襖絵製作。
1629		6	*1-10* 2代目池坊専好，禁中で立花。*7-25* 大徳寺沢庵ら流罪(紫衣事件)。*11-8* 後水尾天皇譲位，明正天皇即位。
1631		8	*8-* 灰屋紹益，吉野太夫を妻とする。
1633		10	*2-28* 幕府，奉書船のほか，海外渡航を禁じる。
1634		11	*7-23* 家光，銀5000貫を京都町民にあたえる。
1637		14	この年，松永尺五，講習堂を開く。淀城下町の水防，拡張工事開始。
1640		17	*7-2* 六条柳町の傾城町，朱雀野に移転。
1641		18	この年，石川丈山の詩仙堂完成。家光，知恩院堂舎を再建。
1643		20	*8-30* 幕府，禁裏付の侍などを定める。*10-3* 後光明天皇即位。
1652	承応	元	*8-* 綾部藩，領内検地実施。この年，大村彦太郎，京都に白木屋開業。
1654		3	*4-17* 5万石以上大名に禁裏造営役賦課。*11-28* 後西天皇即位。
1655	明暦	元	*11-26* 牧野親成，市中法度制定。この年，山崎闇斎講席を開く。
1658	万治	元	*7-* 中川喜雲『京童』刊行。*8-* 山本泰順『洛陽名所集』刊行。
1659		2	この年春，修学院離宮ができあがる。*6-* 隠元，黄檗山万福寺を創建。
1662	寛文	2	*5-1* 寛文の大地震。この年，伊藤仁斎，古義堂を開く。
1663		3	*1-26* 霊元天皇即位。*10-25* 幕府，女院以下の衣服に付き定める。
1665		5	*1-* 浅井了意『京雀』刊行。この年，後水尾法皇，京都33所観音制定。
1668		8	*7-13* 初代京都町奉行に雨宮正種，宮崎重成が就任。
1669		9	*2-* 全国の桝を京桝に統一。*11-* 鴨川新堤の築造開始。
1673	延宝	元	この年，三井高利，京都に仕入店開設。坂内直頼『山城四季物語』完成。
1676		4	この年，黒川道祐『日次記事』成稿。聖護院，現在地に再建。
1678		6	*3-* 池坊「永代門弟帳」記載開始。*6-* 幕府領の延宝検地終了。

1680	延宝	8	*7-18* 徳川綱吉，征夷大将軍。この年，木津梅谷新田の開発開始。
1681	天和	元	*10-13* 日蓮上人400回忌法会執行。この年より小堀氏京都代官を世襲。
1684	貞享	元	*3-20* 弘法太子850回忌，東寺曼陀羅供。*3-* 畿内土砂留制度開始。
1687		4	*3-21* 東山天皇即位。*11-16* 大嘗会復活。
1690	元禄	3	*9-* 京都常火消し制度制定。この年より八文字屋，絵入狂言本刊行。
1694		7	*4-4* 賀茂祭り再興。*9-* 伏見御香宮例祭の芝居・見せ物はじまる。
1697		10	この年，京都浜糸問屋と近江長浜糸生産者とのあいだに争論がおきる。
1698		11	*3-3* 宇治大火。*12-21* 伏見舟200艘許可。この年，国絵図作成。
1699		12	*3-* 尾形乾山の御室築窯認可。閏 *9-* 福知山町全焼し，広小路をつくる。
1704	宝永	元	*6-* 伏見車と大津馬借が京登せ米輸送につき争論。
1705		2	*2-13* 徳川綱吉，禁裏御料１万石を増献。*2-* 御蔭参り流行。
1706		3	この年，西陣高機織屋が仲間組織を結成。
1708		5	*3-8* 宝永の大火。*7-* えた頭下村文六死去により頭支配終了。
1709		6	*6-21* 中御門天皇即位。*12-11* 禁裏御所方火消し新置。
1710		7	*1-* 三井家，同族統轄機関大元方を設置。*8-12* 閑院宮家創設。
1712	正徳	2	*8-19* 南山城一帯大洪水。この年，淀大橋修復。
1714		4	*4-* 淀舟・過書舟積み荷争論。*5-13* 京都銀座年寄10人欠所・流罪。
1715		5	*4-15* 知恩院で家康100回忌法要。この年，綾部藩藩校進徳館創建。
1719	享保	4	この年，峰山の絹屋佐平治が縮緬を織る。
1720		5	この年より淀川・木津川などが国役普請河川に指定される。
1722		7	*2-* 京都の火消し制度改編。*6-* 京都町奉行所の管轄国変更。
1728		13	*11-18* 六条新地で米相場開始。この年，三井高房『町人考見録』編纂。
1729		14	この年，石田梅岩，心学講義を開始。大丸屋，京都仕入店設置。
1730		15	*6-20* 西陣焼け。*7-3* 知恩院銭1000貫を施行。
1733		18	*1-9* 京都家質改会所設置。*3-5* 田辺藩百姓一揆(赤松義民)。
1735		20	*3-21* 桜町天皇即位。*10-* 久美浜に幕府代官所設置。
1738	元文	3	この年，石田梅岩『都鄙問答』をあらわす。永谷宗円，上質の煎茶製作。
1742	寛保	2	この年，屎尿の移出をめぐり，京郊村々と屎尿仲買い人とが争う。
1747	延享	4	*5-2* 桃園天皇即位。*8-20* 綾部藩，藩札発行。
1750	寛延	3	*8-26* 雷火により二条城天守焼失。この年より，亀山藩藩札発行。
1754	宝暦	4	閏 *2-7* 山脇東洋，壬生で人体解剖。*7-8* 松ヶ崎と下鴨用水争論。
1758		8	*7-24* 宝暦事件。*12-4* 唐和明礬会所，四条烏丸に設置。
1762		12	*2-* 南山城３郡村々，繰綿問屋設置に反対。*7-27* 後桜町天皇即位。
1770	明和	7	*2-22* 広隆寺で聖徳太子1050回忌法会。*11-24* 後桃園天皇即位。
1774	安永	3	*8-26* 幕府，私曲の禁裏地下人を処罰。*9-* 福知山藩で藩札発行。
1779		8	*10-* 公家らの貸家営業を届け出制とする。*11-25* 光格天皇即位。
1780		9	*9-*『京都武鑑』開刻。この年，秋里籬島『都名所図会』刊行。
1785	天明	5	*3-* 賀茂川筋での素人漁を禁じる。*9-26* 伏見騒動はじまる。
1787		7	*5-* 伏見・木津で打ちこわし。*6-7* 御所への千度参りはじまる。*7-16* 亀山藩天守閣に落雷。*11-19* 口丹波百姓一揆。

1788	天明	8	*1-30* 天明の大火。*5-25* 松平定信上京して，大火後の政策指示。
1792	寛政	4	*11-12* 朝廷，典仁親王への尊号宣下を断念(尊号一件)。
1809	文化	6	この年，福知山藩藩校惇明館完成。
1816		13	*1-* 城戸千楯，鐸屋を開設。この年より，亀山藩財政改革。
1817		14	*3-22* 仁孝天皇即位。*7-3* 町代改義一件はじまる。
1818	文政	元	*2-* 宮津藩藩校礼譲館開校。*10-10* 町代改義一件終息。
1819		2	*2-* 仁孝天皇疱瘡。閏 *4-23* 上京に「大仲」の組織ができる。
1822		5	*8-* コレラがはじめて京都に侵入。*12-13* 宮津藩百姓一揆。
1829		12	*7-27* 宮津藩，不作につき幕府より5000両借入。
1830	天保	元	閏 *3-* 御蔭参り，阿波より流行。*7-2* 京都大地震。
1836		7	*10-* 天保飢饉により，京都に乞食が増加。
1839		10	*3-* 京都で豊年踊り異常に流行。この年，新宮涼庭，順正書院建設。
1840		11	この年，佐藤信淵，綾部藩に招かれ領内を巡察。
1846	弘化	3	*2-13* 孝明天皇即位。閏 *5-28* 御所建春門前に京都学習所建設。
1854	安政	元	*3-* 南山城神主仲間が異国船降伏祈願。*4-6* 内裏炎上。*4-14* 園部藩で大砲製造。*4-16* 内裏造営に着手。*6-14* 近畿大地震。
1858		5	*2-9* 老中堀田正睦，条約勅許を奏請。*9-7* 安政の大獄開始。
1860	万延	元	*5-11* 淀藩の藩校明親館開校。*8-21* 福知山藩で強訴(市川騒動)。
1861	文久	元	*10-20* 和宮降嫁し，江戸にむかう。
1862		2	*4-23* 伏見寺田屋事件。閏 *8-1* 松平容保，京都守護職に任命される。
1863		3	*1-* 園部城の大改築。*3-4* 将軍徳川家茂上洛。*3-13* 新選組結成。*8-18* 公武合体派クーデタ。この年，暗殺・放火が横行。
1864	元治	元	*6-5* 池田屋事件。*7-19* 蛤御門の変。*7-23* 征長の命がくだる。
1865	慶応	元	*1-2* 木津で打ちこわし。*10-5* 安政条約を勅許する。
1866		2	*1-21* 薩長同盟成立。*6-8* 幕府，長州再征を布告。*12-5* 二条城で徳川慶喜に将軍宣下。*12-25* 孝明天皇没。
1867		3	*1-4* 明治天皇即位。*8-4*「ええじゃないか」三河からはじまる。*10-14* 徳川慶喜，大政奉還を請う。薩・長に討幕の密勅がくだる。*12-9* 朝廷，王政復古を宣言。京都町奉行所廃止。
1868		4	*1-3* 幕府軍，鳥羽・伏見で薩長軍と合戦して敗退。閏 *4-29* 京都裁
	明治	元	判所を京都府と改称。初代知事長谷信篤。
1869		2	*1-30* 上京33番組・下京32番組設置。*5-21* 上京第27番組(柳池)小学校開業式。
1871		4	*2-10* 府，勧業場を開場。*7-14* 廃藩置県で淀県など9県誕生。*11-12* 豊岡県設置。京都府は山城・丹波3郡を管轄。
1872		5	*3-10* 第1回京都博覧会開催。*4-14* 府，新英学校と女紅場を開設。*4-22* 京阪神間に電信開通。*11-1* 仮療病院開設。
1873		6	*2-1* 京阪郵便馬車会社開業。*8-* 舎密局を新設。
1875		8	*4-* 島津製作所創業。*7-1* 宮津に天橋義塾設立。*7-20* 第2代府知事槇村正直就任。*11-29* 同志社英学校開校。
1876		9	*6-2* 京都府師範学校開校。*7-26* 大阪・向日町間の鉄道運転開始。*8-21* 豊岡県廃止。天田・丹後5郡は京都府の管轄に。
1877		10	*2-5* 京都・神戸間の鉄道全通。初代京都駅舎七条ステンショ誕生。
1879		12	*3-14* 桑田郡を南北2郡に分かつ。*3-30* 初の府会開会。

1880	明治	13	*5-22* 知事の地方税追徴布達をめぐり，府会と対立。*7-1* 画学校開校。*7-14* 京都・大津間の鉄道開業式。
1881		14	*1-19* 第三代府知事に北垣国道任命。*4-* 琵琶湖疏水工事測量開始。*5-22* 京都新報創刊。
1882		15	*10-9* 京都商法会議所(商工会議所の前身)設立認可。
1884		17	*7-18* 上下京連合区会，琵琶湖疏水予算を可決。*7-19* 府内に三山木・亀岡・宮津の3中学校を増設。天橋義塾などを引きつぐ。
1885		18	*4-10* 日出新聞創刊。*6-3* 京都で琵琶湖疏水工事起工式。
1889		22	*4-1* 市制町村制施行。*4-28* 琵琶湖疏水蹴上インクライン完成。*8-* 京都・宮津間車道開鑿工事竣工。*8-1* 第三高等中学校，愛宕郡吉田村に移転。
1890		23	*4-9* 琵琶湖疏水工事竣工式。*7-1* 第1回総選挙。
1891		24	*7-10* 京都・宮津間乗合馬車の営業開始。
1892		25	*1-* 綾部で大本教開教。*7-28* 西陣織物製造業組合設立。
1895		28	*2-1* 京都電気鉄道，日本最初の市街電車開業。*3-15* 平安遷都1100年祭挙行。*4-1* 第4回内国勧業博覧会開催。
1896		29	*4-18* 奈良鉄道京都・奈良間全通。*5-1* 郡是製糸会社設立。*8-1* 京都電話交換局設置。*8-30〜31* 府内全域に暴風雨，大被害。
1897		30	*2-* 稲畑勝太郎，日本初の映写機試写会を開催。*5-1* 京都帝室博物館開館。*6-18* 京都帝国大学設立。
1898		31	*6-21* 京都府図書館開館。*10-1* 京都市，一般市制に移行。
1899		32	*5-1* 府水産講習所開所。*7-1* 府，府県制・郡制施行。*8-15* 京都鉄道京都・園部間全通。*8-* 京都蚕業講習所開所。
1900		33	*1-16* 東京・京都間長距離電話開通。*6-4* 京都法政学校(現立命館大学)設立。
1901		34	*5-6* 銀行取付騒ぎおこり，京都商工銀行など休業。*10-1* 舞鶴海軍鎮守府開庁。
1904		37	*2-5* 第4師団に動員令。*11-3* 官設鉄道福知山・舞鶴間開通。
1905		38	*9-6* 岡崎の博覧会館で日露講和反対市民大会開催。
1906		39	*2-* 府立織物試験場設置。*3-2* 浅井忠ら，関西美術院設立。
1907		40	*4-9* 第16師団の京都設置内定。*8-1* 京都鉄道と阪鶴鉄道が国有化。*10-1* 関西・奈良両鉄道が国有化。
1909		42	*2-* 織物消費税全廃運動盛ん。
1910		43	*4-15* 京阪電気鉄道天満橋・五条間開通。*8-25* 園部・綾部間鉄道開通。京都・舞鶴間直通運転開始。
1912	大正	元	*6-11* 京都市電運転開始。*6-15* 第2疏水工事完成。
1913		2	*2-17* 護憲運動により京都市中大騒擾。
1915		4	*4-20* 友愛会京都支部結成。*5-5* 京津電気鉄道三条・浜大津間全通。*10-1* 大典記念京都博覧会はじまる。*11-10* 大正天皇即位礼。
1918		7	*1-20* 国画創作協会発会式。*4-1* 第1次京都市域拡張。*7-1* 京都市，京都電気鉄道を買収。*8-10* 米騒動発生。*9-* 京都帝大生・労働者ら「労学会」結成。
1920		9	*4-* 中郡教育会，自由画展開催。自由画教育運動のさきがけ。*5-2* 京都普選期成労働同盟結成。*6-* 高瀬川の舟運廃止。

1922	大正	11	*4-2* 京都府水平社創立大会。*5-1* 京都最初のメーデー。
1923		12	*3-30* 舞鶴鎮守府廃止。*4-25* 府警に特別高等課設置。*7-11* 奥村電機商会で第1次争議おこる。*11-10* 大典記念京都植物園開園。
1924		13	*12-* 日本農民組合京都府連結成。
1926	昭和	元	*1-15* 社会科学研究会加入学生の第2次検挙(京都学連事件)。*5-16* 労働農民党京滋支部創立。*7-1* 郡役所廃止。
1927		2	*3-7* 丹後大震災。*12-11* 日本初の京都市中央卸売市場開場。
1928		3	*2-20* 第1回普通選挙。労働農民党から1区水谷長三郎，2区山本宣治当選。*9-1* 丹後縮緬同業組合，国練り・検査制実施を決定。*11-1* 新京阪電鉄大阪・西院間開通。*11-10* 昭和天皇即位大礼式挙行。
1929		4	*3-5* 労農党代議士山本宣治，東京神田の旅館で刺殺される。
1930		5	*2-1* 京都市，風致地区規則を定める。*4-10* 鐘紡京都工場労働者600人がストライキ。
1931		6	*4-1* 第2次京都市域拡張。*4-1* 京都府，三部経済制廃止。
1932		7	*3-* 京都消費組合結成。*6-24* 京都放送局開局。*8-10* 宮津線豊岡・舞鶴間全通。*10-* 京都市人口100万人突破。
1933		8	*5-26* 滝川幸辰に休職命令。法学部長ら辞表提出(滝川事件)。
1934		9	*4-5* 国防婦人会京都地方支部結成。*7-26〜28* 近畿地方防空大演習実施。*9-21* 室戸台風襲来。
1935		10	*6-29* 梅雨前線による豪雨で京都市内の河川氾濫。*12-8* 大本教，不敬罪・治安維持法違反で幹部30余人逮捕(第2次大本教事件)。
1937		12	*8-16* 陸軍宇治火薬製造所爆発。*8-24* 第16師団に動員命令。*11-8*『世界文化』『学生評論』の主要同人を府警察部特高課が検挙。
1938		13	*1-21* 満蒙開拓青少年義勇軍の募集開始。
1939		14	*12-1* 舞鶴鎮守府復活。
1940		15	*1-* 満州天田郷建設計画を決定。*7-6* 奢侈品製造販売制限規則(七・七禁令)公布。*12-11* 大政翼賛会京都府支部結成。
1941		16	*1-15* 京都市全町内会結成式(公同組合解消)。*11-19* 巨椋池干拓事業竣工。
1942		17	*4-1* 京都新聞発足。*7-1* 府下11カ所に地方事務所設置。
1943		18	*8-10* 西陣の高級品生産が全面的停止。*10-* 室町の問屋が企業整備で統合。*12-12* 女子勤労挺身隊京都女学校隊結成。
1944		19	*7-18* 建物疎開開始。*12-* 京都の第16師団本隊，レイテ島で全滅。
1945		20	*3-25* 京都市内の学童疎開開始。*8-15* 敗戦。*8-24* 浮島丸，謎の爆発沈没。*9-25* 連合軍第6軍，久世郡大久保村に到着。翌日京都市内に進駐。*9-28* 舞鶴港，引揚港に指定。
1946		21	*1-26* 連合軍，府庁内に軍政部設置。*2-21* 京都民主戦線結成。*9-28* 部落解放全国委員会京都府連合会結成。*11-* 第1回国体秋季大会，京都を中心に開催。*12-8* シベリア引揚第1船，舞鶴入港。
1947		22	*2-25* 京都府農地委員会選出，農地改革開始。*4-5* 公選第1回知事・市町村長選挙。府知事に木村惇，京都市長に神戸正雄当選。
1949		24	*8-9* 京都市交通局，組合幹部ら128人を解雇(事実上のレッド・パージ開始)。*11-3* 湯川秀樹，日本人初のノーベル物理学賞決定。
1950		25	*1-25* 全京都民主戦線統一会議結成。*2-8* 京都市長選挙，高山義三当

			選，革新市政成立。*4-20* 府知事選挙，蜷川虎三当選，革新府政成立。*7-2* 金閣寺焼失。
1951	昭和	26	*1-1* 丹和銀行，京都銀行と改称。*5-27* 総評京都地方評議会結成。*9-10*『羅生門』，ベニス映画祭でグランプリ受賞。*12-*「オール・ロマンス」事件おきる。
1953		28	*8-14* 南山城地方に大水害。*9-25* 台風13号により大被害。*12-8* 立命館大学で「わだつみ像」除幕式。*12-* 旭ケ丘中学事件おきる。
1954		29	*3-1* ＮＨＫ大阪放送局，テレビ本放送開始。
1956		31	*2-15* 府，財政再建団体の指定うける(*3-10* 京都市も)。*5-12* 京都市交響楽団発足。*10-1* 京都市文化観光施設税創設実施。
1957		32	*2-1* 陸上自衛隊，宇治市大久保の米軍キャンプ跡地に設置。
1959		34	*3-25* 西京大学を京都府立大学と改称。*9-25* 伊勢湾台風襲来。
1960		35	*4-29* 京都市岡崎の京都会館開館。*6-17* 安保粉砕・京都抗議集会，円山で３万人。
1961		36	*9-16* 第２室戸台風襲来。*11-28* 大野ダム・府営大野発電所完成。
1962		37	*4-1* 府財政再建計画完了。*6-14* 丹後半島一周道路開通。
1963		38	*2-* 丹後豪雪，被害続出。*7-15* 名神高速道路尼崎・栗東間開業。*11-15* 府立総合資料館開館。
1964		39	*9-1* 京都市文化保存特別税制定。*10-1* 東海道新幹線開業。*11-20* 鴨川を美しくする会発足。*11-26* 天ケ瀬ダム完成。
1965		40	*1-20* 文化厚生会館事件，部落解放運動分裂。
1966		41	*4-* 無担保無保証人融資制度実施。*5-13* 京都府市民団体協議会結成。*5-21* 国立京都国際会館開館。
1967		42	*2-26* 富井清京都市長に当選，革新市政成立。*4-* 近畿放送テレビ(現ＫＢＳ京都)開局。
1969		44	*1-16* 京大紛争はじまる。*4-14* 高山ダム完成。
1971		46	*3-20* 府公害防止条例制定。*5-* 京都食管制度実施。*10-* 京都市景観条例制定。
1974		49	*3-3* 長田野工業団地完成。*7-20* 国鉄湖西線，全線開業。*12-19* 関西電力，丹後半島に原子力発電所計画を発表。
1976		51	*4-17* 京都市，清水・産寧坂と祇園新橋を町並み保存地区に指定。
1978		53	*4-9* 府知事選挙，林田悠紀夫当選。28年間の革新府政おわる。*9-30* 京都市電全面廃止，最終運転。
1981		56	*5-29* 京都市営地下鉄烏丸線京都駅・北大路間開業。*10-19* 福井謙一京大教授にノーベル化学賞。
1982		57	*3-14* 府立山城総合運動公園(太陽が丘)開園。
1984		59	*3-28* 高校３原則改革の大綱決定。*12-1* 久美浜町の原子力発電事前環境調査はじまる。
1985		60	*7-10* 京都市，古都保存協力税創設。*8-2* 平安建都1200年記念協会発足。*10-12* 関西文化学術研究都市本格着工。
1988		63	*3-31* 京都市の古都保存協力税廃止。*4-24* 舞鶴引揚記念館完成。*7-15* 宮福鉄道宮津・福知山間開業。*9-4* 京都国体開幕。
1989	平成	元	*2-17* 連合京都結成。*8-1* 宮福鉄道，「北近畿タンゴ鉄道株式会社」と改称。*10-2* 基準地価調査で京都市の地価が全国一の急騰。

1991	平成	3	***3-26*** 舞鶴自動車道福知山ＩＣ・舞鶴西ＩＣ間が開通。
1992		4	***6-17*** 府，祇園祭山鉾連合会の財団法人化を認可。
1994		6	***12-15*** ユネスコの世界遺産委員会，「古都京都の文化財」(京都市・宇治市・大津市)を世界文化遺産に登録。
1997		9	***9-*** ＪＲ新京都駅ビル，全面開業。***10-12*** 地下鉄東西線開業。***10-14*** 京都共栄銀行，幸福銀行への事業譲渡発表。***12-*** 地球温暖化防止京都会議開催。
1998		10	***3-14*** 日吉ダム竣工式。***8-5*** 京都市，「鴨川歩道橋」(仮称)計画を白紙撤回。
2002		14	***10-7*** 国立国会図書館関西館開館。***10-9*** 田中耕一氏にノーベル化学賞。***11-5*** 京都北都信用金庫誕生。
2003		15	***3-2*** 京都縦貫道綾部・宮津間開通。***3-*** 第３回世界水フォーラム開催。

■ 沿　革　表

1. 国・郡沿革表

（2009年 4 月現在）

<table>
<tr><th rowspan="2">国名</th><th rowspan="2">延喜式</th><th rowspan="2">吾妻鏡
その他</th><th rowspan="2">郡名考・
天保郷帳</th><th rowspan="2">郡区編制</th><th colspan="2">現　在</th></tr>
<tr><th>郡</th><th>市</th></tr>
<tr><td rowspan="8">山城</td><td>愛《をた》宕《ぎ》</td><td>愛宕</td><td>愛宕</td><td>愛《おた》宕《ぎ》</td><td colspan="2" rowspan="3">京都市</td></tr>
<tr><td>葛《かど》野《の》</td><td>葛野</td><td>葛野</td><td>葛野</td></tr>
<tr><td>紀《き》伊《い》</td><td>紀伊</td><td>紀伊</td><td>紀伊</td></tr>
<tr><td>乙《おと》訓《くに》</td><td>乙訓</td><td>乙訓</td><td>乙訓</td><td>乙訓郡</td><td>向日市・長岡京市</td></tr>
<tr><td>久《く》世《せ》</td><td>久世</td><td>久世</td><td>久世</td><td>久世郡</td><td>城陽市（一部京都市へ）</td></tr>
<tr><td>宇《う》治《ち》</td><td>宇治</td><td>宇《う》治《じ》</td><td>宇治</td><td>宇治郡</td><td>宇治市（一部京都市・宇治市へ）</td></tr>
<tr><td>綴《つつ》喜《き》</td><td>綴喜</td><td>綴《つづ》喜《き》</td><td>綴喜</td><td>綴喜郡</td><td>八幡市・京田辺市（一部城陽市へ）</td></tr>
<tr><td>相《さか》楽《ら》</td><td>相楽</td><td>相楽《さがら・そうらく》</td><td>相《そう》楽《らく》</td><td>相楽郡</td><td></td></tr>
<tr><td rowspan="6">丹波</td><td rowspan="2">桑《くは》田《た》</td><td rowspan="2">桑田</td><td rowspan="2">桑田</td><td>南桑田</td><td colspan="2">亀岡市（一部大阪府高槻市へ）</td></tr>
<tr><td>北桑田《きたくわだ》</td><td>北桑田郡</td><td>一部京都市へ</td></tr>
<tr><td>船《ふな》井《ゐ》</td><td>船井</td><td>船井</td><td>船《ふな》井《い》</td><td>船井郡</td><td>一部亀岡市へ</td></tr>
<tr><td>何《いかる》鹿《が》</td><td>何鹿</td><td>何鹿</td><td>何鹿</td><td>何鹿郡</td><td>綾部市（一部福知山市へ）</td></tr>
<tr><td>天《あま》田《た》</td><td>天田</td><td>天田</td><td>天《あま》田《だ》</td><td>天田郡</td><td>福知山市</td></tr>
<tr><td rowspan="5">丹後</td><td>与《よ》謝《さ》</td><td>与謝
与佐</td><td>与謝</td><td>与謝</td><td>与謝郡</td><td>宮津市</td></tr>
<tr><td>加《か》佐《さ》</td><td>賀佐
加佐</td><td>加佐</td><td>加佐</td><td>加佐郡</td><td>舞鶴市（一部宮津市へ）</td></tr>
<tr><td>丹《た》波《は》</td><td>丹波
中</td><td>中《なか》</td><td>中</td><td colspan="2" rowspan="3">京丹後市</td></tr>
<tr><td>竹《たか》野《の》</td><td>竹野</td><td>竹《たけ》野《の》</td><td>竹野</td></tr>
<tr><td>熊《くま》野《の》</td><td>熊野</td><td>熊野</td><td>熊野</td></tr>
</table>

2. 市・郡沿革表

(2009年４月現在)

京　都　市

明治22年４月１日　市制施行，上京区《かみぎょう》・下京区《しもぎょう》を新市の区とする

明治35年２月１日　葛野郡大内《おおうち》村大字東塩《ひがししお》小路・西九条《くじょう》を編入

大正７年４月１日　愛宕郡白川《しらかわ》村・田中村・下鴨《しもがも》村・鞍馬口《くらまぐち》村・上賀茂《かみがも》村の一部・大宮村の一部・野口《のぐち》村，葛野郡衣笠《きぬがさ》村・朱雀野《すじゃくの》村・大内村・七条《しちじょう》村・西院《さいいん》村の一部，紀伊郡柳原《やなぎはら》町(明治22年４月１日，町制施行)・東九条村・上鳥羽《かみとば》村の一部・深《ふか》草《くさ》村の一部を編入

昭和４年４月１日　左京区・中京区《なかぎょう》・東山区を新設

昭和６年４月１日　右京区・伏見区を新設

伏見市(明治22年４月１日，町制施行，昭和４年５月１日，市制施行)，愛宕郡鷹ケ峰村・大宮村・上賀茂村・松ケ崎村・修学院村，葛野郡京極村・川岡村・西院村・梅津《うめづ》村・桂村・松尾村・嵯峨町(大正12年４月１日，町制施行)・太秦《うずまさ》村・花園村・梅ケ畑《うめがはた》村，紀伊郡吉祥院《きっしょういん》村・上鳥羽村・下鳥羽村・横大路村・納所《のうそ》村・深草町(大正11年10月１日，町制施行)・堀内村・向嶋《むかいじま》村・竹田《たけだ》村，宇治郡山科《やましな》町(大正15年10月16日，町制施行)・醍醐《だいご》村を編入

昭和23年４月１日　葛野郡小野郷《おのごう》村・中川《なかがわ》村を編入

昭和24年４月１日　愛宕郡雲ケ畑《くもがはた》村・岩倉村・八瀬《やせ》村・大原村・静市野《しずいちの》村・鞍馬村・花背《はなせ》村・久多《くた》村を編入

昭和25年12月１日　乙訓郡久我《こが》村・羽束師《はづかし》村・大枝《おおえ》村を編入

昭和30年９月１日　北区・南区を新設

昭和32年４月１日　久世郡淀町(明治22年４月１日，町制施行)，北桑田郡京北《けいほく》町大字広《ひろ》河原《かわら》を編入

昭和34年11月１日　乙訓郡久世村・大原野村を編入

昭和51年10月１日　山科区・西京《にしぎょう》区を新設

平成17年４月１日　北桑田郡京北《けいほく》町(昭和30年３月１日，北桑田郡周山《しゅうざん》町〈昭和18年４月１日，町制施行〉，細野《ほその》村・宇津《うつ》村・黒田村・山国《やまぐに》村・弓削《ゆげ》村合体，京北町となる)を編入

上　京　区	明治12年４月10日	成立
	明治22年４月１日	京都市の一部となる
	大正７年４月１日	愛宕郡の一部を編入
	昭和６年４月１日	愛宕都の一部を編入
下　京　区	明治12年４月10日	成立
	明治22年４月１日	京都市の一部となる
	明治35年２月１日	葛野郡の一部を編入
	大正７年４月１日	葛野郡の一部と紀伊郡の一部を編入
	昭和６年４月１日	紀伊郡の一部を編入
左　京　区	昭和４年４月１日	上京区の一部をもって成立
	昭和６年４月１日	愛宕郡の一部を編入
	昭和24年４月１日	愛宕郡の一部を編入

昭和32年4月1日　北桑田郡の一部を編入

中京区　昭和4年4月1日　上京区・下京区の一部をもって成立

東山区　昭和4年4月1日　下京区の一部をもって成立

昭和6年4月1日　宇治郡の一部を編入

右京区　昭和6年4月1日　葛野郡の一部をもって成立

昭和23年4月1日　葛野郡の一部を編入

昭和25年12月1日　乙訓郡の一部を編入

平成17年4月1日　北桑田郡の一部を編入

伏見区　昭和6年4月1日　紀伊郡の一部と宇治郡の一部をもって成立

昭和32年4月1日　久世郡の一部を編入

北区　昭和30年9月1日　上京区・右京区・左京区の一部をもって成立

南区　昭和30年9月1日　下京区の一部をもって成立

昭和34年11月1日　乙訓郡の一部を編入

山科区　昭和51年10月1日　東山区の一部をもって成立

西京区　昭和51年10月1日　右京区の一部をもって成立

福知山市《ふくちやま》

明治22年4月1日　町制施行

大正7年4月1日　天田郡曽我井《そがい》村を編入

昭和11年10月1日　天田郡庵我《あんが》村・下豊富《とよとみ》村・雀部《ささいべ》村を編入

昭和12年4月1日　市制施行

昭和24年4月1日　天田郡西中筋《にしなかすじ》村・下川口《しもかわぐち》村・上豊富村を編入

昭和30年4月1日　天田郡上六人部《むとべ》村・中六人部村・下六人部村・上川口村・三岳《みたけ》村・金《かな》谷《や》村・金山《かなやま》村・雲原《くもはら》村を編入

昭和31年9月30日　何鹿郡佐賀村大字印内《いんない》・山野口《やまのくち》・報恩寺の全部と大字私市《きさいち》の一部を編入

平成18年1月1日　天田郡三和《みわ》町(昭和31年4月1日，町制施行)・夜久野《やくの》町(昭和31年9月30日，天田郡中夜久野村・下夜久野村合体，夜久野町となる，昭和34年1月1日，天田郡夜久野町・上夜久野村合体，夜久野町を新設)・加佐郡大江《おおえ》町(昭和26年4月1日，加佐郡河守《こうもり》町〈明治23年12月10日，町制施行〉に河守上村・河西村・河東《かわひがし》村・有路上《ありじかみ》村・有路下村を編入して，大江町となる)を編入

舞鶴市《まいづる》

明治22年4月1日　町制施行

昭和11年8月1日　加佐郡四所《ししょ》村・高野村・中筋村・池内《いけうち》村・余内《あまうち》村を編入

昭和13年8月1日　市制施行

昭和18年5月27日　舞鶴市・東舞鶴市(昭和13年8月1日，加佐郡新舞鶴町・中舞鶴町・倉梯《くらはし》村・与保呂《よほろ》村・志楽《しらく》村合体，市制施行，昭和17年8月1日，加佐郡東大浦村・西大浦村・朝来《あせく》村を編入)合体，舞鶴市となる

昭和32年5月27日　加佐郡加佐町(昭和30年4月20日，町制施行)を編入

綾《あや》部《べ》市

明治22年4月1日　町制施行

昭和25年8月1日　何鹿郡綾部町・中筋村・吉美村・山家《やまが》村・西八田《やた》村・東八田村・口上林《くちかんばやし》村合体，市制施行

昭和30年4月10日　何鹿郡豊里村・物部《もののべ》村・志賀郷村・中上林村・奥上林村を編入

昭和31年9月30日　何鹿郡佐賀村大字石原《いさはら》・小貝《おがい》の全部と大字私市の一部を編入

宇《う》治《じ》市

明治22年4月1日　町制施行

昭和26年3月1日　久世郡宇治町・槇島《まきしま》村・小倉《おぐら》村・大久保村，宇治郡東宇治町(昭和17年4月1日，町制施行)合体，市制施行

宮《みや》津《づ》市

明治22年4月1日　町制施行

大正13年9月1日　与謝郡城東《しろひがし》村を編入

昭和26年4月1日　与謝郡上宮津村を編入

昭和29年6月1日　与謝郡宮津町・栗田《くんだ》村・吉津《よしづ》村・府中村・日置《ひおき》村・世屋《せや》村・養老村・日ケ谷《ひがたに》村合体，市制施行

昭和31年9月20日　加佐郡由良村を編入

亀《かめ》岡《おか》市

明治22年4月1日　町制施行

昭和30年1月1日　南桑田郡亀岡町・東別院《ひがしべついん》村・西別院村・曽我部《そがべ》村・吉川《よしかわ》村・稗田野《ひえだの》村・本梅《ほんめ》村・畑野《はたの》村・宮前《みやざき》村・大井村・千代川《ちよがわ》村・馬路《うまじ》村・旭村・千歳《ちとせ》村・河原林《かわらばやし》村・保津《ほづ》村合体，市制施行

昭和31年9月30日　船井郡東本梅村を編入

昭和33年4月1日　西別院町の一部を大阪府豊能郡東能勢村に，東本梅町の一部を船井郡園部《そのべ》町に分市

昭和34年9月30日　南桑田郡篠《しの》村を編入

城《じょう》陽《よう》市

昭和26年4月1日　久世郡久津川《くつかわ》村・寺田《てらだ》村・富野庄《とみのしょう》村，綴喜郡青谷《あおだに》村合体，城陽町となる

昭和47年5月3日　市制施行

向《む》日《こう》市

明治22年4月1日　町制施行

昭和47年10月1日　市制施行

長《なが》岡《おか》京《きょう》市

昭和24年10月1日　乙訓郡新神足《こうたり》村・海印寺《かいいんじ》村・乙訓村合体，町制施行，長岡町と改称

昭和47年10月1日　市制施行，長岡町を長岡京市と改称

八幡市《やわた》

明治22年4月1日　町制施行
昭和29年10月1日　綴喜郡都々城《つづき》村・有智郷《うちごう》村を編入
昭和52年11月1日　市制施行

京田辺市《きょうたなべ》

明治39年10月12日　町制施行(田辺町)
昭和26年4月1日　綴喜郡草内《くさうち》村・三山木《みやまき》村・普賢寺《ふげんじ》村・大住《おおすみ》村を編入
平成9年4月1日　市制施行，京田辺市と改称

京丹後《きょうたんご》市

平成16年4月1日　中《なか》郡峰山《みねやま》町(明治22年4月1日，町制施行，昭和30年1月1日，中郡峰山町・吉原《よしわら》村・五箇《ごか》村・新山《にいやま》村・丹波《たんば》村合体，峰山町を新設，昭和31年9月30日，中郡長善《ちょうぜん》村大字長岡を編入)・中郡大宮《おおみや》町(昭和26年4月1日，中郡口大野《くちおおの》村・奥大野村・常吉《つねよし》村・三重村・周枳《すき》村・河辺《こうべ》村合体，大宮町となる，昭和31年7月1日，中郡五十河《いかが》村を編入，昭和31年9月30日，中郡長善村大字善王寺《ぜんのうじ》を編入)，竹野郡網野《あみの》町(明治33年5月1日，町制施行，明治37年4月1日，竹野郡網野町・浅茂川《あさもがわ》村合体，網野町を新設，昭和25年4月1日，竹野郡網野町・島津村・郷《ごう》村・木津《きつ》村・浜詰《はまづめ》村合体，網野町を新設)・竹野郡丹後町(昭和30年2月1日，竹野郡間人《たいざ》町〈大正10年4月1日，町制施行〉・豊栄《とよさか》村・竹野《たかの》村・上宇川《かみうかわ》村・下宇川村合体，丹後町となる)・竹野郡弥栄《やさか》町(昭和30年3月1日，竹野郡弥栄村・野間《のま》村合体，弥栄町となる)，熊野郡久美浜《くみはま》町(明治27年11月24日，町制施行，昭和26年4月1日，熊野郡久美谷《くみたに》村を編入，昭和30年1月1日，熊野郡久美浜町・川上《かわかみ》村・海部《かいべ》村・田村・神野《かんの》村・湊村合体，久美浜町を新設，昭和33年5月3日，熊野郡佐濃《さの》村を編入)合体，京丹後市となる

南丹市《なんたんし》

平成16年4月1日　船井郡園部《そのべ》町(明治22年4月1日，町制施行，昭和4年4月1日，船井郡園部村・桐ノ庄村を編入，昭和26年4月1日，船井郡川辺《かわべ》村を編入，昭和30年4月20日，船井郡園部町・摩気《まけ》村・西本梅村合体，園部町を新設)・船井郡八木町(大正4年1月1日，町制施行，昭和26年4月1日，船井郡吉富《よしとみ》村・富本《とみもと》村・新庄《しんじょう》村を編入，昭和30年4月1日，北桑田郡神吉《かみよし》村を編入)・船井郡日吉《ひよし》町(昭和30年4月1日，船井郡世木《せき》村・五ケ荘《ごかしょう》村・胡麻郷《ごまごう》村合体，日吉町となる)・北桑田郡美山《みやま》町(昭和30年4月1日，北桑田郡平屋《ひらや》村・知井《ちい》村・宮島《みやじま》村・鶴ケ岡《つるがおか》村・大野《おおの》村合体，美山町となる)合体，南丹市となる

木津川市《きづがわし》

平成19年3月12日　相楽郡山城《やましろ》町(昭和31年8月1日，相楽郡上狛《かみこま》町〈大正15年7月1日，町制施行〉・高麗《こま》村・棚倉村合体，山城町となる)・木津町(昭和26年11月22日，

町制施行，昭和26年４月１日，相楽郡相楽《さがなか》村を編入)・加茂《かも》町(昭和３年２月11日，町制施行，昭和26年４月１日，相楽郡当尾《とうのお》村・瓶原《みかのはら》村を編入)合体，木津川市となる

乙訓《おとくに》郡

大山崎町《おおやまざきちょう》　昭和42年11月３日　町制施行

久世《くせ》郡

久御山町《くみやまちょう》　昭和29年10月１日　久世郡佐山村・御牧《みまき》村合体，久御山町となる

綴喜《つづき》郡

井手町《いでちょう》　昭和２年１月１日　町制施行

昭和33年４月１日　綴喜郡井手町・多賀村合体，井手町を新設

宇治田原町《うじたわらちょう》　昭和31年９月30日　綴喜郡田原村・宇治田原村合体，宇治田原町となる

相楽《そうらく》郡

笠置町《かさぎちょう》　昭和９年１月１日　町制施行

和束町《わづかちょう》　昭和29年12月15日　相楽郡中和束村・西和束村・東和束村合体，和束町となる

昭和31年９月30日　相楽郡湯船《ゆぶね》村を編入

精華町《せいかちょう》　昭和30年４月１日　町制施行

南山城村《みなみやましろむら》　昭和30年４月１日　相楽郡大河原《おおかわら》村・高山《たかやま》村合体，南山城村となる

船井《ふない》郡

京丹波町《きょうたんばちょう》　平成17年10月11日　船井郡丹波町(昭和30年４月１日，船井郡須知《しゅうち》町〈明治34年７月19日，町制施行〉・高原《たかはら》村合体，丹波町となる)・船井郡瑞穂《みずほ》町(昭和30年４月１日，町制施行)・船井郡和知《わち》町(昭和30年４月１日，船井郡上和知村・下和知村合体，和知町となる)合体，京丹波町となる

与謝《よさ》郡

伊根町《いねちょう》　昭和29年11月３日　与謝郡伊根村・本庄《ほんじょう》村・筒川《つつかわ》村・朝妻《あさづま》村合体，伊根町となる

与謝野町《よさのちょう》　平成18年３月１日　与謝郡加悦《かや》町(明治22年４月１日，町制施行，昭和29年12月１日，与謝郡加悦町・桑飼《くわがい》村・与謝村合体，加悦町を新設)・与謝郡岩滝《いわたき》町(大正10年４月１日，町制施行)・与謝郡野田川《のだがわ》町(昭和30年３月１日，与謝郡三《み》河内《ごち》村・岩屋《いわや》村・市場《いちば》村・山田村・石川村合体，野田川町となる)合体，与謝野町となる

■ 祭礼・行事

（1999年作成後補訂）

〔１月〕

1　**おけらまいり**　➔京都市東山《ひがしやま》区祇園《ぎおん》・八坂《やさか》神社（バス祇園下車）
31日夜から元旦早朝にかけて，参詣者がおけら火を吉兆縄《きっちょうなわ》に移して家に持ち帰り新年を祝う。市登録。

1　**大田《おおた》神社の巫女神楽《みこかぐら》**　➔京都市北《きた》区上賀茂《かみがも》・大田神社（バス上賀茂豊田町下車）
参拝者の願をうけた巫女が鈴をもってお祓いの舞を舞う。毎月10日，節分，２月24日のさんやれの日にも実施している。市登録。

2　**木遣音頭《きやりおんど》**　➔京都市右京《うきょう》区太秦《うずまさ》・広隆寺《こうりゅうじ》（京福電鉄太秦駅，またはバス右京区総合庁舎前下車）
番匠《ばんじょう》たちが仕事始めの儀式として木遣音頭をうたい，古来からの建築儀礼であるちょうな始めを行う。市登録。

7　**飛鳥路《あすかじ》の勧請縄《かんじょうなわ》行事**　➔相楽《そうらく》郡笠置《かさぎ》町飛鳥路・天照御門《あまてらすみかど》神社（バス上有市下車）
飛鳥路の人びとが２種類の勧請縄をつくり布目川にかける。太い縄には農耕具のミニチュアをぶらさげており，山仕事の安全を祈る奉射も行われる。府登録。

8　**梅林寺《ばいりんじ》ジジバイ講**　➔京都市下京《しもぎょう》区梅小路《うめこうじ》・梅林寺（バス七条御前通下車）
ジジバイ講員が青竹の束で丸太を勢いよくたたく。市登録。

14　**日野裸踊《ひのはだかおどり》**　➔京都市伏見《ふしみ》区日野・法界寺《ほうかいじ》（バス日野薬師前下車）
お寺の阿弥陀堂に集まった褌《ふんどし》姿の男たちが両手をあげ「チョウライ，チョウライ」と声をかけあいながら背と背をぶつけあう。市登録。

15　**東一口《いもあらい》のトンド**　➔久世《くせ》郡久御山《くみやま》町東一口・大池《おおいけ》神社（バス東一口下車）
14日昼，本当《ほんとう》座，御幣《ごへい》座，御箸《おはし》座の人びとが葦《あし》や青竹を使って約８ｍのトンドをつくり周囲をしめ縄でかざる。15日，日の出とともに点火し無病息災を祈る。府登録。

15　**相楽《さがなか》の御田《おんだ》**　➔木津川《きづがわ》市相楽・相楽神社（JR 東西線西木津駅，またはバス清水橋，または近鉄京都線山田川駅下車）
４人の宮守のうち１人が太夫となり太鼓の伴奏にあわせて進行する。その他の宮座《みやざ》行事として，豆焼《まめやき》・粥占《かゆうら》，水試《みずだめ》，餅花《もちばな》（２月１日）などがある。府指定。

初申《はつさる》の日から３日間　**祝園《ほうぞの》の居籠祭《いごもりまつり》**　➔相楽郡精華《せいか》町祝園・祝園神社（JR 奈良線棚倉駅，JR 関西線祝園駅，近鉄京都線新祝園駅，バス高麗下車）
神をお迎えし，まつるため精進潔斎《しょうじんけっさい》し音をださず忌《い》みこもる。初日は風呂《ふろ》井《い》の儀，２日目は御田《おんだ》の儀，３日目は綱曳《つなひき》の儀で，３日目以外は秘儀《ひぎ》である。府指定。

〔２月〕

9　**小山《こやま》の勧請縄行事**　➔京都市山科《やましな》区小山(バス小山下車)

長さ13mの縄を蛇にみたて音羽《おとわ》川沿いの木にかけ，山仕事の安全と五穀豊《ごこくほう》穣《じょう》を祈る。市登録。

15～17　**棚倉《たなくら》の居籠祭**　➔木津川市平尾《ひらお》・涌出宮《わきでのみや》(JR奈良線棚倉駅下車)

涌出宮の宮座行事の１つで，15日夜は「門《かど》の饗応《きょうおう》」「松明《たいまつ》の儀」，17日夜は「饗応の儀」「御田植《おたうえ》」などが行われる。国指定。

24　**上賀茂さんやれ**　➔京都市北区上賀茂・上賀茂神社(バス上賀茂神社前下車)ほか

アガリと称する15歳の少年と12～14歳の子供たちが締太鼓や鉦をもって町内を練《ね》り，上賀茂神社，大田神社などに参拝する。市登録。

〔３月〕

15　**嵯峨お松明**　➔京都市右京区嵯峨《さが》・清凉寺《しょうりょうじ》(バス釈迦堂下車)

松明は３基あり，高さ約７m，先端が逆三角錐形で，これらを早稲，中稲，晩稲にみたてて，その燃え方で来年の稲の豊作を占う。市登録。

17　**宇良《うら》神社延年祭**　与謝《よさ》郡伊根《いね》町本庄浜《ほんじょうはま》・宇良神社(バス浦島神社前下車)

本庄浜，本庄宇治《うじ》，本庄上《あげ》，河来見《かわくるみ》に住む三野《みつの》姓の人たちを中心に行われる宮座行事。延年と福徳をさずかるものとして信仰を集めている。府登録。

〔４月〕

中旬の土，日曜日　**嵯峨大念仏狂言**　➔京都市右京区嵯峨・清凉寺(バス釈迦堂下車)

大念仏にあわせて行われる無言の念仏狂言で，境内の狂言堂で行われる。弘安２(1279)年，円覚上人《えんかくしょうにん》によりはじめられた嵯峨大念仏が開始という。国指定。

第２日曜日　**やすらい花**　➔京都市北区紫竹《しちく》・今宮《いまみや》神社(バス今宮神社前，北大路堀川下車)ほか

３つの保存会により北区の今宮神社，玄武《げんぶ》神社，川上神社などで行われる。平安時代に疾病が流行したさい，しずめるためにうたいおどったというが，それが桜の散るのと同時期だったため花鎮めの祭ともいう。囃子物《はやしもの》の典型的な伝承である。国指定。

15　**上宮津《かみみやづ》祭の神楽・太刀振《たちふり》・奴《やっこ》**　➔宮津市喜多《きた》・愛宕《あたご》神社(京都丹後鉄道喜多駅下車)

氏子の村々がおのおのの持ち芸を奉納する。神楽は大神楽系の２人立ちの獅子舞，太刀振は大勢による太刀の揃い振り，奴は大名行列の奴風俗を取りいれたもので，鳥毛の受け渡しが見どころである。府登録。

15　**新井《にい》の太刀振・花踊**　➔与謝郡伊根町新井・新井崎《にいざき》神社(バス大原口下車)

徐福《じょふく》をまつる新井崎神社の祭礼で，１日かけて地区の各神社に奉納していく。太刀振は組太刀で露払《つゆはらい》，小太刀《こだち》，大太刀《おおだち》など６曲からなる。花踊は風流小歌踊の伝承で，側踊《がわおどり》の名残がみられる。府登録。

18　出雲風流《いずもふりゅう》花踊　➔亀岡《かめおか》市千歳《ちとせ》町出雲・出雲神社(バス出雲神社下車)
口上役の総シンポチ，笹シンポチ，太鼓打ち12人で構成される丹波《たんば》では代表的な風流踊。元来は雨乞《あまご》い踊で，願済《がんすま》しの踊として盛大に行われてきた。府登録。

21～29　壬生《みぶ》狂言　➔京都市中京《なかぎょう》区四条坊城《しじょうぼうじょう》下ル・壬生寺(バス四条坊城下車)
京都の三大念仏狂言の１つ。30番の曲目を伝えるが，毎日初番は炮烙割《ほうらくわり》にはじまり最終日は湯立て，棒振などと決まっている。境内《けいだい》の舞台(重要文化財)で行う。国指定。

24　籠《この》神社祭礼芸能　➔宮津市大垣《おおがき》・籠神社(バス籠神社前下車)
丹後一宮《たんごいちのみや》籠神社の氏子地区のうち，大垣，難波野は神楽，溝尻，中野，江尻は太刀振，笹ばやしといった持ち芸を奉納する。府指定。

25　後野《うしろの》の屋台行事　➔与謝郡与謝野町後野・愛宕神社(バス後野下車)
６つの町内から芸屋台や子供屋台，神楽がでる。昔から芸屋台での子供歌舞伎が見どころだが，今は宮本《みやもと》町だけになり，他は屋台囃子を舞台で演奏している。府登録。

25　菅野《すがの》の神楽　➔与謝郡伊根町菅野・上山神社(バス越山下車)
12曲の獅子舞《ししまい》を伝える。和唐内《わとうない》は獅子芝居で，獅子の腹を楽屋代りに登場する。太刀振，花踊とともに奉納される。府指定。

〔5月〕

1　木積《こづみ》神社の神楽・太刀振・笹ばやし　➔与謝郡与謝野《よさの》町弓木《ゆみき》・木積神社(バス石田下車)
太刀振は大勢による揃い振り，笹ばやしはシンポチと太鼓たたきで歌舞伎踊，弥勒《みろく》踊などをおどる。府登録。

1～4　千本閻魔堂《せんぼんえんまどう》大念仏狂言　➔京都市上京《かみぎょう》区千本通《せんぼんどおり》鞍馬口《くらまぐち》下ル・引接寺《いんじょうじ》(千本閻魔堂)(バス千本鞍馬口下車)
京都三大念仏狂言の１つで，50番近い演目を伝える。壬生や嵯峨のように無言劇ではないが，閻魔庁付や千人切など固有の演目がある。市登録。

1～4　神泉苑《しんせんえん》狂言　➔京都市中京区御池通《おいけどおり》大宮西入《おおみやにし》ル・神泉苑(バス神泉苑下車)
壬生狂言の流れをくむもので，壬生とほぼ同じ内容をもっている。市登録。

3　鶏冠井《かいで》の題目踊　➔向日《むこう》市鶏冠井町・石塔寺《せきとうじ》(阪急京都線西向日駅下車)
石塔寺の花祭のさい，十数人による踊子が太鼓の囃子と音頭にあわせておどる。12曲を伝えるが，いずれも１節ごとに題目がはいり太鼓が打たれる。府指定。

3　田原《たわら》の御田　➔南丹《なんたん》市日吉《ひよし》町田原・多治《たじ》神社(バス田原下車)
作太郎と作次郎の２人が「日柄改め」から「刈終い」までの稲作の各過程を模擬的に演じていく。御田は狂言仕立てになっており，作次郎が牛を買う問答や牛につっこまれひっくり返るところが笑いをさそう。国指定。

4　三河内《みごち》の曳山祭《ひきやままつり》　➔与謝郡与謝野町三河内・倭文《しどり》神社(バス三河内口下車)
梅谷《うめがや》は大幟《おおのぼり》，下地《しもぢ》は神楽と子供太鼓台，上地《かみぢ》，大道《だいどう》，奥地《おくぢ》，中坪《なかつぼ》は山，芸屋台，太鼓台，子供太鼓台といった出しものをもつ。現在巡行の中心となるのは山で，祭神の人形をのせ見送幕《みおくりまく》でかざり，途中神招きなども行われる。府登録。

5　賀茂競馬《かもくらべうま》　➔京都市北区上賀茂・上賀茂神社(バス上賀茂神社前下車)
2頭ずつ5番の競馬が行われる。開始は寛治7(1093)年といわれ，中世には賀茂社の年中行事として定着していた。『徒然草《つれづれぐさ》』に参観の記事がでている。市登録。

5　一乗寺八大神社《いちじょうじはちだい》の剣鉾差し《けんぽこさ》　➔京都市左京《さきょう》区一乗寺・八大神社(バス一乗寺木ノ本町下車)
祭礼の御輿渡御《みこしとぎょ》にあたり，数人の剣鉾差しが腰につけた差袋に鉾《ほこ》を立てて，鉾を前後にゆらし鈴をならしながら練《ね》り歩く。市登録。

5　藤森《ふじのもり》神社駈馬《かけうま》　➔京都市伏見区深草《ふかくさ》・藤森神社(バス藤森神社前下車)
早良《さわら》親王が天応元(781)年，出陣祈願をしたのを模したという。江戸時代中期ごろより流行した曲馬《くせうま》の影響をうけており，神社の参道で行われる。市登録。

5　市野々《いちのの》の菖蒲田植　➔京丹後《きょうたんご》市久美浜《くみはま》町市野々・天満《てんまん》神社(バス市野々口下車)
青年がうたう田植え歌にあわせて輪になった少年たちが菖蒲をつかんで空中にほうりあげる。丹後では唯一の御田植神事系の行事である。府登録。

8　松尾寺《まつのおでら》の仏舞　➔舞鶴《まいづる》市松尾《まつのお》・松尾寺(JR小浜《おばま》線松尾寺駅，バス松尾寺口下車)
松尾寺は西国33所29番札所で花祭に演じられる。光背《こうはい》つきの仏面をつけた6人の舞人が印を結び舞う。舞楽の菩薩《ぼさつ》の流布をしのばせる。国指定。

15　やすらい花　➔京都市北区上賀茂・上賀茂神社(バス上賀茂神社前下車)
今宮，川上，玄武のやすらい花と内容は同じ。国指定。

第4日曜日　嵯峨祭の剣鉾差し　➔京都市右京区嵯峨野々宮町・野々宮神社(バス野々宮下車)ほか
野々宮神社，愛宕神社の祭礼の御輿巡行に伴って5本の剣鉾がでる。江戸時代前期の嵯峨祭絵巻にようすが描かれており，その開始は古いことがわかる。市登録。

〔6月〕

20　鞍馬《くらま》竹伐り会　➔京都市左京区鞍馬・鞍馬寺(京福電鉄鞍馬駅下車)
蓮華会のさいお堂の前で行われる。青竹4本を大蛇にみたて僧兵の衣装に身をつつんだ大惣仲間が竹を伐《き》る早さをきそう。市登録。

〔7月〕

第1日曜日　犬甘野《いぬかんの》の御田　➔亀岡市西別院《にしべついん》町犬甘野・松尾神社(バス中谷口下車)

早乙女，アトシ，牛使いなどが神社の本殿前を田にみたて，田まわり，代かき，田植えなどの所作を行う。代かきのさい，牛が見物人につっこみ笑いをさそう。府登録。

7　**蹴鞠《けまり》**　➔京都市上京区今出川《いまでがわ》堀川《ほりかわ》東入・白峯《しらみね》神社(バス堀川今出川下車)
衣冠束帯《いかんそくたい》に身をつつみ古式ゆかしく行われる。1月4日には下鴨神社でも行われる。市登録。

14　**田歌《たうた》の神楽**　➔南丹市美山《みやま》町田歌・八坂神社(バス田歌下車)
鬼2人，奴3人，ひょっとこ・お多福・樽負いじじい各1人で構成される。滑稽芸《こっけいげい》と太鼓打ちがむすびついた神楽である。府登録。

17　**祇園祭山鉾巡行**　➔京都市下京区四条 烏丸《しじょうからすま》(阪急京都線烏丸，またはバス四条烏丸下車)ほか
1日の吉符入りから約1カ月続く山鉾行事の中心をなす。32基の山鉾が，各町自慢の懸装品でかざり，四条烏丸から四条通，河原町通，御池通を巡行する。曳山や鉾が方向転換する辻回しも見どころである。国指定。

第3日曜日　**松尾《まつお》大社御田祭**　➔京都市西 京《にしきょう》 区 嵐 山《あらしやま》・松尾大社(阪急嵐山線嵐山駅，またはバス大社前下車)
12歳前後の3人の植女が青年の肩にのり，早苗を両手でもち水平に伸ばしたまま拝殿を3周する。市登録。

27・28　**八坂《やさか》神社祭礼船屋台行事**　➔与謝郡伊根町亀島《かめしま》・八坂神社(バス高梨下車)
例祭は平田の稚児《ちご》舞，日出《ひで》の神輿，立石《たていし》の神楽，亀島4区の太刀振が奉納される。不定期の大祭には亀島4区(高梨《たかなし》，立石，耳鼻《にび》，亀山《かめやま》)から船屋台がでる。府登録。

〔8月〕

3　**宇良神社祭礼芸能**　➔与謝郡伊根町本庄浜・宇良神社(バス浦島神社前下車)
本庄浜，本庄宇治，本庄上，蒲 入《かまにゅう》などの氏子地区から浦島伝説で名高い宇良神社に，おのおのの持ち芸である太刀振と花の踊が奉納される。府指定。

9　**壬生六斎《みぶろくさい》**　➔京都市中京区四条坊城・壬生寺(バス四条坊城下車)
太鼓の曲打ちである四ツ太鼓，祇園囃子の棒振り芸，「土蜘蛛《つちぐも》」における蜘蛛と獅子のからみなど娯楽性ゆたかな芸能的六斎の1つ。国指定。

12～15　**小橋《おばせ》の精 霊船《しょうらいぶね》行事**　➔舞鶴市小橋・若宮神社(バス小橋下車)ほか
10歳から14歳までの子供組により行われる。12日は材料集め，13日から船をつくり，14日にかざりつけ，15日は朝から子供たちが各家をまわり供物を集め，昼に寺での施餓鬼《せがき》がおわると旗や供物で満載された精霊船を沖に流す。府登録。

13～16　**蒲 入《かまにゅう》の精 霊船《しょうろうぶね》行事**　➔与謝郡伊根町蒲入(バス蒲入下車)
小中学生の子供組により行われる。13日は材料集め，14日に松明作り，15日は船作りと松明燃やし，16日は精霊船に盆の供物や団子を積んで船を流す。

松明行事と精霊船行事がセットになっている。府登録。

14　**円覚寺《えんかくじ》六斎**　➔京都市右京区嵯峨水尾《さがみずお》・円覚寺(バス水尾下車)
念仏主体の六斎で，曲は発願と白米があるが，施餓鬼や棚経《たなぎょう》では白米はやらない。16，24日にも行う。国指定。

14　**上狛《かみこま》の精霊踊《しょうらいおどり》**　➔木津川市山城町上狛・山城町教育委員会横広場(JR 奈良線上狛駅下車)
シナイを背負った6人のカンコを始めとして，太鼓打ち，ガワなどから構成される。念仏踊から風流踊への変化をうかがわせる芸能として貴重である。府登録。

14　**西教寺《さいきょうじ》の六斎念仏**　➔木津川市木津・西教寺(JR 奈良線木津駅下車)
構成は，鉦5人，太鼓6人で，内容は念仏，和讃の詠唱に鉦，太鼓をまじえた六斎念仏で，音曲的な面はしっかりと伝承されている。府登録。

14　**佐伯《さえき》灯籠**　➔亀岡市稗田野《ひえだの》町佐伯・稗田野神社(バス佐伯下車)ほか
灯籠は5基の神灯籠と台灯籠からなる。神灯籠は四季の農耕のさまをあらわし，台灯籠は精巧な透しをもち，串人形による人形浄瑠璃の移動舞台をもかねる。国指定。

14　**城屋《じょうや》の揚松明《あげたいまつ》**　➔舞鶴市城屋・雨引《あまびき》神社(バス城屋下車)
丸太の先にオガラの束をつけ，夜これに小松明を投げて点火させる。ハチとよぶ先端部に10m ほどの青竹を立て，その倒れた方向により稲の豊作を占う。府登録。

15　**千本六斎**　➔京都市上京区千本鞍馬口下ル・引接寺(千本閻魔堂)(バス千本鞍馬口下車)
娯楽性ゆたかな芸能的六斎の1つ。発願，万歳，山姥，四ツ太鼓，祇園囃子，願人坊，獅子，阿弥陀打ちなどの曲目を伝承する。国指定。

15　**鉄仙《てっせん》流白川《しらかわ》踊**　➔京都市左京区北白川・北白川小学校(バス別当町下車)
音頭にあわせて浴衣《ゆかた》をきた老若男女が「石川五右衛門《いしかわごえもん》」「梅若丸《うめわかまる》」などの曲を輪になっておどる。市登録。

15　**花背《はなせ》松上げ**　➔京都市左京区花背(バス花背下車)
トロギバとよぶ河原の一角に，約20m の檜丸太のトロギの先に逆円錐形のモジをつけ，夜上げ松を先端めがけて投げあげ点火する。市登録。

15・16　**松ケ崎《まつがさき》題目踊，さし踊**　➔京都市左京区松ケ崎・涌泉寺《ゆうせんじ》(地下鉄松ケ崎駅下車)
太鼓にあわせ「妙法」「蓮華経」などをおどるが，男女に分かれてのかけあい形式が残る。さし踊は近世に流行した盆踊で，楽器が欠落した舞に近い手踊りである。市登録。

15・16　**亀島の精霊船行事**　➔与謝郡伊根町亀島(バス亀島下車)
亀島4区の高梨，立石，耳鼻，亀山がそれぞれ精霊船をつくり供物をのせて海に流す。船は「永平寺《えいへいじ》へ行く」などといい，東の方向へ流す。府登録。

16　**五山《ござん》送り火**　➔京都市左京区浄土寺《じょうどじ》，松ケ崎，北区西賀茂，北区衣笠《きぬがさ》，右

京区嵯峨周辺
京都の盆をいろどる火の行事。大文字《だいもんじ》，妙法，船形，左大文字，鳥居形の5つがある。その開始は諸説があるが，江戸時代初期には行われていた。先祖供養，無病息災などと記した松割木や護摩木が燃やされる。市登録。

16　**中堂寺《ちゅうどうじ》六斎**　➡京都市中京区四条坊城・壬生寺(バス四条坊城下車)
娯楽性ゆたかな芸能的六斎の1つ。12日から15日まで毎夜近隣の棚経にまわり，壬生寺の仮設舞台では全曲を演じる一山打ちを行う。国指定。

16　**西方寺《さいほうじ》六斎**　➡京都市北区西賀茂・西方寺(バス四条坊城下車)
船形の送り火ののち行われる。太鼓18人，鉦36人による念仏的六斎で，一団となって鉦太鼓を打ち念仏をとなえる。国指定。

16　**市原《いちはら》ハモハ踊・鉄扇《てっせん》**　➡京都市左京区市原(京福電鉄市原駅下車)
ハモハ踊は鉦，太鼓にあわせておどる念仏踊で，鉄扇は楽器を用いない口説き調の盆踊り。国記録選択，市登録。

16　**吉原《よしわら》の万灯籠《まんどろ》**　➡舞鶴市西吉原(バス吉原小学校前下車)
伊佐津《いさづ》川河口の川のなかで，小判型の枠に12の灯明をつけた松明を燃やしぐるぐる回転させる。府登録。

19　**上高野《かみたかの》念仏供養踊**　➡京都市左京区上高野・宝幢寺《ほうどうじ》(京福電鉄三宅八幡駅下車)
囃子は太鼓打ち1人，鉦打ち4人で男性がつとめ，踊は浴衣姿の女性が念仏をとなえつつゆっくりおどる。市登録。

19　**大井《おおい》神社の立花《りっか》**　➡亀岡市大井町並河《なみかわ》・大井神社(JR 山陰線並河駅下車)
ボクとよぶ枝ぶりのいい松の木に，松葉，苔，松の皮などを取りつけ立花をつくる。華道の資料としても価値が高い。府指定。

20・23　**西光寺《さいこうじ》六斎念仏**　➡南丹市八木《やぎ》町美里《みさと》・西光寺(JR 山陰線吉富駅下車)
太鼓10人，鉦3人で，念仏にはじまり御詠歌でおわる念仏中心の六斎だが，太鼓を掛合いに打ったり，1人ずつ受け渡しながら打つなど特徴がある。府指定。

22　**小山郷《こやまごう》六斎**　➡京都市上京区寺町鞍馬口《てらまちくらまぐち》・上善寺《じょうぜんじ》(バス河原町今出川下車)
京都六地蔵の1つ上善寺の仮設舞台で行われる。上善寺は鞍馬口地蔵ともよばれる。娯楽性ゆたかな芸能的六斎の1つ。国指定。

22　**桂《かつら》六斎**　➡京都市西京区桂春日《かすが》・地蔵寺《じぞうじ》(阪急桂駅下車)
地蔵寺も京都六地蔵の1つで桂地蔵ともよばれる。娯楽性ゆたかな芸能的六斎の1つだが，とくに猿などのかぶりものを使った芸物を特徴とする。国指定。

22・23　**上鳥羽六斎**　➡京都市南《みなみ》区上鳥羽《かみとば》・浄禅寺《じょうぜんじ》(バス地蔵前下車)
鉦講《かねこう》による念仏六斎で，節白舞《ふしはくまい》，飛観音《ひかんのん》などの曲目を伝承する。浄禅寺も京都六地蔵の1つで鳥羽地蔵ともよばれる。国指定。

23　**久多《くた》宮の町松上げ**　➡京都市左京区久多(バス梅ノ木下車)
柱松の頂上めがけて，鉦，太鼓のなるなか手松明を投げあげ点火する。市登

録。

23　**小塩《おしお》の上げ松**　➔京都市右京区京北《けいほく》小塩町(バス小塩中ノ町下車)
丸柱の先端に逆円錐形の燃料部を取りつけ大松明とし，小松明に火をつけて勢いよく振りまわして投げあげ点火する。府登録。

23　**河梨《こうなし》の十二灯《とう》**　➔京丹後市久美浜町河梨(JR山陰線久美浜駅下車)
檜柱に正三角形の枠をつけ，それに6本ずつスジカイをくみ先端に松明をつきさして点火させる。その後，小松明を振りまわして虫除けと豊作を祈る。府登録。

24　**雲《くも》ケ《が》畑《はた》松上げ**　➔京都市北区雲ケ畑(バス岩屋橋下車)
割り木の松明を毎年違った文字にくみ，出谷《でたに》町と中畑《なかはた》町の山上の2カ所で愛宕山へ献火する。市登録。

24　**久多《くた》花笠踊**　➔京都市左京区久多・志古渕《しこぶち》神社(バス梅ノ木下車)
色紙とハシバミの実を使って精巧な花笠(灯籠)をつくり，久多の各町が上，下に分かれて踊をかけあう。室町時代に流行した風流踊の形態をしのばせる。国指定。

24　**広河原《ひろがわら》の松上げ，ヤッサコサイ**　➔京都市左京区広河原・観音堂(バス広河原下車)ほか
柱松型式の松上げのあとに，浴衣に前掛《まえかけ》をつけた女性と山行きの格好をした男性が伊勢《いせ》音頭，江州《ごうしゅう》音頭とともに，「ヤッサコサイ」「ションガイナ」などの男女の掛合いによる盆踊をおどる。市登録。

24　**盛郷《もりさと》の上げ松**　➔南丹市美山町盛郷(バス田土下車)
洛北《らくほく》から丹波，若狭《わかさ》まで広がる愛宕山への献火行事の1つで，総高30mほどの松明を2本立てて行う柱松型式の火祭。府登録。

24　**殿の上げ松**　➔南丹市美山町鶴《つる》ケ《が》岡《おか》(バス鶴ケ岡下車)
松河原とよぶ河原に17mほどの大松明を立てて行う柱松型式の火祭。府登録。

24　**川合《かわい》の上げ松**　➔南丹市美山町鶴ケ岡(バス公民館前下車)
盛郷，殿の上げ松と同様。府登録。

24　**芦生《あしゅう》の松上げ**　➔南丹市美山町鶴ケ岡(バス田歌下車)
トロギバとよぶ場所に長大な檜の柱を立て行う。型式は周辺と同様。府登録。

24　**牧山《まきやま》の松明行事**　➔南丹市日吉町中世木《なかせぎ》牧山・観音堂(バス上谷下車)
大松明，添松明，小松明からなる3種類の松明を燃やしたのち，中央に切子灯籠をさげ，輪になって浄瑠璃くずしの盆踊をおどる。府登録。

25　**吉祥院《きっしょういん》六斎**　➔京都市南区吉祥院・吉祥院天満宮(バス吉祥院下車)
吉祥院天満宮の夏祭に行い，娯楽性ゆたかな芸能的六斎の1つで20曲ほどを伝える。吉祥院ではかつて8組により六斎が実施されていた。国指定。

最終日曜日　**梅津《うめづ》六斎**　➔京都市右京区梅津・梅宮《うめのみや》大社(バス梅宮神社前下車)
娯楽性ゆたかな芸能的六斎の1つで，念仏曲をのぞけば10曲を伝承する。国指定。

27　**修学院大日踊《しゅうがくいんだいにち》・紅葉音頭《もみじ》**　➔京都市左京区修学院(バス離宮道下車)
大日踊はいわゆる念仏踊で，切子灯籠の周囲をおどり，続いて「近江八景《おうみはっけい》」などの紅葉音頭がおどられる。市登録。

31　**一乗寺鉄扇《いちじょうじてっせん》**　➔京都市左京区一乗寺・八大《はちだい》神社(バス一乗寺木の本町下車)
「阿波《あわ》の鳴門《なると》」「踊づくし」などの口説き調の盆踊を男女がめぐりおどる。市登録。

31　**久世《くぜ》六斎**　➔京都市南区久世・光福寺《こうふくじ》(バス久世下車)
蔵王堂の八朔《はっさく》祭の宵宮《よいみや》に，二間半四方《にけんはんしほう》の拝殿で行われる。娯楽性ゆたかな芸能的六斎の１つ。国指定。

〔９月〕

1　**大原《おおはら》八朔踊**　➔京都市左京区大原・江文《えぶみ》神社(バス野村別れ下車)
斎竹を立て，しめ縄をはった屋台の中央に音頭取りが位置し，回りを宮座の青年がおどりめぐる。市登録。

第１日曜日　**嵯峨野六斎**　➔京都市西京区嵐山・松尾大社(阪急嵐山線松尾駅下車)
８月23日には一山《いっさん》打ちと称して嵯峨野の阿弥陀寺《あみだじ》でも行う。娯楽性ゆたかな芸能的六斎の１つ。国指定。

7　**上賀茂紅葉音頭**　➔京都市北区上賀茂・上賀茂神社前広場(バス上賀茂神社前下車)
屋台の回りを男女が輪になって「近江八景」「紅葉《もみじ》の錦《にしき》」などからなる口説き調の盆踊をおどる。市登録。

9　**烏相撲**　➔京都市北区上賀茂・上賀茂神社(バス上賀茂神社前下車)
小学校高学年の少年が東の祝方と西の禰宜方に分かれて相撲をとる。市登録。

15　**河辺八幡《かわなべはちまん》神社の祭礼芸能**　➔舞鶴市河辺中・八幡神社(バス河辺中下車)
鉾の舞，獅子舞，太鼓の舞，膝ずりからなる。鉾の舞は王の舞，獅子舞は２人立ち，太鼓の舞と膝ずりは田楽である。府登録。

〔10月〕

1～4　**西ノ京瑞饋《ずいき》御輿**　➔京都市北区・北野天満宮《きたのてんまんぐう》(京福電鉄北野白梅町駅，バス天満宮前下車)ほか
多くの農作物でかざりつけられた瑞饋御輿が10月１日北野天満宮から西ノ京御輿ケ岡町の御旅所へ巡行し，４日還幸祭でふたたび天満宮へ戻る。市登録。

3　**天座《あまざ》の田楽**　➔福知山《ふくちやま》市天座・大歳《おおどし》神社(バス寺谷下車)
裃《かみしも》に烏帽子《えぼし》をつけた踊手が烏飛びとビンザサラ踊をおどる。府登録。

5　**諏訪《すわ》神社の祭礼芸能**　➔南丹市美山町鶴ケ岡・諏訪神社(バス公民館前下車)
高野《たかの》，鶴ケ岡は神楽，豊郷《とよさと》は姫踊と獅子舞，盛郷《もりさと》，福居《ふくい》は合同で振物といった持ち芸を奉納する。30年ごとに大祭，15年ごとに中祭が行われる。府登録。

7　**北白川《きたしらかわ》高盛御供**　➔京都市左京区北白川・天満宮(バス北白川下車)
立体的な神饌を奉納する行事で，神饌はかわらけの皿に小芋，大根なます，するめを円錐形にもったもの，白米によるモッソウ，干物などからなる。市

登録。

第1日曜日　**阿須々岐《あすすぎ》神社の祭礼芸能**　➔綾部《あやべ》市金河内《かねぐち》・阿須々岐神社(バス金河内下車)
金河内は狂言と御太刀，坊口《ぼうぐち》は能と花の踊，仁和《にわ》は露払・小太刀・薙刀，内久井《うちぐい》町は小太刀・大太刀を奉納する。中世的な祭礼芸能に風流芸が一体となる。府登録。

9　**大身《おおみ》のヤンゴ踊**　➔福知山市三和《みわ》町大身・広谷《ひろたに》神社(バス丹波大身下車)
黒紋付をつけた壮年により行われる田楽で，笛1人，太鼓1人，ビンザサラ3人で構成される。輪舞する丹波の田楽の特色を伝える。府登録。

9(25年ごと)　**野条《のじょう》の紫宸殿《ししんでん》田楽**　➔福知山市上野条・御勝《みかつ》八幡宮(バス上野条下車)
ビンザサラ12人，太鼓方2人，笛方2人に甲冑武者《かっちゅうむしゃ》姿と山伏《やまぶし》姿の前立がつく。踊手が背合わせになったり，横にとんだり輪になるなどの特色をよく残す。府登録。

10　**梅ケ畑平岡《うめがはたひらおか》八幡宮の剣鉾差し**　➔京都市右京区梅ケ畑・平岡八幡宮(バス八幡前下車)
氏子の4地区から1本ずつ剣鉾がでる。鉾を毎年交代でつとめる鉾宿の制度が残る。市登録。

10　**牛祭**　➔京都市右京区太秦・広隆寺(京福電鉄太秦駅，またはバス右京区総合庁舎下車)
神面をつけた摩多羅神が牛にのり，風流の行列をしたがえて広隆寺にはいってくる。その後祭文を長々と読みあげ，読みおわると四天王とともに堂内に突入する。市登録。

10　**八瀬赦免地踊《やせしゃめんち》**　➔京都市右京区八瀬・秋元《あきもと》神社(バス登山口下車)
精巧で美しい切子灯籠を頭にのせたトロギ8人とその警護役，少女の踊子約10人，シンポチ2人，太鼓打1人，太鼓持2人，音頭取り等で構成される風流踊。市登録。

10　**宇治田原《うじたわら》三社祭の舞物**　➔綴喜《つづき》郡宇治田原町南・御栗栖《みくるす》神社(バス東名村下車)
15の宮座により，王の舞，獅子舞，田楽，細男《せいのう》，駆馬《かけうま》が行われる。奈良の春日若宮御祭にならんで細男の伝承が残る。府登録。

10　**樫原《かしわら》の田楽**　➔南丹市美山町樫原・川上神社(バス樫原下車)
ビンザサラ4人，太鼓4人，笛1人で鮓《すし》講の人により行われる。府登録。

10　**上乙見《かみおとみ》の田楽**　➔船井郡京丹波《きょうたんば》町上乙見・熊野神社(バス下乙見下車)
ビンザサラ4人，太鼓1人，笛1人で構成される。長さ30cm近い大きなビンザサラが注目される。府登録。

10　**於与岐《およぎ》八幡宮の祭礼芸能**　➔綾部市於与岐町下村《しもむら》・八幡宮(バス於与岐口下車)
ビンザサラ1人，太鼓3人からなる田楽，天狗面をつけ鉾をとる鼻高(王の

舞），２人立ちの獅子舞といった３つの芸能が一体となる。府登録。

10　**島万《しままん》神社の太刀振・太鼓踊**　➡綾部市中筋《なかすじ》町・島万神社（バス島万下車）
太刀振は，２人１組で打ちあう組太刀で，太鼓踊は，シンブチ１人，オヤブチ１人，コブチ２人，音頭５人で２つの芸能が同時に行われる。府登録。

10　**牧《まき》の練込《ねりこみ》太鼓**　➡福知山市牧・一宮神社（バス牧下車）
太鼓屋台をめぐってハッピに化粧まわしをつけた少年たちが「数打ち」などの曲を芸打ちする。府登録。

10　**神崎《かんざき》の扇踊**　➡舞鶴市西神崎・湊《みなと》 十二《じゅうに》神社（京都丹後鉄道丹後神崎駅下車）
シンポチ，東西各１人，太鼓打ち４人，踊子大勢で構成され，踊子をつとめる地区の役員らが黒紋付に扇をもって「室町《むろまち》踊」「神楽踊」などの曲をおどる。府登録。

10　**蒲江《かまや》の振物，踊り太鼓**　➡舞鶴市蒲江・山王《さんのう》神社（京都丹後鉄道丹後神崎駅下車）
振物は２人１組で刀などで斬《き》り合いを演じる組太刀で，踊り太鼓は風流小歌踊の囃子の部分が残り，踊が欠落した形態である。府登録。

10　**周枳《すき》の三番叟《さんばそう》，笹ばやし，神楽**　➡京丹後市大宮《おおみや》町周枳・大宮売《おおみやめ》神社（バス周枳下車）
三番叟は一番叟から三番叟まで小学生が舞手をつとめ，笹ばやしは少年の太鼓方約10人とシンポチ１人が歌方にあわせて弁慶踊りなどをおどる。神楽は大神楽系の２人立ちの獅子舞である。府登録。

10　**丹波《たんば》の芝むくり**　➡京丹後市峰山《みねやま》町丹波・多久《たく》神社（京都丹後鉄道峰山駅，またはバス丹波下車）
先導１人，囃子方６人，猿役２人で演じられる。猿の回転技のさいにあたってかけられる掛け声に基づき「ちゃあ」ともよばれている。府登録。

10　**五箇《ごか》の三番叟**　➡京丹後市峰山町五箇・愛宕神社（バス大師口下車）
一番叟，二番叟，三番叟の舞手に鼓２人，太鼓，カゲ，笛で構成される。舞手が粉飾化粧をし拍子木が加わるなど近世に流行した農村歌舞伎の流れを引く。府登録。

10　**竹野《たかの》のテンキテンキ**　➡京丹後市丹後《たんご》町宮《みや》・竹野《たかの》神社（バス竹野下車）
太鼓持ち１人，太鼓打ち１人，ササラ４人からなる囃子物で，テンキテンキとは踊り子の掛け声に基づく。府登録。

10　**大山《おおやま》の刀踊**　➡京丹後市丹後町大山・志布比《しぶひ》神社（バス竹野下車）
シンパチ１人，踊り子大勢で構成され，踊り子が刀の柄を扇でたたきながらおどる。府登録。

10　**遠下《おんげ》のちいらい踊**　➡京丹後市丹後町遠下・依遅《いち》神社（バス平下車）
太鼓，バチ，ササラ各２人ずつからなる。黒部の踊り子などと同様囃子物の伝承である。府登録。

10　**野中《のなか》の田楽**　➡京丹後市弥栄《やさか》町野間《のま》・大宮《おおみや》神社（バス溝谷下車）
ビンザサラ４人，太鼓４人からなる。２列に並列したり，座替えするなど田

楽踊りの特色をよく残す。府指定。

10　**黒部《くろべ》の踊子**　➔京丹後市弥栄町黒部・深田部《ふかたべ》神社(バス黒部下車)
踊り子とよばれる15歳未満の少年による太鼓，腰付《こしつけ》，ササラ各6人ずつと，厄年の大人がつとめる鬼1人，弓持ち，傘鉾からなる。シャグマをかぶった踊り子たちが，オロシ，スワリ，ババサキをおどる。府指定。

10　**舟木《ふなき》の踊子**　➔京丹後市弥栄町舟木・奈具《なぐ》神社(バス高校下下車)
黒部の踊り子と同様の芸能だが，太鼓，カンコ，ササラが4人ずつで鬼1人がつく。膝までのカスリの着物にシャグマをかぶる。府指定。

10　**甲坂《こうさか》の三番叟**　➔京丹後市久美浜町甲坂・山木《やまき》神社(バス栃谷下車)
一番叟，二番叟，三番叟の舞方と本笛，影笛，小鼓，太鼓，影打などの囃子方からなる。舞方が粉飾化粧をし，拍子木が加わるなど歌舞伎色も濃い。府登録。

10　**栃谷《とちだに》の三番叟**　➔京丹後市久美浜町栃谷・深谷《ふかたに》神社(バス栃谷下車)
内容などは隣の甲坂と同様である。府登録。

12日に近い日曜　**三栖《みす》の炬火祭《たいまつ》**　➔京都市伏見区三栖町・三栖神社(京阪電鉄中書島駅，またはバス下三栖下車)
神幸列は，高張提灯，手松明，長さ5m，太さ1.2m，重さ1tを超える大松明と続く。市登録。

第2土，日曜日　**額田《ぬかた》のダシ行事**　➔福知山市夜久野《やくの》町額田・一宮《いっきゅう》神社(JR山陰線下夜久野駅下車)
氏子の5地区が野菜や木の実などを用いて精巧な作り物をこしらえる。上部が回転する2基の屋台もでる。府登録。

第2日曜日　**西院春日《さいいんかすが》神社の剣鉾差し**　➔京都市右京区西院・春日神社(バス庄ノ路下車)
旧西院村の5つの鉾仲間が一番から五番までの剣鉾をだす。市登録。

第2日曜日　**質美《しつみ》の曳山《ひきやま》行事**　➔船井郡京丹波町質美・八幡宮(バス庄ノ路下車)
4基の山と屋台，額，剣鉾，神楽，奴から構成され，山と屋台が神社の馬場を巡行する。三味線，笛，カネの洗練された囃子を伴う都市的な曳山行事。府登録。

15　**矢代《やしろ》田楽**　➔京都市右京区京北矢代中町・日吉神社(バス矢代中下車)
ビンザサラ4人，笛1人，締太鼓4人で構成され，ビンザサラと太鼓が千鳥掛けに足をふみかえ輪舞したり，位置をいれかえたりする。府指定。

15　**田原《たわら》のかっこすり**　➔南丹市日吉町田原・多治神社(バス田原下車)
かっこすり4人，さんやれ4人，踊り子大勢で構成される。4人の稚児の周囲をかっこすりが鼓を打つ所作をしながらまわる。府指定，国記録選択。

15　**大島《おおしま》の神楽，太刀振，踊**　➔宮津市大島・白山神社(バス大島下車)
神楽は大神楽系の2人立ちの獅子神楽で青年の持ち芸，太刀振は氏子の少年全員による太刀の揃い振り，踊はシンポチと棒振3人の少年による手踊であ

る。府登録。

17　銭司《でず》の獅子舞，田楽，相撲　➔木津川市加茂町銭司・春日神社(バス銭司下車)

17歳で座入りした青年が当人となり，行事，芸能の中心となる。芸能は形骸化しているが，宮座行事は豊富な内容を残している。府登録。

18　和束《わづか》のおかげ踊　➔相楽郡和束町園《その》・天満宮(バス東和束下車)

三味線，締太鼓，笛，音頭取りなどの囃子方に，大勢の踊り子からなる。幕末に流行したおかげ踊の名残を今日に伝える。府登録。

19　岩船《いわふね》のおかげ踊　➔木津川市加茂町岩船・白山神社(バス岩船寺前下車)

芸能の構成は，和束のものとほとんど同じ。府登録。

22　時代祭風俗行列　➔京都市上京区・京都御所(地下鉄丸太町駅，またはバス烏丸丸太町下車)

平安遷都1100年を記念して明治28(1895)年にはじめられた。延暦《えんりゃく》から明治《めいじ》に至る風俗行列が，京都御所から平安神宮に至る行程を練《ね》り歩く。市登録。

22　鞍馬火祭　➔京都市左京区鞍馬・由岐《ゆき》神社(京福電鉄鞍馬駅下車)

大惣仲間以下7仲間により祭礼が執行される。松明の製作，松明をもつものの衣装，しめ縄切り，各家の飾付などに特徴がある。市登録。

23　木野《きの》の烏帽子着《えぼしぎ》　➔京都市左京区木野・愛宕神社(京福電鉄木野駅下車)

御供の供献と宮座の盃事が中心だが，饗応の酌役を袴上げとよび，袴の正装でつとめる袴上げ行事を烏帽子着とよぶ。市登録。

23　岩倉《いわくら》火祭　➔京都市左京区岩倉・石座《いわくら》神社(京福電鉄岩倉駅下車)

2基の大松明が23日早朝に点火される。宮座により行われ，仮屋の形や神饌の形態に特徴がある。市登録。

第4日曜日(3年ごと)　奥榎原《おくえばら》の練込《ねりこみ》　➔福知山市奥榎原・榎原神社(バス奥榎原下車)

屋台にのせた大太鼓を打つ大太鼓打ちの2人の締太鼓が，音頭にあわせ巴にからみながら太鼓を打ちおどる。府登録。

〔11月〕

3　田山《たやま》花踊　➔相楽郡南山城村田山・諏訪神社(バス宮ノ前下車)

胸にカンコ，背にシナイをおった中踊を中心に，本太鼓，唄出し，唄付け，貝吹き，道化，シンブチなどで構成される。神社へ練り込む道行には棒振も加わって総勢100人を超える集団となる。京都を代表する風流踊。府指定。

3　平八幡《たいらはちまん》神社祭の振物・神楽・三番叟　➔舞鶴市平・八幡神社(バス平小下車)

氏子地区のうち，平は振物，中田は神楽，赤野は三番叟を奉納する。府登録。

3(4年ごと)　東吉原《ひがしよしわら》の振物　➔舞鶴市東吉原・朝代《あさしろ》神社(バス東吉原下車)

組太刀型の典型的な伝承で，露払，大薙刀，小薙刀，野太刀，間抜，前関棒，後関棒の7曲からなる。田辺城主細川藤孝が関ヶ原の戦いの前哨戦で西軍に包囲されたさい，住民が奮戦したさまを武道の型として伝えたという。府登

録。

3（3年ごと） **河辺《かわなべ》八幡神社祭の振物・神楽・三番叟** ➡舞鶴市河辺中・八幡神社（バス河辺中下車）

河辺谷の旧6カ村のうち，河辺中，西屋，河辺原，栃尾は振物，室牛《むろじ》は神楽，河辺由里は振物と三番叟というおのおのの持ち芸を奉納する。府登録。

3（3年ごと） **田中《たなか》の三番叟《さんばそう》・姫三社《ひめさんじゃ》・徳若万歳《とくわかまんざい》** ➡舞鶴市田中町・鈴鹿《すずか》神社（バス田中橋下車）

姫三社は少女3人が三味線と音頭にあわせ優雅に舞う。徳若万歳は2人の少年が左右対称に舞う。ともに京舞から習ったと伝える。府登録。

最終日曜日 **小倉《おぐら》のお松** ➡舞鶴市小倉・阿良須《あらす》神社（バス小倉下車）

高さ約7mの松明が3基あり，この3つを早稲，中稲，晩稲にみたてて，その燃え方で来年の稲の豊作を占う。府登録。

〔12月〕

13～31 **かくれ念仏** ➡京都市東山区松原通大和大路東入・六波羅蜜寺《ろくはらみつじ》（バス五条大和大路下車）

住職がつとめる導師1人，寺住の僧がつとめる職衆4人で行われる。大晦日の結願の日のみ信者4人が加わる。国指定。

指定などの略号はつぎのとおり。

国指定　重要無形民俗文化財

国記録選択　記録作成等の措置を講ずべき無形の民俗文化財

府指定　京都府指定無形民俗文化財

府登録　京都府登録無形民俗文化財

市指定　京都市指定無形民俗文化財

市登録　京都市登録無形民俗文化財

1998年と2001年に，祝日法の改正があり，成人の日，体育の日，敬老の日が変更された。これに伴い，祭礼の日程も変わったところが多い。一方，その後休止中のところもある。現地見学に際しては，その点を充分注意されたい。

■ 参考文献

【京都府における地域史研究の現状と課題】

京都府下の地域史研究は，各地で組織されている地域史・郷土史研究団体をにない手として，地域に密着した課題を中心にしながら継続的に進められており，府北部では地域郷土史会を糾合した協議会もつくられている。以下，持続的に地域史・郷土史研究を主軸に会活動を行っている団体を紹介する(カッコ内は会誌名)。丹後・丹波地方では，奥丹後地方史研究会(『奥丹後地方史研究』)，加悦町郷土史研究会(『加悦之庄』)，岩滝町史談会(『史談会報』)，久美浜町郷土研究会(『郷土久美浜』)，峰山町文化財保護研究会，大宮町文化財保存会(『文化財保存会報』)，宮津地方史研究会(『宮津地方史』)，福知山史談会(『史談福知山』)，三和郷土史会，綾部史談会(『綾部史談』)，口丹波史談会(『丹波史談』)があげられる。このうち，奥丹後地方史研究会から綾部史談会までの10団体は，「両丹地域の歴史研究と文化財・史料の保全についての交流とその発展を目的」とした両丹地方史研究者協議会を組織して，加盟団体の持ち回りで運営を行い，会誌『両丹地方史』を年２回発行している。このほか，近年，園部町を中心に活動を続けてきた丹波史談会が，平成11(1999)年に会誌『丹波』の刊行を開始した。

南山城地域でも郷土史研究は盛んで，田辺町郷土史会(『筒城』)や，精華町の自然と歴史を学ぶ会(『波布理曽能』)を始め，八幡郷土史会(『ふるさと』)，久御山郷土史会(『郷土研究』)が持続的に活動を進めている。このほか，文化財の愛護，保護を目指した精華町文化財愛護会，加茂町文愛協，宇治市文化財愛護協議会などもある。

他方，府下の北部および南部の地域文化史研究のセンターの位置にあるのが，京都府立丹後郷土資料館(宮津市)と同山城郷土資料館(山城町)である。丹後郷土資料館では平成８年「丹後王国の風景」，９年「中世の村々と祈り―丹後丹波の大般若教―」，10年「智恩寺の絵馬」をテーマにした特別展が開催された。また山城郷土資料館では，８年「南山城の幕末維新」，９年「古墳時代の鉄」，10年「南山城の鉄道100年」の特別展が開かれている。このほか，府下各地に存在する多数の公立・私立の博物館や郷土資料館においても，それぞれの地域に関連したテーマを中心とした調査・展示活動が進められている。なかでも館の調査・研究活動の一環として宇治文庫を継続的に刊行する宇治市歴史資料館や，史料集の刊行をはじめた京都市歴史資料館の活動が注目される。宇治文庫は平成10年刊行の『宇治の道　旅人と歩く』で９巻を数え，また京都市歴史資料館は，この間，『叢書京都の史料』(『若山要助日記』上下，『京都式目集成』)を出版している。

【市　　史】

綾部市・市史編纂委員会編『綾部市史』３冊　綾部市　1976-79
宇治市編『宇治市史』７冊　宇治市　1973-81
亀岡市・市史編纂委員会編『亀岡市史』３冊　亀岡市　1960-65
亀岡市・市史編纂委員会編『新修亀岡市史』２冊　亀岡市　1995-
京都市編『京都市史』３冊　京都市　1944-48
京都市編『京都の歴史』10冊　学芸書林　1968-76
京都市編『史料京都の歴史』16冊　京都市　1979-94
城陽市編『城陽市史』４冊　城陽市　1979-
長岡京市編『長岡京市史』７冊　長岡京市　1991-97
福知山市・市史編纂委員会編『福知山市史』７冊　福知山市　1976-92
舞鶴市・市史編纂室編『舞鶴市史』７冊　舞鶴市　1973-93
宮津市・市史編纂委員会編『宮津市史』３冊　宮津市　1994-
向日市編『向日市史』３冊　向日市　1983-85
八幡市編『八幡市誌』３冊　八幡市　1980-86

【町 村 史】

網野町・町史編纂委員会編『網野町史』１冊　網野町　1960
網野町・町史編纂委員会編『網野町誌』３冊　網野町　1987-96
綾部町史編纂委員会編『綾部町史』１冊　(旧)綾部町　1958
井手町編『井手町史シリーズ』５冊　井手町　1973-83
伊根町・町史編纂委員会編『伊根町誌』２冊　伊根町　1984-85
岩滝町編『岩滝村誌』２冊　岩滝町　1968
岩滝町編『岩滝町誌』１冊　岩滝町　1970
宇治田原町・町教育委員会編『宇治田原町史』９冊　宇治田原町　1980-88
大江町・町史編纂委員会編『大江町誌』３冊　大江町　1982-84
大宮町・町史編纂委員会編『大宮町誌』２冊　大宮町　1979-82
大山崎町編『大山崎町史』２冊　大山崎町　1981-83
加茂町編『加茂町史』４冊　加茂町　1988-97
加悦町・町史編纂委員会編『加悦町誌』１冊　加悦町　1974
木津町・町史編纂委員会編『木津町史』４冊　木津町　1984-91
久美浜町編『久美浜町誌』１冊　1956
久御山町・町史編纂委員会編『久御山町史』３冊　久御山町　1986-92
京北町編『京北町誌』１冊　京北町　1975
城陽町史編纂委員会編『城陽町史』１冊　(旧)城陽町　1977
精華町編『精華町史』３冊　精華町　1989-96
園部町・町史編纂委員会編『園部町史』２冊　園部町　1975-
田辺町・田辺郷土史会編『京都府田辺町史』１冊　(旧)田辺町　1968
丹後町編『丹後町史』１冊　丹後町　1976

丹波町・町誌編纂委員会編『丹波町誌』1冊　丹波町　1985
長岡町史編纂委員会編『長岡町二千年』1冊　(旧)長岡町　1970
野田川町編『野田川町誌』1冊　野田川町　1969
日吉町・町誌編纂委員会編『日吉町誌』3冊　日吉町　1987-90
峰山町編『峰山郷土史』3冊　峰山町　1963-64
三和町・町史編纂委員会編『三和町史』3冊　三和町　1995-98
三和町菟原支所編『菟原村史』1冊　三和町　1957
八木町編『八木町誌』1冊　八木町　1950
夜久野町編『上夜久野村史』1冊　夜久野町　1972
弥栄町編『弥栄町史』1冊　弥栄町　1970
山城町編『山城町史』2冊　山城町　1987-90
和知町・町誌編纂委員会編『和知町誌』5冊　和知町　1987-95
和束町編『和束町史』1冊　和束町　1995-

【原始・古代】

足利健亮『日本古代地理研究』　大明堂　1985
網野善彦ほか編『講座日本荘園史7　近畿地方の荘園Ⅱ』　吉川弘文館　1995
稲垣泰彦・戸田芳実編『日本民衆の歴史2　土一揆と内乱』　三省堂　1975
井上満郎『京都　躍動する古代』　ミネルヴァ書房　1981
宇治市教育委員会編『継体王朝の謎』　河出書房新社　1995
太田静六『寝殿造の研究』　吉川弘文館　1987
岡村秀典『三角縁神獣鏡の時代』　吉川弘文館　1999
岡村道雄編『ここまでわかった日本の先史時代』　角川書店　1997
朧谷寿ほか編『平安京の邸第』　望稜舎　1987
加藤謙吉『秦氏とその民』　白水社　1998
門脇禎二『日本海域の古代史』　東京大学出版会　1986
加悦町教育委員会編『日本海三大古墳がなぜ丹後につくられたのか』　加悦町教育委員会　1997
岸俊男『日本古代宮都の研究』　岩波書店　1988
北村優季『平安京』　吉川弘文館　1995
京都市編『甦る平安京』　京都市　1994
京都市埋蔵文化財研究所編『京都発掘20年』　京都市埋蔵文化財研究所　1996
京都大学文学部考古学研究室編『椿井大塚山古墳と三角縁神獣鏡』　京都大学文学部博物館　1989
京都大学文学部考古学研究室編『先史時代の北白川』　京都大学文学部博物館　1991
京都府立丹後郷土資料館編『籠神社の秘宝』　京都府立丹後郷土資料館　1988
京都府立丹後郷土資料館編『丹後王国の風景』　京都府立丹後郷土資料館　1996
金田章裕『条里と村落の歴史地理学研究』　大明堂　1985

小泉和子ほか編『絵巻物の建築を読む』 東京大学出版会 1996
古代学協会・古代学研究所編『平安京提要』 角川書店 1994
近藤義郎編『前方後円墳集成 近畿編』 山川出版社 1992
佐原真ほか『古代史探検―京・山城―』 京都書院 1994
城陽市歴史民俗資料館編『古代役人のしごととくらし』 城陽市歴史民俗資料館 1996
城陽市歴史民俗資料館編『クヌギくんの発掘たんけん』 城陽市歴史民俗資料館 1999
平良泰久・久保哲正・奥村清一郎『日本の古代遺跡27 京都Ⅰ』 保育社 1986
高橋昌明編『朝日百科日本の歴史別冊12 洛中洛外』 朝日新聞社 1994
田中琢『倭人争乱』 集英社 1991
丹後古代文化研究会編『丹後の縄文遺跡』 丹後古代文化研究会 1997
都出比呂志『日本農耕社会の成立過程』 岩波書店 1989
都出比呂志編『古代国家はこうして生まれた』 角川書店 1998
角田文衛『角田文衛著作集』2 法蔵館 1985
戸田芳実『初期中世社会史の研究』 東京大学出版会 1991
西村さとみ「平安京の祭礼」『ヒストリア』145号 1994
橋本義則『平安宮成立史の研究』 塙書房 1995
林屋辰三郎『古代国家の解体』 東京大学出版会 1955
速水侑『平安貴族社会と仏教』 吉川弘文館 1975
藤岡謙二郎編『古代日本の交通路』Ⅰ・Ⅲ 大明堂 1978
堀内明博『ミヤコを掘る』 淡交社 1995
町田章・鬼頭清明編『新版古代の日本6 近畿Ⅱ』 角川書店 1991
村井康彦編『よみがえる平安京』 淡交社 1995
元木泰雄『武士の成立』 吉川弘文館 1994
森郁夫『日本の古代瓦』 雄山閣出版 1992
森岡秀人「年代論と邪馬台国論争」『古代史の論点』4 小学館 1998
山中章『日本古代都城の研究』 柏書房 1997
山中章・山田邦和『日本の古代遺跡28 京都Ⅱ』 保育社 1992
山中一郎・狩野久編『新版古代の日本5 近畿Ⅰ』 角川書店 1992
山中裕『和泉式部』 吉川弘文館 1984
吉川真司『律令官僚制の研究』 塙書房 1998
和田晴吾「古墳築造の諸段階と政治的階層構成」『古代王権と交流』5 名著出版 1994

【中 世】

糸久宝賢『京都日蓮教団門流史の研究』 平楽寺書店 1990
今谷明『室町幕府解体過程の研究』 岩波書店 1985
今谷明『守護領国支配機構の研究』 法政大学出版会 1986

今谷明『天文法華の乱』 平凡社 1989
植木行宣『祇園祭』 保育社 1996
宇治市歴史資料館編『宇治猿楽と離宮祭』 宇治市歴史資料館 1997
追塩千尋『中世の南都仏教』 吉川弘文館 1995
追塩千尋『国分寺の中世的展開』 吉川弘文館 1996
大山喬平『日本中世農村史の研究』 岩波書店 1978
小川信『足利一門守護発達史の研究』 吉川弘文館 1980
亀岡市文化資料館編『南北朝時代の丹波・亀岡』 亀岡市文化資料館 1993
亀岡市文化資料館編『盆に迎える霊』 亀岡市文化資料館 1994
関西文化学術研究都市推進機構編『けいはんな風土記』 同朋舎出版 1990
京都部落史研究所編『中世の民衆と芸能』 阿吽社 1986
京都府立丹後郷土資料館編『禅刹丹波・丹後』 京都府立丹後郷土資料館 1988
京都府立山城郷土資料館編『宮座と祭』 京都府立山城郷土資料館 1992
京の女性史研究会編『京の女性史』 京の女性史研究会 1995
黒田日出男『絵巻子どもの登場』 河出書房新社 1989
河野憲善『一遍教学と時衆史の研究』 東洋文化出版 1981
佐藤和彦・下坂守『図説 京都ルネサンス』 河出書房新社 1994
時衆の美術と文芸展実行委員会編『時衆の美術と文芸』 東京美術 1995
田中稔『鎌倉幕府御家人制度の研究』 吉川弘文館 1991
瀬田勝哉『洛中洛外の群像』 平凡社 1994
高橋康夫『京都中世都市史研究』 思文閣 1983
高橋康夫『洛中洛外』 平凡社 1988
田端泰子『日本中世の社会と女性』 吉川弘文館 1998
日本史研究会・歴史学研究会編『山城国一揆』 東京大学出版会 1986
林屋辰三郎『佐々木導誉』 平凡社 1979
平林盛得『聖と説話の史的研究』 吉川弘文館 1981
部落問題研究所編『前近代京都の部落史』 部落問題研究所 1987
細川涼一『中世寺院の風景』 新曜社 1997
細見末雄『丹波の荘園』 名著出版 1980
堀内明博『ミヤコを掘る』 淡交社 1995
向日市文化資料館編『桂川用水と西岡の村々』 向日市文化資料館 1997
村井章介『東アジア往還』 朝日新聞社 1995
村井康彦『平安京と京都』 三一書房 1990
村井康彦『武家文化と同朋衆』 三一書房 1991
村井康彦編『京の歴史と文化』1－4 講談社 1994
吉村亨『中世地域社会の歴史像』 阿吽社 1997
冷泉家時雨亭文庫・NHK 編『冷泉家の至宝展』 1997
脇田晴子『室町時代』 中央公論社 1985

【近　世】
赤井達郎『近世の画家』 角川書店 1976
朝尾直弘『都市と近世社会を考える』 朝日新聞社 1995
足利健亮『中近世都市の歴史地理』 地人書房 1984
足利健亮編『京都歴史アトラス』 中央公論社 1994
伊東宗裕『京都古地図散歩』 平凡社 1994
岩井忠熊編『まちと暮らしの京都史』 文理閣 1994
上田正昭ほか編『千年の息吹き』 中巻・下巻 京都新聞社 1993-94
鎌田道隆『近世都市・京都』 角川書店 1976
鎌田道隆『京 花の田舎』 柳原書店 1977
関西文化学術研究都市推進機構編『けいはんな風土記』 同朋舎出版 1990
衣笠安喜編著『京都府の教育史』 思文閣出版 1983
京都町触研究会編『京都町触の研究』 岩波書店 1996
佐藤雅彦編『京焼』(『日本の美術』28) 至文堂 1968
鈴木進編『応挙と呉春』(『日本の美術』39) 至文堂 1969
精華町編『せいか歴史物語』 精華町 1997
高尾一彦『横笛と大首絵』 法政大学出版局 1989
高橋康夫ほか編『図集日本都市史』 東京大学出版会 1993
日本書籍出版協会京都支部編『日本出版文化史展 '96 京都』 京都文化博物館 1996
林屋辰三郎『京都』 岩波書店 1962
林屋辰三郎『町衆』 中央公論社 1964
林屋辰三郎『伝統の形成』 岩波書店 1988
林屋辰三郎責任編集『京都 歴史と文化』1-3 平凡社 1994
木村礎ほか編『藩史大事典5 近畿編』 雄山閣出版 1989
藤田覚『幕末の天皇』 講談社 1994
藤田彰典『京都の株仲間』 同朋舎出版 1983
藤田彰典『京都近郊社会経済史』 東洋文化社 1985
仏教大学編『京都の歴史』3・4 京都新聞社 1994-95
堀内明博『ミヤコを掘る』 淡交社 1995
本庄栄治郎『京都(増補版)』 至文堂 1966
村井康彦編『京の歴史と文化』4-6 講談社 1994
森谷尅久編『図説京都府の歴史』 河出書房新社 1994
守屋毅『京の芸能』 中央公論社 1979

【近代・現代】
東史郎『わが南京プラトーン』 青木書店 1987
有田光雄『物語京都民主府政』 大月書店 1985
飯田昭・南部孝男『歴史都市京都の保全・再生のために』 文理閣 1992

池田一郎・鈴木哲也『京都の「戦争遺跡」をめぐる』 機関紙共同出版 1991
井ケ田良治・原田久美子編『京都府の百年』 山川出版社 1993
石井寛治・林玲子編『近世・近代の南山城—綿作から茶業へ—』 東京大学出版会 1998
井上清・渡辺徹編『米騒動の研究』1-5 有斐閣 1959-62
井上金次郎監修『目で見る舞鶴・宮津・丹後の100年』 郷土出版社 1995
今西一『近代日本成立期の民衆運動』 柏書房 1991
岩井忠熊編『まちと暮らしの京都史』 文理閣 1994
岩井忠熊・藤谷俊雄監修『戦後京都のあゆみ』 かもがわ出版 1988
梅原三郎・根本惟明監修『目で見る福知山・綾部の100年』 郷土出版社 1995
老川慶喜『明治期地方鉄道史研究』 日本経済評論社 1983
加藤一雄『雪月花の近代—京都日本画の100年—』 京都新聞社 1992
菊池昌治『写真で見る京都今昔』 新潮社 1997
京都商工会議所百年史編纂委員会編『京都経済の百年』 京都商工会議所 1985
京都大学百年史編集委員会編『京都大学百年史総説編』(財)京都大学後援会 1998
久津間保治『語り伝える京都の戦争1 学童疎開』 かもがわ出版 1996
久津間保治『語り伝える京都の戦争2 京都空襲』 かもがわ出版 1996
後藤靖・藤谷俊雄監修『近代京都のあゆみ』 かもがわ出版 1986
小林丈広『明治維新と京都—公家社会の解体—』 臨川書店 1998
佐々木敏二『山本宣治』上・下 汐文社 1974・76年(改訂版 不二出版 1998)
佐々木正昭『真下飛泉とその時代』 日本図書センター 1989
佐藤忠男『日本映画史』1-4 岩波書店 1995
島田康寛『京都の日本画—近代の揺籃—』 京都新聞社 1991
高木博志『近代天皇制の文化史的研究—天皇就任儀礼・年中行事・文化財—』 校倉書房 1997
高久嶺之介『近代日本の地域社会と名望家』 柏書房 1997
中嶋利雄・原田久美子編『丹後に生きる—京都の人びと—』 三省堂 1987
永光尚監修『目で見る亀岡・船井の100年』 郷土出版社 1995
野田公夫『戦間期農業問題の基礎構造—農地改革の史的前提—』 文理閣 1989
仏教大学編『京都の歴史』4 京都新聞社 1995
仏教大学総合研究所編『成熟都市の研究—京都のくらしと町—』 法律文化社 1998
部落問題研究所編『京都の部落問題2 近代京都の部落』 部落問題研究所 1986
部落問題研究所編『京都の部落問題5 現代京都の部落問題』 部落問題研究所 1987
三宅一郎・村松岐夫編『京都市政治の動態』 有斐閣 1981
本山幸彦編『京都府会と教育政策』 日本図書センター 1990
吉田守男『京都に原爆を投下せよ—ウォーナー伝説の真実—』 角川書店 1995

若原英弌監修『目で見る南山城の100年』 郷土出版社　1995
和久田幹夫『船屋むかしいま』 あまのはしだて出版　1989
渡辺徹編『京都地方労働運動史(増補版)』 京都地方労働運動史編纂会　1959
グンゼ株式会社社史編纂室編『グンゼ株式会社八十年史』 1978

■ 図版所蔵・提供者一覧

カバー　京人形商工業協同組合
見返し表　財団法人角屋保存会提供
裏上　福知山市教育委員会
中　岩滝町教育委員会
下　京都大学総合博物館
口絵1右　宇治市歴史資料館
中　向日市教育委員会
左　崇道神社・京都国立博物館
2　京都市歴史資料館
3右　廣隆寺
左　東寺・京都国立博物館
4上右　平等院・宇治市歴史資料館
下　宮津市 金剛心院(鎌倉時代)・京都府立丹後郷土資料館
4・5上　清浄光寺・歓喜光寺
5下　京都国立博物館
6上　圓光寺・写真提供：国(文化庁)
下　財団法人高津古文化会館
7上　東京国立博物館
下　成相寺
8上　京都府立丹後郷土資料館
下　小池晃撮影・美術出版社提供
p. 3　世界文化社
p. 6　東京国立博物館
p. 9　籠神社
p. 12　京都大学総合博物館
p. 15　岩崎誠原案・池庄司淳作画，長岡京市史編さん委員会『長岡京市史』本文編一，1996年刊から転載，長岡京市教育委員会提供
p. 17　峰山町教育委員会
p. 26左　城陽市歴史民俗資料館
p. 34右　丹後町教育委員会
p. 41　宇治市歴史資料館
p. 43　イラストレーター 早川和子・城陽市歴史民俗資料館提供
p. 50　亀岡市教育委員会
p. 54　奈良国立文化財研究所許可済
p. 57　財団法人藤田美術館
p. 67　西田孝司提供
p. 70　小泉和子・玉井哲雄・黒田日出男編『絵巻物の建築を読む』東京大学出版会
p. 73　田中家
p. 80　徳川美術館
p. 87　東寺
p. 94　イラスト 中西立太・朝日新聞社提供
p. 99　長講堂
p. 101　六波羅蜜寺
p. 105　篠村八幡宮
p. 108　米沢市
p. 113　真正極楽寺
p. 115　平等院・宇治歴史資料館
p. 117　京都府立丹後郷土資料館
p. 121　大山崎町教育委員会
p. 126　京都大学総合博物館
p. 128　成相寺・宮津市教育委員会
p. 131　真継正次・東京大学史料編纂所
p. 138　出光美術館
p. 141　大山崎町教育委員会
p. 143　宇治神社・京都府立山城郷土資料館
p. 147　高橋伸和・長岡京市教育委員会
p. 151　高神社・京都府立山城郷土資料館
p. 155　三千院
p. 157　長楽寺・財団法人美術院
p. 161　東福寺
p. 165　宇治 放生院
p. 167　勝興寺・高岡市教育委員会
p. 186　清水寺・京都国立博物館
p. 191　国立公文書館
p. 193　萬福寺・宇治市歴史資料館
p. 196　京都文化博物館
p. 203　国立公文書館
p. 209　福井幸生・相楽郡精華町役場
p. 213　国立公文書館
p. 216　笠置町教育委員会所蔵・京都府立山城郷土資料館寄託
p. 234　国立公文書館
p. 237　国立公文書館
p. 241　千切屋治兵衛株式会社・京都文化博物館
p. 244　国立公文書館
p. 253　静嘉堂文庫美術館
p. 256　新潟市郷土資料館
p. 259　京都市歴史資料館
p. 261　国立公文書館
p. 269　賀茂別雷神社
p. 271　精華町 竹内神社・相楽郡精華町役場
p. 273　グンゼ株式会社
p. 274　若林栄
p. 276　国文学研究資料館史料館
p. 283　『京都府100年のあゆみ』
p. 285　京都府立丹後郷土資料館
p. 288　『田中源太郎翁伝』
p. 290　国文学研究資料館史料館
p. 293　池田一郎
p. 295　郷土出版社刊『目で見る南山城の100年』
p. 299　京都府立総合資料館
p. 301　京都大学百年史編集史料室
p. 305　京都府立総合資料館
p. 306　大阪人権博物館提供
p. 309　舞鶴地方史研究会提供
p. 310　京都府立総合資料館
p. 313　京都府立総合資料館
p. 316　山本哲治
p. 318　京都大学百年史編集史料室
p. 324　京都府立総合資料館
p. 327　毎日新聞社
p. 329　美山町教育委員会

敬称は略させていただきました。

紙面構成の都合で個々に記載せず，巻末に一括しました。所蔵者不明の図版は，転載書名を掲載しました。万一，記載洩れなどがありましたら，お手数でも編集部までお申し出下さい。